Pferde

Betty Skelton

Pferde

Alles über Reiten, Zucht und Pflege

Mit 500 Fotos und Illustrationen
Deutsch von Sigrid Eicher

Delphin

Inhalt

Das Umschlagfoto zeigt Iris Bayer,
eine der erfolgreichsten deutschen Springreiterinnen
(Foto: Lubejprints)

3. Auflage 1989

Designed and produced by Intercontinental Book Productions

Erschienen im Delphin Verlag GmbH, München

Originaltitel Purnell's *Pictorial Encyclopedia of Horses*
Printed in Hong Kong

ISBN 3.7735.5019.7

Einleitung

Berühmtester Vertreter des Pferdegeschlechtes ist wohl Pegasus, das herrliche geflügelte Roß der griechischen Mythologie. Mein Buch handelt jedoch von jenen sehr konkreten Wesen, die uns Reiter magnetisch anziehen und die für uns die schönsten Tiere sind. Warum das so ist, warum den Pferden unser ganzes Interesse, unsere ganze Leidenschaft gilt, ist schwer zu erklären. Vielleicht drückt es ein altes irisches Sprichwort aus: »Wenn Wünsche Pferde wären, würden Zigeuner reiten.«

Heute ist dieser alte Wunsch, zu reiten und mit Pferden umzugehen, für viele schon Wirklichkeit geworden. Früher wurde das Pferd als Arbeitstier gebraucht, heute dient es vor allem anderen der Entspannung und Erholung. Nachdem sich so viele Leute für Pferde zu interessieren begannen und eine Gelegenheit suchten, reiten zu lernen, konnte es nicht ausbleiben, daß solche Gelegenheiten auch geschaffen wurden. Vor hundert Jahren hätte sich noch niemand träumen lassen, daß Reiten einmal ein Volkssport werden würde.

Natürlich geben von den vielen, die sich auf dem Pferderücken versuchen, einige früher oder später wieder auf. Das ist unvermeidlich und kommt in jeder Sportart vor. Ich habe meinem Mann zuliebe das Golfspielen angefangen, aber es hat mir nie richtig Spaß gemacht. Ich fand es immer schwierig und entmutigend. So kann auch der Anfängerreiter sein neues Hobby wieder aufgeben, weil sich herausstellt, daß es doch nicht so einfach ist, wie es aussah. Und ohne Anstrengung geht es eben nicht, das ist sicher. Natürlich wurde dieses Buch für alle geschrieben, die herausfinden wollen, worauf es beim Reiten eigentlich ankommt und welche Möglichkeiten ein Leben mit Pferden birgt. Es wendet sich aber genauso an alle, die sich nur von Pferden angezogen fühlen oder Pferde mögen – auch wenn sie gar nicht die Absicht haben, sich je in den Sattel zu schwingen. Unter den vielen interessanten Einzelheiten wird jeder etwas finden, das ihn interessiert: die Geschichte des Pferdes und des Reitens, die Pferderassen, ein Kapitel über Pferdezucht, um nur einige Beispiele zu nennen.

Schon von jeher galt mein Hauptinteresse den Pferden und allem, was mit ihnen zu tun hat. Ich wurde praktisch im Pferdestall geboren. Drei Tage nach meiner Geburt gewann mein Vater die Internationale Hochsprungkonkurrenz bei der Olympia Horse Show in London! Ich kann mich nicht mehr daran erinnern, jemals reiten gelernt zu haben. Mein Bruder und ich ritten einfach. Ponys waren unsere natürlichen Fortbewegungsmittel, d.h. bei mir war es ganz zuerst ein Esel!

Das gemeinsame Interesse und die Liebe zu den Pferden sind das wunderbare Band, das – für alle anderen unerklärbar – die große Gemeinschaft der »Pferdenarren« in der ganzen Welt umschließt.

B.S.

Vorwort

Betty Skelton, liebevoll »Mrs. S« genannt, hat es in den etwa vierzig Jahren ihrer Tätigkeit verstanden, vielen Menschen, die das Glück hatten, sie als Lehrerin zu haben, von ihrer lebenslangen Erfahrung mit Pferden abzugeben und dem Pferd immer neue Freunde zu gewinnen.
Daß ihr früheres Hobby für Mrs. S überhaupt zu einem Beruf wurde, ist mehr einem Zufall zu verdanken. Es war um 1934, als sie sich als frischgebackene Ehefrau nach einer Möglichkeit umsah, ihrem Hobby, dem Reiten, weiter nachzugehen, ohne das sie sich ihr Leben nicht vorstellen konnte. Erfinderisch wie immer, begann sie, die Pferde in einem Stall an ihrem Wohnort zu reiten; als Entgelt erteilte sie den Schülern kostenlosen Unterricht. Außerdem begann sie, Ponys an Kinder auszuleihen, und langsam, aber für jemanden, der so voller Enthusiasmus und Vitalität steckt wie Mr. S, eben zwangsläufig, wuchs sich das Unternehmen zu einem eigenen Stall mit über 60 Pferden und Ponys aus, von denen sie viele selbst gezogen hat. Ihrer Zucht entstammen eine ganze Reihe erstklassiger Show-Ponys und Hacks, die ihre Tochter sehr erfolgreich auf Turnieren vorstellte. Einige Jahre darauf durfte ich die nächste Generation, die Nachkommen jener Siegerpferde, auf Turnieren reiten, und heute werden sie von Bettys Enkelin vorgestellt. Sie ist auch auf vielen Fotos in diesem Buch zu sehen.
Mrs. S hat großen Anteil an meiner reiterlichen Laufbahn gehabt. Von fünf bis neun Jahren hatte ich jeden Dienstag und Donnerstag nachmittag Unterricht bei ihr. Mit Geduld und Humor – und doch immer als ein ganz klein wenig furchteinflößende Respektsperson – legte sie die Grundlagen, die mir den Weg zu einem so wunderbaren und aufregenden Leben eröffnen sollten, und wie viele andere fühle ich immer noch eine tiefverwurzelte Zuneigung und Dankbarkeit für sie.
Neuerdings inspiriert Mrs. S Reiter auf eine etwas andere, leicht von der reinen Praxis abweichende Art. Eine böse Knieverletzung zwang sie, monatelang das Bett zu hüten, wirklich eine Katastrophe für jemanden, der so aktiv ist wie sie. Betty Skelton aber ließ sich nicht unterkriegen, sondern griff zur Feder und brachte das, was sie sonst ihre Reitschüler lehrt, zu Papier. Ihre Bücher und Artikel stecken voller Anekdoten und persönlicher Erfahrung, so daß man beim Lesen das Gefühl hat, sie selbst sprechen zu hören.
Dies ist durchaus nicht ihr erstes Buch, aber es ist wahrscheinlich das umfassendste in seiner Art. Um sich einer so gewaltigen Aufgabe zu unterziehen, bedarf es wohl des Mutes und der Entschlossenheit einer Mrs. S.

Lucinda Prior Palmer
Europameisterin der Vielseitigkeitsreiter, 1975

Pferderassen

Das Pferd, wie wir es heute kennen, hat Jahrmillionen der Entwicklung hinter sich. Ursprünglich war unser vielgeliebtes und -gerühmtes Pferd ein kleines Geschöpf, dem die Wissenschaftler etwa mittlere Hundegröße zubilligen. Es besaß fünf Zehen und sah, wenn man den Rekonstruktionen glauben darf, eigentlich mehr wie ein Otter aus! Seine Nahrung waren die Gräser und Kräuter, die die Täler und Ebenen zu bieten hatten, und da es nun einmal kein angriffslustiger Fleischfresser war, bestand seine Verteidigung darin, daß es schneller laufen konnte als jeder Angreifer. Dieser Urinstinkt, vor einer Gefahr zu flüchten, ist auch heute noch im Unterbewußtsein jedes Pferdes übermächtig.

Um die Zeit, als der Mensch auf der Erde erschien, wurde das Pferd dem heutigen *equus caballus* ähnlicher, aber noch immer lag eine große Entwicklung vor ihm. Seine Bedeutung für den vorgeschichtlichen Menschen geht jedoch aus den vielen Höhlenzeichnungen hervor, die Pferde in den verschiedensten Lebenslagen zeigen. Damals zähmte der Mensch das Pferd und machte es zum Haustier, das als Transportmittel seine Lasten trug, aber auch sein Gefährte beim Reiten und Jagen wurde. Die Künstler aller Länder und Kulturen haben sich auf Tongefäßen, in Skulpturen, auf Gemälden und Wandteppichen immer wieder mit der Beziehung zwischen Mensch und Pferd auseinandergesetzt. Und seit man begann, Ereignisse schriftlich festzuhalten, hilft uns eine umfangreiche Literatur, die Entwicklung des Pferdes weiterzuverfolgen, so daß wir über eine mehr oder weniger vollständige Vorstellung verfügen, wie sich die verschiedenen Rassen, die wir heute kennen, entwickelt haben. Ganz offensichtlich sind alle Pferde aus den vielen Herden kleiner Wildpferde und Ponys entstanden, die die Kontinente durchstreiften. Je nach Umweltbedingungen entwickelten sich früh schon Unterschiede zwischen diesen Herden, und so entstanden meiner Meinung nach die

Die berühmten »Chinesischen Pferde« aus den Höhlen von Lascaux in Frankreich. Sie stammen aus der Steinzeit.

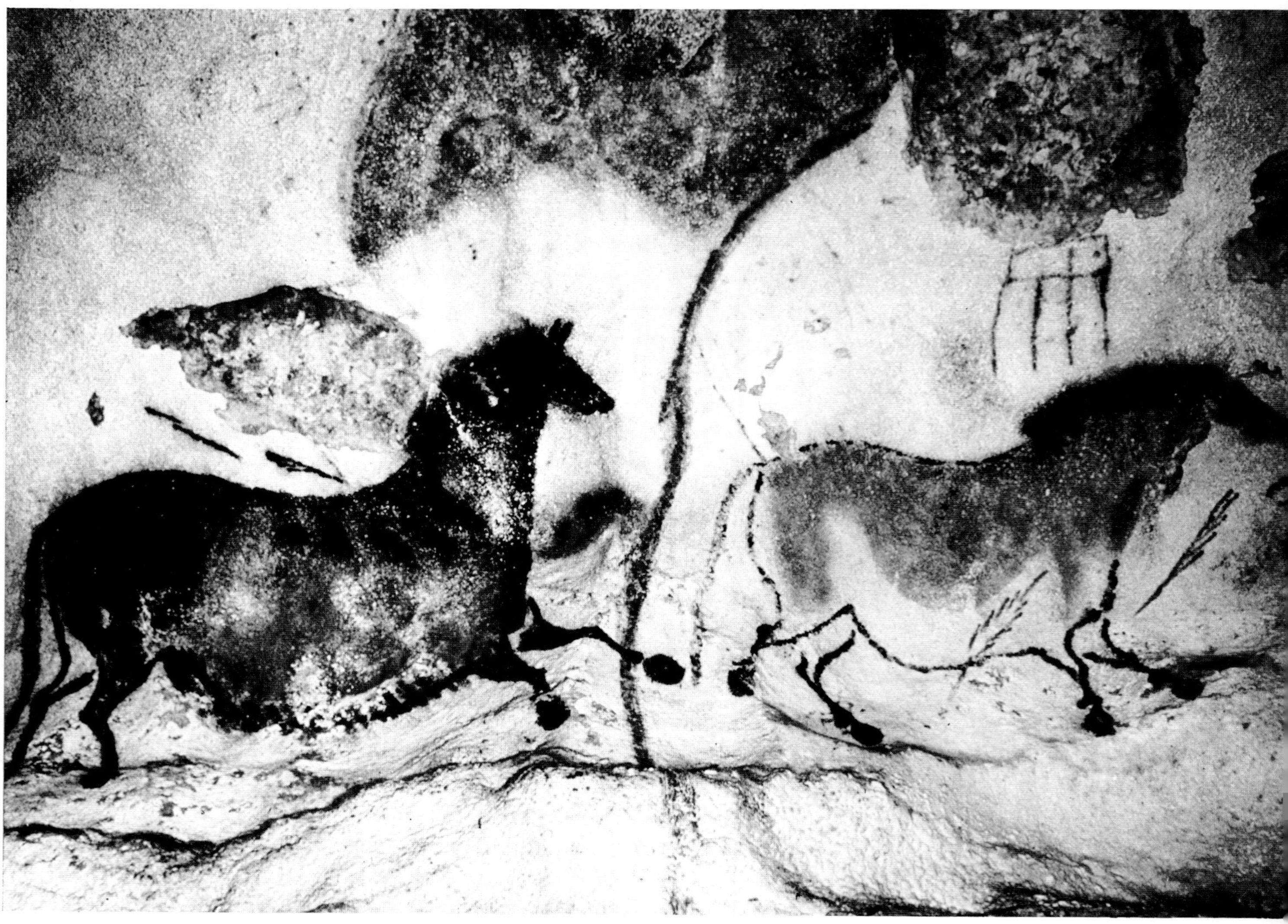

Links: Assyrer auf der Jagd, Bas-Relief aus dem 9. vorchristlichen Jahrhundert

Unten: Im 14. Jahrhundert v. Chr. wurde dieses Pony in Ägypten gemalt.

verschiedenen Rassen. Bei spärlicher und ärmlicher Nahrung konnten die Tiere natürlich nicht so groß werden wie anderswo, wo es Gras in Hülle und Fülle gab. Leichter oder schwerer Knochenbau hing vom Fehlen oder Vorhandensein bestimmter Mineralstoffe im Wasser ab. Heute können wir gesicherte und interessante Vergleiche ziehen. Das nach seinem russischen Entdecker, Oberst Przewalski, genannte kleine Wildpferd z.B. ähnelt in Bau und Gestalt sehr einer englischen Ponyrasse, dem *Exmoor Pony.* Dies deutet darauf hin, daß beide Rassen irgendwann einmal aus demselben Ursprung hervorgegangen sind, auch wenn wir nicht genau wissen, wann und wie. Ebenso legt die Ähnlichkeit im Knochenbau der norwegischen Fjordpferde und der Islandponys nahe, daß auch sie gemeinsame Ahnen hatten.

Manche Wissenschaftler gehen noch einen Schritt weiter und sagen nicht nur, daß alle modernen Pferderassen aus den Wildpferdherden hervorgingen, sondern daß es vier verschiedene Typen von Urwildpferden bzw. -ponys gab, die in verschiedenen Teilen der Welt zu Hause waren. In Nordwesteuropa und im nördlichen Eurasien lebten anscheinend verschiedene Arten von Ponys. In Zentral- und in Westasien gab es zwei weitere Pferdetypen, wobei die Pferde aus Zentralasien wohl die größeren waren. Pferde wurden hauptsächlich als Transportmittel oder als Last- und Arbeitstiere verwendet. Nur wenn sich die Rasse eines bestimmten Gebietes für einen dieser Zwecke nicht besonders eignete, begann der Mensch, züchterisch zu experimentieren, und kreuzte verschiedene Pferdetypen. Das war der Ursprung der »selektiven Zucht«. Dann weitete sich der Pferdehandel international aus, und manchmal wurden Eroberungskriege nur geführt, um an bestimmte Pferde zu gelangen, die sich zur Zucht neuer Rassen eigneten.

Przewalski-Pferde

Das angestrebte Zuchtziel war meistens das große, schwere Pferd. Im Mittelalter gab es das »Großpferd« in ganz Europa. Diese massigen, starken Tiere galten als äußerst wertvoll, und man konnte ihre Größe und Zugkraft nicht genug rühmen. Gleichzeitig gab es aber auch viele schlankwüchsige Arbeitspferde, denn sehr schwere Pferde waren z.B. nicht wendig genug für die Arbeit in hügeligem Land, also kreuzte man den schweren mit dem leichten Typ und erhielt eine Art Kompromiß zwischen Wendigkeit und Größe. Durch selektive Zucht scheinen im Mittelalter sowohl in England als auch auf dem Kontinent zwei Hauptpferdetypen entstanden zu sein - das große Pferd, das stark genug war, Ritter in ihrer schweren Rüstung zu tragen, das aber auch in der Landwirtschaft eingesetzt wurde, und der »Zelter«, ein leichteres Reitpferd, das auch vor nicht allzu schwere Wagen gespannt wurde.
In unserem Jahrhundert hat die Bedeutung des Pferdes eine Wandlung erfahren. Für den Krieg, für die Arbeit in der Landwirtschaft oder als Transportmittel hat es seine Bedeutung verloren, und man züchtet deshalb heute einen ganz anderen Pferdetyp. Mit dem wachsenden Interesse am Pferdesport und an den vielen Reitarten, die rein zum Vergnügen betrieben werden, stieg auch die Nachfrage nach Pferden, die sich für Sport und Freizeit eignen sollten. Schwere Pferde werden hauptsächlich gezüchtet, um diese Rassen nicht aussterben zu lassen.
Fast überall in der Welt hat man planmäßig selektive Zucht betrieben, und heute hat fast jedes Land seine »nationalen« Rassen - im Gegensatz zu den heimischen Pferdetypen -, auf die es mit Recht stolz ist. Nordamerika z.B. besitzt eine Vielzahl nationaler Rassen, obwohl es zur Zeit seiner Entdeckung überhaupt keine einheimischen Pferde dort gab. Die ersten Pferde wurden von den frühen Siedlern aus Spanien mitgebracht und in der neuen Heimat weitergezüchtet. In den späteren Vereinigten Staaten bestand - wohl als ein Erbteil des englischen Mutterlandes - ein großes sportliches Interesse für Trabrennen, und so entstanden die amerikanischen Traberrassen. Aufgrund ständiger Importe besten ausländischen Pferdematerials, das den besonderen Anforderungen dieser Rennen genügte, verfügt Nordamerika heute über die besten Rennpferde und Traber der Welt.
Ein anderes großes Land, die UdSSR, besitzt ebenso viele Rassen wie Amerika, aber sie sind meist von einem ganz anderen Typ. In Sowjet-

rußland diente das Pferd erheblich länger als Transportmittel, und in einigen besonders unwirtlichen Gegenden wird es wohl auch weiterhin konkurrenzlos bleiben. Daher entstand ein zähes, widerstandsfähiges Pferd, das der extremen Kälte gewachsen war. Es gibt in Sowjetrußland etwa vierzig anerkannte Rassen, u.a. die *Karabakh*, die *Budjonni*, die *Achal-Tekkiner* und das *Donpferd*. Auf einem Gebiet treffen sich die Interessen der Russen und der Amerikaner, und zwar auf dem Gebiet der Trabrennen. Früher gehörte der russische *Orlow-Traber* zu den besten Traberrassen der Welt.
In Europa sind eine Vielzahl von Pferderassen zu Hause. Auch hier gilt das Hauptaugenmerk inzwischen der Zucht von Reitpferden zum Vergnügen und für sportliche Zwecke, obwohl auch noch Pferde für die Landwirtschaft in geringem Umfang gezüchtet werden, hauptsächlich in gebirgigen Gegenden. Überragendes Beispiel der europäischen Pferdezucht ist auf jeden Fall das englische Vollblut, das trotz seiner verhältnismäßig kurzen Geschichte in der ganzen Welt anerkannt ist.

Oben: Die Umrisse eines riesigen Pferdes wurden aus den Kalkhügeln der Cheshill Downs in Wiltshire herausgemeißelt.

Unten: Teil des Gobelins von Bayeux, der die von Juli bis Dezember anfallenden Arbeiten zeigt

Pferde in den USA

Der Morgan

Der Morgan ist heute eine der bekanntesten amerikanischen Pferderassen, obwohl man seine Herkunft beinahe als »dunkel« bezeichnen könnte. Begründet wurde die Zucht von einem robusten kleinen Hengst, knapp 1,45 m hoch, der 1789 geboren wurde und als Begleichung einer Schuld in die Hände des Schullehrers Justin Morgan kam. Es stellte sich heraus, daß der kleine Hengst ein großer Arbeiter und erstaunlich vielseitig war. Er zog den Pflug oder einen Wagen voll Holz, war aber außerdem auch höchst erfolgreich auf der Rennbahn, und zwar sowohl unter dem Sattel als auch im Geschirr. Er wurde bekannt als »das Pferd von Justin Morgan« oder einfach »Justin Morgan«, und die Leute ließen ihre Stuten von ihm decken. Und selbst die gewöhnlichsten Stuten brachten Fohlen, die das Ebenbild des Vaters waren und die gleichen nützlichen Eigenschaften besaßen. So entstand eine neue Rasse. Die genaue Abstammung des ersten Hengstes ist unbekannt. Er soll von einem Vollblutvater und einer Arbeitsstute stammen, auch etwas Araberblut wird in seiner Ahnenreihe vermutet. Heute findet man den Morgan überall in Amerika in vielen Rollen – als Familienpferd, als Showpferd, als Springpferd oder bei Zugwettbewerben. Gutmütigkeit, Kraft, Zähigkeit, Konstitution und Ausdauer des Stammhengstes werden von Generation zu Generation weitergegeben, ebenso wie die übrigen Zuchteigenschaften: langer Hals, kurzer Rücken, starke Hinterhand. Der Morgan ist im allgemeinen braun oder dunkelbraun.

Das Quarter Horse

Dieses kräftige Pferd verdankt seinen Namen den Rennen, die die Siedler des alten Westens veranstalteten. Da die Rennbahnen erst aus der Wildnis herausgehauen werden mußten, waren sie gewöhnlich nicht länger als eine Viertelmeile *(a quarter of a mile)*. Das Pferd wurde für diese »Rennpfade« gezüchtet und war sehr schnell über kurze Distanzen. Anfänglich kreuzte man Vollbluthengste mit leichteren Arbeitspferden, vermutlich spanischer und englischer Herkunft. Berühmter Ahnherr der Zucht war ein kleiner Vollbluthengst namens »Janus«. Er besaß eine sehr starke Hinterhand und prägte wie »Justin Morgan« (s. oben) seine Nachkommen sehr stark. Er lebte von 1756 bis 1780. Heutzutage ist das Quarter Horse in Amerika sehr beliebt, besonders für die Arbeit mit Rindern und für ländliche Wettbewerbe. Es ist so stark, dabei aber gleichzeitig so ruhig und ausgeglichen, daß es mit größter Schnelligkeit und Präzision starten bzw. bremsen kann, ohne sich je dabei aufzuregen. Es ist das ideale Pferd für jede Art von »Western Riding«. England hat viele Quarter Horses für Cowboy-Clubs eingeführt, andere wurden nach Australien und Neuseeland exportiert und arbeiten dort auf den Farmen.

Morgan-Stute mit Fohlen

Quarter Horse

Das Tennessee Walking Horse

Wie das American Saddle Horse wurde auch das Tennessee Walking Horse ursprünglich von den Plantagenbesitzern des Südens gezüchtet, die ein Pferd brauchten, das sie geruhsam und bequem über ihre Plantagen trug. Stammvater war ein 1886 geborener Hengst gemischter Abstammung, hauptsächlich aus Morgan-Blut und Vollblut. Wie der erste Morgan-Hengst, vererbte auch er seinen Typ mit großer Treue über mehrere Generationen. Hauptzuchtmerkmal ist eine Spezialgangart, der »running walk«, der bei den Pflanzern sehr beliebt war. Außerdem zeichnet sich diese Zucht durch ein ruhiges Temperament und gutmütige Intelligenz aus. Das Tennessee Walking Horse ist ein großes, solide aussehendes Pferd mit muskulösem Hals und sehr kräftiger Hinterhand. Am häufigsten sind Braune, Füchse oder Rappen.

Der Amerikanische Traber (Standard Bred)

Standard Bred ist der offizielle Name der amerikanischen Traber, die für die Sulkys der beliebten Trabrennen gezogen wurden. Die Zucht geht zurück bis ins späte 19. Jahrhundert, als für das American Trotting Register Zulassungsbedingungen eingeführt wurden, die auf Schnelligkeit basierten. Alle europäischen Traberrassen verdanken dieser Zucht bestimmte Merkmale. Begründet wurde die Zucht von einem Hengst, der als »Hambletonian« bekannt wurde und englisches Vollblut sowie das Blut des Darley Arabian (s. S. 24) in seinen Adern führte. Pferde dieser Zucht ähneln dem Vollblut, sind aber meist etwas schwerer gebaut und haben einen längeren Rücken und kürzere Beine. Außerdem bescheinigt man ihnen größere Ausdauer und größeres Stehvermögen, wesentliche Eigenschaften für die kräftezehrenden Rennen.

Der Appaloosa

Der Appaloosa, eine der berühmten mehrfarbigen amerikanischen Pferderassen, wurde nach einer Gegend in Zentral-Idaho und im östlichen Washington, dem Palouse Country, benannt. Er stammt von spanischen Pferden ab, die mit Kolumbus nach Amerika kamen. Einige dieser Tiere fielen den Nez Percé-Indianern in die Hände, die als überragende Pferdezüchter und Reiter berühmt waren und eine Vorliebe für »bunte« Pferde hatten. Sie züchteten den Appaloosa in

Tennessee Walking Horse

der Hauptsache wohl als Kriegspferd. Heute sind die Appaloosa wegen ihrer attraktiven und ungewöhnlichen Zeichnung, ihrer Schönheit und ihres Adels, einem Erbteil ihrer arabischen Urahnen, als Schau- oder Zirkuspferde sehr gefragt. Zeichnung und Farbe können sehr verschieden sein, aber bei den meisten herrscht die »Schabracken-Zeichnung« vor. Damit ist eine weiße Fläche am Körper gemeint, die mit dunklen Flecken oder Punkten bedeckt ist. Die Tiere können aber auch weiße Flecken auf einer dunklen Grundfarbe aufweisen, die als »Schneeflokken« bezeichnet werden. Ein Pferd mit heller (nicht weißer) Grundfarbe und dunklen Flecken heißt »Tigerscheck«, und einen Rotschimmel mit weißen Flecken nennt man »Marmorscheck«. Die Maulpartie ist rosa-grau gesprenkelt, die Hufe weisen vertikale weiße Streifen auf.

Der Mustang

Der Name Mustang kommt vom spanischen *mestengo* und bedeutet »Fremder«. Die Mustangs waren ursprünglich die Pferde der spanischen Kolonisatoren Amerikas. Tiere, die aus Siedlungen ausbrachen oder sich selbst überlassen wurden, gediehen in der neuen Umgebung unglaublich gut, und bald durchstreiften riesige Herden verwilderter Pferde den nordamerikanischen Kontinent - von Mexiko bis nach Kanada. Die Indianer fingen sie ein, wenn sie Pferde brauchten, und die Cowboys richteten sie für ihre Arbeit ab. Aufgrund ihrer Lebensbedingungen in der Wildnis waren die Mustangs meist kleine, zähe und drahtige Pferde - alles andere als

Oben: Amerikanisches Saddle Horse

Unten: Pinto-Stute mit Fohlen

hübsch, eher dürr und struppig. Ab und zu war aber eines darunter, bei dem die spanischen Ahnen durchschlugen und dessen Schönheit - besonders neben seinen sehr gewöhnlichen Verwandten - dermaßen hervorstach, daß es zur Legende wurde. Von diesen Ausnahmen handeln die Filme über wilde Pferde, von denen manche berühmt wurden. Heute gibt es keine echten Mustangs mehr. Sie wurden durch die Einführung von Hengsten der verschiedensten Rassen, darunter *Araber, Vollblüter, Quarter Horses* und andere eingetragene amerikanische Zuchten, veredelt.

Das American Saddle Horse

Diese Zucht entstand zu einer Zeit, als die Siedler sich ein temperamentvolles Pferd wünschten, das harten Umweltsbedingungen gewachsen, gleichzeitig aber gehfreudig und bequem genug war, um auch Langstreckenritte zu einem Vergnügen zu machen. Entstanden ist die Zucht in Kentucky. Die dortigen Plantagenbesitzer hatten sich zum Ziel gesetzt, ein Pferd zu züchten, das sie in langsamer Gangart bequem über ihre Besitzungen trug. Dazu importierten sie Pferde aus dem Ausland, so daß die Zucht auf englischem, spanischem und französischem Blut aufgebaut ist. Heute ist das Saddle Horse ein besonders gut ausgebildetes Pferd, das außer den drei Grundgangarten Schritt, Trab und Galopp auch die künstlichen Gangarten »runnig walk« und »slow« bzw. »fast rack«, eine Art Rennpaß, beherrscht. Es gibt daher *three-gaited Saddle Horses* (sozusagen »Dreigang-Pferde«) und *five-gaited Saddle Horses* (die fünf Gangarten beherrschen, s. S. 183). Ein Saddle Horse im »fast rack«

Appaloosa

ist ein äußerst aufregender Anblick. Die Zucht ist in Amerika sehr beliebt und aufgrund ihrer stolzen Bewegungen eine Zucht von Show-Pferden. Die Schweifhaltung wird dadurch erreicht, daß die Muskeln an der Schweifrübe durchtrennt werden (eine Praxis, die in England und Deutschland schon seit vielen Jahren verboten ist), um den Schweif in die richtige Haltung zu bringen. Der schön geschwungene Hals und die stolze Kopfhaltung sind jedoch angeborene Zuchtmerkmale.

Der Pinto (Schecke)

Die »bunten« Pintos sind allen Freunden von Wildwest-Filmen bestens bekannt. Ein Schecke ist ein Pferd oder Pony mit unregelmäßigen braun-weißen oder schwarz-weißen Flecken, wobei entweder die hellen oder die dunklen Flecken vorherrschen. Früher ritten die Indianer am liebsten Pintos, weil sie nicht nur schnell und behende, sondern durch ihre merkwürdige Zeichnung gut getarnt waren. Die Scheckzeichnung kam bereits im alten Ägypten, Persien und China vor, und heute findet man Schecken überall in Nord- und Südamerika. Western-Reiter ziehen »bunte« Pferde (d.h. solche mit mehrfarbigem Fell) jedem einfarbigen vor. In der Zucht erweisen sich bestimmte Farben immer wieder als dominant, und die meisten Scheckstuten vererben anscheinend ihre Zeichnung selbst dann, wenn sie von einem einfarbigen Hengst gedeckt wurden. Genaugenommen sind Schecken keine eigene Zucht, und die meisten Züchtervereinigungen tragen gescheckte Pferde nicht ein. Ihre Beliebtheit ist aber dennoch so groß, daß in Amerika eine »Pinto Horse Society« gegründet wurde. Die Eintragungsbedingungen sind sehr streng; eingetragen werden nur Pferde, die von einem reingezogenen Hengst (gleich welcher Zucht, mit Ausnahme der Pferde mit künstlichen Gangarten) abstammen. Zuchtziel ist die Veredelung und Konsolidierung des Pinto.

Pferde in Südamerika

Der Criollo

Diese intelligenten kleinen Pferde mit dem kurzen, geschlossenen Rücken und den breiten Köpfen sind in Argentinien zu Hause, einem Land, das für seine Rinderfarmen und Pferde berühmt ist. Der Ursprung der Criollos läßt sich zurückverfolgen bis zur Landung der Spanier im Jahre 1535, als Don Pedro Mendoza - der Gründer von Buenos Aires - hundert andalusische Hengste und Stuten ins Land brachte. Als Buenos Aires von den Indianern geplündert wurde, flohen einige Pferde auf die Pampas und verwilderten. Die äußerst harten Umweltbedingungen führten zu einer selektiven Zuchtwahl: nur die besten Tiere überlebten. Zu den Schwierigkeiten, mit denen die Pferde fertig werden mußten, gehörten große Temperaturschwankungen, Frost, Dürreperioden, Überschwemmungen und Staubstürme. Physische Schwächen wurden dadurch bald ausgemerzt, denn schwache Pferde lebten meist nicht lange genug, um sich fortzupflanzen. Es ist also kein Wunder, daß Härte und Ausdauer zu den hervorragendsten Charaktereigenschaften der Criollos gehören, obwohl sie durch »Veredelung« mit europäischen Hengsten einmal fast zugrunde gegangen wären. Gott sei Dank tat sich eine Reihe von Züchtern zusammen und gründete 1918 eine Gesellschaft zum Schutz und für den Fortbestand der Zucht. Seither werden nur noch die besten Exemplare als Zuchttiere verwendet.

Criollos werden nur noch um 1,45 m groß, bleiben also allgemein etwas kleiner als ihre Vorfahren, was auf ihre harten Lebensbedingungen zurückgeführt wird. Wahrscheinlich haben diese Bedingungen auch zur Entwicklung der charakteristischen graubraunen Farbe beigetragen, die so gut zu den öden Sandflächen und dem von der Sonne verbrannten Gras ihrer Heimat paßt.

Das argentinische Polo-Pony

Von argentinischen Polo-Ponys war zuerst die Rede, als die Argentinier ihre wendigen Cow-Ponys zum Polospielen benutzten. Als der Sport immer wichtiger wurde, kreuzte man Vollbluthengste ein, die mehr nach ihrem kompakten Äußeren als nach ihrer Schnelligkeit ausgesucht wurden. Vor dem Ersten Weltkrieg übernahmen englische Züchter dann diese Methode. Das argentinische Polo-Pony zeigte jedoch bemerkenswertes Talent, und als schließlich die Siegermannschaften von Nord- und Südamerika mit argentinischen Ponys spielten, wurden diese Tiere bei den Polospielern in der ganzen Welt Mode.

Cowboys in den Anden auf einheimischen südamerikanischen Ponys

Polo-Ponys in voller Aktion

Seit einiger Zeit wird die Zucht etwas strenger kontrolliert, und auf einigen Gestüten wird nur noch mit Stuten gezüchtet, die ihren Wert auf dem Polofeld bewiesen haben. Deshalb sind sie jetzt auch eine anerkannte Zucht, und jedes Jahr gehen ausgebildete Polo-Ponys von Argentinien überall dorthin, wo Polo gespielt wird.

Der peruanische Paso fino

Wie der argentinische Criollo stammt auch der peruanische Paso fino ursprünglich von den andalusischen Pferden ab, die die Spanier auf ihren Eroberungsreisen mit nach Südamerika brachten. Auffallendstes Merkmal ist der Gang, der dem Paß verwandt ist. Beim Paßgang bewegen sich die Gliedmaßen auf derselben Seite im gleichen Augenblick, also erst Hinterbein und Vorderbein der einen, dann Hinterbein und Vorderbein der anderen Seite. Die meisten Reitpferde treten im Trab mit dem diagonalen Beinpaar vor, der Paßgang hat dagegen einen gewissen stoßdämpfenden Effekt und läßt den Reiter sehr angenehm im Sattel sitzen. Dieser Aspekt der Bequemlichkeit stand bei der Entstehung der Zucht im Vordergrund, weil die Paso finos ursprünglich speziell für weite Ritte über die Ebenen, Felspfade und Bergpässe des Landes gezüchtet wurden. Für diese Aufgabe brauchte man außerdem ein Pferd, das ausdauernd und willig war. Der Ursprung der Zucht liegt etwa 300 Jahre zurück, und das Zuchtmaterial wurde immer mit großer Sorgfalt ausgewählt. Schönheit, stolze Haltung und angenehmes Temperament waren Voraussetzung, und darin liegt zweifellos das Geheimnis dieser Zucht, die noch heute hervorragende Pferde liefert. Sie sind meist braun oder fuchsfarben, es gibt jedoch auch Schimmel und Rappen. Weiße Abzeichen am Kopf, z. B. Blessen, kommen häufig vor. Paso finos sind zwischen 1,40 m und 1,52 m groß und trotz ihres Adels und ihres offensichtlich leichten Knochenbaus ungeheuer hart und zuverlässig, so daß sie große Entfernungen mit erstaunlicher Geschwindigkeit zurücklegen können.

Pferde in Österreich

Der Lipizzaner

Den schönen, berühmten Lipizzanern sieht man ihre andalusischen Vorfahren (s. S. 34) noch heute deutlich an, sie stammen aber auch von einer besonderen böhmischen Rasse, den *Kladrubern*, ab. Äußerlich sehen sie mit ihrem kleinen Kopf, dem mächtigen Hals, dem kurzen Rücken und der kraftvollen Hinterhand dem Andalusier ähnlich. Im allgemeinen werden sie zwischen 1,45 m und 1,55 m groß, sind also eher klein. Durch ihre stolze Haltung wirken sie jedoch größer, als sie wirklich sind. Ihren Namen erhielten sie nach dem Gestüt, das die Erzherzöge von Österreich in Lipizza - im heutigen Jugoslawien - gründeten. Von jeher war die Zucht mit der berühmten Wiener Hofreitschule und dem dort gepflegten Reitstil verbunden. Die Reitschule geht zurück auf das Jahr 1572. Hier wurden die spanischen Pferde des kaiserlichen Hofes ausgebildet und vorgeführt, und deshalb heißt sie noch heute Spanische Hofreitschule.

Lipizzaner sind die idealen Pferde für Schauzwecke, und viele von ihnen sind in andere Länder importiert worden, z. B. nach Polen, Ungarn, Jugoslawien, der Tschechoslowakei und den USA. Meine erste Begegnung mit dieser Rasse verdanke ich einem tschechischen Flüchtling, der 1947 zwei Hengste aus der Spanischen Hofreitschule nach England gebracht hatte. Einer war voll ausgebildet und brachte mir eine Menge bei, der andere war noch jung und lernte von mir das Springen. Von diesen beiden Pferden weiß ich, daß Lipizzaner sehr bequeme Reitpferde sind, die zugleich sehr schnell lernen.

Die Blutlinien der berühmtesten Hengste, die zwischen 1767 und 1819 der Zucht zugeführt wurden - Maestoso, Conversano, Neapolitano, Pluto, Favory und Siglavy - tauchen noch heute in der Abstammung der Lipizzaner auf und bilden einen Teil ihres Namens. Die traditionelle Schimmelfarbe ist im Laufe der Zeit dominant geworden. Das Fell ist von besonders leuchtendem Weiß mit gelegentlichen schwarzen Flekken. Früher gab es auch in Österreich andersfarbige Lipizzaner, aber im bekanntesten Gestüt, in Piber, kommen die Fohlen mit schwarzem Fell zur Welt und werden mit der Zeit Schimmel. Dunkle Lipizzaner gibt es noch in Ungarn und der Tschechoslowakei.

Lipizzaner-Stuten mit Fohlen

Der Haflinger

Alle echten Haflinger gehen auf einen Halbblut-Araber namens El Bedavi XXII. zurück. Die Zuchtgrundlage sollen alte europäische Ponys gewesen sein, die sich an die Berge anpaßten und später durch diese Zufuhr von orientalischem Blut veredelt wurden. Heute sind alle Haflinger Füchse, kleine, harte Pferde von höchstens 1,45 m Stockmaß, mit hellen Mähnen und Schweifen. Sie sind Gebrauchspferde mit herrlichem Temperament, kräftig gebaut, jedoch willig und gehfreudig. Sie werden hauptsächlich zur Arbeit im Geschirr eingesetzt, gehen in Tirol aber auch unter dem Sattel. Ihre attraktive Farbe zusammen mit ihrer Härte und ihrem guten Temperament hat sie auch in anderen Ländern bekannt gemacht, so daß sie heute viel exportiert werden.

Haflingerherde

Pferde in Belgien

Der Brabanter

In Holland, Belgien und einigen Regionen von Nordfrankreich wurden lange Zeit hervorragende Kaltblüter gezüchtet, von denen der Brabanter einer der besten ist. Die Herkunft dieses sehr schweren Pferdes ist nicht genau bekannt, aber sicherlich haben viele verschiedene Rassen bei der Entstehung mitgewirkt. Der Brabanter ist ein Arbeitspferd, etwa 1,52 m bis 1,62 m groß, willig und gutmütig. Diese Eigenschaften haben ihn auch in anderen Ländern sehr beliebt gemacht. Sein Blut wurde häufig in neue Rassen - wie z. B. das englische *Shire Horse* - eingekreuzt. In Deutschland wurde er als »der Belgier« schlechthin bekannt und als *Rheinisch-Deutsches Kaltblut* weitergezüchtet. Auch in Rußland werden Brabanter gezüchtet.

Oben: Gelderländer-Stute mit Fohlen

Unten: Brabanter

Pferde in den Niederlanden

Das friesische Pferd

Diese Rasse ist in den Niederlanden zu Hause und eine der ältesten der Welt. Das friesische Pferd hat einen edlen Kopf auf einem außergewöhnlich wohlgeformten Hals und wurde wegen seiner stolzen und freien Haltung gern als Pferd von Königen und Generälen abgebildet. Seine Gutmütigkeit und Leichtfuttrigkeit machten es zu einem allzeit beliebten Pferd. Einmal gerieten die Vorzüge dieser Rasse durch die Einführung von spanischem Blut in Gefahr. Die Zucht büßte viel von ihrer Substanz ein und wurde immer schlechter. Mit nur drei Deckhengsten wurde eine neue Züchtervereinigung gegründet, und dank sorgfältiger Überwachung konnten die früheren Merkmale wieder konsolidiert werden.

Heute wird das friesische Pferd etwa 1,55 m groß und ist als gesundes Wagenpferd ebenso beliebt wie als Pferd für Schauzwecke.

Der Gelderländer

Die Rasse hat ihren Namen von der holländischen Provinz Gelderland, wo sie ursprünglich herstammt. Es sind kräftige, rumpfige Pferde mit viel Gangvermögen im Geschirr, weshalb sie auch als Wagenpferde sehr beliebt sind. Wegen ihres Mutes und ihrer Ausdauer sind sie für die Fahrwettbewerbe der F.E.I. sehr gefragt. Die Rasse ist alt und geht auf einheimische Stuten zurück, die vor langer Zeit mit Norfolk-Trabern, Vollblütern und Holsteinern gekreuzt wurden. Anfang dieses Jahrhunderts wurden auch Hackney-Hengste eingeführt, und durch selektive Zuchtmaßnahmen wurde ein einheitlicher Typ erreicht. Hauptsächlich kommen Füchse vor, es gibt aber auch einige Schimmel, die man allerdings kaum je im Ausland sieht. Gelderländer sind im allgemeinen etwa 1,55 m groß, obwohl sie durch ihre stolze Haltung größer wirken, und manchmal werden sie auch tatsächlich größer.

Das holländische Zugpferd

Diese Rasse entstand, weil ein schweres Pferd mit gutem Temperament benötigt wurde, das aber noch wendig genug sein sollte, um auf sandigem Boden zu arbeiten. Das holländische Zugpferd besitzt einen großen Kopf mit offenen, freundlichen Augen, aus denen das der Zucht eigentümliche gute Temperament spricht. Die Beine sind kräftig, die Hufe gesund, und die Tiere verfügen über einen guten Schritt. Seit 1925 ist kein Pferd unbekannter Abstammung mehr in das Zuchtregister aufgenommen worden.

Vor nicht allzu langer Zeit lag die Zucht sämtlicher holländischer Pferderassen noch ausschließlich in der Hand der Regierung. Dann übertrug sie die Verantwortung auf die eingetragenen Zuchtverbände, die seither ihre Hengste selbst kören. Der Export von in Holland gezogenen Pferden und Ponys wird weitgehend gefördert.

Pferde in Frankreich

Der Ardenner

Man kann den Ardenner sowohl als belgische als auch als französische Rasse bezeichnen, weil seine Heimat, das Ardenner Bergland, zu beiden Ländern gehört. Es ist ein genügsames Pferd, das sich besonders in Kriegszeiten ausgezeichnet hat – im 17. Jahrhundert und im 19. Jahrhundert war es Kavalleriepferd und im Ersten Weltkrieg Artilleriepferd. Die Zucht hat in den vergangenen Jahrhunderten verschiedene Veränderungen durchgemacht, aber der kleine Pferdetyp von heute, mit einem Stockmaß zwischen 1,45 m und 1,55 m, kommt dem ursprünglichen Typ wahrscheinlich am nächsten. Es gibt den Ardenner auch als schweres Zugpferd, aber im Zeitalter der Mechanisierung von Transport und Landwirtschaft wird der Fortbestand dieses Zuchtzweiges immer fraglicher.

Das Camargue-Pferd

Die Herden wilder Pferde, die man in der Camargue in Südfrankreich sieht, sind sehr freiheitsliebend. Sie haben eine gewisse Ähnlichkeit mit dem Przewalski-Pferd, sind aber größer (zwischen 1,32 m und 1,45 m), robuste Ponys mit kräftigen Gliedmaßen und auffallend buschigen Mähnen und Schweifen. Spuren orientalischen Blutes sind ebenfalls unverkennbar, was vielleicht auf den Einfluß von Berbern oder Arabern zurückzuführen ist, die in römischer Zeit eingeführt wurden. Die Camargue-Pferde sind fast ausschließlich Schimmel. In ihrer Heimat gibt es viele Marschen und Salzwassersümpfe, und infolgedessen scheinen diese Ponys das Wasser

Oben: Ardenner

Mitte: Pferde in der Camargue

Unten: Französischer Traber

Percheron im französischen Staatsgestüt Haras du Pin

geradezu zu lieben und gegen die Attacken von Fliegen und Mücken immun zu sein. Die Zucht wird nicht überwacht, sondern der Natur überlassen. Die Tiere sind jedoch längst nicht mehr so zahlreich wie früher, als man noch Herden von 50 Ponys und mehr frei durch die Camargue streifen sah.

Der französische Traber

Für die Entstehung des französischen Trabers um die Mitte der dreißiger Jahre des 19. Jahrhunderts herum zeichnen die normannischen Züchter von Wagenpferden verantwortlich. Sie nahmen die Stuten der Normandie, eine Mehrzweckrasse für Sattel und Geschirr, und kreuzten sie zuerst mit englischen Huntern (die ihrerseits Halbblüter waren) und später mit englischen Vollblütern. Es entstand ein sehr viel leichteres Pferd als der etwas schwere Normänner. Als diese leichten Pferde ihrerseits wieder mit Norfolk-Trabern gekreuzt wurden, entstand schließlich der französische Traber. Die ersten Trabrennen gab es in Frankreich um 1830. Ende 1850 wurden nur noch solche Hengste anerkannt und zur Zucht zugelassen, die sich auf der Rennbahn bewährt hatten. Ein Zuchtbuch wurde Anfang der zwanziger Jahre unseres Jahrhunderts angelegt, in das nur solche Anglo-Normänner eingetragen wurden, die einen Kilometer in 1 Minute 42 Sekunden laufen konnten. Ab 1942 wurden schließlich nur noch solche Pferde eingetragen, die von eingetragenen Stuten und Hengsten abstammten.

Der Percheron

Diese gutmütige, beliebte Rasse wurde vor Hunderten von Jahren von Bauern in La Perche, einem französischen Distrikt, begründet. Heute ist der Percheron weit über die Grenzen seiner Heimat hinaus bekannt und soll sogar das am weitesten verbreitete Kaltblutpferd der Welt sein. Er hat einen kurzen, stämmigen Körper und ungewöhnlich kurze Beine. Für ein Pferd mit seinem schweren Körperbau ist er überraschend wendig. Er wird vorwiegend in der Landwirtschaft eingesetzt, wo er überragende Leistungen bringt.

Das bretonische Pferd

Es gibt drei verschiedene Zuchtrichtungen, die in verschiedenen Gegenden der Bretagne beheimatet sind, aber alle starke und schwere Pferde hervorbringen. Sie unterscheiden sich hauptsächlich in der Größe, denn im Grunde sind alle bretonischen Pferde eher Arbeits- als Reitpferde. Der größte Typ ist ein massives Zugpferd von 1,55 m bis 1,65 m Stockmaß. Dann kommt das einige Zentimeter kleinere und leichter gebaute Postpferd, das für seine guten Bewegungen bekannt ist und einst sehr gefragt war für alle Fahrten, die im Trab auszuführen waren. Es soll einer Kreuzung des alten bretonischen Typs mit Norfolk-Trabern entstammen. Der dritte Typ, in der gebirgigen Gegend der Bretagne gezogen und verwendet, ist noch etwas kleiner. Das bretonische Pferd wird auch viel ins Ausland verkauft, und seine Nachkommen aus Kreuzungen mit anderen regionalen Rassen sind Pferde mit großer Arbeitsleistung und Widerstandskraft gegen harte Umweltbedingungen.

Pferde in Deutschland

In Deutschland wird die Pferdezucht schon seit Jahrhunderten staatlich gelenkt. Das Beispiel von Graf Anton Günther, der im 17. Jahrhundert das erste Landesgestüt in Oldenburg einrichtete, machte bald Schule. Allerdings bewog weder reine Nächsten- noch Pferdeliebe die Landesherren Niedersachsens und Preußens dazu, ihren Bauern gute Hengste zur Verbesserung des vorhandenen Stutenmaterials zur Verfügung zu stellen. Ihr Ziel war vielmehr die Zucht eines möglichst brauchbaren Soldatenpferdes, das sie für ihre zahlreichen Kriege dringend benötigten.

Schon damals wurden Hengste ausgetauscht und den Zuchten englisches und orientalisches Vollblut zugeführt. Trotzdem bildete sich mit der Zeit in Holstein, Hannover, Ostpreußen, Oldenburg und Ostfriesland jeweils ein eigener Typ heraus. Nach dem Zweiten Weltkrieg versuchten alle Züchter, ihre Tiere dem nun gefragten Typ des edlen Reitpferdes anzugleichen, so daß sich die früher ausgeprägten Zuchtmerkmale zu verwischen begannen. Logische Folge davon war 1976 die Propagierung des Oberbegriffes »Deutsches Reitpferd«, unter dem die Ergebnisse der deutschen Zuchten – besonders dem Ausland gegenüber – zusammengefaßt werden sollen. Die regionalen Zuchtverbände bleiben jedoch weiter bestehen.
Strenge Auslesebestimmungen sorgen dafür, daß nicht »wild« gezüchtet wird. Kein Fohlen, das nicht nachweislich von einem gekörten Hengst und einer im Stutbuch eingetragenen Mutter abstammt, erhält einen deutschen Brand. Gekört, d.h. zum Decken zugelassen, werden nur Hengste, die die Hengstleistungsprüfung bestanden haben, wobei Körperbau, Grundgangarten, Temperament und Charakter nach strengen Kriterien bewertet werden. Stuten brauchten sich bisher nicht zu qualifizieren, wohl weil die maximal etwa 15 Fohlen, die eine Stute in ihrem Leben wirft, gegenüber den Hunderten von Nachkommen, die ein Hengst hinterlassen kann, weniger ins Gewicht fallen.

Der Hannoveraner

Niedersachsen ist das größte zusammenhängende Pferdezuchtgebiet Europas. Von einem hannoverschen Pferd kann man sprechen, seit Georg II. von England, gleichzeitig Herzog von Braunschweig-Lüneburg, 1735 in Celle ein Landgestüt gründete, das im übrigen zuerst mit Hengsten der älteren und bereits sehr renommierten Holsteiner Zucht bestückt wurde.
Bekanntester Hannoveraner dürfte im Augenblick *Warwick Rex* sein, mit 184 cm Bandmaß ein Riese unter seinesgleichen und eher der Typ des »alten« Hannoveraners. Mit ihm gewann Alwin Schockemöhle 1975 die Europameisterschaft und 1976 bei den Olympischen Spielen die Goldmedaille im Springen.

Kopf eines Hannoveraners

Holsteiner-Stuten

Der Holsteiner

Im 2. Jahrhundert v.Chr. sollen die Kimbern schon in Holstein Pferde gezüchtet haben. Nach der Christianisierung ging die Zucht an die Klöster über, die mit orientalischen Importen dafür sorgten, daß das imposante Holsteiner Pferd, das Kraft und Kaliber mit Eleganz und Ausdruck zu vereinen wußte, in aller Welt beliebt wurde. Sein Bild hat sich allerdings seither gewandelt. Ursprünglich eine Kombination der alten holsteinischen Marschpferde mit spanischen und neapolitanischen Tieren, begann man im 19. Jahrhundert, immer mehr englische Vollblüter und Yorkshire-Pferde einzukreuzen. So erhielt man hervorragende Kutsch- und Reitpferde, deren sportlicher Charakter in letzter Zeit immer weiter verstärkt wird.
Wie die Bilanz von Montreal 1976 beweist, ist die Umstellung auf das moderne Leistungspferd inzwischen gelungen. Keine andere Pferderasse der Welt brachte in allen drei Disziplinen Medaillen nach Hause: *Granat* gewann unter Christine Stückelberger die Goldmedaille in der Dressur, *Madrigal* unter Karl Schultz die Bronzemedaille in der Vielseitigkeit, und *Torphy* trug mit seinen 15 Jahren unter H.G. Winkler zur Mannschaftssilbermedaille bei.

Der Trakehner

In Ostpreußen wurden schon seit den Zeiten des Deutschritterordens Pferde gezüchtet, aber die heutige bundesdeutsche Trakehnerzucht geht auf die etwa 1200 Pferde zurück, die am Ende

des Zweiten Weltkrieges unter ungeheuren Strapazen im legendären »Großen Treck« den Westen erreichten.
Der Trakehner kann kaum mit spektakulären Turniererfolgen aufwarten, aber es gibt nur wenige andere deutsche Rassen, die so viel zur Veredelung anderer Zuchten beigetragen haben (z. B. die Trakehnerhengste *Abglanz* und *Lateran* in der Hannoveraner Zucht). Die vielen Trakehnerfreunde lieben dieses Pferd einfach deshalb, weil es eines der schönsten und edelsten Reitpferde ist, wenn man ihm auch ein nicht immer ganz einfaches Temperament nachsagt.

Trakehner

Andere Rassen
Zu den ältesten deutschen Pferden gehören die *Dülmener Ponys,* die schon 1316 erwähnt werden. Sie sind 127 bis 133 cm groß und kommen häufig in Falbfarben vor. Charakteristisch ist der schwarze Aalstrich. Die Tiere leben halbwild in einem eingezäunten Bezirk in den Mooren und Wäldern des Herzogs von Croy in Westfalen. Die Stuten werden in freier Wildbahn geboren und sterben dort auch. Polnische Konik- und britische Welsh- und Exmoorhengste wurden nach Westfalen importiert und den Stuten zugeführt.
Die Oldenburger und die ostfriesische Zucht gehen auf das *Friesenpferd,* das wuchtige Schlachtroß der Ritterzeit, zurück. Später waren beide Zuchten berühmt für ihre starken, aber eleganten und nervigen Wagenpferde. Trotz eines gewissen Erfolges mit einem modernen Kreuzungsprodukt, dem *Friesenaraber,* hat sich Ostfriesland züchterisch und organisatorisch 1964 an Hannover angeschlossen, und auch in Oldenburg geht die Tendenz zum leichteren, vielseitig verwendbaren Reitpferd. In Westfalen wird auf praktisch rein hannoverscher Grundlage ebenfalls ein elegantes Leistungspferd gezüchtet, das nach dem Krieg nicht unerhebliche Erfolge im Sport verbuchen konnte.
Eine eigene bodenständige Pferderasse war der *Württemberger,* ein mittelschweres, massives Pferd mit deutlich arabischem Blutanteil, das inzwischen durch die hauptsächliche Zufuhr von Trakehner Blut ebenfalls auf den Typ des modernen Reitpferdes umgezüchtet wird.
Im Rheinland, in der Pfalz, in Hessen und Bayern, Ländern mit einer weniger langen bzw. ausschließlichen Kaltblut-Züchtertradition, wird auf der Basis angekauften Zuchtmaterials heute

Oldenburger Schimmel und Braune im Gespann

ein edles Reitpferd gezogen, das sich im Aussehen nicht von den Zuchtprodukten Holsteins und Niedersachsens unterscheidet. Auch *Brandenburger* und *Mecklenburger* führen sehr viel hannoversches Blut, wenn sie auch mehr den starkknochigen Typ verkörpern.

Pferde der Britischen Inseln

Das englische Vollblut

Vollblüter, ein Begriff, der heute gleichbedeutend mit Rennpferden ist, entstanden als Rasse in England. Seit 1793 existiert *Wetherby's Stutbuch,* in das jeder Vollblüter eingetragen sein muß. Das englische Vollblut ist wohl die bekannteste Pferderasse der Welt. Es wurde in alle Länder exportiert, obwohl es sich aufgrund seiner empfindlichen Konstitution manchmal nur schwer an extreme Temperaturen anpaßt. Die Begründung der Zucht wird Charles II. zugeschrieben, weil dieser englische König Pferderennen zu einem angesehenen und beliebten Volkssport machte. Auf der Rennbahn liefen damals schon die besten Pferde von ganz Britannien.
Zu Beginn des 18. Jahrhunderts begann man, das einheimische Pferdematerial durch die Zufuhr orientalischen Blutes zu verbessern. In der Abstammung jedes Vollblüters von heute taucht der Name von mindestens einem der drei arabischen Hengste auf, die 1705 nach England eingeführt wurden: *Darley Arabian, Godolphin Arabian* und *Byerley Turk.* Es wird zwar oft behauptet, daß diese berühmten Stammväter einheimischen Stuten zugeführt wurden, aber vieles spricht auch für die Theorie, daß die Stammütter ebenfalls orientalischen Ursprungs waren. In der Ahnenreihe heutiger Vollblüter liest man so berühmte Namen wie *Eclipse* (1764) und *St. Simon* (1883), die beide von *Darley Arabian* abstammten, während das bekannte amerikanische Rennpferd *Man O'War* ein Abkömmling des *Godolphin Arabian* war. So ist das »englische« Vollblut also wahrscheinlich ganz aus fremdem Blut entstanden, aber es wird allgemein und zu Recht als »englisch« bezeichnet, weil es seit Jahrhunderten in England gezüchtet und entwickelt worden ist.
Heute gibt es allerdings auch in den Vereinigten Staaten und in ganz Europa hervorragende Vollblüter. Besonders Frankreich hat eine erfolgreiche Rennpferdezucht, aber auch in Deutschland und Italien gibt es ausgezeichnete Vollblüter.
In Bezug auf seine Rennleistung ist der Vollblüter ohne Konkurrenz. Außerdem wurde er mit Erfolg zur Verbesserung anderer Rassen in der ganzen Welt eingesetzt. Nur Kreuzungen mit Li-

Hackney

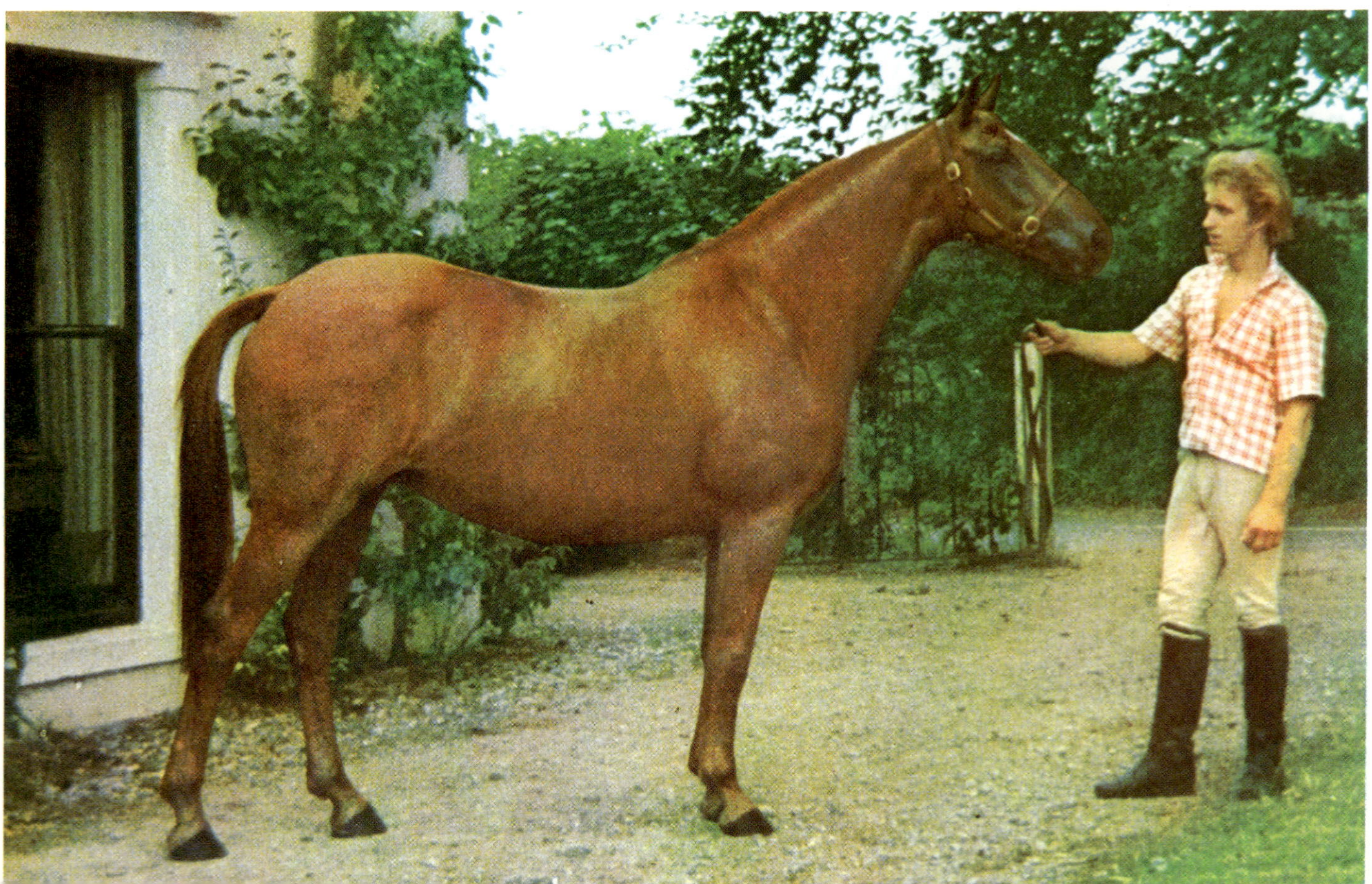
Englischer Vollblüter

pizzanern brachten interessanterweise nicht den gewünschten Erfolg. Ein guter Vollblüter hat ein Stockmaß von mindestens 1,62 m und einen Röhrbeinumfang von etwa 20 cm. Die ganze Erscheinung strahlt Eleganz und Adel aus, alle Proportionen stehen in harmonischem Gleichgewicht zueinander. Vollblüter gibt es in jeder Farbe, nur Schecken sind nicht zugelassen.

Der Hackney

Auffallendstes Merkmal des als Wagenpferd gezüchteten Hackney ist seine Trab-Aktion mit hohem Kniebug. Diese nur ihm eigene Bewegung wurde in die Rasse hineingezüchtet, deren Anfänge sich bis ins 14. Jahrhundert zurückverfolgen lassen. Der wichtigste Vorfahre des Hackney war der *Norfolk-Traber*, der orientalisches Blut hatte und anfangs des 18. Jahrhunderts als Arbeitspferd in Europa auftauchte. Er wurde dann sehr bekannt und besonders in Ostanglien gern in Trabrennen eingesetzt. Dann aber ließ seine Beliebtheit nach, obwohl er noch oft zur Verbesserung von Wagenpferde-Rassen eingesetzt wurde. Erst mit der wachsenden Zahl von Pferdeleistungsprüfungen entstand wieder ein Bedarf an auffallenden Wagenpferden, was zur Zucht eines Trabers mit besonderer Knie-Aktion anregte. 1883 wurde eine Gesellschaft gegründet, die die Rasse der Hackneys wieder förderte und den Namen *Hackney Horse Society* trug. Ein Stutbuch wurde angelegt, und die meisten Hackneys von heute können ihre Abstammung bis zu dem Hengst *Shales* zurückverfolgen, der von einem Vollbluthengst abstammte.
Seit es Autos gibt, hat sich die Zucht ganz auf die Produktion von erstklassigen Tieren für den Schauring konzentriert. Neuerdings erfreut sich eine Pony-Abteilung der Hackney Society wachsender Beliebtheit, und Hackneys, groß und klein, haben überhaupt eine enthusiastische Anhängerschaft in der ganzen Welt. In Kanada, Holland, Südafrika und den USA gibt es Hackney-Zuchtverbände mit zahlreichen Mitgliedern.

Das Irish Draught Horse und der irische Hunter

Irish Draught-Pferde waren die eigentlichen irischen Arbeitspferde, bevor Wagenpferde aus England eingeführt wurden. Es sind kräftige, energische Tiere, die ihre Arbeit auf dem Land in einem guten, gleichmäßigen Trab verrichten. Sie finden noch immer auf kleinen Farmen in den hügeligen und bergigen Gegenden Irlands Verwendung als Arbeitspferde. Heute steht die Zucht unter strenger Aufsicht, und nur solche Pferde, die keine Anzeichen einer Abstammung von Wagenpferden aufweisen, werden zur Zucht zugelassen. Im Jahre 1917 wurde ein Stutbuch angelegt, in das die Pferde nur nach vorheriger Musterung eingetragen werden. Die Jahre 1914–1917 bedeuteten einen bösen Aderlaß für die Zucht, denn viele Irish Draughts, die damals zum Kriegsdienst eingezogen wurden, kehrten nicht mehr zurück. Später wurden viele als Schlachtpferde ins Ausland verkauft, aber kürzlich konnte ich zu meiner Freude ausgezeichnete Vertreter dieser Zucht auf einer regionalen Schau in den Bergen bewundern.
Noch berühmter als die Irish Draught-Pferde ist der irische Hunter, der aus einer Kreuzung von Irish Draught-Stuten mit Vollbluthengsten hervorging. Hunter sind gut gebaute, zuverlässige Pferde, die ursprünglich für die Fuchsjagd gezüchtet wurden und daher außerordentlich widerstandsfähig sind. Viele internationale Springpferde gehören diesem Typ an.
Bei der Bezeichnung »Hunter« handelt es sich nicht um einen Rassenamen. Jeder Pferdetyp, der für die Jagd (engl. *hunt*) geeignet ist und dafür verwendet wird, darf so genannt werden, egal welcher Rasse er angehört. Üblicherweise wird die Bezeichnung aber auf Pferde ange-

Irisches Zugpferd (Irish Draught)

wandt, die speziell für die Erfordernisse des Jagdsports gezüchtet und trainiert worden sind. Meist haben sie Vollbluteinschlag.
Ein guter Hunter hat eine für schwieriges Gelände geeignete Konstitution und eine Fülle von Eigenschaften, die für die Jagd unerläßlich sind. Seine kraftvolle Hinterhand ermöglicht es ihm, leicht über Hindernisse zu setzen. Die abfallenden Schultern fangen den Stoß beim Sprung gut auf, und ein starker Widerrist hindert den Sattel des Reiters am Rutschen.
Der Hunter ist sowohl ein exzellenter Springer als auch ein ausdauernder Läufer. Dazu kommt ein williges Temperament, das ihn auf jeden Befehl richtig reagieren läßt. Er steht bei großer Aufregung um sich herum still, er tritt nicht nach den Jagdhunden und läßt sich von anderen Pferden nicht irritieren. Wenn er gut trainiert ist, überspringt er die schwierigsten Hindernisse furchtlos und zeigt ein sicheres Gefühl für die Erfordernisse der jeweiligen Situation.
Während ein Vollblutrennpferd oft schon mit fünf Jahren erschöpft ist und seine Karriere auf den Rennplätzen beenden muß, hat ein Hunter dieses Alters erst jetzt die richtige Kondition, um sich allen Anforderungen der Jagd gewachsen zu zeigen.
Irland ist mit Recht stolz auf seine Pferdezucht, die viele schöne und erfolgreiche Tiere für den Rennsport, die Jagd und den Springsport hervorgebracht hat. Die Kalkböden mit ihren saftigen Weiden und das milde Klima der Insel, das keinen Frost kennt, ergeben ideale Bedingungen für die Pferdezucht.

Auf den Britischen Inseln heimische Pferderassen

Auf den Britischen Inseln gibt es neun einheimische Ponyrassen. Obwohl jede Rasse ganz unabhängig existiert und ihre eigenen Merkmale und Eigenschaften hat, haben sie doch auch verschiedene Gemeinsamkeiten. Dazu gehören die geringe Körpergröße, angeborene Intelligenz, Trittsicherheit, Härte und Ausdauer, die es den Ponys ermöglichten, unter oft harten Umweltbedingungen zu überleben.

Exmoor Pony

Dartmoor Pony

Das Exmoor Pony

Diese Rasse lebt im Südwesten Englands und sieht wohl noch genauso aus wie zur Zeit ihrer Entstehung. In spärlich bevölkerten, öden Hochmooren haben die Tiere seit Jahrhunderten überlebt und sich in kleinen wilden Herden fortgepflanzt. Bei einem Stockmaß von knapp 1,20 m sind sie erstaunlich kräftig und ausdauernd und können sehr wohl einen gestandenen Mann während eines ganzen Jagdtages auf dem Rücken tragen.
Es gibt hell- und dunkelbraune sowie mausgraue Exmoor Ponys, die alle ohne jedes weiße Abzeichen sind. Auffallendstes Merkmal sind die hellgrauen, mehlfarbenen Nasen mit den schwarzen Nüstern. Auch die Beschaffenheit des Fells unterscheidet sich von dem anderer Pferde. Im Winter ist es sehr dicht, hart und drahtig. Im Sommer ist das Haarkleid hart und dichtanliegend mit bemerkenswert viel Glanz. Exmoor Ponys finden schon lange als Kinderreitpferde Verwendung, wofür sie sich geradezu ideal eignen. Für ihre Größe verfügen sie über ein außergewöhnliches Springvermögen, und aus Vollblutkreuzungen entstehen hervorragende Reitpferde, die viele Pony-Eigenschaften mit der Schnelligkeit und Leichtigkeit des Vollbluts verbinden.

Das Dartmoor Pony

Seit undenklichen Zeiten sind diese hübschen Ponys in den rauhen und steinigen Moorgegenden im äußersten Südwesten von England zu Hause. Die offenen Hochmoore ihrer Heimat, zwischen dem Ärmelkanal und der Atlantikküste, sind öde und windgepeitscht. Kein Wunder, daß dem Dartmoor Pony all die Härtemerkmale eigen sind, die man den einheimischen Rassen nachsagt. Sie werden kaum größer als 1,20 m und sind meist hell- oder dunkelbraun oder schwarz. Schimmel kommen manchmal vor, Füchse ebenfalls (in letzter Zeit allerdings kaum noch), und außer der Scheckzeichnung ist jede Farbe erlaubt. In Dartmoor leben einige wilde

Ponys mit geschecktem Fell, Nachkommen von Shetland-Ponyhengsten, die vor Jahren dort ausgesetzt wurden, um ein schwereres Kleinpony für die Arbeit in den Kohleminen zu züchten. Die Kreuzungsprodukte stellten eine echte Bedrohung der reingezogenen Dartmoor Ponys dar, weil sie sich schneller vermehrten und rasch heimisch wurden. Das echte Dartmoor Pony ist im wesentlichen ein Reitpony. Seine kurzen Beine können mehr Gewicht tragen, als man in Anbetracht der Gesamtgröße für möglich hält. Hervorstechende körperliche Eigenschaften sind ein hübscher Kopf mit auffallend kleinen Ohren sowie buschige Mähnen und Schweife.

Das Dales Pony

Kraft ist die Haupteigenschaft dieses Ponys, das mit einem Stockmaß von maximal 1,45 m zu den größten der einheimischen Rassen zählt. Es stammt aus dem Norden von England, genauer gesagt von den östlichen Hängen des Pennin. Von der Westseite kam das *Fell Pony,* und früher waren die beiden Rassen einmal fast identisch im Aussehen. Lange Zeit wurden die Tiere zur Arbeit in den Bleiminen der Dales verwendet. Das Fell Pony hat sich inzwischen mehr zu einem Reitpony entwickelt, während das Dales Pony ein kräftiges, untersetztes Arbeitspferd geblieben ist. Der rumpfige Körper sitzt auf vier gut geformten Beinen, häufigste Farben sind Schwarz oder Braun. Die Technisierung brachte die ganze Zucht in Gefahr, aber die wachsende Popularität des Reitsports auch in den Dales hat sie wieder interessant gemacht. Durch ihre Fähigkeit, noch den schwersten Reiter sicher zu tragen und zugleich so gutmütig und zuverlässig zu sein, daß man ihnen jedes Kind und jeden Anfänger anvertrauen kann, sind sie zu den beliebtesten Pferden für das Pony-Trekking in Nordengland geworden.

Das Shetland Pony

Diese kleinste aller britischen Rassen wird knapp 1,00 m groß und stammt von den Shetland-Inseln, wo der Boden felsig und das Leben hart ist. Die Inselbewohner spannten ihre Ponys vor den Wagen, ließen sie Tragkörbe mit Torf schleppen und verwendeten sie allgemein zur Arbeit auf dem Land. Heute sind sie hauptsächlich Reitponys für Kinder, obwohl ihre Ausbildung wegen ihrer geringen Größe oft Schwierigkeiten macht. Sie sind hervorragende Fahrponys und tauchen oft in den Siegerlisten von Fahr-

Dales Pony

Shetland Pony

wettbewerben auf. Shetland-Ponys gibt es in allen Farben, obwohl Rappen mit Vorliebe für Schauzwecke eingesetzt werden. Neben ihrer geringen Körpergröße sind die Hauptmerkmale ein unglaublich dickes Fell, buschige Mähne und Schweif, ein kleiner edler Kopf und ein kurzer, kräftiger Rücken mit viel Gurtentiefe.

Das New Forest Pony

Wie schon der Name sagt, kommen diese Ponys aus dem verhältnismäßig begrenzten Gebiet im mittleren Südengland, dem *New Forest*, der aus Wald und Moor besteht. In diesem Gebiet lebten bereits zähe Wildponys, bevor noch die Römer ihren Fuß auf die Insel setzten. Die Einheimischen benutzten die Ponys zur Arbeit auf dem Land und als Trag- und Zugtiere. Diese ursprünglichen Ponys sowie ihre Nachkommen lebten jahrhundertelang ausschließlich vom rauhen Gras, das dort wächst, aber nachdem der Rasse von Zeit zu Zeit Fremdblut zur »Veredelung« zugeführt wurde, findet man auch weniger harte Vertreter. Im Jahre 1852 lieh Königin Victoria ihren Araberhengst *Zorah* zu Zuchtzwekken in den New Forest aus. Danach wurde der Vollbluthengst *Field Marshall* eingekreuzt und später Ponyhengste der Highland-, Fell-, Exmoor- und Dartmoor-Rasse. Bei diesem Durcheinander von Blutlinien verwundert es nicht, daß es schwierig war, einen einheitlichen Typ festzulegen. Aber seit 1938 die *New Forest Pony Breeding and Cattle Society* gegründet wurde, blieben die wilden Herden von Fremdblut verschont. Seither hat sich ein bestimmter Typ herausgebildet, der sich offensichtlich auch weitervererbt.

New Forest Pony

Häufigste Farben sind Hell- und Dunkelbraun, die Größe schwankt zwischen 1,20 m und 1,40 m. Die New Forest Ponys sehen edler aus als die meisten anderen einheimischen Ponyrassen und sind sehr gefragt als Kinder-Reitponys, zumal sie absolut verkehrssicher sind, weil sie in ihrer Heimat ständig die grasbewachsenen Ränder der durch den Forest führenden Autostraßen abgrasen.

Connemara Pony

Highland Pony

Das Connemara Pony

Das hübsche Connemara Pony ist in Galway, der felsigen und mit Sümpfen durchsetzten Westküste von Irland, beheimatet. Wie bei allen einheimischen Rassen ist seine genaue Herkunft unbekannt, einer romantischen Theorie zufolge soll es einer Kreuzung von einheimischen Ponys mit spanischen Pferden entstammen, die 1588 von den untergehenden Schiffen der Spanischen Armada an Land schwammen. Sicher ist, daß es schon vor dieser Zeit eine einheimische Ponyrasse gab, und ebenso sicher ist, daß das Connemara Pony von heute typische Merkmale spanischer und arabischer Herkunft aufweist.
Es sind kräftig gebaute Tiere mit kurzem Rükken, gut getragenem Hals und Kopf und schönen, leichtfüßigen Bewegungen, die sie zu hervorragenden Reitponys machen. Sie werden zwischen 1,30 m und 1,45 m groß und kommen in allen Farben vor, wobei Schecken allerdings nicht in die Stutbücher eingetragen werden.

Das Highland Pony

Es gibt zwei Arten von Highland Ponys, die beide aus Schottland kommen. Von der Insel Rhum kommt das *Western Isle Pony,* ein leichter Typ, energisch und kräftig gebaut, mit einem Stockmaß von 1,30 m bis 1,40 m. Man sagt ihm einen Schuß Araberblut nach. Der Festland-Typ heißt *Garron* und ist größer und robuster. Garrons wurden von den Kleinbauern zur landwirtschaftlichen Arbeit und als Beförderungsmittel verwendet. Bei der Hirschjagd wurden sie oft dazu eingesetzt, das erlegte Wild aus den Bergen abzutransportieren. Heute sind die Garrons beliebte Familienpferde und zuverlässige Reittiere für Pony-Trekking, bei dem sie Urlauber in langsamer Gangart durch die Gegend tragen. Der leichtere Typ gibt auch ein sehr gutes Reitpony ab. Highland Ponys sind als besonders gutmütig und sanft bekannt und werden deshalb auch mit Vorliebe beim Reiten für Behinderte eingesetzt. Es gibt einen sehr aktiven Zuchtverband, jedoch keine Farbbeschränkungen außer für Schecken. Meist sind es jedoch Falben in verschiedenen Grautönen, gewöhnlich mit dunklem Aalstrich und Zebrastreifen an den Beinen. Sie haben eine anmutige Kopfhaltung, kleine Ohren, einen muskulösen, aber wohlgeformten Hals, einen kräftigen Körperbau mit genügend Tiefe und eine kurzabgedrehte, kräftige Hinterhand. Auch die Beine sind kräftig und weisen einen langen Behang auf.

Kinderponys

Aus diesen Rassen hat sich ein qualitätvolles Kleinpferd entwickelt, das nicht unbedingt eine Rasse, sondern eher einen bestimmten Typ darstellt und hauptsächlich für Schauzwecke Verwendung findet. Es ist ein Kreuzungsprodukt zwischen britischen Ponystuten und Vollblutbzw. Araberhengsten, das vom *Ponies of Britain Club* gefördert wird, der Prüfungen für Schau-Ponys und auch für Zuchtstuten und Jährlinge finanziell unterstützt.

Der Cleveland Bay

Diese Rasse gehört zu den ältesten in England überhaupt und soll wesentlich zur Zucht des heutigen Vollblüters beigetragen haben. Tatsache ist, daß Vollblütern und Cleveland Bays derselbe flache Knochenbau eigen ist, der soviel bewundert wird. Der Cleveland Bay wurde zuerst in Yorkshire gezogen und hauptsächlich als Kutschpferd verwendet. Er besitzt einen kräftigen Körperbau, einen verhältnismäßig großen Kopf, starke, muskulöse Beine und ist sehr gehfreudig. Er wird um 1,65 m groß und ist gewöhnlich braun mit schwarzen Streifen an den Beinen. Als Abzeichen ist höchstens ein kleiner weißer Stern auf der Stirn erlaubt. Besonders beliebt sind die Cleveland Bays als Grundlage für die Zucht von Huntern und Springpferden, weil sie ihre besten Eigenschaften durch Generationen

Cleveland Bay

hindurch vererben. Im Jahre 1884 wurde die *Cleveland Bay Society* zum Schutz der Rasse gegründet, weil es damals infolge vieler Kreuzungen kaum noch reinrassige Tiere gab.

Das Welsh Pony

Es gibt vier verschiedene von der *Welsh Pony and Cob Society* anerkannte Typen von Welsh Ponys:

1. *das Welsh Mountain Pony,*
2. *das Reitpony,*
3. *das Reitpony im Cob-Typ,*
4. *der Welsh Cob.*

Das Welsh Mountain Pony ist ein besonders schönes und anmutiges Tier, das oft ausgesprochene Arabermerkmale, z.B. einen trockenen Hechtkopf, aufweist. Es wird etwa 1,30 m groß und eignet sich hervorragend als Kinderpferd. Die Tiere sind lebhaft und zeichnen sich durch schöne Haltung, einen wohlgeformten Körper und wallende Mähne und Schweif aus.

Das Welsh- oder Reitpony ähnelt dem Mountain-Typ im Äußeren, ist aber größer (um 1,40 m) und läßt sich deshalb vielseitiger einsetzen. Seinen Wert hat es auf nahezu jedem Gebiet der Reiterei schon bewiesen.

Oben: Stute im Welsh Mountain-Typ mit Fohlen

Mitte: Welsh Cob

Unten: Welsh Pony

Der Cob-Typ darf nicht höher als 1,32 m sein, besitzt jedoch einen schwereren Körperbau und ist in allem die kräftigere Ausgabe des Welsh Pony. Trotz seines ausgesprochen im Cob-Typ stehenden Körpers hat er den charakteristischen Ponykopf mit den kleinen Ohren und die wallende Mähne und den Schweif der edleren Verwandten. Der Cob-Typ kann sowohl von Kindern als auch von Erwachsenen geritten werden und geht gut im Geschirr, ist also das ideale Familienpferd für alle Zwecke.

Der größte Vertreter der Welsh-Ponyrasse ist der Welsh Cob, der zwischen 1,45 m und 1,55 m groß wird. Welsh Cobs sind kräftige, lebhafte Tiere mit einem kleinen Kopf und einem gut aufgesetzten Hals, schöner, schräger Schulter und einer abgedrehten, muskulösen Hinterhand. Ursprünglich wurden sie auf den Farmen im Bergland zu jeder Art von landwirtschaftlicher Arbeit herangezogen. Sie gehen auch gut im Geschirr und sind als ausgezeichnete Traber bekannt. Früher wurden die Londoner Milchwagen fast ausschließlich von Cobs gezogen. Sie haben den wohlverdienten Ruf, ruhig zu sein und leicht zu lernen.

Die Kaltblüter

Erst vor kurzem erwachte das Interesse am englischen Kaltblüter wieder, nachdem es lange Zeit so ausgesehen hatte, als ob diese Pferderiesen, deren Herkunft sich bis ins 11. Jahrhundert zurückverfolgen läßt, zum Aussterben verurteilt wären. Als Arbeitspferde wurden sie nicht mehr gebraucht, und sonst schienen sie zu nichts mehr nütze. Dann manifestierte sich zum Glück das neuerwachte Interesse in der Gründung der *Ploughing and Heavy Horse Associations.* Tage der offenen Tür auf Bauernhöfen und in Einrichtungen wie dem *Shire Centre* fanden große Unterstützung. Viele Brauereien behielten ihre Kaltblüter, entweder als Zugtiere für kurze Strecken oder zu Reklamezwecken. In England gibt es hauptsächlich drei Kaltblutrassen:

Der Suffolk Punch
In dieser Rasse, die für ihren einheitlichen Typ berühmt ist, gibt es nur Füchse. Der Behang an den Fesseln ist sehr gering. Die Tiere sind groß und muskulös, haben einen runden Körper und viel Gurtentiefe. Sie werden in Ostanglien seit 1506 gezüchtet und wurden damals »Britannier« genannt. Aus einer Zufuhr leichteren Bluts, das ihre Arbeitseigenschaften verbessern sollte, ging der moderne Suffolk Punch hervor. Im Stammbaum aller heute eingetragenen Pferde taucht als Stammvater der 1760 geborene *Crisp's Horse of Offord* auf. Durch sorgfältige Zuchtwahl und das Verbot, irgendein Pferd ohne Tierarztzeugnis auszustellen oder zu verkaufen, ist die Rasse unvermischt und gesund geblieben. Kreuzungsversuche mit Vollblut und Arabern hatten nicht den gewünschten Erfolg.

Clydesdale

Das Shire Horse
Diese alte Rasse genoß schon immer den Ruf besonderer Größe und Stärke. Zu Zeiten Königin Elisabeths I. nannte man sie »The Great Horse of England«. Sie wurden für schwere Transporte und die Arbeit in der Landwirtschaft eingesetzt. Die besten Exemplare erreichen ein Stockmaß von mindestens 1,70 m. Shire Horses können hell- oder dunkelbraun, weiß oder schwarz sein, immer aber haben sie viel Weiß an den Beinen mit dem üppigen Behang. Sie arbeiten langsam, verfügen aber über einen raumgreifenden Schritt und sind äußerst gutmütig. Aus Kreuzungen mit Vollblut sind schwere Hunter und gute Springpferde hervorgegangen.

Shire-Stute mit Fohlen

Der Clydesdale
Diese Zucht ging aus der Kreuzung von »einheimischen« Stuten mit schwereren Schlägen hervor. Als die Straßen besser wurden, waren die Clydesdales als Zugtiere sehr gefragt, und außerdem ersetzten sie die Ponys auf den Kohlefeldern. Ihre Beliebtheit war so groß, daß ein Hengst 1911 den unglaublichen Preis von 9500 Pfund erzielte! Die Züchter legen bei dieser Rasse viel Wert auf den Gang: Bei jedem Schritt muß das Eisen zu sehen und die Hufe sollen groß und offen sein. Nur die Hinterkanten der Röhren und der Fesselkopf weisen Behang auf, der aber nicht so dicht ist wie bei den Shire Horses. Der Rücken ist kurz und geschlossen.
Die *Clydesdale Society* wurde 1877 gegründet. Clydesdales gibt es in allen Fellfarben, häufig mit weißen Abzeichen auf der Stirn und an den Hinterbeinen. Aus der Paarung mit Vollbluthengsten gehen sehr gute schwere Hunter hervor. Manchmal haben die Nachkommen aus der ersten Kreuzung noch zuviel Aktion für ein Reitpferd, aber die zweite Generation hat ihren Wert bei vielen Gelegenheiten unter Beweis gestellt.

Pferde in Ungarn

In Ungarn wurden schon seit Jahrhunderten sehr gute Pferde gezogen. Als das Land noch zur Donaumonarchie gehörte, wurden die berühmten Lipizzaner hauptsächlich im ungarischen Staatsgestüt Bábolna gezüchtet, das 1789 gegründet wurde. Die bekannteste ungarische Pferderasse ist wahrscheinlich der *Shagya* - eine Art Halbblut-Araber, der zwischen 1,45 m und 1,55 m groß wird und über hervorragende Bewegungen und außergewöhnliche Härte verfügt. Er stammt vermutlich von den primitiven einheimischen Pferden ab - einem kleinen, ausdauernden Schlag, der wahrscheinlich in den Türkenkriegen Zufuhr von arabischem, türkischem und persischem Blut erhielt und heute allgemein als *das* ungarische Pferd angesehen wird.
Der *Gidran* entstand aus der Paarung einheimischer Stuten mit Voll- und Halbbluthengsten. Er ist ein großes Reitpferd, das sich auch in anderen Ländern, besonders in Polen, großer Beliebtheit erfreut.
In der modernen Sportpferdezucht haben sich vor allem zwei um die Mitte des vorigen Jahrhunderts importierte englische Vollblüter mit ihren Nachkommen durchgesetzt: *Furioso* und *North Star*. Ihre Nachkommen sind meist braun in allen Schattierungen, mittelgroß und solide.

Ungarische Pferde

Pferde in Italien

Italien hatte zwar nie den Ruf, ein großes Pferdezuchtgebiet zu sein, es gehörte aber ohne Zweifel zu den ersten Ländern, die den Wert guter Pferde zu schätzen wußten. Im 16. Jahrhundert förderte der Hof von Neapel eine berühmte Pferderasse, die als *Neapolitaner* bekannt wurde. Neapolitaner stammten von Pferden mit spanischem Blut ab und waren zur Veredelung anderer Rassen sehr geschätzt.
In letzter Zeit hat sich - wie überall auf der Welt - das Interesse auf die Zucht von Rennpferden und Trabern verlagert. Aus der Kreuzung einheimischer Stuten mit Vollblütern und Arabern entstand der *Salerner*, ein nützliches Gebrauchspferd, das sich auch als Wagenpferd verwenden läßt. Die Nachfrage ist jedoch gering, wahrscheinlich weil Reiten in Italien kein Volkssport ist. Man darf jedoch nicht vergessen, welche entscheidende Rolle die berühmte italienische Kavallerieschule bei der Entwicklung des modernen Springstils spielte und daß italienische Reiter zur Weltspitze im Springsport gehören.

Salerner

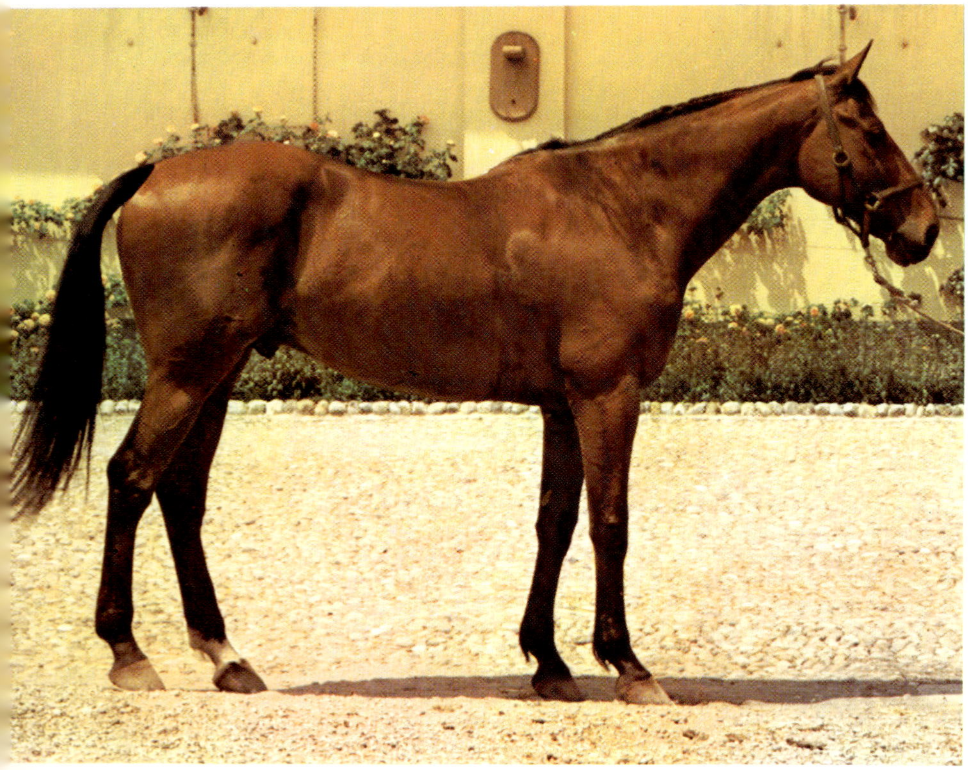

Pferde in Rußland

Rußland besitzt viele eigene Pferderassen. Die berühmtesten Pferde sind wahrscheinlich die *Orlow-Traber*, die den Namen des Grafen Orlow tragen, der die Zucht 1777 begründete. Er war ein Züchter schneller und kräftiger Wagenpferde, und seine berühmten Traber züchtete er aus englischen Vollblütern, Arabern, deutschen, dänischen und holländischen Pferden. Es entstand eine Rasse mit arabischem Kopf, der Schnelligkeit des Vollblüters und der harten Konstitution ihrer holländischen, dänischen und deutschen Vorfahren. Die Tiere erreichen ein Stockmaß von 1,65 m, haben eine breite Brust und viel Gurtentiefe, die Lunge und Herz genügend Platz bieten.
Auf der Grundlage der Orlow-Traber entstand aus Paarungen ausgewählter Stuten mit ameri-

kanischen Hengsten der *russische Traber*. Gezüchtet wurde nur mit den besten der Nachkommen, die heute eine selbständige Rasse mit eigenem staatlichem Stutbuch bilden. Die russischen Traber sind etwa ebenso groß wie die Orlow-Traber, haben viel Gurtentiefe, einen langen Hals, kurze Beine und eine muskelbepackte Schulter und Hinterhand, sind insgesamt aber schneller.
Außer den Trabern hat Rußland auch viele gute Zug- und Reitpferde hervorgebracht. Das sogenannte *russische Reitpferd* entstammt der Kreuzung von Orlow-Trabern mit dem *Rostopchin-Pferd,* einem Reitpferd, das auf arabisches und englisches Vollblut zurückgeht.

Mongolisches Pony

Das mongolische Pony

Diese alte Pferderasse bildet wahrscheinlich die Grundlage der meisten europäischen Pferderassen. Ihre Vertreter leben wild oder halbwild in der ganzen Mongolei. Die Nomaden verwenden sie als Hirten- und als Packpferde, und in manchen Teilen Chinas waren sie früher als Renn- und Polopferde sehr gefragt. Meistens sind es jedoch Wildpferde, die für sich selbst sorgen und gefangen werden, wenn man sie verkaufen will oder für einen bestimmten Zweck benötigt. Sie sind zwischen 1,20 m und 1,35 m groß und sehr zäh. Ihr Fell ist langhaarig, Mähne und Schweif sind struppig, und der Rücken ist im Verhältnis zu ihrer Größe lang. Der Hals ist nicht sehr gut entwickelt, und man sieht ihnen überhaupt an, daß Pflege oder Zuchtwahl bei ihnen keine Rolle gespielt hat. Das ist allerdings auch der Grund dafür, daß sich die Rasse jahrhundertelang unverfälscht erhalten konnte. Die in Burma und Nordindien beheimateten Ponys stammen vom mongolischen Pony ab und haben dessen Genügsamkeit bewahrt.

Das Przewalski-Pferd

Diese merkwürdige Wildpferderasse ist im selben Gebiet zu Hause wie das mongolische Pony und vermischt sich auch mit diesem. Obwohl es sich um eine unglaublich primitive Urform handelt, wurde es erst im späten 19. Jahrhundert entdeckt. Sein Aussehen läßt sich als pferdeähnlich beschreiben, obwohl es einen sehr großen Kopf und kleine Ohren hat. Der Körper ist untersetzt und nicht sehr hübsch, Hals und Schultern sind dick. Das Fell ist mausfarben, rauh und struppig. Anfang des 20. Jahrhunderts wurden einige lebende Exemplare eingefangen, deren Nachkommen in verschiedenen Zoos zu sehen sind.

Russische Pferde

Pferde in Spanien

Der Andalusier

Für viele Pferdeliebhaber gehört der Andalusier, der auf der Iberischen Halbinsel zu Hause ist, zu den schönsten Pferderassen überhaupt. Man sagt ihm einen arabischen Blutanteil nach, obwohl das von manchen Kennern bestritten wird. Eine gewisse Zufuhr von arabischem Blut zur Zeit der maurischen Besetzung erscheint jedoch nur logisch.

Sein herrliches Temperament und sein Körperbau, der ihn nicht nur zu harter Arbeit befähigt, sondern auch zu einem äußerst bequemen Reitpferd macht, waren schon zu Cincinnatus' Zeiten berühmt. Auf griechischen Darstellungen ist ein dem Andalusier sehr ähnliches Pferd zu sehen, und in der Ilias werden zwei spanische Pferde erwähnt, die Achilles vor den Wagen spannte. Spanische Pferde müssen also schon in alten Zeiten nach Griechenland gebracht worden sein, und sie sollen sowohl bei den Römern als auch bei den Ägyptern die Wagenrennen bestritten haben. Später führte der mit Isabella von Spanien verheiratete Erzherzog von Österreich spanische Pferde nach Österreich ein. Andalusier werden seit dem 16. Jahrhundert in alle Welt verkauft und hatten erheblichen Einfluß auf die Pferdezucht vieler Länder.

Ihre stolze Haltung und der erhabene Gang machen sie zu einem besonders geeigneten Schaupferd, zumal sie sehr gutmütig und lernfähig sind. Einer der größten Reiter des 16. Jahrhunderts, der englische Duke of Newcastle, nannte die Andalusier »die edelsten Pferde der Welt«. Um die Reinerhaltung der Zucht haben sich vor allem zwei Zuchtstätten verdient gemacht, das Karthäuser-Kloster von Jerez de la Frontera und das Gestüt der Familie Zapata. Vorherrschend ist die Schimmelfarbe, aber auch andere Farben werden in die Stutbücher eingetragen.

Oben: Das spanische Pferd
Links: Andalusier vor dem Auftritt

Das spanische Pferd

Das spanische Pferd entstammt einer Kreuzung von Andalusiern mit Berbern und Arabern. Die Nachkommen sind schöne, elegante Tiere von stolzer Haltung. Sie lassen sich erstaunlich vielseitig verwenden, zur klassischen Reiterei, zum Stierkampf und als Wagenpferde. Früher wurden sie auch zur Beförderung von Waren und zu leichter landwirtschaftlicher Tätigkeit herangezogen. Viele wurden nach Amerika exportiert und begründeten dort zusammen mit den einheimischen Pferden neue Rassen, so daß ein Großteil der heutigen amerikanischen Pferde auf die damaligen Importe zurückgeht.

Pferde in Skandinavien

Die skandinavischen Länder haben viele bekannte Pferde- und Ponyrassen gezüchtet, und viele Kaltblutschläge stammen aus diesem Teil der Welt.

Schweden ist ein wichtiges Pferdezuchtland, in dem sich die Regierung um die Zucht aller Rassen kümmert. Neben den Kulturrassen ist in Schweden eine einheimische Ponyrasse, das *Gotland Pony,* zu Hause. Es stammt von der Insel Gotland und geht auf eine sehr primitive Urform zurück, der es heute noch in vieler Hinsicht ähnelt. Es gibt Braune, Füchse, Rappen, Falben und Schimmel. Die Gotland Ponys sind für ihre Schnelligkeit und Ausdauer bekannt.

Der schwedische Ardenner

Die Rasse wurde um 1830 aus Belgien eingeführt und seitdem in Schweden weitergezüchtet. Es sind heute kleine, schwere, aber energische Zugpferde, die hauptsächlich zum Abschleppen von Holz aus den Wäldern eingesetzt werden. Ein Stutbuch wurde Anfang dieses Jahrhunderts angelegt. Es gibt einen Zuchtverband für den schwedischen Ardenner, der die Abstammungsnachweise aufbewahrt und die Fohlen einträgt.

Das nordschwedische Pferd

Als eigene Rasse wird das nordschwedische Pferd seit Anfang unseres Jahrhunderts geführt. Es entstand in allmählicher Vergrößerung, die dadurch erreicht wurde, daß man einheimische Stuten jeweils mit größeren Hengsten paarte, die aus Norwegen eingeführt wurden. 1944 gab es 400 eingetragene Hengste dieser Rasse mit einer jährlichen Nachkommenschaft von etwa 8000 Pferden. Die Schwerstarbeit, die die Tiere in den Holzfällerlagern in den Bergen zu leisten haben, fordert jedoch auch einen hohen Tribut. Die Regierung hat daher einen Beratungsdienst für Pferdebesitzer eingerichtet. Dies und die staatlich überwachte Körung der Deckhengste sind zweifellos dafür verantwortlich, daß diese nützliche Rasse ihren hohen Standard halten konnte.

Das schwedische Reitpferd

Ein äußerst sorgfältig erarbeitetes Zuchtprogramm, das von Anfang an strikt befolgt wurde, hat dazu beigetragen, daß die Pferde dieser Rasse heute einen hervorragenden Ruf als Dressur-, Spring- und Vielseitigkeitspferde besitzen. Der heutige Typ entstand als Pferd für die schwedische Armee, die 1868 das alte Gestüt von Stomshold übernahm. Nur die besten ausländischen Hengste wurden mit einheimischen Stuten gepaart, und mit den besten Nachkommen dieser Verbindungen wurde weitergezüchtet. Es wurden orientalische, spanische und friesische Hengste eingesetzt, später kamen auch Hannoveraner und Trakehner dazu. Der Einfluß des deutschen Blutes ist heute deutlich sichtbar. Schwedische Pferde sind in den letzten Jahren als Dressurpferde in viele Länder exportiert worden.

Schwedisches Reitpferd

Das norwegische Fjordpony
Dieses zähe kleine Pony lebt seit Jahrhunderten an der Nordküste von Norwegen. Zu seinen Vorfahren gehört vermutlich auch das Przewalski-Pferd. Schon die Wikinger hielten und züchteten Fjordponys, und im Gegensatz zu den Ponys vieler anderer Gegenden wurde es schon lange systematisch in Gefangenschaft gezüchtet. Es ist mit einem Stockmaß von 1,45 m eines der größten Ponys überhaupt. Fjordponys sind Falben mit einem dunklen Aalstrich, der bis in die dicke, aufrecht stehende Mähne läuft. Der gedrungene Körper sitzt auf kräftigen Beinen, der Hals ist kurz und dick, der Kopf wohlgeformt. Es hat sehr harte Knochen und gute Hufe. Wie auch andere Tiere, die im Gebirge zu Hause sind, ist es gewohnt, steile Abhänge zu erklettern und dabei eine enorme Kraft zu entwickeln, die es zu einem wertvollen Helfer in der Landwirtschaft oder als Packpferd macht. Das Fjordpony ist willig, gutmütig und aufgrund seiner Intelligenz leicht auszubilden. Es eignet sich darum gut als Reitpferd und wird neuerdings immer häufiger beim Pony-Trekking verwendet. Fjordponys sind berühmt für ihre Langlebigkeit.

Das finnische Pferd
Nach einer Erhebung des finnischen Landwirtschaftsministeriums leben etwa 180000 Pferde dieses Typs in Finnland. Es gibt eigentlich nur eine anerkannte Zucht, und das ist ein Gebrauchspferdetyp, der schwer genug ist, auch Waldarbeit zu leisten. Für die Zucht vorgesehene Hengste und Stuten müssen eine Zugleistungsprüfung bestehen und außerdem temperamentsmäßig geeignet sein. Körperbau, Gesundheit, Gang, Arbeitsleistung in Schritt und Trab müssen einem bestimmten Standard entsprechen. Die Rasse ist aus der Kreuzung von Ponys mit größeren Hengsten entstanden, was ein mittelgroßes Pferd ergab, das leichter als die meisten Arbeitspferde ist und schlankere Beine be-

Rechts: Norwegisches Döle-Pferd

Unten: Norwegisches Fjordpony

sitzt, dessen Kopf und Hals jedoch deutlich die Ponyabkunft verraten. Die finnischen Pferde haben starke Knochen, gesunde Beine, gute Hufe und einen runden, muskulösen Körper. Sie werden etwa 1,50 m groß und sind meist Füchse. Ihr Ruf als trittsicher, arbeitsfreudig und ungeheuer zäh ist wohlverdient.
Das in Dänemark heimische Pferd war ursprünglich ein kleines, gedrungenes Tier, das immer wieder mit holländischen, spanischen und türkischen Pferden und Vollblütern gekreuzt wurde. Daraus entstanden im wesentlichen zwei Rassen, ein Arbeitspferd und ein Reitpferd.

Der Frederiksborger
Diese Rasse stellte ursprünglich starke Reitpferde und erhielt ihren Namen nach einem 1562 von Frederick II. gegründeten Gestüt. Als das schwere Pferd für die Ritter in ihren Rüstungen nicht mehr gefragt war, entstand durch die Zufuhr von andalusischem und neapolitanischem Blut ein leichterer Pferdetyp, der sich besonders gut für die klassische Schulreiterei eignete. Das war der Frederiksborger, der einmal als eines der elegantesten Pferde von Europa galt. Er war auch eines der ersten Pferde, die mehr oder we-

Finnische Pferde

niger nur zum »Vergnügen« gezogen wurden. Gerade ihre Beliebtheit wurde der Rasse jedoch zum Verhängnis, weil die schönsten Exemplare reißenden Absatz fanden. 1839 mußte das Gestüt geschlossen werden, weil kein geeignetes Zuchtmaterial mehr vorhanden war. Die Zucht wurde nur noch von einigen Privatleuten fortgesetzt, und erst 1923 wurde eine systematische Eintragung möglich. Heute ist der Frederiksborger ein Gewichtsträger mit einem Stockmaß von etwa 1,60 m.

Der Jütländer

Obwohl viel schwerer als der Frederiksborger, entstand der Jütländer auf ähnliche Weise. Er ist ein nützlicher, mittelschwerer Kaltblüter und wurde ursprünglich für die Arbeit auf den Feldern von Jütland gezüchtet, erwies sich jedoch auch als geeignetes Zugpferd in den Städten. Die Rasse ist viele hundert Jahre alt und wird schon in mittelalterlichen Urkunden erwähnt. Sie wurde jedoch immer wieder mit anderen Rassen aus den Nachbarländern gekreuzt, und in der Abstammung der meisten heutigen Jütländer taucht ein aus England importierter Hengst namens *Oppenheim LXII.* auf, von dem man annimmt, daß er ein *Shire* (s. S. 31) war.

Der Isländer

Der Isländer ist eng verwandt mit dem norwegischen Fjordpony und stammt ursprünglich nicht aus Island. Manchen Quellen zufolge soll er mit den Wikingern auf die Insel gekommen sein, andere wieder behaupten, daß die Rasse viel älter sei und aus einer Zeit stamme, als Island noch mit dem europäischen Festland verbunden war. Es gibt recht überzeugende Beweise dafür, daß das Island-Pferd von den ersten Siedlern mitgebracht wurde, was gegen Ende des 9. Jahrhunderts gewesen sein muß. Sein Aussehen hat sich seither kaum verändert, es ist höchstens etwas kleiner geworden. Nur die zähesten Tiere überlebten die extreme Kälte und die harten Lebensbedingungen, so daß eine Rasse entstand, die mit verblüffendem Geschick über Fels, Schnee und Eis klettern kann.

Isländer sind klein, untersetzt, arbeitsfreudig und bei aller Kraft von sanftem, gutmütigem Wesen. Sie können mit sehr wenig Futter auskommen, aber die Mineralstoffe aus dem Vulkanboden ihrer Heimat verhelfen ihnen zu sehr gesunden Knochen. Die Pferde werden zwischen 1,20 m und 1,35 m groß, haben einen sehr kurzen, dicken Hals und eine dichte Mähne.

Den Tieren ist eine besondere Gangart, der Tölt, eigen. Man hat verschiedentlich versucht, die Rasse durch Einkreuzung von Vollblut zu veredeln. Auch mit Shetland Ponys wurden Kreuzungsversuche unternommen; beides blieb jedoch ohne Erfolg.

Isländer

los in Western Show-Klassen, wobei die Reiter ebenfalls Western-Kleidung tragen.
Die Farbe sollen sie Pferden verdanken, die von spanischen Siedlern nach Amerika gebracht wurden. Königin Isabella von Spanien liebte diese Farbe besonders, und in Spanien wurden sie »Isabellen« genannt.

Tigerschecken

Gefleckte Pferde, sogenannte Tigerschecken, hat es schon vor undenklichen Zeiten gegeben, was anhand von französischen Höhlenzeichnungen zu beweisen ist, die auf etwa 18000 v.Chr. datiert werden. In Asien gab es Tigerschecken um 3500 v.Chr., und gefleckte Pferde sind auf ägyptischen, griechischen und chinesischen Zeichnungen und Töpferwaren abgebildet, die um 1400 v.Chr. angefertigt wurden. Die Perser führen die Abstammung ihrer Tigerschecken auf den Hengst *Rakush* zurück, das berühmte Schlachtroß ihres Führers Rustan, der um 400 v.Chr. lebte. Und die Chinesen importierten gefleckte Pferde während der Tang-Dynastie, von 907–618 v. Chr. In England finden sich Abbildungen von Tigerschimmeln in einem Manuskript aus dem Jahre 1397. In neuerer Zeit wurde in England die *Spotted Horse of England Society* gegründet. Ausgeprägte Flecken, entweder weiß auf dunklem Hintergrund oder dunkel auf weißem Hintergrund, sind beliebter als die typischen Appaloosa-Zeichnungen wie Schneeflock-, Tiger- oder Schabrackenscheck (s. S. 14).

Links: Kopf eines Knabstrupers, einer dänischen Zucht von Tigerschimmeln

Unten: Palomino Pony

Farbrassen

Der Palomino

Palominos sind eigentlich keine Rasse. Der Name bezieht sich auf die Farbe, die mit einem frisch geprägten Goldstück verglichen wird, wobei die Mähne und der lang herabwallende Schweif weiß sein müssen. Diese hübsche Jacke hat besonders in Amerika viele Liebhaber gefunden, so daß man heute den Palomino unwillkürlich mit Nordamerika in Verbindung bringt. Er wird auch oft »das goldene Pferd des Westens« genannt.
Nur nach strenger Musterung werden Anwärter bei den *Palomino Horse Breeders of America* bzw. der *Palomino Society of Great Britain* eingetragen. Spitzenexemplare haben außer der beschriebenen Fellfarbe eine dunkle Haut und dunkle oder blaue Augen. Weiße Haut deutet auf Pigmentmangel hin, und viele Pferde sind zu hell. Palomino-Eltern bekommen oft cremefarbene Fohlen, während man die besten Farben aus Kreuzungen zwischen Palominos und Dunkelfüchsen erhält.
In Amerika unterscheidet man drei Arten von Palominos: den *Paradetyp,* den schwereren *Bridle Path-Typ* und den *Stock-Typ,* der besonders zur Arbeit mit Rindern eingesetzt wird. Am schönsten präsentieren sich Palominos zweifel-

Berber-Stute mit Fohlen

Araber

Pferde in Asien

Der Araber

Aus den kahlen Wüstengebieten des Mittleren Ostens stammt die berühmteste Pferderasse der Welt, die größeren Einfluß auf alle anderen Rassen hatte als irgendeine sonst: der Araber. Darstellungen dieses wunderschönen Pferdetyps finden sich in der Kunst seit dem 14. Jahrhundert v.Chr. Die Reinheit der Blutführung wurde von seinen Züchtern, den Nomaden Arabiens, fanatisch bewahrt. Da Araberpferde immer in enger Gemeinschaft mit ihren Reitern lebten, wurde bei der Zucht großer Wert auf ihr Temperament gelegt. Ihr sanftes Wesen hat sicher ebenso wie ihre Schönheit und Ausdauer zu ihrem Ruhm beigetragen.

Mohammed hat gelehrt, daß jedes Körnchen Gerste, das einem Pferd gegeben wird, von Gott in die Liste der guten Werke eingetragen wird. Dieses Wort sollte man nicht als die Äußerung eines sentimentalen Tierfreundes mißverstehen, sondern der Prophet wußte ziemlich genau, was er damit sagte. Die von ihm begründete Religion konnte sich nur durch gute Reiter auf schnellen Pferden so rasch in alle Welt ausbreiten. Das Ergebnis war, daß heute so gut wie alle anderen Pferderassen arabisches Blut führen. Das »heiße« Blut half bei der Veredelung kaltblütigerer

Rassen und verlieh ihnen größere Eleganz und Ausdauer.
Heute gibt es verschiedene Arabertypen, aber die reinsten kommen noch immer aus der Wüste. Die *englischen Araber* gehen zum größten Teil auf ägyptisches Blut zurück. Berühmt ist auch die *russische* und *persische Araberzucht*. Der persische Araber ist größer und hat einen weniger ausgeprägten Hechtkopf. Der *amerikanische Araber* führt hauptsächlich englisches, ägyptisches und polnisches Blut. Die *polnischen Araber* stammen von Hengsten ab, die von den Kreuzrittern ins Land gebracht wurden. Heute werden polnische Araber in alle Welt exportiert. Sie haben viele internationale Preise gewonnen. Der *französische Anglo-Araber* ist eine der besten Reitpferderassen in Frankreich, aus der die Pferde des Cadre Noir rekrutiert werden, die aber auch internationale Spitzenspringpferde geliefert hat.
Da fast jedes Land seine eigene Araberzucht hat, versuchen die vielen nationalen Araberverbände zum Schutz dieses herrlichen Tieres einen international verbindlichen Typ zu finden. Ohne jeden Zweifel ist der Araber das schönste aller Pferde - voller Anmut und Eleganz. Die breite Stirn, der schmal zulaufende Hechtkopf mit den sanften, intelligenten Augen, die wallende Mähne und der Schweif, der hoch und stolz getragen wird, sind Merkmale, die allen Arabern eigen sind. Tatsächlich aber gibt es zwei Gruppen - der größere, etwas gröbere Typ in jenen Ländern, in denen Araberpferde hauptsächlich als Rennpferde benutzt werden, und der kleinere Typ von leichterem Knochenbau, mit auffallend kleinen Ohren, der in jeder Hinsicht edler und empfindlicher ist.

Soldat auf einem Araber bei einem Fest in Addis Abeba

Halbblut-Araber

Australische Walers

Der Berber
Dem Araber nahe verwandt ist der Berber, der höchstwahrscheinlich auch denselben Ursprung hat. Der Berber ist in Nordafrika, Marokko, Tunesien und Algerien zu Hause. Wenn man von einem »orientalischen« Blutanteil in der Abstammung eines Pferdes spricht, ist immer Berber- oder Araberblut gemeint. Im Typ hat der Berber viel Ähnlichkeit mit dem Araber, erreicht aber nicht dessen Eleganz. Er ist allgemein etwas größer, hat ein geraderes Profil und eine abfallende Kruppe. Berber sind meistens Braune oder Schimmel und werden etwa 1,50 m groß; ein noch größerer Typ wurde im Königlich-Marokkanischen Gestüt gezüchtet. Der Berber ist ein hartes, »naturbegabtes« Reitpferd, aber da er nicht denselben Ruf hat wie der Araber, bleibt sein Einfluß auf andere Rassen ebenfalls hinter dem des Arabers zurück.

Das Timor Pony
Aus dem Fernen Osten kommt das unermüdliche, kleinwüchsige, trittsichere Timor Pony, das seinen Namen nach seiner ursprünglichen Heimat, der Insel Timor, erhielt. Manchen Quellen zufolge sollen diese Ponys auf chinesische Importe vor Hunderten von Jahren zurückgehen. Diese Behauptung verträgt sich jedoch nicht ganz mit der Tatsache, daß die auf den anderen indonesischen Inseln heimischen Ponyrassen dem Timor Pony im Typ sehr ähnlich sind. In ihrer Heimat ziehen die Timor Ponys den Karren und helfen beim Viehhüten. Geritten werden sie ohne Sattel und mit einem Zaum ohne Gebiß. Heute findet man das Timor Pony auch in Australien und Neuseeland als Reittier der Schafhirten. Trotz seiner geringen Größe kann es ein erstaunliches Gewicht tragen und besitzt Ausdauer und Willigkeit. Versuche, die Tiere mit Arabern zu kreuzen, waren recht erfolgreich. Die Kreuzungsprodukte erwiesen sich als gute Rennpferde, die heute überall in Indonesien zu finden sind.

Der australische Waler
In Australien gab es ursprünglich keine Pferde. Die ersten wurden 1795 eingeführt und kamen meist aus Holland oder Spanien und waren recht klein. Um ein größeres Reitpferd zu erzielen, kreuzte man sie mit importierten Araber- und Vollbluthengsten. Die Nachkommen wurden unter dem Namen *Waler* bekannt, weil sie meistens in New South Wales gezüchtet wurden. Die Walers stellten einmal den größten Teil der indischen Kavalleriepferde und waren wegen ihrer Härte und ihrer guten Eigenschaften sehr beliebt. Man ritt sie auch beim Polospiel und auf Reitjagden, und heute sind alle guten Poloponys in Singapur Walers. In Australien haben sie sich sowohl auf der Rennbahn als auch im Springparcours bewährt.

Pferde und ihre Aufgaben

Jahrtausendelang wäre das Leben der Menschen ohne die Hilfe von Pferden und Ponys undenkbar gewesen. Die Eroberung fremder Länder und Kontinente, eine intensive Landwirtschaft, Handel und Verkehr wurden erst durch die Kraft und Energie, die Langmut und Genügsamkeit dieser Tiere möglich. Bis zum industriellen Zeitalter ist die Geschichte der menschlichen Zivilisation auch die Geschichte der Pferde.
Seither haben die technischen Errungenschaften – wenigstens bei uns – das Pferd als Energiespender und Arbeitskraft überflüssig gemacht. Eine Zeitlang schien es sogar, als würden Pferde gänzlich aus unserem Leben verschwinden; ihre Zahl ging in allen industrialisierten Ländern ra-

Oben: Zirkuspferde in der Manege

Mitte: Viele Brauereien halten noch Kaltblut-Gespanne. Hier ein englisches Gespann auf einem Turnier.

Unten: Pferde als Helfer bei der Weinernte in Frankreich

pide zurück. Doch plötzlich gab es eine Neubesinnung, und Ponys und Pferde beginnen, eine wachsende Rolle im modernen Leben zu spielen. Überall in der Welt lernen immer mehr Erwachsene und Kinder reiten. Pferdesport wie Schauspringen ist ungewöhnlich beliebt, Pony-Trekking wird als Freizeitbeschäftigung immer häufiger, und Pferdezucht und Rennen aller Art sind ein großes Geschäft. In der Zucht erstklassiger Sportpferde - gleich ob für die Rennbahn, den Springparcours, die Vielseitigkeitsreiterei oder Schauzwecke - herrscht ein harter Konkurrenzkampf wie nie zuvor, und manche Pferde wechseln heute für astronomische Summen den Besitzer.

Natürlich erfüllen Pferde in vielen Teilen der Welt auch noch praktische Funktionen, die von keiner Maschine übernommen werden können. Für Bauern in entlegenen, schwer zugänglichen Gebieten, besonders im Gebirge, ist das Pferd immer noch eine bessere Hilfe als ein Traktor, der weniger vielseitig verwendbar und viel weniger zuverlässig ist! An seine Stelle treten meist die harten einheimischen Ponys der jeweiligen Region, während man die wuchtigen Wagenpferde von einst - den gutmütigen *Shire*, den mächtigen *Clydesdale* oder andere Kaltblüter, die früher vor dem Pflug oder dem Heuwagen ein alltäglicher Anblick waren - kaum noch zu Gesicht bekommt. Ihr Fortbestand als Rasse ist jedoch dank der Gesellschaften und Verbände, die zu ihrem Schutz gegründet wurden, gewährleistet. Viele schöne Exemplare sind im Besitz von Brauereien, die aus Reklamegründen ihre Bierfässer mit großen Gespannen ausfahren. Keinen Ersatz für das Pferd haben auch die Cowboys und Ranchbesitzer in den USA, in Südamerika oder Australien. Moderne Maschinen sind bei der Beaufsichtigung von Viehherden oder beim Herausfangen eines einzelnen Tieres aus einer großen Herde völlig unbrauchbar. In Australien benützen die Viehzüchter manchmal eine interessante Kombination von Transportmitteln, wenn sie ihre Herden inspizieren wollen. Zuerst fliegen sie ihren weitläufigen Besitz im Sportflugzeug ab, bis sie die Herden gefunden haben. Dann dirigieren sie über Funk die Pferdetransporter zu der jeweiligen Stelle, und zum Zusammentreiben des Viehs gebrauchen sie schließlich die Pferde.

Auch die Polizei der ganzen Welt will auf das Pferd nicht verzichten. Polizeipferde lassen sich erstaunlich vielseitig einsetzen - sie helfen in London, New York, Tokio, Stockholm, Berlin und Sydney, den Verkehr zu regeln und bei Demonstrationen die Massen in Schach zu halten. Oft haben sie zusätzlich eine zeremonielle Funktion.

Die bekanntesten berittenen Polizisten sind wahrscheinlich bis auf den heutigen Tag die kanadischen *Mounties*. Früher durchstreiften sie ein riesiges Gebiet, jagten Verbrecher und versuchten, zwischen den einheimischen Indianerstämmen und der wachsenden Zahl der Siedler zu vermitteln. Bis zum Zweiten Weltkrieg waren sie voll im Dienst. Zwar züchten sie auch heute

Die Horse Guards im Hyde Park

noch ihre hervorragenden Rappen, aber ihre Aufgabe besteht eigentlich nur noch darin, bei festlichen Paraden mitzuwirken oder Kanada folkloristisch im Ausland zu vertreten.
Als im frühen 19. Jahrhundert in Australien eine berittene Polizei aufgestellt wurde, geschah das, um die frühen Siedler vor den überall lauernden Wegelagerern zu schützen. Generationenlang war die Polizei das Hauptbindeglied zwischen den Siedlern draußen im Busch und den Städten. Heute werden berittene Polizisten außer zur Überwachung von Menschenansammlungen und Demonstrationen im wesentlichen als Eskorte oder bei zeremoniellen Gelegenheiten eingesetzt.
In London sind die Angehörigen der *Metropolitan Police* ein vertrauter Anblick in den Großstadtstraßen. Jeden Tag sind sie vor dem Buckingham Palast bei der Wachablösung und bei zahlreichen anderen Zeremonien zu sehen. Jahrelang ritt die Königin bei ihrer offiziellen Geburtstagsfeier - dem *Trooping of the Colour* - ein Polizeipferd.

Eine Rinderherde wird in Neu-Südwales, Australien, von Cowboys zu Pferd eingekreist und über den Hunter River getrieben.

Geduldig wartet das Pferd während der Heuernte im Ardenner Bergland.

Polizeipferde werden von Angehörigen der Polizeikräfte ausgebildet und gepflegt. Sie brauchen ein ganz besonderes Temperament, denn sie müssen lernen, sich von großen, unruhigen, lärmenden Menschenmassen nicht einschüchtern zu lassen, sich auf Kommando zu bewegen oder auch bewegungslos im dicksten Verkehrsgewühl zu stehen und keine Notiz von rumpelnden Lastwagen oder quietschenden Reifen zu nehmen - mit einem Wort, sich nicht aus der Ruhe bringen zu lassen. Außerdem müssen sie mit der Hinterhand eine Menschenmenge zurückdrängen können oder sich gegen Leute stemmen, die gegen sie andrängen. Der Reiter muß sich in jeder Situation hundertprozentig auf sein Pferd verlassen können, was immer er auch von ihm verlangt.
In der Armee werden nur noch sehr wenige Pferde gebraucht, und in fast allen Ländern sind die berittenen Regimenter abgeschafft worden. Dort, wo sie noch existieren, z.B. in England, haben sie repräsentierende oder sportliche Funktionen. Die bekanntesten berittenen Regimenter in England sind wohl die *Life Guards and House-*

hold Cavalry, die *Blues and Royals* und die *King's Troop of the Royal Horse Artillery.* Die ersten Truppen der Life Guards wurden von Charles II. aufgestellt, der tiefbeeindruckt war von den berittenen französischen Leibwächtern, den *Maison du Roi,* die er während seines Exils in Frankreich kennengelernt hatte. Aus der Kavalleriereiterei alter Zeit haben sich die beliebtesten Reitsportarten von heute entwickelt - Polo, Springsport und Vielseitigkeitsreiterei, um nur einige zu nennen. In London zeigen Soldaten zu Pferd jedes Jahr ihr Geschick bei den *Royal Tournaments,* und man darf nicht vergessen, daß die Übungen und »Spiele«, die da vorgeführt werden, einstmals nützliche Fähigkeiten und Kampftechniken waren.
Ein anderes Gebiet, auf dem Pferde »arbeiten« und ganz unverzichtbar sind, ist der Zirkus. Zirkusunternehmen gehören zum internationalen Show-Business, und trotz düsterer Prophezeiungen für die Zukunft sind sie so beliebt wie eh und je. In den USA, in Rußland, Deutschland, Frankreich, Spanien und der Schweiz lassen sich die Menschen von berühmten Zirkusunternehmen begeistern, und immer gehören die Pferdenummern zu den Höhepunkten des Programms.
Entweder dienen die Pferde als »Unterlage« für Akrobaten, die auf ihrem Rücken atemberaubende Balanceakte vorführen, während die Tiere um die Manege galoppieren, oder die Pferde selbst führen etwas vor. Pferdefreiheitsdressuren sind mit der Hohen Schule verwandt (s. S. 171), wenn sie auch Übungen und Bewegungen beinhalten, die über die rein »natürlichen« Gänge des zu höchster Perfektion ausgebildeten Schulpferdes hinausgehen. Die Pferdedressur ist äußerst schwierig, weil oft eine ganze Reihe von Pferden zusammenarbeiten und Bewegungen im Gleichklang ausführen müssen, und das alles auf engstem Raum und im Licht der Scheinwerfer. Viele verschiedene Pferdetypen und -rassen sind im Zirkus zu sehen, von *Lipizzanern* und *russischen* oder *polnischen Arabern* bis zu dressierten *Shetland Ponys,* Pferden aus Ungarn, Norwegen und aus allen nur vorstellbaren Gegenden der Welt. Besonders beliebt waren beim Zirkusvolk schon immer der dänische *Knabstruper* und der *Appaloosa* wegen ihrer auffallenden und attraktiven Flecken, ihres eleganten Äußeren und ihrer stolzen Haltung. Spanische *Andalusier* werden besonders gern für die Hohe Schule eingesetzt. Übrigens scheinen alle Zirkuspferde liebend gerne ihre Fähigkeiten vorzuführen und den Applaus, den sie dafür ernten, zu genießen.

Ein Cowboy und sein Pferd. Das Pferd trägt den Bosal, einen Zaum ohne Gebiß.

Die kanadischen Mounties zeigen eines ihrer berühmten Schaubilder mit Musik.

Das Reiten

Ein ägyptisches Figürchen aus dem 14. Jahrhundert v.Chr. ist der erste sichere Beweis, den wir heute haben, daß der Mensch der Antike das Pferd nicht nur als Fleischlieferant oder Lasttier benützte, sondern auch als Reittier. Aus Andeutungen in den Heiligen Büchern der Chinesen kann man schließen, daß es in China möglicherweise schon 700 Jahre früher eine Art Reiterei gab, aber erst vom 14. Jahrhundert v.Chr. an können wir die Fortschritte verfolgen, die der Mensch als Reiter machte.

Aus früher Zeit kennen wir eine Fülle von Pferdedarstellungen. Sie fanden sich an Höhlenwänden, als Skulpturen, auf Tonwaren und Basreliefen, später kamen Beschreibungen in der Literatur und Abbildungen auf Gobelins und Gemälden hinzu. Daß das Pferd so häufig und so beständig ein Gegenstand künstlerischen Ausdrucks wurde, läßt keinen Zweifel an der Bedeutung aufkommen, die es für die alten Gesellschaften jahrhundertelang besaß.

Als der Mensch sich zum ersten Mal auf ein Pferd setzte, dachte er natürlich noch nicht an Sattel oder Zaumzeug. Er saß rittlings auf dem bloßen Pferderücken, ließ die Beine rechts und links herunterhängen und »lenkte« sein Pferd anscheinend mit Hilfe von Gertenschlägen. Es dauerte nicht lange, bis das erste Zaumzeug erfunden wurde, denn die Reiter müssen bald gemerkt haben, daß eine Verbindung zum Pferdekopf ihnen eine weit bessere Beherrschung der Tiere ermöglichte. Bei archäologischen Ausgrabungen fand man eine Reihe von Gebissen, die sich erstaunlich wenig von den heute gebräuchlichen unterscheiden.

Der Vorgänger unseres modernen Sattels scheint eine Art Satteldecke gewesen zu sein, die assyrische Krieger im 7. und 8. Jahrhundert v.Chr. benutzten. Daraus entwickelte sich eine verzierte Satteldecke, an der eine Art Steigbügel befestigt war. Wie das Gebiß, so waren auch die

Oben: Junger persischer Prinz auf der Falkenjagd, bemaltes Relief aus Pappmaché

Unten: Start zum Derby, Gemälde von 1844

Steigbügel eine bedeutende Erfindung, die die Verwendungsmöglichkeiten des Pferdes weiter verbesserte. Man konnte jetzt schneller reiten, denn ein Pferd kann sich rascher bewegen, wenn der Reiter sein Gewicht mehr nach vorn verlagert. Das war mit Steigbügeln leichter und für längere Zeit möglich. Aus der Satteldecke entstand allmählich der heutige Sattel. Anfangs bestand er aus zwei mit Haaren ausgestopften Kissen, die rechts und links vom Rückgrat des Pferdes auf der Satteldecke befestigt und mit kreuzweisen Schnüren verbunden waren. Später wurden sie an einem hölzernen Sattelbaum befestigt, der das Rückgrat des Pferdes vom Reitergewicht entlasten half. Hinter diesen Neuerungen stand der Gedanke, einen tiefen Reitersitz hinter dem Widerrist zu fördern. Früher, als man noch Esel oder primitivere Formen des Pferdes ritt, war es üblich gewesen, weiter hinten, regelrecht auf der Lendenpartie, zu sitzen.

Im Verlauf der Jahrhunderte gab es viele berühmte Männer und Frauen, die zu einer Änderung des Reitstils oder der Einstellung zum Pferd beitrugen. Der Berühmteste von allen war der griechische Reitlehrer Xenophon. Er wurde 430 v.Chr. geboren, und sein Buch über die Reitkunst existiert heute noch. Die von ihm gelehrte Körperhaltung zu Pferd galt bis ins 20. Jahrhundert hinein als vorbildlich. Die Beine des Reiters sollten gestreckt sein, mit Xenophons Worten: *»Wir empfehlen nicht, auf dem Pferd zu sitzen wie auf einem Stuhl, sondern eher so, als stünde der Reiter aufrecht.«* Beim Western Riding wird diese Haltung noch immer praktiziert.
Xenophon bildete die griechischen Krieger aus und betrachtete das Reiten im Gelände als wichtigen Teil ihrer militärischen Ausbildung. Sie mußten über jedes Hindernis in ihrem Weg springen – Steinwälle, Böschungen usw. Er brachte den Pferden bei, aus der Hinterhand zu

Lipizzaner der Spanischen Hofreitschule, gemalt 1755

springen, statt mit der Vorhand abzudrücken. Der große Pferdekenner hinterließ auch viele Ratschläge für den Umgang mit Pferden. Zum Beispiel schrieb er: *»Ein feuriges Pferd muß man länger als sonst beruhigen, und die Hilfen zum Vorwärtsgehen dürfen nur so leicht wie möglich gegeben werden. Plötzliche Bewegungen rufen Panik hervor.«* Den Reitern empfahl er: *»Gerate nie in Zorn, wenn du mit Pferden umgehst. Wenn sich ein Pferd vor etwas fürchtet und nicht näher herangehen will, mußt du ihm erklären, daß nichts Schreckliches daran ist. Führe es sanft heran. Wer ein Pferd mit Schlägen zwingt, macht es nur noch furchtsamer.«* Das sind Worte, die heute noch genauso gültig sind wie zu Xenophons Zeiten.

Nach Xenophon wurden 2000 Jahre lang keine Bücher mehr über die Reitkunst geschrieben, und in den nächsten Jahrhunderten entwickelte sich die Reiterei auch nicht so, daß man von »Kunst« sprechen könnte. Nach der Christianisierung Europas wurde das Pferd hauptsächlich in Kriegen und Schlachten eingesetzt, so daß sich nur solche Aspekte der Reiterei weiterentwickelten, die auf militärischem Gebiet von Nutzen waren. Eine wichtige Erfindung dieser Zeit war jedoch das Hufeisen; nun konnte man die Pferde das ganze Jahr und auf jedem Boden reiten.

Im Mittelalter - besonders nach der Erfindung des Schießpulvers - wurden die Kriegsmethoden raffinierter, und die Bedeutung des Pferdes für den Kampf ging entsprechend zurück. Immer mehr wurde es nun auch zum Sport und zur Jagd gebraucht. Die berühmten Ritterturniere verlangten ein zu höchster Präzision ausgebildetes und gehorsames Pferd und großes reiterliches Können. Aus einer ursprünglichen Lebensnotwendigkeit, Teile der Ernährung durch die Jagd sicherzustellen, wurde ein zeremonielles Sportvergnügen, das als ritterlich und königlich galt und sich zu einem der prägendsten Elemente der feudalen Kultur entwickelte. Diese aristokratische Tradition, in der das Pferd eine zentrale Rolle spielt und ihm ritterliche Tugenden wie Edelmut, Stolz und Treue zugeschrieben werden, ist bis auf den heutigen Tag lebendig geblieben.

An den europäischen Höfen entstanden eigene Reitschulen mit einem oder mehreren Reitlehrern, die den Höflingen Unterricht gaben und Vorführungen veranstalteten. Eine der berühmtesten im 16. Jahrhundert war die Schule von Neapel, die von *Federico Grisone* begründet wurde. Die Schüler kamen aus ganz Europa zu ihm, obwohl sein Umgang mit Pferden aus heutiger Sicht grausam war und auf der Verwendung scharfer, streng wirkender Gebisse und Sporen beruhte. Die Grisone-Schule lehrte die Bewegungen der Dressurreiterei und der Hohen Schule, wie sie noch heute gültig sind, wobei das Hauptaugenmerk darauf gerichtet wurde, die Vorhand des Pferdes zu entlasten und das Gewicht auf die Hinterhand zu verlagern. Grisone arbeitete mit den Pferden auf dem Zirkel und in Schlangenlinien, brachte ihnen einfachere Dressurlektionen wie z. B. eine Vorhandswendung bei, bildete sie aber auch in der Schule über der Erde

Oben: Reiter auf einer römischen Steinplatte aus dem Jahre 143 v. Chr.

Unten: Orientalische Reiter beim Polo, einem der ältesten Reiterspiele

Einem Pferd, das in der klassischen Reitkunst oder Hohen Schule ausgebildet wird, werden die Hufe mit Gewichten beschwert, damit es sie höher hebt. Gewichte an den Hufen werden noch bei der Ausbildung des *Tennessee Walking Horse* verwendet. Der Pfosten oder Pilar spielt in der klassischen Reitkunst noch heute eine große Rolle.

aus (s. S. 173). Etwa zur gleichen Zeit wurde die berühmte Spanische Hofreitschule in Wien gegründet.
Im frühen 17. Jahrhundert leitete *Antoine de Pluvinel* in Paris eine Schule zur Erziehung junger Adliger und legte großen Wert auf die Reitkünste seiner Schüler. Er hielt nichts von groben Hilfen und hatte im Umgang mit den Pferden viel mehr Geduld als Grisone.
Pluvinel empfahl, statt des Absatzes und der Sporen vermehrt den Schenkel einzusetzen, und er versuchte, die Mentalität des Pferdes zu erforschen und seine Ausbildungsmethoden entsprechend auszurichten. Von ihm stammt auch die Idee, Pferden die Bewegungen der Hohen Schule zwischen zwei Pfosten, den *Pilaren,* beizubringen.
Aus England kam ein anderer großer Reitlehrer dieser Zeit: *William Cavendish, Duke of Newcastle.* Er war aus seiner Heimat verbannt worden und leitete dann Reitakademien in Frankreich und Belgien. Cavendish betonte immer wieder, daß die Ausbildung des jungen Pferdes Geduld erfordere und man keine raschen Fortschritte erwarten dürfe. In seinem berühmten Buch über die Grundsätze der Reiterei schreibt er: *»Ich habe noch nie erlebt, daß ein Pferd durch unbeherrschte Kraft gefügig gemacht wurde... Wenn ich es irgend vermeiden kann, füge ich keinem Pferd Schmerzen im Maul oder an einem anderen Körperteil zu.«*
Einer der ersten Vertreter des modernen Grundsatzes, ein Pferd zu freiem Vorwärtstreten zu veranlassen, war der Reitlehrer Ludwigs XIV., *François Robichon de la Gueriniére.* Er entwickelte eine Reihe von neuen Schulgängen, wobei die Partnerschaft zwischen Reiter und Pferd immer im Mittelpunkt stand, und beschränkte sich auch nicht nur auf die klassische Reiterei oder das Dressurreiten, sondern förderte ebenso das Springen und das Querfeldeinreiten, die Grundlagen für die spätere Vielseitigkeitsreiterei. Durch den Einfluß Gueriniéres und mit der Reorganisation der Kavallerieschule von Saumur wurde Frankreich Ende des 18. und Anfang des 19. Jahrhunderts zu einem Zentrum kultivierter Reitkunst.
In England und Irland interessierte man sich nicht sehr für die kontinentale Manegen-Reiterei und gab Pferderennen und der Jagd den Vorzug; das englische Klima erlaubte es, das ganze Jahr im Freien zu reiten, so daß man keine Notwendigkeit für gedeckte Reithallen sah. Das blieb nicht ohne Folgen, wie man noch heute sehen kann, wenn man den Stand der englischen Dressurreiterei mit dem anderer europäischer Länder vergleicht.
Es scheint, als ob in der Vergangenheit die Reiterei der ganzen Welt ihre Hauptimpulse von den Armeen empfangen hätte: Hauptziel war immer die Verbesserung des Kavalleriepferdes und seines Reiters. Im 18. und 19. Jahrhundert wurden viele Pferdebücher geschrieben, und in den meisten stand die Kavallerie im Mittelpunkt. Mit der Zeit entwickelten sich in den meisten Ländern reiterliche Besonderheiten, die den jeweiligen Bedürfnissen und Gegebenheiten angepaßt waren. In den Vereinigten Staaten züchtete man z.B. Pferde mit ganz bestimmten Eigenschaften, um die riesigen Plantagen relativ bequem durchreiten zu können, und die sportlichen Wettbewerbe gingen ganz natürlich aus der Alltagsreiterei hervor.
Im England des späten 19. Jahrhunderts galt es

als schick, wenn schöne Damen in Kutschen von Kavalieren zu Pferd begleitet wurden. Das Reiten als solches spielte bei den meisten Leuten kaum eine Rolle. Natürlich gehörte es zum Vergnügen der Reichen, zu reiten und in der Kutsche zu fahren, aber die Strecken, die so zurückgelegt wurden, waren in der Regel kurz.
Die größte Revolution des Reitstils verursachte wahrscheinlich der italienische Kavallerieoffizier *Federico Caprilli.* Er »erfand« zu Anfang unseres Jahrhunderts den *italienischen* oder *»leichten« Sitz.* Caprillis Meinung nach soll der Reiter das natürliche Gleichgewicht des Pferdes so wenig wie möglich stören. Ein Pferd, so lehrte er, kann seinen Schwerpunkt ohne jede Mithilfe des Reiters an eine Änderung der Gangart oder einen Sprung anpassen, falls der Reiter es versteht, seinen Schwerpunkt mit dem des Pferdes in Einklang zu bringen. Das Reitergewicht muß gleichmäßig über dem Schwerpunkt des Pferdes verteilt sein.
Nirgends ließ sich Caprillis neue Theorie besser demonstrieren als beim Springen. Zwar hatten die meisten Leute schon selbst gemerkt, daß sie hemmend auf das Pferd wirkten, wenn sie sich beim Anreiten eines Sprungs und über dem Sprung zurücklehnten, aber beim Landen lehnten sie sich dann doch instinktiv nach hinten. Caprilli hatte jedoch beobachtet, daß das Pferd bei der Landung den Hals strecken kann und sein Gleichgewicht behält, wenn sich der Reiter nach vorn neigt. Erst viele Jahre später - und nachdem italienische Offiziere mit diesem Reitstil auf großen Turnieren überaus erfolgreich gewesen waren - wurden Caprillis Methoden allgemein anerkannt und praktiziert.
Heute weist der moderne Reitstil von Land zu Land kleine Unterschiede auf. Manche Leute führen das darauf zurück, daß unterschiedliche Pferderassen bestimmte Anpassungen und Veränderungen nötig machen. Die Deutschen z.B. reiten ungeheuer präzise, und der Reiter muß ständig an seinem Pferd arbeiten. Es sieht aus, als ob er das Pferd zwischen den Händen und den Schenkeln wie in einem Schraubstock hielte und es geradezu durch die verschiedenen Gangarten pauke. Allerdings sitzen die deutschen Reiter meist auf relativ schweren Holsteinern oder Hannoveranern, die nur unter kräftiger Einwirkung den notwendigen Schub aus der Hinterhand entwickeln, um die Vorhand zu entlasten und ein freies Vortreten zu ermöglichen. Auf jeden Fall und abgesehen von dem nicht sehr eleganten Eindruck, den diese Präzisionsreiterei in anderen Ländern hervorruft, ist sie äußerst wirkungsvoll, denn Deutschland steht zur Zeit an der Weltspitze im Dressursport. Nirgends werden Bahnfiguren so korrekt geritten, und die Pferde führen Tempowechsel fehlerlos - und auf die leisesten Reiterhilfen mit äußerstem Gehorsam reagierend - durch.
Der französische Reitstil ist - besonders in der Dressur - geschmeidiger und eleganter. Aber die französischen Pferde sind im allgemeinen auch leichter und haben oft einen hohen arabischen Blutanteil, müssen also nicht so energisch angepackt werden wie die schwereren Pferde der deutschen Zucht. Statt dessen deutet die Leichtigkeit ihrer Bewegungen auf weitgehende Zusammenarbeit zwischen Mensch und Tier hin. Den schwedischen Dressurstil könnte man als eine Mischung aus der Präzision des deutschen Stils und der leichten Hand der Franzosen bezeichnen. Auch sie sind sehr genau in der Ausführung, es sieht jedoch nicht so gebieterisch aus wie bei den Deutschen. Die Pferde - oft Kreuzungen von deutschen Rassen mit Vollblut - sind leicht in der Hand und willig; sie passen hervorragend zu den feinfühligen, eleganten Reitern.
Die Russen werden in der Reiterei langsam zu einem Faktor, mit dem man rechnen muß. Sie scheinen meist elegante Pferde zu bevorzugen, die gute Dressurlektionen mit viel Ausdruck gehen, wenn sie mit der charakteristisch leichten Hand geritten werden. In der Schweiz nimmt man entweder den französischen oder den deutschen Reitstil zum Vorbild. Eine der erfolgreichsten Schweizer Dressurreiterinnen, die Goldmedaillengewinnerin von Montreal 1976, Christine Stückelberger, reitet einen Holsteiner und hat einen ausgeprägt deutschen Reitstil, während Hauptmann Moser, der bei den Olympischen

Ein italienischer Offizier im neuen »leichten Sitz« im Jahre 1920. Der Oberkörper bildet mit dem Abhang einen rechten Winkel. Früher hätte sich der Reiter zurückgelehnt, so daß sein Gewicht nicht gleichmäßig über dem Schwerpunkt des Pferdes verteilt gewesen wäre.

Spielen 1948 in London Gold in der Dressur gewann, mehr dem französischen Reitstil zuneigte. In Großbritannien wird ein Reitstil gelehrt, der ganz deutlich auf Caprilli zurückgeht. Da sich meine Landsleute erst recht spät mit der Dressur zu befreunden begannen, herrscht möglicherweise noch keine völlige Klarheit über den wirkungsvollsten Stil. Das hat im Vergleich zu anderen Ländern ein eher ärmliches Dressurniveau zur Folge. Vielleicht sollten wir Engländer uns die Gelegenheit nicht entgehen lassen, von jedem Stil das beste anzunehmen: die Genauigkeit der Deutschen und die Leichtigkeit der Franzosen im Verein mit der britischen Liebe zum Pferd und dem Verständnis für das Pferd müßte eigentlich ein angenehmes und erfolgreiches Endresultat ergeben.

Ein Beispiel für deutschen Dressurstil. Das Pferd ist zwischen Schenkeln und Zügeln eingeschlossen. Die deutschen Dressurreiter gehören zur Weltspitze.

Der schwedische Dressurreiter J. Jonssan in der Traversale

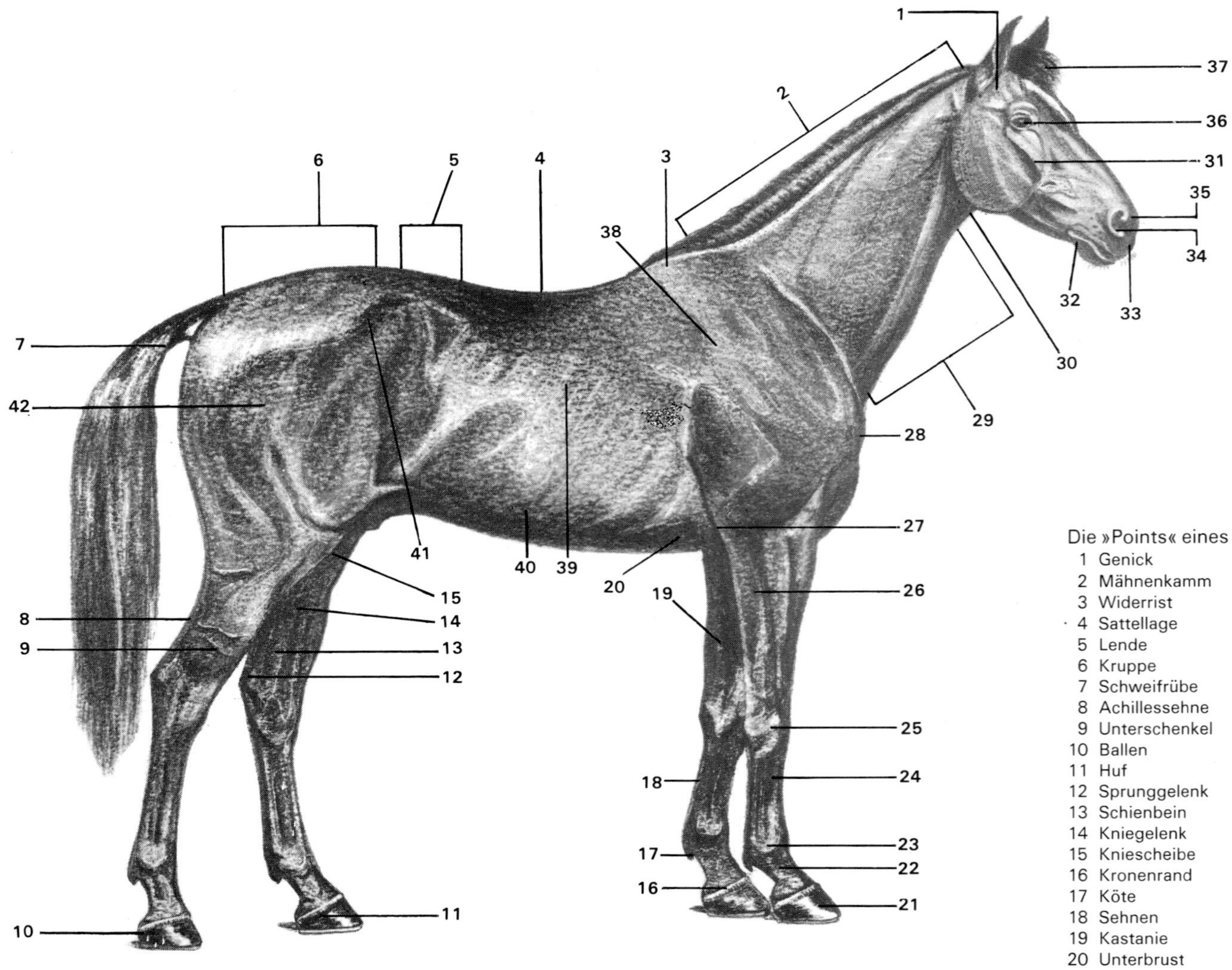

Die »Points« eines Pferdes
1 Genick
2 Mähnenkamm
3 Widerrist
4 Sattellage
5 Lende
6 Kruppe
7 Schweifrübe
8 Achillessehne
9 Unterschenkel
10 Ballen
11 Huf
12 Sprunggelenk
13 Schienbein
14 Kniegelenk
15 Kniescheibe
16 Kronenrand
17 Köte
18 Sehnen
19 Kastanie
20 Unterbrust
21 Hufwand
22 Fessel
23 Fesselgelenk
24 Röhre
25 Vorderfußwurzelgelenk
26 Unterarm
27 Ellbogengelenk
28 Schultergelenk
29 Kehlrand des Halses
30 Kehlgang
31 Vorderkinnbacken
32 Kinngrube
33 Maul
34 Nüstern
35 Nasenbein
36 Auge
37 Stirnschopf
38 Schulter
39 Rippen
40 Flanke
41 Hinterkniegelenk
42 Hüftgelenk

Die Anatomie des Pferdes

Ein guter Reiter und Pferdebesitzer wird man erst, wenn man sich die Mühe macht, auch etwas über die Anatomie und Physiologie des Pferdes zu lernen. Mit diesen Kenntnissen versteht man leichter, warum wir so und nicht anders reiten und warum das Pferd so und nicht anders gepflegt und behandelt werden will.
Auch im Deutschen spricht man von den »Points« eines Pferdes, das meint seine Körperteile. Es ist nützlich, sie zu kennen, damit man weiß, wovon die Rede ist, wenn über die »Reitpferdepoints« des einen oder anderen Tieres gesprochen wird. Man weiß dann auch eher, wonach man ein Pferd beurteilen muß.
Die Größe eines Pferdes wird in *Stockmaß* angegeben, das ist die gerade gemessene Höhe vom Boden bis zum Widerrist. Als *Bandmaß* bezeichnet man die Größe vom Boden über die Schulter zum Widerrist (am Körper anliegend gemessen), wobei das Bandmaß um etwa 8–10 cm über dem Stockmaß liegt. Pferde unter 1,45 m Stockmaß bezeichnet man als Ponys.

Wie bei allen Wirbeltieren ist der Körper des Pferdes um ein festes Knochengerüst, das Skelett, gebaut. Es setzt sich aus etwa 200 einzelnen Knochen zusammen, deren Namen und Einzelheiten man nicht unbedingt kennen muß. Es genügt, daß das Skelett aus dem Kopf, der Wirbelsäule, den Rippen, den Vorder- und den Hinterbeinen besteht. Die Knochen und Gelenke sind bei Pferden jedoch die Ursache vieler Probleme, die aus Verletzungen und Beschädigungen entstehen, und außerdem muß man sie beim korrekten Satteln und Aufzäumen berücksichtigen. Gewisse Kenntnisse sind also recht nützlich.
Vom reiterlichen Gesichtspunkt her ist das Rückgrat der wichtigste Teil des Skeletts. Man unterscheidet zwei Teile: den Rücken und die Nierenpartie. Der Rücken wird vom Brustkorb gestützt und kann Gewicht tragen, was die Lendenpartie nicht kann. Deshalb ist es auch so wichtig, sich im Sattel nicht zu weit nach hinten zu lehnen. Der zweite wichtige Punkt, den man wissen muß, ist der, daß aus den Knochen oder Wirbeln des Rückgrats knöcherne Vorsprünge herausragen, die das ganze Rückgrat entlanglau-

fen und nur von einer dünnen Schicht Fleisch und Haut bedeckt sind. Diese Vorsprünge sind nicht nur äußerst empfindlich, sondern können auch keinerlei wirkliches Gewicht vertragen. Ein richtig sitzender Sattel ist deshalb äußerst wichtig.

Das Pferd hat übrigens kein Schlüsselbein. Das Schulterblatt ist daher nicht an der Wirbelsäule befestigt, sondern wird von verschiedenen Muskeln an seinem Platz gehalten. Sattel und Reitergewicht müssen so gelagert sein, daß sich das Schulterblatt immer frei bewegen kann.

Alle Knochen und Gelenke sind von Muskeln umschlossen, die ihrerseits von den Knochen und Gelenken gestützt werden. Dadurch wird Bewegung möglich. Die Sattellage, die das Gewicht aufnimmt, besteht aus Muskelpaketen, die die Funktion von Kissen haben und dem Pferd

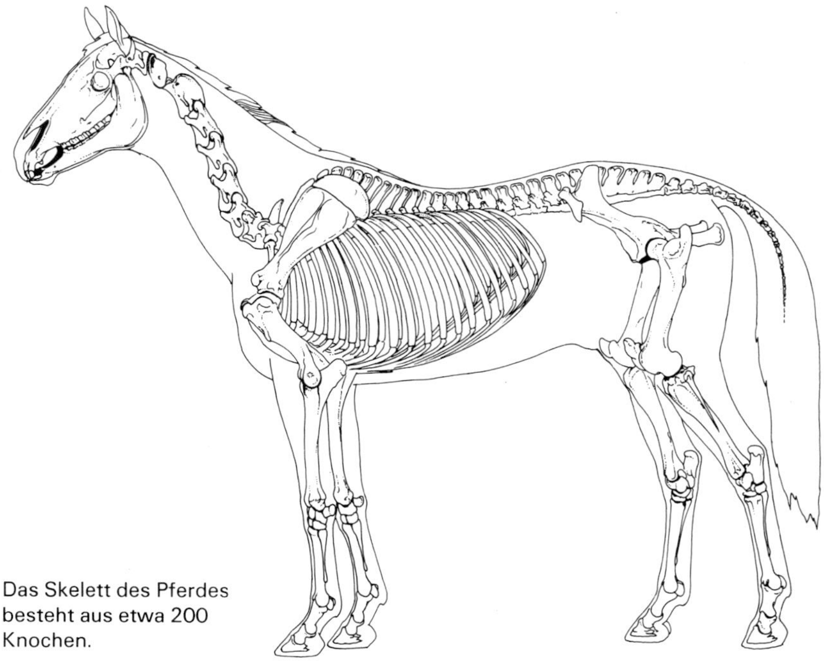

Das Skelett des Pferdes besteht aus etwa 200 Knochen.

Muskulatur des Pferdes

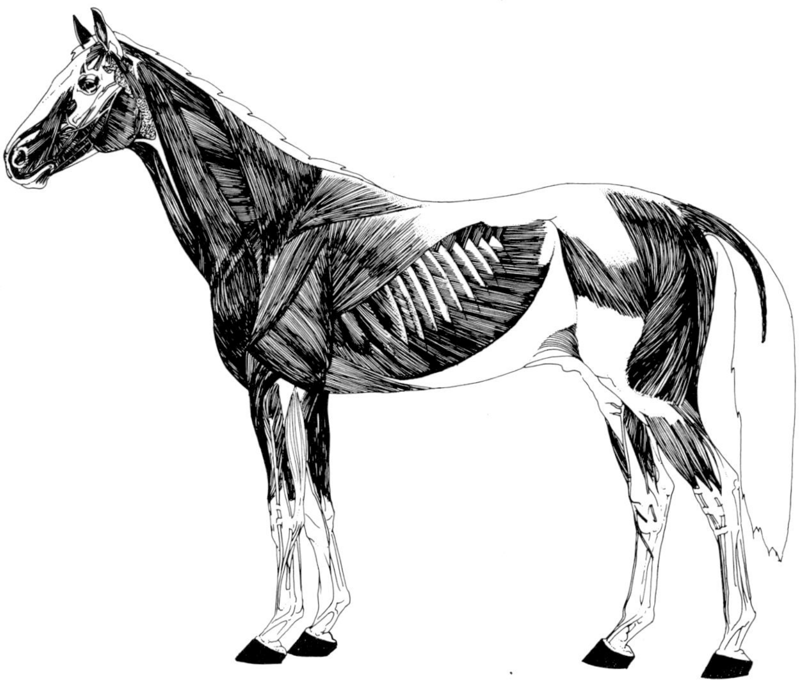

seine runde äußere Form verleihen. Wie beim Menschen gibt es zwei Arten von Muskeln: solche, die sich willkürlich anspannen lassen, und solche, die sich unwillkürlich betätigen. Willkürliche Muskeln sind durch Muskelfasern oder straffe, unelastische Bänder mit den Knochen verbunden. Eigentlich sorgen diese Bänder für die Bewegung des Knochens, denn wenn sich ein Muskel zusammenzieht, zieht er den Knochen mit. Deshalb sind Bänderzerrungen auch häufiger als Muskelzerrungen.

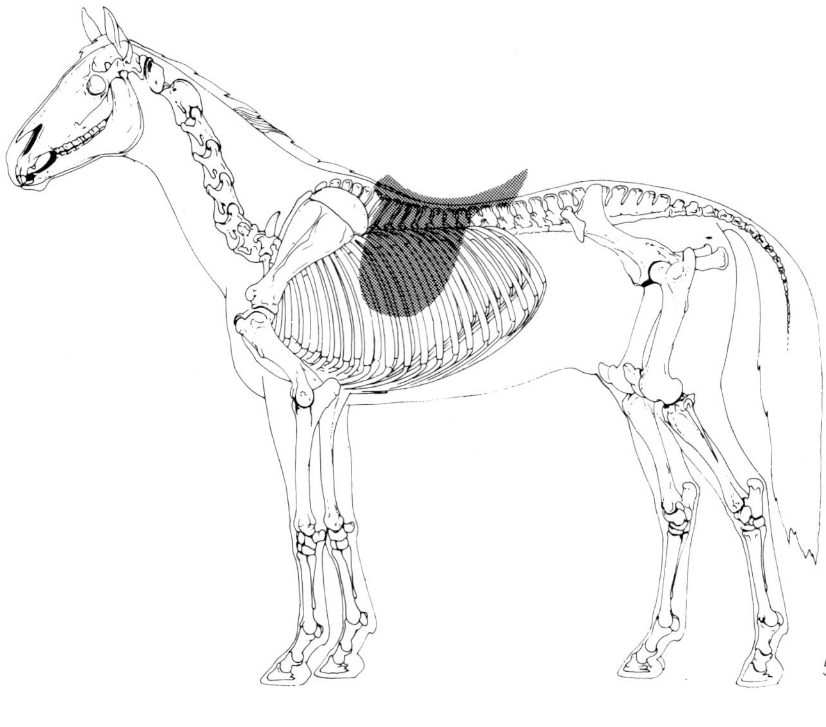

Die Zeichnung zeigt, an welcher Stelle des Rückgrates der Sattel liegen sollte. Er darf das Schulterblatt nicht beengen und nicht auf die empfindliche Nierenpartie drücken, die nicht mehr von den Rippen gestützt wird.

Von den Stallungen umschlossener Hof der Autorin - Beispiel eines typischen Reitstalles

Die Wahl der Reitschule

Wenn man sich entschlossen hat, reiten zu lernen, muß man sich nach einer Reitschule umsehen - außer man gehört zu den Glücklichen, die in eine pferdenärrische Familie hineingeboren und auf ein Pferd gesetzt wurden, bevor sie noch gehen konnten! Dieses Glück haben aber nur wenige, und für die anderen ist die Wahl der Reitschule wichtig, weil die ersten Übungsstunden großen Einfluß auf das spätere Selbstvertrauen und den Reitstil haben. Es kann natürlich vorkommen, daß es in der Nähe nur eine Reitschule gibt, so daß die Qual der Wahl entfällt. Auf jeden Fall gibt es in England Vorschriften für die Führung einer Reitschule, die ein gewisses Niveau gewährleisten und für deren Einhaltung die Kommunalbehörden verantwortlich sind. So müssen die Schulen jedes Jahr von einem Tierarzt, einem Beamten der Gesundheitsbehörde und einem Feuerwehrmann inspiziert werden. Dadurch soll sichergestellt werden, daß die Pferde gesund und gut gepflegt sind, daß die Schule sauber ist und die Brandschutzvorschriften eingehalten werden. Es kann aber nicht schaden, wenn man wenigstens die ersten beiden Punkte selbst überprüft, bevor man sich entscheidet.

Das Beste für einen Anfänger ist Einzelunterricht durch einen erfahrenen Lehrer, die Preise dafür sind in der Regel jedoch hoch. Aber lieber am Anfang ein bißchen mehr zahlen und einige Stunden schnell hintereinander nehmen, als sich in das Heer derer einreihen, die einmal in der Woche eine Stunde reiten. Das Gefühl für das Reiten entwickelt sich schneller und besser, wenn man z. B. nur eine halbe Stunde Unterricht nimmt, sich dann vielleicht eine Stunde ausruht, eine weitere halbe Stunde Unterricht anhängt und das Ganze am nächsten Tag wiederholt. Danach hat sich das Gefühl für den richtigen Sitz im Sattel schon gefestigt, und das Gespür für den richtigen Rhythmus der Bewegungen kommt schneller.

Auf dem Kontinent wird viel mehr in der Halle geritten. Hier ein Auftritt des *Cadre Noir* im Parc des Expositions in Paris.

Die richtige Kleidung

Die detaillierten Kleidungsvorschriften für die verschiedenen Gebiete der Reiterei beruhen alle auf praktischer Notwendigkeit. Ein wenig hängt es von der Schule ab, aber im allgemeinen genügen für die ersten Reitstunden ein Paar Jeans, schnallenlose, lederbesohlte Schuhe mit Absätzen, Pullover und Anorak (soweit nötig) und vor allem eine feste Kopfbedeckung. In vornehmeren, mehr auf Etikette bedachten Schulen verlangt man vielleicht korrekten Anzug - Reithosen oder Jodhpurs, Stiefel, Hemd und Handschuhe - aber das kostet alles ziemlich viel Geld, und bevor man sich so in Unkosten stürzt, sollte man erst sicher sein, daß man auch wirklich weitermachen will. Reithosen und Stiefel trägt man immer, aber es gibt alle möglichen Ergänzungen und Veränderungen. Bei Dressurprüfungen wird ein Frack mit Schwalbenschwänzen und ein Zylinder getragen, was den allgemeinen Eindruck der Eleganz noch unterstreicht. Jockeys tragen traditionsgemäß Seide in den Farben des Stalles, für den sie reiten, und eine wesentlich festere, stoßsichere Reitkappe, die heute auch bei Vielseitigkeitsprüfungen üblich ist.

In international berühmten Reitinstituten wie der Spanischen Hofreitschule in Wien tragen die Reiter schon eine eigene Uniform, die nur ihnen vorbehalten ist.

Auch die Kleidung der »Wildwest«-Reiter hat sich ohne Zweifel aus praktischer Notwendigkeit entwickelt, obwohl wir sie heute gern als traditionelles »Kostüm« betrachten. Alle Reiter tragen einen breitrandigen Hut, ein kariertes Hemd mit einem Halstuch, Chaps bzw. Lederhosen über Blue Jeans und hohe Stiefel. Man vergißt leicht, daß Lederhosen für jemanden, der viele Stunden im Sattel sitzt, einen guten Schutz bedeuten.

Oben: Die Teilnehmer eines Trecks bei Canberra in Australien sind leger und informell gekleidet.

Unten links: Formeller Anzug des Dressurreiters: Frack mit Zylinder

Unten rechts: Die traditionelle »Uniform« des Cowboys hat sich aus der Praxis entwickelt.

Das Auf- und Absitzen

Gewöhnlich sitzt man von links auf. Es gibt drei Arten, in den Sattel zu gelangen:

1. Man läßt sich hochwerfen.
2. Man benützt eine Stufe oder ähnliches.
3. Man braucht weder das eine noch das andere.

Für ein Kind ist es sicher am einfachsten, sich auf das Pferd hinaufwerfen zu lassen. Der Reiter stellt sich mit dem Gesicht zum Pferd auf, hält die Zügel in der linken Hand und ergreift mit der rechten Hand den Vorderzwiesel des Sattels. Das linke Bein wird abgewinkelt, und der Reitlehrer stützt den Unterschenkel, damit der Reiter einen Halt hat, wenn er sich vom Boden abstößt. Dann schwingt der Reiter das rechte Bein über den Sattel und setzt sich aufrecht hin.
Mit Hilfe einer Stufe kann der Reiter seinen linken Fuß leichter in den Steigbügel setzen und sich dann selbst auf das Pferd ziehen.
Steigt er ohne Hilfe auf, kann er zwischen zwei Methoden wählen. Bei der englischen (auch in Deutschland gebräuchlichen) Methode stellt sich der Reiter mit dem Gesicht zum Pferdeschweif neben dem Pferd auf und legt die linke Hand, die die Zügel hält, auf den Widerrist. Dann

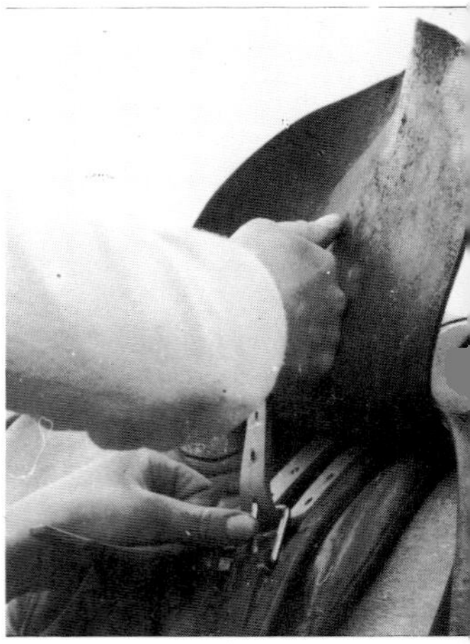

Der Gurt wird vor (oben) und nach (unten) dem Aufsitzen nachgezogen.

Links: Aufsitzen auf englische und deutsche Art Oben: Die Reiterin setzt mit dem Gesicht zum Pferdeschweif den linken Fuß in den Bügel. Sie stößt sich vom Boden ab und dreht sich dem Pferd zu. Unten: Das rechte Bein wird über den Pferderükken geschwungen. Die Reiterin sitzt im Sattel und nimmt die Zügel auf.

Unten: Aufsitzen auf kontinentale und Western-Art Links: Die Reiterin steht mit dem Gesicht zum Pferd etwas hinter dem Steigbügel. Rechts: Sie setzt den linken Fuß in den Bügel und macht sich bereit zum Aufsitzen.

zieht er das hintere Ende des Steigbügels mit der rechten Hand zu sich heran, setzt den linken Fuß in den Bügel und schwingt sich in den Sattel, wobei er eine halbe Drehung vollführt und das rechte Bein über den Sattel schwingt. Im andern Fall steht der Reiter mit dem Gesicht zum Pferdekopf, hält die Zügel in der linken Hand und legt die rechte auf den Vorderzwiesel. Dann setzt er den linken Fuß in den Bügel und schwingt sich hoch.
Beide Methoden haben Vor- und Nachteile. Wenn sich bei der ersten Methode das Pferd während des Aufsteigens bewegt (oft, weil der Reiter ihm mit der Fußspitze in die Seite stößt), trägt der Impuls seiner Bewegung dazu bei, den Reiter in den Sattel zu bringen. Andererseits muß er erst eine Drehung machen, bis er sitzt, und das kann etwas länger dauern. Bei der anderen Methode braucht weder der Körper noch der Fuß oder das Bein gedreht zu werden, und es ist auch unwahrscheinlich, daß man dem Pferd die Fußspitze in die Seite bohrt. Dafür bleibt der Reiter aber oft an der Seite hängen, wenn sich das Pferd in diesem Augenblick vorwärts bewegt. Manche Pferde werden auch nervös, wenn der Körper des Reiters an ihrer Seite entlangstreift.
Zum Absteigen nimmt man beide Zügel in die linke Hand und zieht beide Füße aus dem Steigbügel. Mit der rechten Hand am Vorderzwiesel, schwingt man das rechte Bein zurück und über den Hinterzwiesel und landet elastisch links neben dem Pferd.

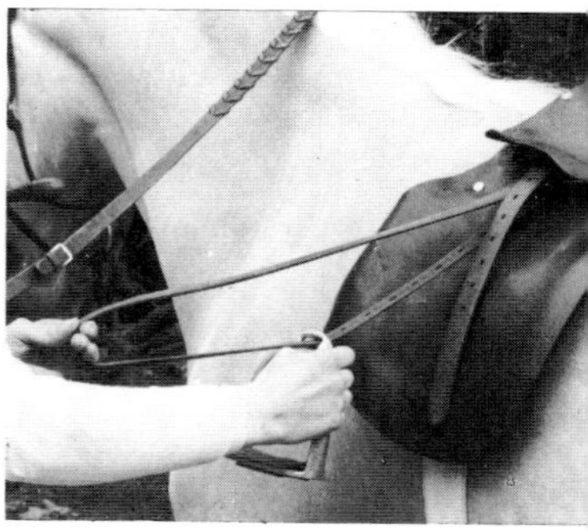

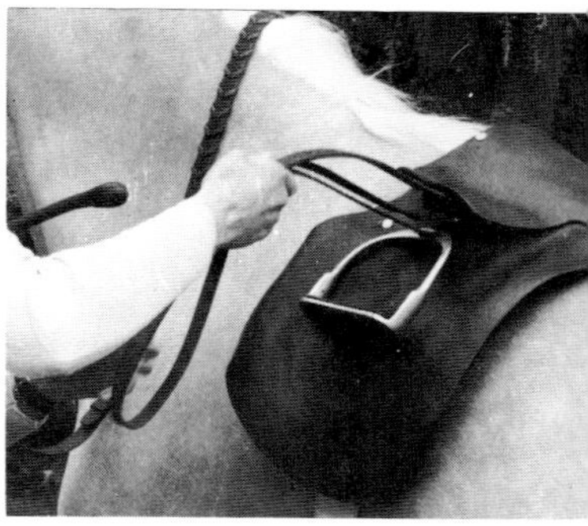

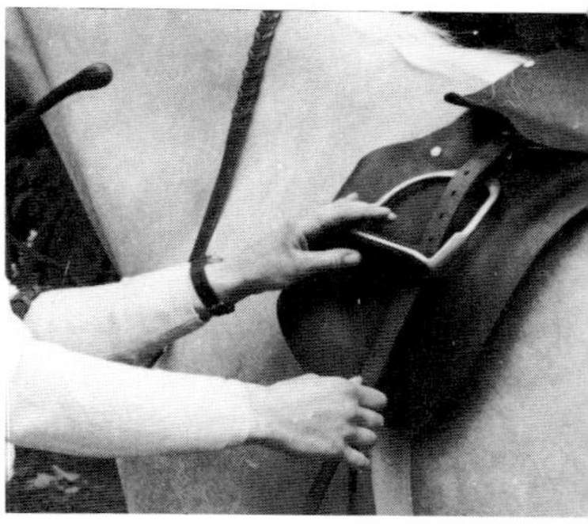

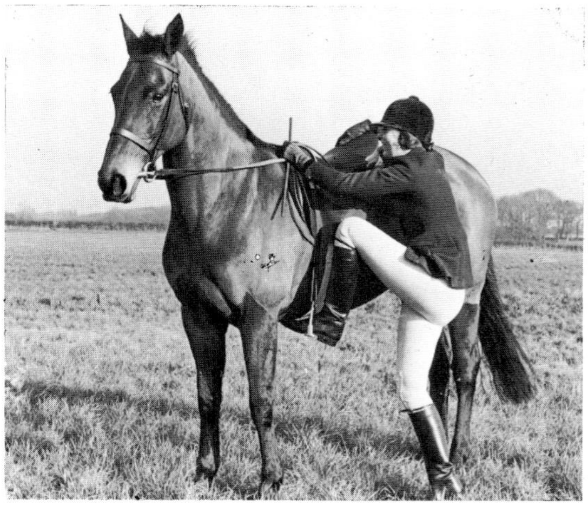

Oben: Nach dem Absitzen werden die Steigbügel hochgeschoben.

Mitte oben: Absitzen auf englische und deutsche Art. Beide Füße werden aus den Bügeln gezogen, das Gewicht wird nach vorn verlagert und das rechte Bein über die Kruppe geschwungen, so daß die Reiterin neben dem Pferd steht.

Links: Absitzen auf kontinentale und Western-Art. Das rechte Bein wird über die Kruppe geschwungen, ohne daß der linke Fuß aus dem Bügel gezogen wird. Er wird erst herausgenommen, wenn der rechte Fuß den Boden berührt.

Unten: Zum Führen werden die Steigbügel hochgeschoben und die Zügel über den Kopf heruntergenommen.

Der richtige Sitz

Einmal oben, muß der Reiter lernen, korrekt im Sattel zu sitzen, während das Pferd noch stillsteht. Es ist wichtig, dies von Anfang an richtig zu machen, denn auch in der Bewegung bleibt der Sitz mehr oder weniger derselbe.
Der Reiter muß im Mittelpunkt des Sattels Platz nehmen, und zwar so, daß zwischen seinem Gesäß und dem Hinterzwiesel noch etwa eine Handbreit Platz ist. Innenseite von Knie und Oberschenkel schmiegen sich eng an den Sattel an. Zwischen Knie oder Oberschenkel des Reiters und dem Sattel darf man nie durchsehen können. Den Unterschenkel läßt man vom Knie ab natürlich herunterhängen, weder krampfhaft vor- noch zurückgestreckt. Der Steigbügel wird so aufgenommen, daß die Fußinnenseite mehr belastet wird als die Außenkante, so daß das Knie automatisch an den Sattel angepreßt wird.
Die Steigbügellänge kann man im allgemeinen einigermaßen abschätzen, indem man die Bügel neben dem Bein herunterhängen läßt: Wenn die Trittfläche in einer Höhe mit dem Knöchel ist, ist die Länge richtig. Der Bügel liegt unter dem Fußballen, der Absatz wird durchgetreten. Mit zu weit zurückliegendem Schenkel ist es fast unmöglich, zu erreichen, daß der Absatz der tiefste Punkt des Reiters ist, wie es sein sollte. Man darf allerdings auch nicht in das Gegenteil verfallen und die Beine nach vorn strecken, weil sonst das Gewicht im Sattel zu weit nach hinten verlagert wird.
Der Rücken ist gerade, d.h. der Reiter sitzt aufgerichtet, mit geraden Schultern und den Blick zwischen den Ohren des Pferdes hindurch nach vorn gerichtet. Das bedeutet aber nicht, daß er sich steif und ungemütlich fühlen soll. Das Ziel besteht darin, so entspannt und geschmeidig im Sattel zu sitzen, daß man jederzeit mit den Bewegungen des Pferdes mitgehen kann.
Die Arme hängen frei aus dem Schultergelenk herab bis zum Ellenbogen, der natürlich abgewinkelt werden muß, damit die Hände korrekt die Zügel halten können. Die Ellenbogen dürfen nicht weggestreckt werden, sondern liegen am Körper an. Wenn die Arme herumflattern, sind ruckhafte Zügelbewegungen mit dem entsprechenden Ruck ins Pferdemaul unvermeidlich.
Es kommt hauptsächlich darauf an, daß der Reiter sich in der Mitte des Pferdes hält und ihm damit die Arbeit erleichtert. Mit wachsender Erfahrung lernt er, sein Gewicht je nach den Erfordernissen auch zu verlagern, aber im wesentlichen wird die Position in der Mitte immer beibehalten.

Oben: Die Steigbügel werden vom Sattel aus verschnallt. Der Fuß bleibt im Bügel, damit der Reiter fühlt, wann der Bügelriemen die richtige Länge hat.

Links: Korrekter Sitz im Sattel nach englischer und kontinentaler Auffassung

Unten: Korrekter Sitz für Western-Reiten. Die Bügel sind länger, aber nicht so lang, daß das Bein ganz gestreckt wäre.

Die Zügelführung

Durch die Zügel hat der Reiter den unmittelbarsten Kontakt zu seinem Pferd, aber da sie mit dem empfindlichsten Körperteil des Pferdes – dem Maul – verbunden sind, muß man sehr vorsichtig damit umgehen. Nachdem der Reiter sich im Sattel zurechtgesetzt hat, muß er lernen, die Zügel richtig aufzunehmen, einen Zügel in jede Hand. Der Zügel, der von unten nach oben durch die Hand laufen muß, wird mit Daumen und Zeigefinger festgehalten, wobei der Daumen oben liegt. Auf diese Weise sind die Zügel zweifach gegen ein Durchrutschen gesichert, ohne daß die Vorwärtsbewegung des Pferdes in irgendeiner Weise beeinträchtigt wird. Die Hauptaufgabe kommt dem kleinen Finger zu; mit ihm wird der Zügel gehalten und gelenkt, er hat die unmittelbarste Verbindung zum Pferdemaul. Die Hände werden etwa eine Handbreit über dem Widerrist frei und dicht nebeneinander getragen.

Wichtig ist, daß die Handhaltung nicht so starr ist, daß sie einer Vorwärtsbewegung des Pferdes nicht nachgeben kann. Das bedeutet natürlich nicht, daß das Pferd statt des Reiters die Gangart bestimmt. Die Hände dürfen nur nie gegen das Pferdemaul arbeiten. Natürlich braucht man die Zügel, um das Pferd zu lenken und zu beherrschen, aber sie sind keine Rettungsleinen, an denen der Reiter sich festhalten kann, damit er nicht aus dem Gleichgewicht kommt. Im Schritt bewegt sich der Pferdekopf leicht auf und nieder, und die Hände müssen entsprechend nachgeben. Im Trab hält das Pferd den Kopf höher und ruhiger, daher sollten auch die Hände sich weniger bewegen, nie aber dürfen die Zügel im Maul ziehen.

In den ersten Stunden ist es für den Anfänger vielleicht eine Hilfe, wenn er sich vorn am Sattel festhält, bis er sein Gleichgewicht gefunden hat. In manchen Reitschulen läßt man die Anfänger in einen Halsriemen greifen, aber meiner Meinung nach wird dadurch ein Vornüberneigen im Sattel gefördert, wogegen sich der Reiter besser aufrecht hinsetzen kann, wenn er mit der Hand in den Sattel greift.

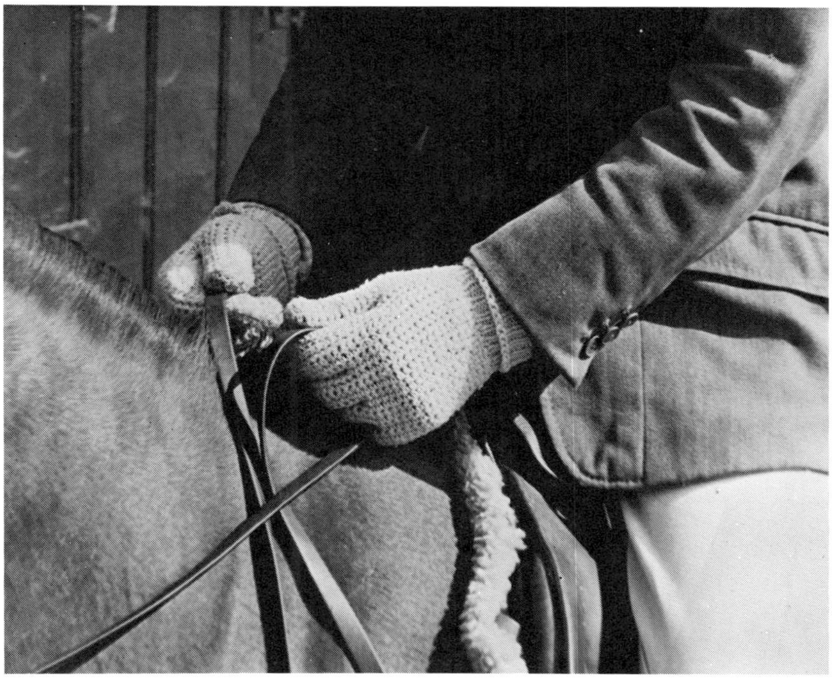

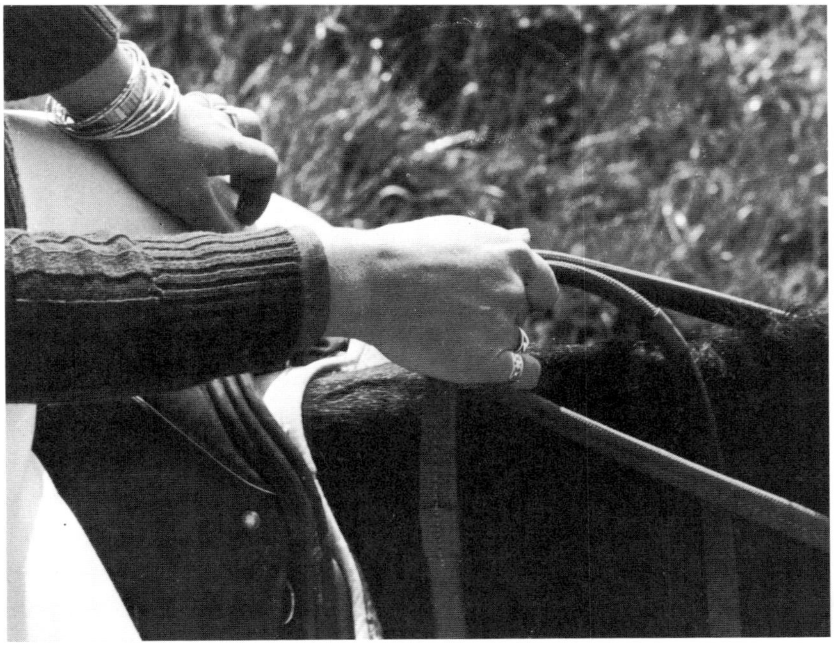

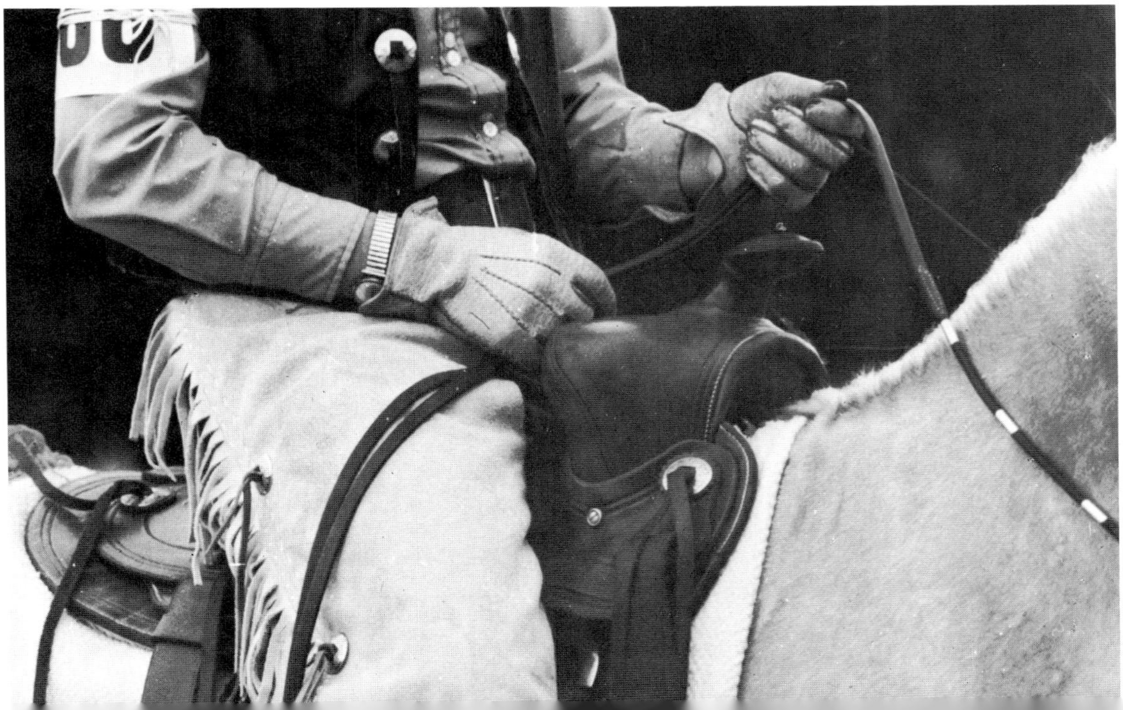

Oben: Zügelhaltung in beiden Händen. Der Daumen liegt obenauf und zeigt nach vorn.

Mitte: Zügel in einer Hand

Unten: Zügelhaltung im Westernstil. Beide Zügel werden gewöhnlich in der linken Hand gehalten, während die rechte auf dem Schenkel liegt. Die Zügel werden durch einen Finger getrennt, die Zügelführung ist höher als bei uns, damit der hohe Sattelknauf nicht stört.

Die Hilfen

Unter »Hilfen« versteht man jene Möglichkeiten, mit denen der Reiter sich seinem Pferd verständlich machen und ihm seine Wünsche übermitteln kann. Einfache und natürliche Hilfen sind in diesem Zusammenhang *Hände, Schenkel, Körper* und *Stimme.*

Die Hände halten Kontakt mit der empfindlichsten Stelle des Pferdes, seinem Maul, und dürfen deshalb nicht hart einwirken. In der Reitersprache sagt man, sie regulieren die Energie, die durch die treibende Schenkelhilfe des Reiters entsteht. Von den Händen hängt die Kopfstellung des Tieres ab, und mit ihnen wird sein Tempo reguliert.

Mit Hilfe der Schenkel beherrscht und lenkt der Reiter die Hinterhand des Pferdes und regt es zum Vorwärtsgehen an. Mit dem Körper kann man das Tempo beeinflussen, indem man das Gewicht verlagert. Der Körper soll immer ganz leicht in die Richtung geneigt sein, in die das Pferd geht. Wie wichtig die Stimme als Hilfe ist, wird oft vergessen. Mit einer sanften, freundlichen Stimme kann man einem unerfahrenen Pferd Mut machen und ein nervöses beruhigen. Ein etwas strengerer Ton kann ein Pferd wieder unter Kontrolle bringen, und ein noch schärferer Ton warnt das Pferd vor einer drohenden Gefahr.

Zur Sicherheit führt ein Erwachsener das Pony, wenn ein Kind ohne Erfahrung im Sattel sitzt.

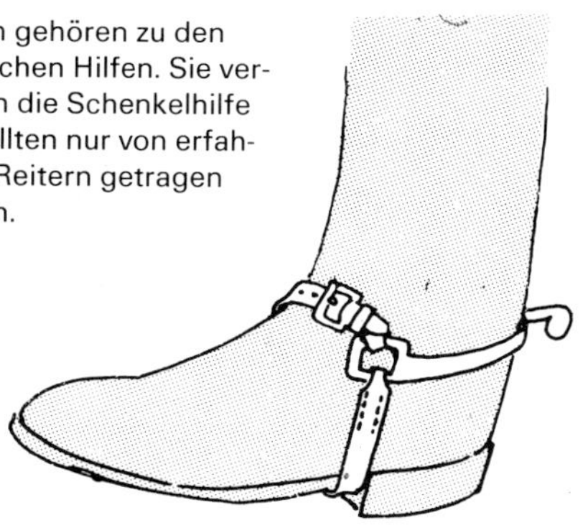

Sporen gehören zu den künstlichen Hilfen. Sie verstärken die Schenkelhilfe und sollten nur von erfahrenen Reitern getragen werden.

Die Hilfen müssen immer im Einklang miteinander gegeben werden. Wenn man aus dem Halten im Schritt anreiten will, drückt man dem Pferd nicht mit aller Kraft die Schenkel in die Rippen, sondern spannt das Kreuz an, so daß die Gesäßknochen gegen den Sattel gepreßt werden. Dann legt man die Schenkel mit leichtem Druck knapp hinter dem Gurt an den Pferdeleib und macht sich bereit, beim Antreten des Pferdes mit der Hand nachzugeben.

Wenn der Reiter anhalten will, sollte er genausowenig einfach an den Zügeln ziehen. Erstens macht er das Pferd nur allzu schnell unempfind-

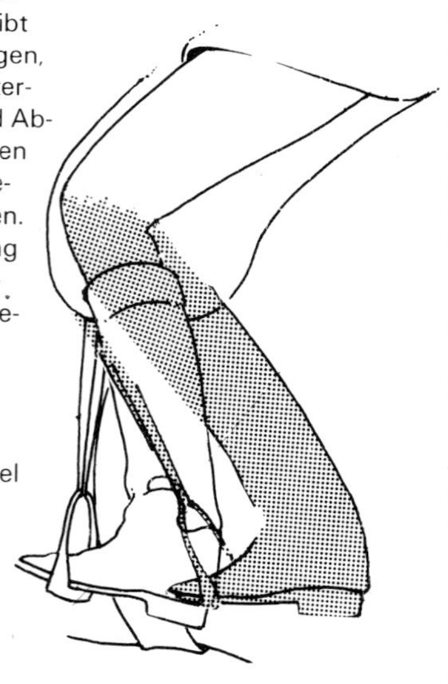

Schenkelhilfe. Das Knie bleibt am Sattel liegen, während Unterschenkel und Absatz gegen den Pferdeleib gedrückt werden. Die Zeichnung übertreibt etwas zur besseren Verdeutlichung. In Wirklichkeit ändert sich der Kniewinkel nicht.

Wie man nicht anhalten soll! Der Reiter zieht ohne jede Gewichts- oder Schenkelhilfe einfach nur am Zügel.

lich im Maul, und zweitens bremst das Tier wahrscheinlich mit der Nase in der Luft und versucht, mit weit aufgerissenem Maul dem Druck des Gebisses zu entgehen. Die richtigen Hilfen, um ein Pferd in langsameres Tempo oder zum Anhalten zu bringen, bestehen darin, daß die Hände den Bewegungen des Pferdes nicht mehr soviel nachgeben, sondern eher stehenbleiben, ohne jedoch ins Ziehen zu verfallen. Gleichzeitig verlagert sich das Gewicht von den Gesäßknochen ganz leicht nach hinten auf das Gesäß. Die Schenkel liegen wieder mit leichtem Druck am Pferdeleib, um das Pferd ans Gebiß heranzutreiben. Der Widerstand, auf den es jetzt trifft, läßt es langsamer werden.
Bevor man diese Hilfen aber in der Praxis übt, läßt man sich besser einige Zeit von einem erfahrenen Lehrer herumführen, bis man sich an die Bewegungen des Pferdes gewöhnt hat. Dabei kann der Lehrer Funktion und Ausführung der Hilfen erklären.

Künstliche Hilfen

Neben den oben erwähnten natürlichen, gibt es auch noch eine Reihe von künstlichen Hilfen. Meiner Meinung nach sollte sich der Reiter damit erst befassen, wenn er soviel Vertrauen gewonnen und genügend gelernt hat, um als fortgeschritten zu gelten. Etwas sollten jedoch alle Reiter über künstliche Hilfsmittel wissen, zu denen *Gerten* und *Peitschen, Hilfszügel* und *Sporen* gehören.
Die verschiedenen Hilfszügel und ihre Verwendung werden ausführlicher auf S. 102 behandelt. Sporen und Peitsche sind für Leute wie mich, die mit kurzen, nicht sehr kräftigen Beinen gesegnet sind, eine große Hilfe. Leute mit langen, kräftigen Beinen sollten eigentlich weniger darauf angewiesen sein. Es gibt unzählige Gerten und Peitschen - leicht, schwer, lang, kurz -, aber ich persönlich mag am liebsten eine leichte Gerte. Die schweren sind mühsam zu halten und stören bei der korrekten Zügelführung.
Peitschen und Gerten dienen dazu, die Einwirkung des Unterschenkels zu unterstreichen, ein kurzer Schlag hinter den Gurt - dort, wo auch der Absatz angelegt wird - sollte also genügen. Man braucht ein Pferd mit der Gerte nur mehr oder weniger anzutippen; sie dient nämlich hauptsächlich dazu, ein faules Tier aufzuwecken oder bei einem, das mit den Gedanken woanders ist, die Konzentration wieder auf die Arbeit zu lenken.
Auch die Sporen verstärken die Schenkelhilfen. Sie sollten aber nur von Reitern benützt werden, die ihren Unterschenkel voll in der Gewalt haben. Von einem unerfahrenen Reiter eingesetzt, sind Sporen eher schädlich und können dem Pferd weh tun, besonders wenn der Reiter nicht einmal merkt, daß er das Tier mit den Sporen berührt.
Sporen werden über den Stiefel geschnallt, so daß der eigentliche Sporn kurz über dem Absatz zu liegen kommt. Die Schärfe der Einwirkung hängt von ihrer Länge und der Form des Sporns ab. Rädchensporen haben scharfe Ecken und können ein Pferd regelrecht aufschlitzen. Zum

Rechts: Beide Zügel stehen gleichmäßig an, was an der geraden Stellung des Pferdekörpers zu sehen ist. Beide Schenkel liegen gleichmäßig an.

Unten links: Der rechte Zügel ist vermehrt angenommen, der Kopf des Pferdes nach rechts gestellt. Die linke Hand gibt ganz wenig nach, damit das Pferd den Hals biegen kann. Der rechte Schenkel liegt mit leichtem, der linke Schenkel mit etwas stärkerem Druck am bzw. hinter dem Gurt.

Unten rechts: Beim Western-Reiten wird der linke Zügel an die linke Halsseite angelegt, wenn man eine Wendung nach rechts ausführen will *(neck reining)*. Die Schenkelhilfen entsprechen denen der kontinentalen Methode.

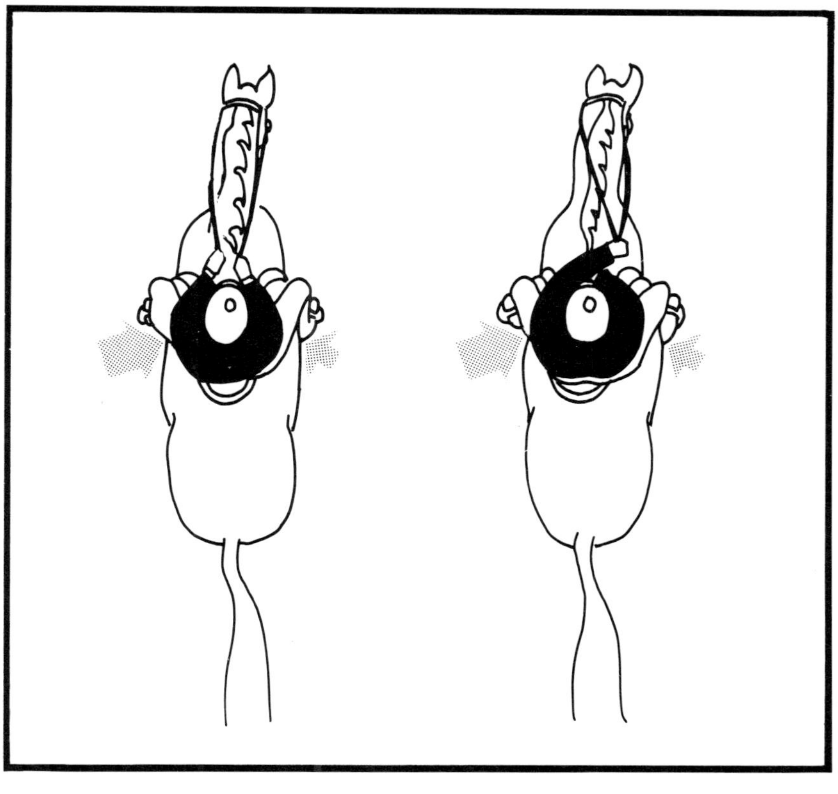

Glück werden sie heutzutage nicht mehr allzu oft getragen. Am gebräuchlichsten sind der *Prince of Wales-Typ* mit nach unten gebogenem Hals und der Typ mit geradem Sporenhals und stumpfem Ende. Letzterer wirkt direkter auf das Pferd ein und ist recht nützlich bei der Ausbildung. Im übrigen läßt sich nicht jedes Pferd mit Sporen reiten - manche können sie nicht ausstehen und schlagen aus, sobald sie sie spüren.

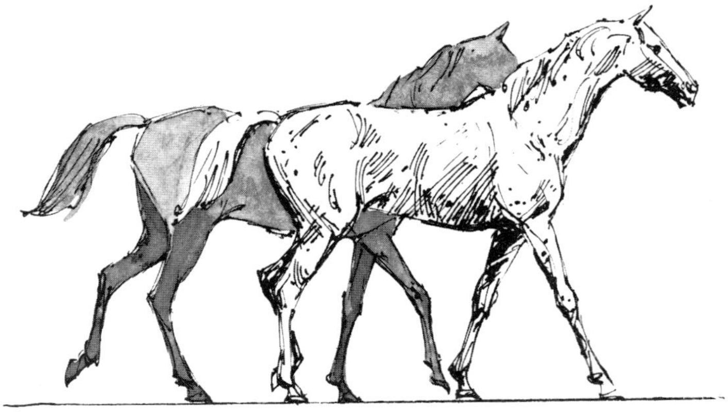

Der Schritt

So, wie eine Kenntnis von der Anatomie und Physiologie des Pferdes (s. S. 52) jedem Reiter hilft, die Bedürfnisse seines Tieres besser zu verstehen, verhilft ihm eine genaue Kenntnis der Gangarten dazu, automatisch die richtige Haltung im Sattel anzunehmen. Es gibt drei Gangarten – *Schritt, Trab* und *Galopp*, und davon wieder das Arbeitstempo, die verstärkten oder die versammelten Tempi –, aber hier geht es vorläufig erst einmal nur um den Schritt. Der ist ein Viertakt, d. h., das Pferd macht nacheinander vier verschiedene Schritte. Ein im Gleichgewicht befindliches Pferd tritt mit einem Hinterfuß an, es folgt der Vorderfuß derselben Seite, dann kommt der andere Hinterfuß und dann der andere Vorderfuß, z. B. hinten rechts, vorn rechts, hin-

Der Trab

Der Trab ist ein Zweitakt, bei dem sich die diagonalen Beinpaare des Pferdes gleichzeitig bewegen. Die Fußfolge ist hinten rechts und vorn links (die linke Diagonale), dann eine Schwebephase, in der kein Fuß den Boden berührt, dann folgen hinten links und vorn rechts, jeweils zusammen. Die Hinterfüße treten knapp hinter den Abdrücken der Vorderfüße auf, und man darf nur zwei Hufschläge hören.
Die Hilfen zum Antraben aus dem Schritt sind

Die ersten Trabtritte, bevor ein Pferd in den Galopp fällt, werden gewöhnlich ausgesessen, und auch für höhere Dressurlektionen ist die Arbeit im ausgesessenen Trab üblich. Die Meinungen darüber, ob ein Anfänger gleich das Leichttraben lernen oder zur Erzielung eines besseren Gleichgewichts lieber erst einige Stunden lang im Sattel sitzen sollte, gehen auseinander. Meines Erachtens hängt die Entscheidung von der Beantwortung zweier Fragen ab. Erstens: Hat das Pferd, auf dem der Anfänger sitzt, einen angenehmen Trab, so daß Aussitzen ebenso leichtfällt wie das Leichttraben? Zweitens: Fällt dem Reiter das Aussitzen einigermaßen leicht? Ein Anfänger, der im Trab hilflos herumgeschüttelt wird, ist wahrscheinlich dafür, so schnell wie möglich das Leichttraben zu lernen! Das Aufstehen im Leichttraben kann man auch im Schritt üben; es ist vergleichbar mit einem normalen Kippen der Füße von den Absätzen auf die Zehenspitzen. Auch im Sattel ist nicht mehr Bewegung erforderlich. Übertriebenes Aufstehen bedeutet nicht nur unnötige Anstrengung und Gefährdung des Gleichgewichts, die Extramühe macht den Körper auch noch zusätzlich steif.

Ausgesessener Trab. Die Reiterin sitzt gerade, aber tief im Sattel.

ten links, vorn links. Mit jedem Fuß muß das Pferd gleich weit vortreten, so daß es mit den Hinterfüßen in die Spuren der Vorderfüße tritt. Das Abfußen muß außerdem im gleichen Zeitabstand erfolgen, so daß im gleichen Takt vier gleiche Hufschläge hörbar sind.
Will man im Schritt anreiten, spannt man das Kreuz an, setzt sich tief in den Sattel und legt den Schenkel mit leichtem Druck kurz hinter dem Gurt an den Pferdeleib.
Der Schritt ist eine schwingende Bewegung, und der Reiter muß diesem Schwingen rhythmisch folgen, ohne sich jedoch im Sitz zu verändern. Will er das Pferd anhalten, spannt er wieder das Kreuz an und treibt das Pferd vorwärts, gibt aber mit der Hand nicht mehr nach.

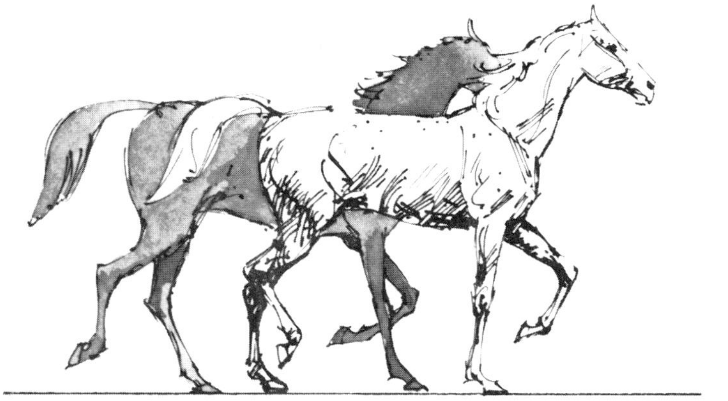

die gleichen wie die vom Halten zum Schritt. Da sich im Trab die diagonalen Beinpaare bewegen, bedeutet das, daß das Pferd keine Seitwärtsbewegung ausführt und auch der Reiter schwingende Bewegungen zu vermeiden hat. Außerdem trägt das Pferd den Kopf höher und ruhiger, und auch die Hand des Reiters muß entsprechend ruhig sein.
Es gibt zwei Möglichkeiten zu traben: das *Aussitzen* und das *Leichttraben*. Beide werden im folgenden näher erklärt.

Leichttraben. Der Oberkörper ist leicht nach vorn geneigt.

Beim Leichttraben hilft es, wenn man anfangs die Zügel in eine Hand nimmt und sich mit der anderen vorn am Sattel festhält, wobei man häufig wechseln sollte. Auf hartem Untergrund kann man das Leichttraben am besten üben, weil man im Zweitakt-Rhythmus der Hufe aufsteht und sich hinsetzt. Auf einer leichten Steigung ist das noch einfacher als auf ebenem Boden. Der Reiter muß sich um eine flüssige, nicht ruckhafte Bewegung bemühen und darf in der Hüfte nicht steif werden. Der Oberkörper ist leicht nach vorn geneigt. Oberschenkel und Knie liegen eng am Sattel an, und die Unterschenkel liegen ruhig in ihrer üblichen Position. Anfangs sollte man nicht zu lang ohne Verschnaufpause traben. Zur Erholung läßt man das Pferd am besten eine Weile Schritt gehen, nimmt die Füße aus den Bügeln und läßt sie ungezwungen herunterhängen. Wenn man das Aufstehen beherrscht, kann man das Leichttraben auch auf weichem Boden, der die Hufschläge verschluckt, und schließlich auch auf etwas unebenem Boden versuchen.

Der Arbeitsgalopp

Der Galopp ist eine kompliziertere Gangart als Schritt und Trab, weil er im Dreitakt erfolgt, man also bei jedem Galoppsprung drei Hufschläge unterscheiden kann. Danach folgt eine absolute Schwebephase. Jeweils ein diagonales Beinpaar schwingt gleichzeitig vor, und zwar eines mehr als das andere, wie man leicht selbst feststellen kann, wenn man einem galoppierenden Pferd zusieht. Je nachdem, welches Beinpaar weiter vorschwingt, spricht man von einem Rechts- oder einem Linksgalopp. Im Linksgalopp ist die Fußfolge hinten rechts, rechte Diagonale (hinten links und vorn rechts) und vorn links. Im Rechtsgalopp ist es umgekehrt.

Der Renngalopp

Obwohl der Renngalopp ein Viertakt ist, ist er im wesentlichen nur eine Erweiterung des Arbeitsgalopps. Alle vier Beine schwingen gestreckt nach vorn, so daß eine wesentlich höhere Geschwindigkeit erreicht wird.
Normalerweise sitzt man im Renngalopp sehr angenehm, aber ein Anfänger sollte besser die Finger davon lassen, weil das Pferd ihm dabei

Die meisten Pferde springen von sich aus im Linksgalopp an, aber in der Regel entscheidet die Hilfengebung des Reiters darüber, mit welchem Bein sein Pferd anspringt. Ob Rechts- oder Linksgalopp ist weniger wichtig, solange man geradeaus reitet. Auf einem Zirkel aber muß das Pferd immer mit dem inneren Bein vorspringen, d.h., wenn auf der linken Hand auf dem Zirkel geritten wird, muß das Pferd Linksgalopp gehen, auf der rechten Hand Rechtsgalopp. Wenn ein Pferd auf der rechten Hand im Linksgalopp geht, spricht man von Konter- oder Außengalopp. Will man aus dem Trab links angaloppieren, muß man zuerst aussitzen und sich tief in den Sattel setzen, damit man sicher ist, daß das Pferd im Gleichgewicht ist und frei vorwärtstritt. Beide Beine werden angedrückt, das linke am Gurt, das rechte eine Handbreit hinter dem Gurt. Gleichzeitig wird der Pferdekopf ganz leicht nach links gestellt. Man spricht hier von einer diagonalen Hilfe, weil die Haupthilfen von Schenkel und Zügel diagonal gegeben werden. Wenn das Pferd angaloppiert, bleibt der Reiter in derselben Haltung im Sattel, und der Oberkörper geht leicht in der Bewegung mit. Der Oberkörper bleibt jedoch gerade aufgerichtet, denn ein Vorneigen würde das Pferd veranlassen, schneller zu werden. Wichtig ist, daß die Hüftpartie geschmeidig bleibt; wenn der Reiter sich

Auch im Arbeitsgalopp sitzt der Reiter tief im Sattel.

Wenn ein Pferd im Links- oder Rechtsgalopp geht, wie oben beschrieben, galoppiert es »richtig«. Es kann aber auch »falsch« galoppieren, d.h. die Fußfolge durcheinanderbringen, weil es die falschen Hilfen erhielt oder beim Angaloppieren aus dem Gleichgewicht geriet. Dann spricht man von »Kreuzgalopp«. Statt des diagonalen Beinpaares bewegen sich die Beine auf einer Seite gleichzeitig, z.B. hinten links, dann hinten rechts und vorn rechts zusammen, dann vorn links. Der Kreuzgalopp sieht unschön aus und schüttelt den Reiter unangenehm durch (Hilfen und Sitz des Reiters im Arbeitsgalopp werden auf Seite 64 unten beschrieben).

leicht die Hand nehmen kann. Renngalopp wird nur auf der Rennbahn oder beim Polo geritten. Dabei nimmt der Reiter das Gesäß aus dem Sattel und beugt sich nach vorn über den Pferdehals. Diese Rennhaltung ist bei den Jockeys noch intensiver. Sie reiten mit ganz kurzen Bügeln, damit sie sich noch weiter nach vorn beugen können.

Im Jagd- oder Renngalopp wird der Oberkörper vorgeneigt, das Gesäß bleibt über dem Sattel.

hier versteift, wird er unweigerlich bei jedem Galoppsprung aus dem Sattel gehoben, um anschließend wieder hineinzuklatschen.

Die Grundgangarten des Pferdes sind also Schritt, Trab und Galopp. Die jeweiligen Hilfen und der entsprechende Sitz sowie flüssige Übergänge von einer Gangart in die andere und zum Halten müssen erlernt und beherrscht werden, bevor an irgendwelche fortgeschritteneren Übungen zu denken ist. Der Anfänger sollte sich mit dem Lernen und Üben also Zeit lassen, denn mit diesem reiterlichen ABC werden die Grundlagen für Selbstvertrauen und gute Beherrschung des Pferdes gelegt. Keinem Reiter wird es erspart bleiben, einmal – oder auch mehrere Male – vom Pferd zu fallen; darüber muß er sich von vornherein im klaren sein. Pferde erschrekken sehr leicht, und dann springen sie zur Seite, scheuen oder verlieren das Gleichgewicht. Das kann auch den erfahrensten Reiter aus dem Sattel bringen. Die meisten Stürze haben keine ernsthaften Folgen. Passiert aber doch einmal etwas, handelt es sich meist um einen reinen Unfall, wie er jedem zustoßen kann, vergleichbar mit einem Autounfall oder einem Ausrutschen auf der Treppe. Wie bei jeder Sportart ist auch beim Reiten ein gewisses Risiko in Kauf zu nehmen.

Longenstunden und Übungen

Sobald er die verschiedenen Gangarten mit ihren Bewegungsabläufen sowie Haltung und Hilfen theoretisch gelernt hat, muß sich der Anfänger darüber klarwerden, worauf es vorläufig am meisten ankommt: den Sitz zu festigen und gleichzeitig das eigene Vertrauen und das des Pferdes zu fördern. Ein fester, unabhängiger Sitz, Balance und Körperbeherrschung sind unabdingbare Voraussetzungen für eine weiche Hand. Es gibt einige Übungen, die man entweder im Halten oder in der Bewegung ausführen kann und die bei der Erreichung dieses Zieles helfen.
Als erstes streckt man einen Arm vor und versucht, ein Pferdeohr zu berühren. Dann schwingt man – ohne die Körperhaltung zu verändern – den Arm nach hinten und berührt das Pferd an der Kruppe. Das gleiche wiederholt man mit dem anderen Arm, wobei sich die Schenkel auf keinen Fall verschieben und mit den Armbewegungen vor- und zurückschwingen dürfen. Dann hebt man beide Arme in Schulterhöhe und dreht den Oberkörper von einer Seite zur anderen, ohne dabei seinen Sitz im Sattel zu verändern. So wird die Geschmeidigkeit der Hüften gefördert. Man kann die Übung auch mit auf den Hüften aufgesetzten Händen machen.
Die meisten Übungen führt man am besten unter Anleitung eines Lehrers aus, und zwar deshalb,

Freiübungen auf dem Pferd verbessern Gleichgewicht und Sitz des Reiters. Die abgebildeten Übungen sind für jede Art des Reitens nützlich.

Oben: Über den Hals des Pferdes gelehnt mit der Hand abwechselnd die eine und die andere Fußspitze berühren, ohne die Schenkellage zu verändern

Darunter: Arme in Schulterhöhe, in der Hüfte nach rechts und links drehen, dabei die Schenkellage nicht verändern

Mitte links und rechts: Mit gekreuzten Armen und unveränderter Schenkellage nach vorn auf den Pferdehals und nach hinten auf die Kruppe lehnen

Unten links: Leichttraben ohne Bügel im Halten

Unten rechts: Bei korrektem Sitz im Sattel die Beine vom Knie an nach vorn und hinten schwingen

Fußspitzen nach rechts und links kreisen lassen. Das macht das Fußgelenk locker und geschmeidig.

weil man auch auf dem Pferd versuchen wird, die Körperhaltung einzunehmen, die man beim Gehen hat. Um sich korrekt hinzusetzen, kann der Reiter zu einer für ihn unnatürlichen Haltung gezwungen sein. Das führt zu Versteifungen, wo doch allgemeine Losgelassenheit das Ziel ist. Ein erfahrener Reitlehrer sieht das rechtzeitig und kann dem Reiter durch korrigierende Übungen dabei helfen, seine Probleme zu überwinden. Jemand, der z. B. mehr auf dem Gesäß als auf den Gesäßknochen sitzt (weshalb er immer hinter der Bewegung des Pferdes sein wird), sollte seine Arme nach vorn kreisen lassen, damit der Oberkörper nach vorn gezogen und der Fehler so korrigiert wird. Ein Rückwärtskreisen der Arme dagegen würde den Fehler noch verschlimmern.

Sehr lehrreich und nützlich ist auch die Arbeit an der Longe. In Europa wurde diese Art der Ausbildung schon lange praktiziert, und heute ist sie allgemein als beste Methode zur Ausbildung eines Reiters anerkannt. Der größte und entscheidendste Vorteil besteht darin, daß der Reiter sich nicht um sein Pferd zu kümmern braucht, sondern sich voll und ganz auf seine Körperhaltung konzentrieren kann. Im Halten korrekt zu sitzen, ist eines, diese Haltung aber auch in allen drei Gangarten beizubehalten, ist etwas anderes. Ein Reiter muß zuerst losgelassen und geschmeidig werden, damit sein Körper die Bewegungen des Pferdes abfangen kann.

Das Longieren sollte in gemäßigtem Tempo erfolgen. Es werden ebenfalls Übungen zur Festigung des Sitzes ausgeführt, wobei der Reiter am besten ohne Bügel reitet und die Steigbügel vor dem Sattel überschlägt (s. Abb. links). Es gibt viele Übungen, die auf eine Verbesserung der Schenkellage abzielen, aber zuerst sollte man sich mit dem Gefühl, auf einem im Schritt oder Trab vorwärtsgehenden Pferd zu sitzen, vertraut machen. Eine nützliche Übung besteht z. B. darin, daß man beide Hände vorn auf den Sattel legt, die Knie hochzieht und dann ruckartig wieder nach unten streckt, wobei man die Beine so lang wie möglich macht. Dadurch wird das Gesäß tiefer in den Sattel gebracht. Dann schwingt man mit gestreckten Fußspitzen ein Bein vor, das andere zurück. Auch dadurch wird ein tieferer Sitz im Sattel erreicht, und außerdem lernt man, die Beine unabhängig voneinander zu bewegen.

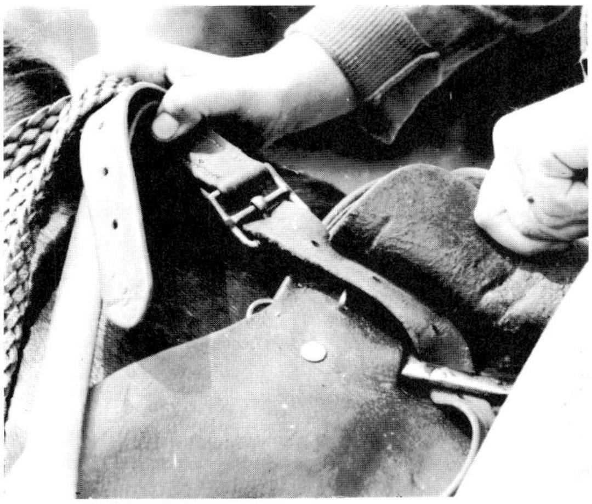

Bei Übungen ohne Bügel werden die Steigbügel vor dem Sattel übereinandergeschlagen. Die Schnalle wird von der Aufhängung weggezogen.

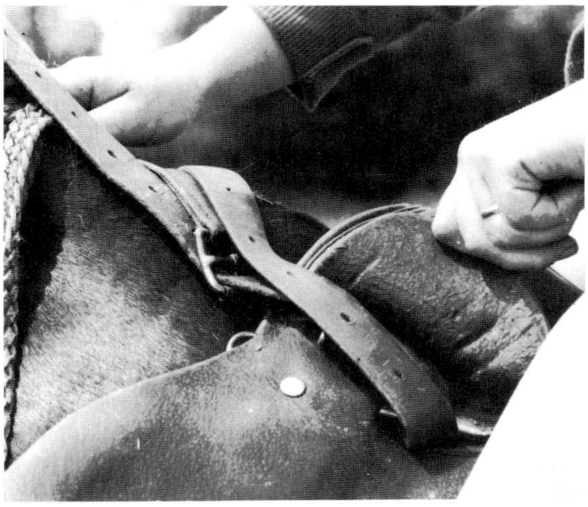

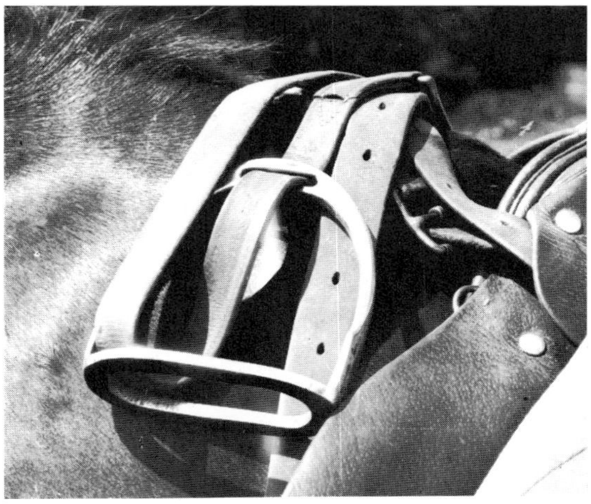

Eine gute Hilfe für den Anfänger ist das Reiten an der Longe. Übungen wie eine Hand am Vorderzwiesel, mit dem anderen Arm kreisen (oben) oder Leichttraben mit verschränkten Armen (S. 69 oben) helfen, den Sitz unabhängig zu machen.

Die folgenden beiden Übungen werden im Trab ausgeführt. Zuerst hebt man beide Hände hoch über den Kopf und läßt sie dort, während das Pferd weitertrabt. Dann übt man Aussitzen und Leichttraben mit über der Brust verschränkten Armen. Sollte sich dabei eine Tendenz zum Vornüberfallen zeigen, werden die Arme auf dem Rücken verschränkt.

An der Longe kann man auch lernen, ein Pferd nur durch Gewicht und Schenkel, unterstützt von der Stimme, zu lenken, was zu der Einsicht beiträgt, daß die Zügel gar nicht so wichtig sind, wie man anfangs gedacht hat. Schließlich sollte das Pferd mehr auf den Reiter achten als auf den Lehrer, der die Longe hält. Auch dem fortgeschrittensten Reiter tut diese Arbeit an der Longe gut. Wenn sich selbst Olympiareiter während der Arbeit longieren lassen – wieviel mehr haben dann Anfänger diese Arbeit nötig?
Sobald man anfängt, losgelassen und sicher zu sitzen und sich im Einklang mit seinem Pferd zu fühlen, so daß beide Spaß an den gemeinsamen Ritten haben, kann man während jedes Ausritts und jeder Übungsstunde an der weiteren Perfektion arbeiten, statt sich nur durch die Gegend tragen zu lassen. Man entwickelt auch viel eher ein Verhältnis zum Pferd, wenn man ein bestimmtes Ziel bei der Arbeit im Auge hat. Zu diesem Zeitpunkt besteht das Ziel darin, die einfachen Bewegungen immer besser auszuführen, gute Übergänge vom Schritt zum Trab und vom Trab zum Schritt und möglichst genaue Bahnfiguren reiten zu können. Das Wichtigste ist jedoch, geradeaus, auf einer geraden Linie, reiten zu können. Das darf man nie vergessen. Man kann diese Lektion im Gelände üben, indem man einen Baum oder Pfosten auswählt und versucht, in gerader Linie, ohne Abweichung nach links oder rechts, daraufzu zu reiten. Das ist nicht so leicht, wie es klingt! Am anvisierten Ziel kehrt man um und reitet ein anderes Ziel an oder diagonal über ein Feld – ein Pferd langweilt sich schnell, wenn es unaufhörlich dieselben Dinge wiederholen muß.
Wichtig ist auch die Arbeit auf dem Zirkel, wo-

bei es darauf ankommt, daß sich das Pferd in seiner ganzen Länge auf die gebogene Zirkellinie einstellt. Die Halsbiegung wird durch die Zügel erreicht, während der äußere Schenkel verhindert, daß die Hinterhand des Pferdes zu weit nach außen schleudert. Die Arbeit auf dem Zirkel kann in allen Gangarten ausgeführt werden.
Eine weitere gute Übung ist das Zirkelverkleinern oder -vergrößern, wobei es darauf ankommt, immer die korrekte Biegung beizubehalten. Beim Zirkelvergrößern wird der innere Schenkel am Gurt vermehrt eingesetzt, so daß das Pferd nach außen, gegen den äußeren Zügel gedrückt wird, der ganz leicht nach außen geführt wird. Die innere Hand und der äußere Schenkel, der eine Handbreit hinter dem Gurt liegt, bewegen sich nicht. Nach einigen Runden auf diesem Zirkel wird er wieder verkleinert. Man muß immer darauf achten, auf beiden Händen gleichmäßig zu arbeiten, damit nicht eine Seite mehr entwickelt wird als die andere.
Wenn man ganz sichergehen will, daß das Pferd den Zirkel korrekt ausgeht, kann man auf der Zirkellinie Sägemehl streuen. Das Sägemehl muß bei jedem Schritt aufwirbeln. Man kann auch Pfähle oder Fässer in zwei parallelen Reihen aufstellen (aber so, daß sie sich nicht genau gegenüberstehen – siehe Zeichnung) und in Schlangenlinien um sie herumreiten. Weder die Hände noch die Schenkel dürfen sich je übertrieben bewegen.
Dieses schulmäßige Reiten darf nie länger als 20 Minuten dauern. Man hört immer dann auf, wenn das Pferd etwas gut gemacht hat, und spart nicht mit Lob, damit das Pferd merkt, wie zufrieden der Reiter mit den gemeinsamen Fortschritten ist.

Unten: Bahnfiguren (ganze Bahn, halbe Bahn, Zirkel, durch die ganze Bahn wechseln) dienen der Abwechslung und werden in allen Gangarten geritten.

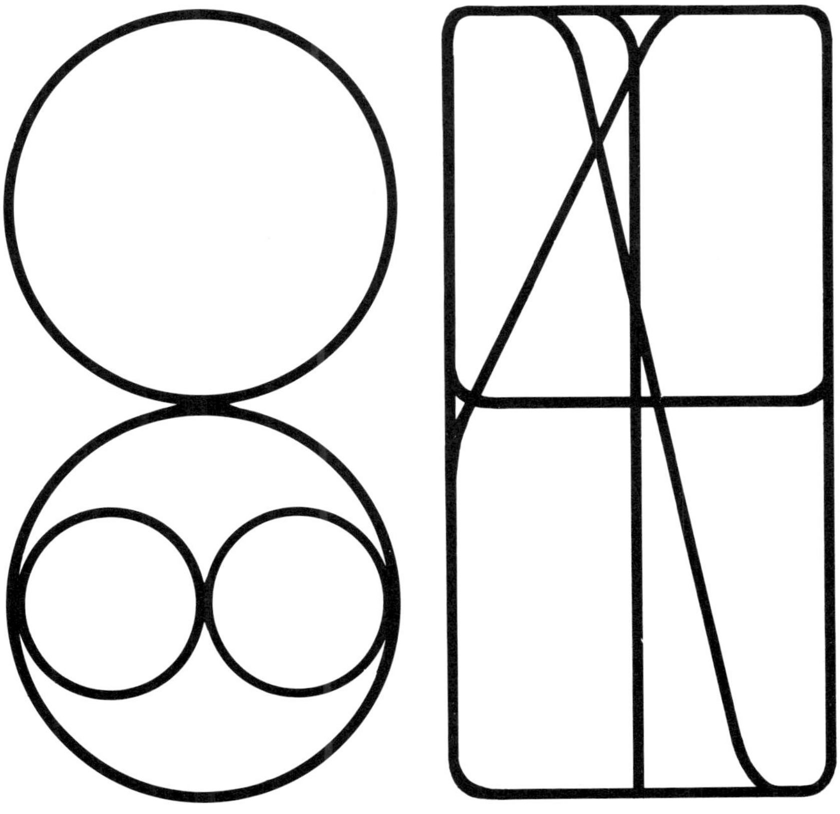

Das Springen

Zu welchem Zeitpunkt ein Reiter anfangen kann zu springen, ist individuell ganz verschieden. Manche Leute haben überhaupt nicht die leiseste Neigung dazu und finden ihr Vergnügen ausschließlich darin, mit ihrem Pferd das Gelände zu durchstreifen, ohne daß das Tier jemals auch nur die Andeutung eines Sprunges macht. Daran ist auch überhaupt nichts auszusetzen. Für andere ist die Fähigkeit, über Hindernisse zu springen, ein wichtiger und wesentlicher Bestandteil des Reitens.

Unten: Der leichte Sitz zum Springen wird zuerst im Halten geübt, dann auch im Schritt, Trab und Galopp. Dadurch werden die entsprechenden Muskeln gestärkt.

Wenn jemand Anzeichen von Nervosität verrät, sollte man ihn nicht zum Springen zwingen, bevor er es selbst will. Dagegen sehe ich nicht ein, warum es einem Reiter, der genügend Vertrauen hat und schon nach den ersten Stunden losgelassen und selbstverständlich im Sattel sitzt, schaden sollte, wenn er im Trab über Stangen schon die Springhaltung übt. Dazu muß er noch nicht einmal leichttraben können. Ausschlaggebend ist nur, daß der Reiter über ein natürliches Gleichgewicht verfügt und lernbegierig ist. Besonders einem jungen Menschen gibt es das Gefühl, sehr viel erreicht zu haben, wenn er zu einem frühen Zeitpunkt schon gesprungen ist, und außerdem wird das Springen damit zu einem normalen Bestandteil des Reitens.
Meiner Ansicht nach muß ein Reiter erst die richtige Springhaltung erlernen und seinen Sitz festigen, bevor man ihn Hindernisse von einigen Ausmaßen springen läßt. Bis jetzt kennt er bloß zwei Haltungen (die sich nur ganz leicht unterscheiden) – im Schritt, Trab und Galopp aufrecht auf beiden Gesäßknochen und zum Halten auf dem Gesäß. Im Springsitz wird das Gesäß leicht aus dem Sattel herausgehoben, und der Reiter nimmt eine vorgeneigte Haltung ein, d.h., er beugt den Oberkörper aus den Hüften nach vorn. Zum Lernen ist es leichter, wenn der Reiter ein Büschel Mähnenhaar in halber Halshöhe ergreift. Zur Eingewöhnung versucht man erst einmal im Schritt, diese Haltung einzunehmen.
Wenn diese Springhaltung genügend oft geübt wurde, kann der Reiter im Schritt über am Boden liegende Stangen reiten. Drei Stangen sind genug, und wenn sie glücklich überwunden sind, wiederholt man die Sache im Trab. Wenn alles klappt, erhöht man die letzte Stange. Beim ersten Mal empfiehlt es sich, daß der Lehrer das Pferd führt, damit sich der Reitschüler darauf konzentrieren kann, seinen neuen Sitz beizubehalten, ohne auch noch das Pferd lenken zu müssen.
Nicht alle Leute sind mit dieser Lehr- und Lernmethode einverstanden. Sie meinen, der Reiter müsse sein Pferd beherrschen, aber ich finde es schlimmer, wenn ein Reiter das Gleichgewicht verliert und sich an den Zügeln festhält. Dadurch verliert er das Vertrauen, und für das Pferd be-

weit wie möglich ausgestreckt und die Beine unter den Körper gezogen. Wenn die Vorderbeine den Boden berühren, hebt sich der Kopf wieder, und der Hals wird kürzer.
Das Pferd ändert also dauernd seine Kopfhaltung, indem es den Hals streckt und wieder zurücknimmt, und deshalb ist es so wichtig, daß der Reiter eine weiche, mitgehende Hand hat. Eine gute Hand entwickelt sich aber nur aus einem festen und unabhängigen Sitz. Beim Absprung und während der Schwebephase nehmen Oberschenkel und Steigbügel das Gewicht des Reiters auf. Im Idealfall sollen die Bügelriemen während des ganzen Sprungs senkrecht zum Boden bleiben, aber bei vielen Reitern, selbst solchen der Spitzenklasse, fliegt der Unterschenkel zurück. Der Blick bleibt durch die Pferdeohren nach vorn und nicht auf den Sprung gerichtet.
Nach den Stangen am Boden geht man zur Cavaletti-Arbeit über. Cavalettis sind eine sehr nützliche Erfindung: eine lange Stange, die an den Enden an je zwei kurzen, auf dem Boden ruhenden gekreuzten Bohlen befestigt ist. Auch hier legt man drei oder vier hintereinander und läßt das Pferd darübertraben. Dann zieht man das letzte Cavaletti etwas weiter zurück und legt ein

deutet es Schmerzen im Maul. Aus demselben Grund halte ich es für gut, wenn ein Reiter das Springen an der Longe lernt. Das Pferd wird im Schritt, Trab und Galopp longiert, und der Reiter behält durchgehend den Springsitz bei. Dazwischen legt man immer wieder Pausen ein, in denen der Reiter bewußt Teile seines Körpers entspannt. Man kann sich z.B. ausruhen und die Rückenmuskulatur entkrampfen, indem man sich wieder aufrecht hinsetzt. Verkrampfte Schenkel lockern sich, wenn man die Füße aus den Bügeln nimmt und die Beine mit gestreckten Fußspitzen vor- und zurückschwingt. Das Fußgelenk wird gelockert, wenn man die Zehen anhebt und den Fuß erst nach außen und dann nach innen kreisen läßt. Das (lockere) Fußgelenk spielt beim Springen eine wichtige Rolle, weil es bei der Landung des Pferdes nach dem Sprung für den Reiter die Funktion eines Stoßdämpfers übernimmt.
Die Haltung über dem Sprung ist leichter zu verstehen, wenn man genau weiß, welche Bewegungen ein Pferd beim Springen ausführt. Beim Anreiten eines Sprungs streckt das Pferd den Hals und senkt den Kopf. Beim Absprung wird der Hals enger, so daß es den Kopf heben und sich mit Schultern und Vorderbeinen vom Boden lösen kann. Wenn die Hinterbeine das Gewicht aufnehmen, streckt sich der Hals wieder, und das Pferd springt ab. In der eigentlichen Schwebephase über dem Sprung sind Hals und Kopf so

Oben: Springstunden beginnen damit, daß das Pferd im Schritt über Stangen am Boden tritt. Der Reiter sitzt leicht nach vorn geneigt.

Unten: Weitverbreitet ist der Fehler, im Sprung hinunter-, statt nach vorn zu sehen.

zweites darauf, so daß ein kleiner Sprung entsteht. Mehr als zwei sollte man nicht in dieser Weise aufeinanderstellen; drei Cavalettis übereinander sind sehr gefährlich. Ich habe einmal gesehen, wie ein Pferd das Bein zwischen die Stangen brachte und sich überschlug. Sein Selbstvertrauen erlitt einen solchen Schock, daß das Tier nie mehr wirklich gut sprang.
Sehr zu empfehlen ist auch, alle erreichbaren Fotos von guten Springreitern zu studieren und ihnen auf den Turnieren zuzuschauen. Man kann eine Menge daraus lernen, wenn man ihre Haltung analysiert. Auch Bücher können eine große Hilfe sein; die Theorie unterstützt die praktischen Fähigkeiten.
Wenn man die Grundbegriffe gelernt hat, kann man sich ein paar Übungshindernisse im Gelände oder auf der Koppel bauen. Man kann dafür alles mögliche verwenden und es so bunt anmalen, wie man will, z. B. Strohballen (die ebenfalls nicht zu hoch aufeinandergetürmt werden dürfen), Ölfässer, alte Autoreifen, die von einer Stange herunterhängen, alte Türen (vorausgesetzt, es stehen keine Nägel oder Türgriffe heraus) usw. Höher als 70–80 cm sollten die Hindernisse nicht sein. Bei einigen erleichtert man dem Pferd den Absprung dadurch, daß man vor dem Hindernis eine Stange auf den Boden legt. Das Hindernis ist für das Pferd so leichter zu taxieren und einfacher zu springen. Es ist wichtig, die Hindernisse so oft wie möglich an verschiedenen Plätzen aufzubauen, damit man nicht an einem »Parcours« festklebt und das Pferd sich langweilt.
Sehr nützlich ist das Springen ohne Bügel. Wenn man zwischen den Sprüngen einmal einen Bügel verliert, muß man in der Lage sein, auch so ohne größere Schwierigkeiten weiterzuspringen. Zu Anfang springt man mit dem einen Fuß aus dem Bügel, dann mit dem anderen und schließlich ganz ohne.

Man baut möglichst verschieden niedrige Übungssprünge.

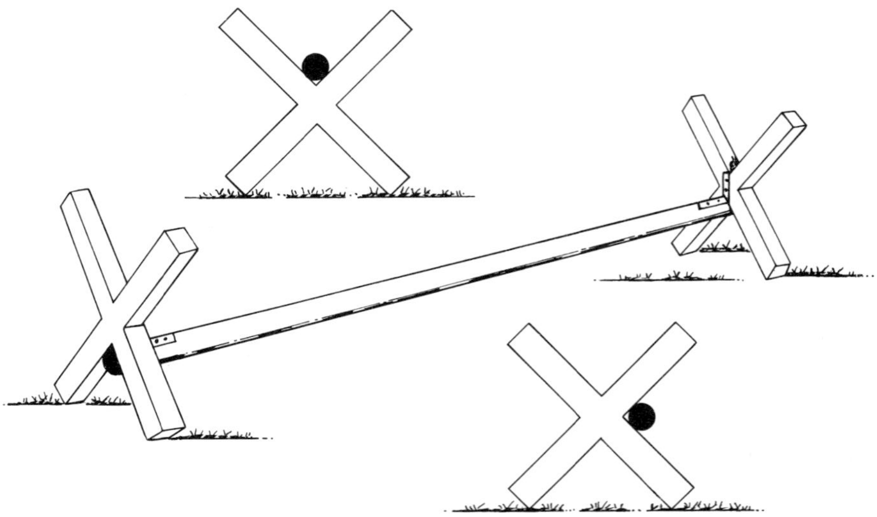

Oben: Konstruktion einer Cavaletti-Stange mit den drei verschiedenen Höhen

Links: Gekreuzte Stangen geben gute Hindernisse für den Anfang ab. Sie sollten immer möglichst in der Mitte gesprungen werden.

Verglichen mit Foto S. 71 unten hat sich der Springsitz der Reiterin erheblich verbessert – sie geht gut mit und sieht nach vorn.

Jedes Pferd hat einen anderen Galoppsprung und muß anders an einen Sprung herangeritten werden. Das lernt der Reiter jedoch nur durch Erfahrung. Einfache Kombinationen aus Hindernissen in verschiedenem Abstand geben Auskunft darüber, wie viele Galoppsprünge ein bestimmtes Pferd für eine gewisse Entfernung benötigt. Ein guter (Spring-)Reiter sitzt ruhig auf seinem Pferd und hilft ihm, wenn es nötig ist. Er muß so auf das Tier einwirken, daß es selbst den Willen zum Überwinden des Hindernisses hat. Der beschriebene Springsitz ist der sogenannte italienische Vorwärtssitz, der heute allgemein als der geeignetste betrachtet wird. Mit seiner Hilfe läßt sich der schlimmste Fehler vermeiden, den man beim Springen machen kann: hinter der Bewegung zu bleiben. Das heißt, daß das Reitergewicht schon über dem Sprung wieder im Sattel landet und den Pferderücken belastet. Dann *muß* das Pferd nämlich seine angezogenen Hinterbeine ausstrecken, um das zusätzliche Gewicht ausbalancieren zu können. Hierbei besteht nur allzu leicht die Möglichkeit, daß es gegen eine Stange schlägt und sich weh tut. Das erschüttert nicht nur sein Selbstvertrauen, sondern auch sein Vertrauen in den Reiter.

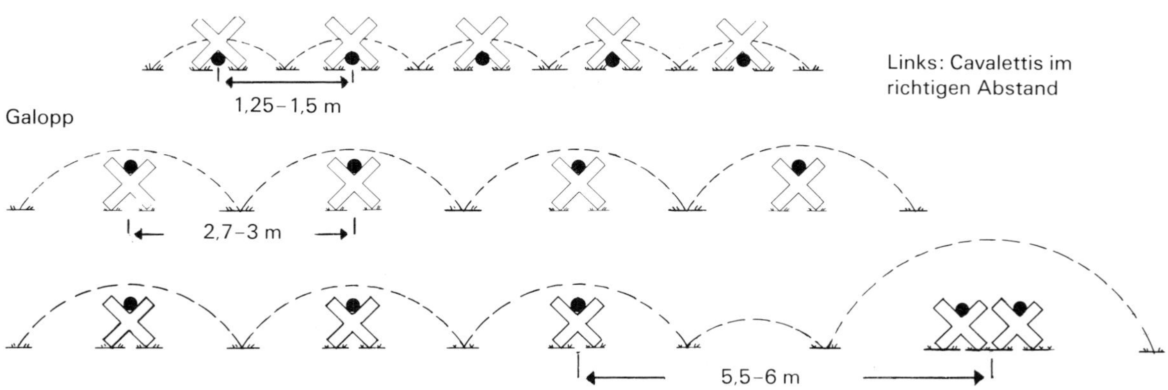

Links: Cavalettis im richtigen Abstand

Unten: Ein Springpferd der Spitzenklasse demonstriert, wie einfach alles sein kann!

Pferdepflege

Die meisten kleinen Reitponys können sehr gut das ganze Jahr im Freien verbringen, sie müssen allerdings genügend Futtergras auf einer gut eingezäunten Koppel finden. Wenn das Gras im Winter spärlich und schlecht wird, muß man Heu und wahrscheinlich auch Kraftfutter zufüttern.
Eine Pferdekoppel muß ringsum gut und sicher eingezäunt sein. Stangen und Pfosten sind zwar nicht ganz billig, aber immer noch die beste Umzäunung für diesen Zweck. Stacheldraht kommt unter keinen Umständen in Frage; man beschwört damit das Unheil geradezu herauf! Das Tor muß sich gut öffnen lassen – keine gebrochenen Angeln – und mit einem Vorhängeschloß gesichert werden können. Auch ein Pony braucht einen Wetterschutz, am besten einen auf drei Seiten geschlossenen Schuppen gegenüber einer dichten Hecke oder einer Baumreihe. Außerdem muß immer frisches Wasser in einem großen Behälter, der keine scharfen Kanten haben darf, vorhanden sein.

Oben: Ein solider Unterstand aus Holz als Wetterschutz

Mitte: Stacheldrahtzäune sind höchst gefährlich, und Wassertröge dürfen keine scharfen Kanten haben.

Unten: Koppelpferde müssen einmal am Tag angesehen und auf Verletzungen hin untersucht werden.

Die Pflege der Weide

Um die Pflege der Weide machen sich die wenigsten Leute Gedanken, obwohl es vieles gibt, womit man selbst den Ertrag einer kleinen Koppel noch steigern kann. Weiden können sehr schnell »pferdemüde« werden, weil die Tiere sich ihr Futter sorgfältig aussuchen und das rauhe Gras, das dort wächst, wo Dung gelegen hat, niemals abweiden. Das ist ein Grund, warum man die Pferdeäpfel jeden Tag von der Koppel absammeln sollte. Eine weitere gute Methode, Weiden instand zu halten, besteht darin, sie auch von Kühen beweiden zu lassen, sobald die Pferde an einem anderen Platz sind. Dadurch ist gewährleistet, daß die Weide gleichmäßig abgegrast und die Verseuchung mit Würmern in Grenzen gehalten wird.
Koppelpferde leiden sehr wahrscheinlich bald unter Wurmbefall. Wenn man weiß, daß die Weide verseucht ist, muß man das Pferd alle 6–8 Wochen entwurmen. Das verhindert, daß die Würmer fruchtbare Eier legen, und hilft, die Koppel so sauber wie möglich zu halten. Aber auch sonst empfiehlt es sich, alle drei bis vier Monate eine Wurmkur zu machen.

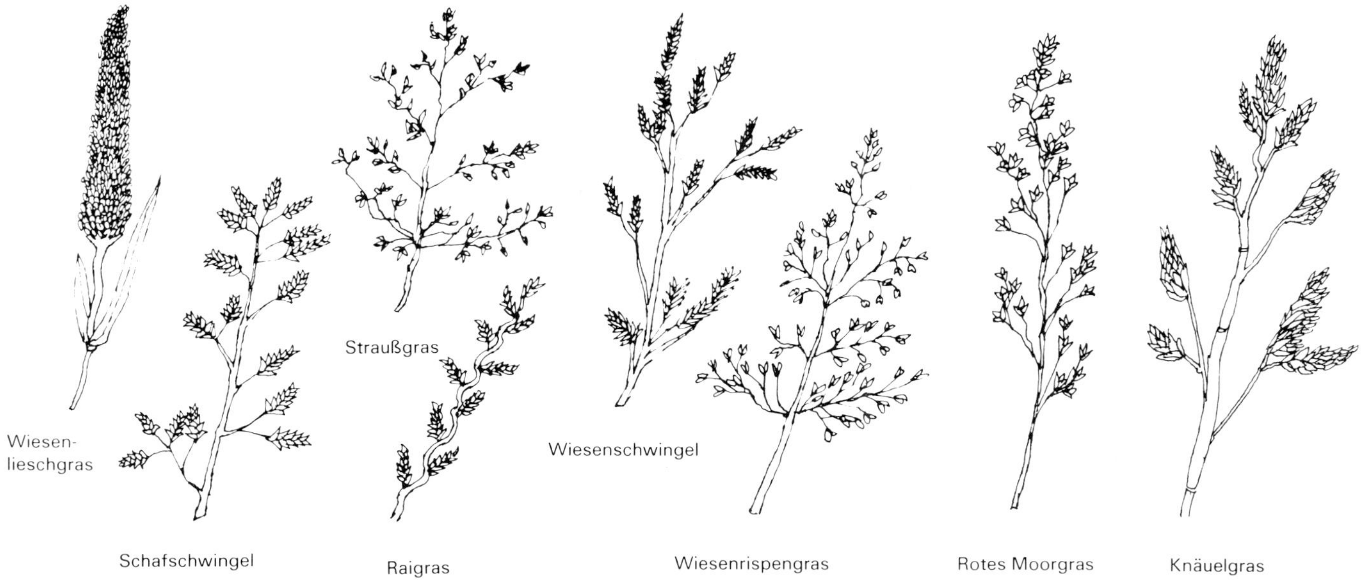

Eine Auswahl bekömmlicher Gräser

Wenn sich unabgeweidete Stellen auf der Koppel gebildet haben, muß sie gemäht werden. Am besten bittet man einen benachbarten Bauern zur Silagezeit darum, das Feld abzumähen und das ganze verseuchte Gras mitzunehmen. Eine Ruhezeit tut einer Koppel ebenfalls sehr gut. Dazu teilt man sie in einzelne Abschnitte auf, so daß bestimmte Teile im Frühjahr und Sommer nicht beweidet werden. Das gibt dem Gras die Gelegenheit, sich zu erholen. Im Herbst entfernt man die Unterteilungen, und gegen Ende Januar zäunt man eine kleine Fläche neu ein. Diese düngt man nach Möglichkeit mit Kuhmist oder auch mit Kalknitrat, das man mit der Hand über eine kleinere Fläche verteilen kann.

In den letzten Jahren sind von verschiedenen Instituten Untersuchungen über Koppelhaltung und -pflege angestellt worden. Man säte verschiedene Gräser und Unkräuter in Streifen an und ließ sie dann abweiden. Eine Mischung von Trockengräsern erwies sich als die beliebteste, empfohlen werden in einem veröffentlichten Bericht jedoch folgende Gräser:

40% Wiesenschwingelgras
20% Knäuelgras
16% Winterhartes Raigras
16% Wiesenlieschgras
6% Neuseeland-Weißklee
2% Wilder Kent-Weißklee

Als beste Unkrautpflanzen zur Anreicherung des Bodens mit Mineralstoffen erwiesen sich *Esparcette, Gemeine Schafgarbe, Wegwarte, Spitzwegerich* und *Löwenzahn.*

Für die Wiesengräser gilt:

Gemeines Kammgras ist schmackhaft und gibt eine gute Decke, obwohl es langsam wächst.

Weichstengeliges Wiesengras bildet einen festen Untergrund und eignet sich für Kalkböden.

Knäuelgras wächst auf trockenem Boden und bildet lange Wurzeln.

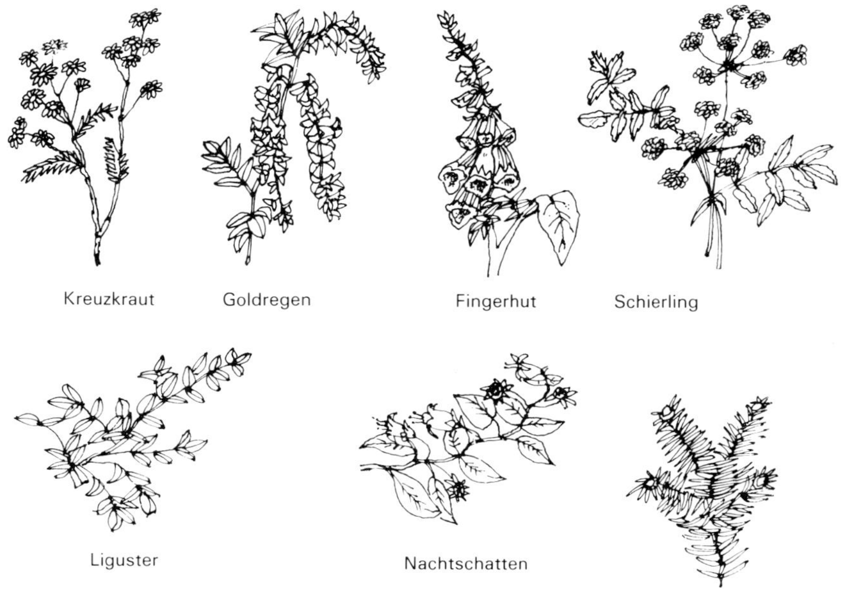

Kanadischer kriechender roter Schwingel ist besser als der englische, weil er breitere Halme hat und im Winter grüner bleibt.

Winterhartes Raigras, besonders die Art S 321, ist ein frühes Gras.

Hohes Raigras ist eine frische, schmackhafte Sorte, die auch starke Beweidung aushält.

Den besten Ertrag bringen ein bis vier Jahre alte Weiden. Danach pflügt man sie am besten um und sät sie neu an. Vor dem Ansäen muß der Boden sorgfältig durchgepflügt, kultiviert und allgemein bearbeitet werden. Junges Gras darf nicht zu früh – und dann zuerst von Kühen – abgeweidet werden. Kühe reißen das Gras nicht so tief ab wie Pferde, die gern das Innere der Klee-Pflanzen fressen und damit die jungen Schößlinge vernichten. Hat man nur Pferde zur Verfügung, macht man im ersten Jahr zuerst einmal Heu, was der Grasnarbe Zeit gibt, sich zu verfestigen.

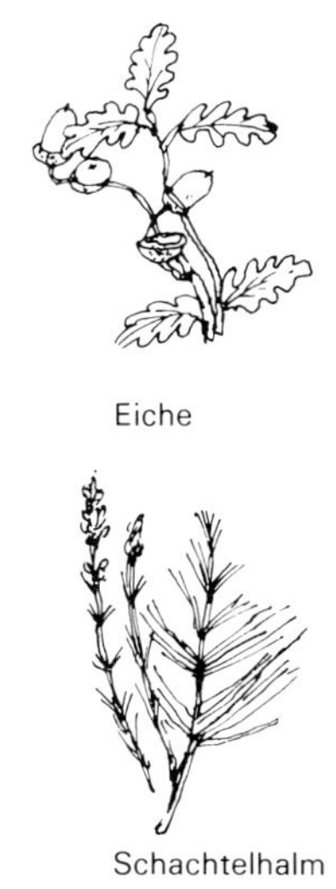

Dies alles sind Giftpflanzen, die auf einer Pferdekoppel nicht vorhanden sein dürfen.

Stallhaltung

Ein Pferd, das ausschließlich im Stall gehalten wird, braucht ganz besondere Pflege, weil es eigentlich unter unnatürlichen Bedingungen lebt. Die Stallhaltung ist sehr zeitintensiv, weil man sich um das Tier regelmäßig kümmern, es regelmäßig füttern und bewegen muß. Wenn man ein Pferd schon auf so beengtem Raum hält, muß man wenigstens dafür sorgen, daß es zufrieden ist und sich nicht langweilt.
Ein Pferdestall soll geräumig sein. Die möglichst hoch angebrachten Fenster – für das Pferd nicht zu erreichen! – müssen so viel Licht und Luft hereinlassen wie möglich. Es darf aber kein Zug entstehen, den Pferde nicht vertragen können. Empfehlenswert ist eine zweigeteilte Stalltür, damit das Pferd tagsüber hinausschauen kann und zusätzlich Luft und Licht in den Stall kommt. Der Fußboden muß fest sein; Holz oder Erde sind nicht sehr geeignet. Am besten ist noch Zement, weil er keine Flüssigkeit aufnimmt und leicht sauberzuhalten ist. Wenn die Oberfläche rauh ist, rutscht ein Pferd auch nicht darauf aus; nur für einen guten Abfluß muß man bei einem Zementboden sorgen.
Die Stallwände sollten so glatt wie möglich sein, weil sich Pferde an vorstehenden Ecken und Haken leicht verletzen können. Auch Tür- und Fensterriegel sowie die Halterung, die den oberen Türflügel in geöffnetem Zustand an der Wand festhält, müssen an der Außenseite angebracht werden. Notwendig ist eine Vorrichtung für frisches Wasser und zum Aufhängen eines Heunetzes.

Wie schon gesagt, braucht man sehr viel Zeit, um ein im Stall gehaltenes Pferd zu versorgen, weil man einen bestimmten Arbeitsablauf entwickeln und sich daran halten muß. Dazu gehört das Füttern und Tränken am frühen Morgen, gefolgt von der schönsten aller Stallarbeiten – dem Ausmisten. Alles während der Nacht verschmutzte Stroh wird entfernt und auf einen Karren oder in einen Sack vor dem Stall geladen. Das saubere Stroh wird in einer Ecke aufgehäuft und der Boden gefegt. Dann gibt man eine dünne Lage frisches Stroh hinein, es sei denn, das Pferd bräuchte aus irgendeinem Grund tagsüber eine dickere Matratze. Irgendwann am Morgen oder am Nachmittag – oder auch beide Male – muß das Pferd bewegt werden. Im Stall gehaltene Pferde müssen jeden Tag bewegt werden, damit sie gesund und in guter physischer und psychischer Kondition bleiben. Anschließend wird das Tier geputzt (s. *Putzen* S. 82). Ideal ist es, wenn auch die Pflege von Sattel- und Zaumzeug routinemäßig jeden Tag erledigt wird.
Ein im Stall gehaltenes Pferd muß viermal am Tag gefüttert werden – morgens wenig, dann am Mittag, am späten Nachmittag und noch einmal am Abend. Die Fütterung wird auf den folgenden Seiten noch genauer behandelt, aber auf jeden Fall muß man abschätzen, wieviel das Pferd braucht, und *regelmäßige* Futterzeiten einhalten. Die tägliche Stallarbeit endet damit, daß der Stall für die Nacht eingestreut wird und man sich vergewissert, daß dem Pferd nichts fehlt und es ein volles Heunetz hat, mit dem es sich während der Nacht beschäftigen kann.

In einem Stall gibt es immer Arbeit – Heunetze müssen gefüllt, Boxen ausgemistet und eingestreut werden. Am späten Nachmittag müssen alle Pferde, außer denen, die noch einmal geritten werden, zur Ruhe kommen.

Stalluntugenden

Wie wichtig es ist, ein im Stall gehaltenes Pferd bei Laune zu halten, sieht man an den Pferden, die sogenannte Stalluntugenden entwickeln. Meistens entstehen sie, wenn das Tier sich langweilt und zu wenig bewegt wird.

Die Liste der Stalluntugenden reicht von solchen, die hauptsächlich ärgerlich und irritierend sind, bis zu ernsteren, die man schon als Gewährsmängel bezeichnen kann. Zu den irritierenden, aber schon nicht mehr harmlosen Angewohnheiten gehört, daß ein Pferd ständig den Wassereimer umwirft, das Stroh zusammenkratzt oder unaufhörlich mit dem Fuß scharrt. Ärgerlich und mit sehr viel Lärm verbunden ist das An-die-Wand-schlagen, das außerdem bald von den benachbarten Pferden übernommen wird. Da es scheint, daß die Pferde dabei hauptsächlich ihren eigenen Lärm genießen, ist das beste Gegenmittel, eine alte Matratze oder strohgefüllte Säcke an die Wand zu hängen.

Auch das Auffressen der Streu und das Beknabbern von Wänden sind schlechte Angewohnheiten, die zu Verdauungsproblemen führen können. Man kann entweder die Einstreu ganz entfernen oder sie mit einem Desinfektionsmittel besprühen, das ihr einen widerlichen Geschmack verleiht. In extremen Fällen muß das Pferd nachts einen Maulkorb tragen. Wände werden nicht mehr beknabbert, wenn man sie mit Kreosot bestreicht.

Die Angewohnheit, das Körpergewicht von einem Fuß auf den anderen zu verlagern und dabei hin- und herzuschwingen, bezeichnet man als Weben. Viele, aber nicht alle Pferde, die diese Untugend angenommen haben, verlieren schließlich die Kondition, und obwohl es die Vorderbeine nicht übermäßig zu belasten scheint, gilt es beim Pferdeverkauf als Mangel. Das Weben ist den Pferden schwer abzugewöhnen, obwohl wir gewisse Erfolge damit erzielten, in den oberen Türrahmen senkrechte Stäbe einzusetzen, die so weit auseinander standen, daß das Pferd hinaussehen konnte, sich aber anstieß, wenn es anfing, hin und her zu schwingen. Ganz wirksam war auch die Methode, einen Plastikbehälter voll Wasser so aufzuhängen, daß das Pferd beim Weben daranstoßen mußte.

Ein »Krippensetzer« oder »Kopper« setzt die Zähne auf der Tür oder der Krippe auf und schluckt dann Luft. Manche Pferde biegen auch nur den Hals und schlucken Luft, ohne aufzusetzen. Dieses Luftschlucken hat meist einen aufgeblähten Bauch, Verdauungsprobleme und schließlich Konditionsverlust zur Folge. Es ist sehr schwer zu kurieren – nicht einmal mit Hilfe eines Kopperriemens. Manchmal können Koppelaufenthalte an wärmeren Tagen (wobei man die Pferde trotzdem eindeckt) der Langeweile abhelfen. Bei chronischen Koppern wird es aber wahrscheinlich nicht viel helfen.

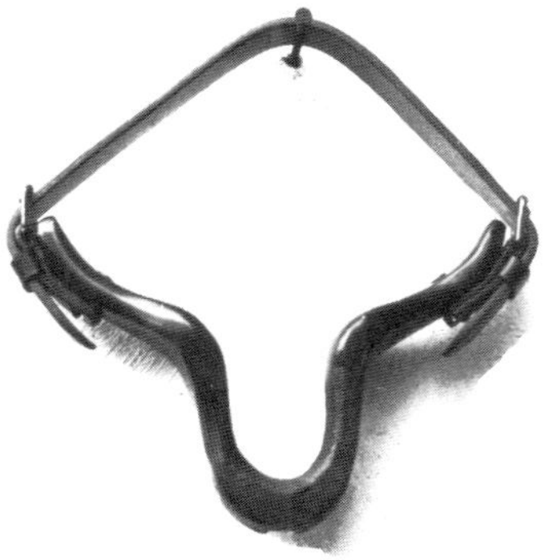

Links: Ein Kopperriemen soll das Pferd daran hindern, der Untugend des Koppens zu frönen.

Unten: Pferd mit Maulkorb. Die zwei Löcher erlauben freie Atmung und die Löcher im Unterteil die Wasseraufnahme. Nur fressen oder seine Decke zerreißen kann es nicht.

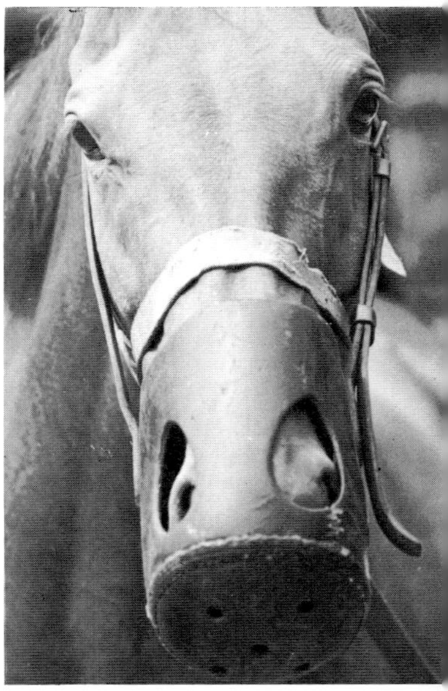

Eine Neuseeland-Decke schützt Koppelpferde und -ponys bei naßkaltem Wetter. Im Stall gehaltene Tiere können an wärmeren Tagen damit auf die Weide gebracht werden.

Fütterung

Das Thema Fütterung ist sehr umfangreich. Normalerweise ernährt sich das Pferd von Gras, aber in vielen Ländern wächst nicht das ganze Jahr über Gras. Deshalb muß man es dann im Winter durch Heu ersetzen. Gras hat nur etwa vier Monate lang seinen maximalen Nährwert, und zwar im Frühsommer. Danach geht der Proteingehalt zurück. Außer bei Wildponys muß den Tieren dann zusätzlich konzentriertes Futter wie Hafer, Pellets, Gerste usw. gegeben werden. Selbst Reitponys brauchen eine kleine Zufütterung, wenn sie täglich gearbeitet haben. »Der Mensch lebt nicht von Brot allein«, und das Pferd nicht nur von Gras. Ein Pferd kann ohne Schwierigkeiten von Gras leben, aber Arbeit, etwa noch schnelle Arbeit, kann man von einem ausschließlich mit Gras ernährten Tier nicht verlangen. Grünfutter enthält immer sehr viel Wasser, und dadurch werden die Pferde dick und verlieren Kondition. Eines der Hauptziele jeder Fütterung besteht darin, die Muskulatur des Pferdes so aufzubauen, daß es die Aufgabe, die von ihm verlangt wird, leichter erledigen kann. Bei der Arbeit wird Energie verbraucht, und das bedeutet, daß auch Futter verbraucht wird. Bei schneller Arbeit und durch das Schwitzen wird selbstverständlich mehr Nahrung verbrannt als bei ruhiger Arbeit, und deshalb müssen auch die Futtermengen entsprechend abgestimmt werden.

Bei der Fütterung muß man an vieles denken, am wichtigsten sind jedoch die zwei Goldenen Regeln:

1. Getränkt wird immer vor dem Füttern. Wenn das Pferd nach der Fütterung trinkt, gleich welche Menge, wird dadurch unverdautes Futter in den Darm geschwemmt und verursacht dort Schmerzen und Kolik.

2. Gefüttert wird wenig, aber oft. Für ihre Größe haben Pferde einen sehr kleinen Magen, und sie sind von Natur aus Weidetiere. In Freiheit wandern sie, fressen und wandern wieder, d.h., sie fressen fast dauernd. Besonders bei kalter Witterung müssen sich Pferde bewegen, um warm zu bleiben und mehr Nahrung zu finden, denn die Hälfte der aufgenommenen Nahrung wird verbrannt, um die zum Warmhalten nötige Energie zu liefern.

Ansonsten ist zu beachten:

1. Die Futtermenge hängt von der geleisteten Arbeit ab. Das ist logisch.
2. Die Futtermenge hängt von Typ und Temperament des betreffenden Pferdes ab. Wie bei den Menschen auch, neigen manche Pferde mehr zum Dickwerden als andere. Die nervöseren setzen nie an, und ausgeglichene Pferde sind einfacher und billiger zu halten (ein Punkt, an den man beim Pferdekauf denken sollte).
3. Mit Rauhfutter darf nicht gespart werden, damit die Verdauung ebenso beschäftigt ist wie bei einem Weidetier.
4. Plötzliche Futterumstellungen sind zu vermeiden, da sie die Verdauung beeinträchtigen. Neues Futter muß allmählich eingeführt werden. Wenn man ein Pferd für längere Zeit von der Weide in den Stall bringt, gibt man ihm am besten schon einige Zeit vorher auf der Koppel je-

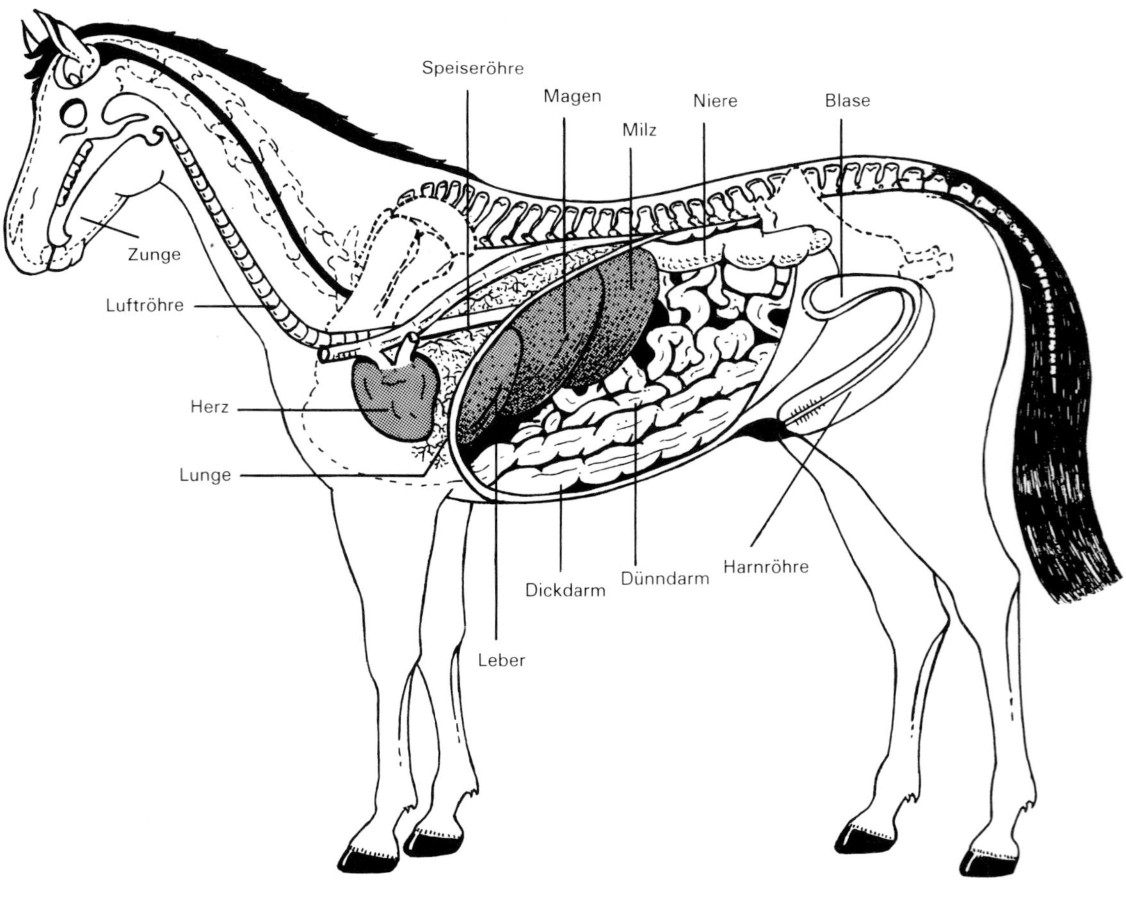

Innere Organe des Pferdes. Der Magen ist im Verhältnis zur Gesamtgröße des Tieres extrem klein, weshalb man Pferden häufig kleinere Mengen füttern sollte.

Stute und Fohlen bei einer gemeinsamen Mahlzeit aus einem improvisierten Trog

Zum Füttern auf der Weide verwendet man am besten schwere, solide Holztröge, die nicht so leicht umfallen können. Wenn man sie mit Creosot bestreicht, werden sie von den Pferden auch nicht beknabbert, wie es bei dem hier abgebildeten geschehen ist.

den Tag eine kleine Menge Hafer. Für ein Pferd frisch von der Koppel muß das Heu etwas angefeuchtet werden, weil sein Magen an einen hohen Wassergehalt gewöhnt ist.

5. Regelmäßige Fütterungszeiten sind wichtig. Ein Pferd gewöhnt sich daran, sein Futter um eine bestimmte Zeit zu erhalten, und sein Magen sagt ihm bald, wann es soweit ist.

6. Kurz vor oder nach anstrengender Arbeit wird nicht gefüttert. Kein Pferd kann mit vollem Bauch arbeiten, und nach harter Arbeit muß es sich erst abkühlen, bevor es Futter erhält.

7. Wenn möglich, sollte das Pferd einmal am Tag etwas Frisches erhalten. Es frißt sehr gern etwas Saftiges wie Karotten, Äpfel oder Rüben.

8. Die Futterqualität ist sehr wichtig. Man sollte immer nur bestes Futter verfüttern – auf die Dauer gesehen kommt man damit am billigsten weg.

Futtermittel – Futtermenge

Heu dient zur Ergänzung der Nahrung, wenn es mit Beginn des Herbstes kein frisches Gras mehr gibt, oder als Ballaststoff, wenn ein Pferd nur im Stall gehalten wird. Je nach Grastyp kann es eine bräunliche oder grünliche Farbe haben, es muß aber auf alle Fälle süß und frisch riechen und so staubfrei wie möglich sein. Man unterscheidet hauptsächlich Saatheu und Wiesenheu.

Saatheu ist ein hartes, grobes Heu und wird so genannt, weil es ausgesät wird. Es besteht meist aus rotem Klee und Raigras. Pferde mögen den süßschmeckenden Klee, und das Raigras ist sehr proteinhaltig. Pferden, die viel und schnell laufen müssen, wie z. B. Renn- und Vielseitigkeitspferde, füttert man gern Saatheu; für junge oder alte Pferde ist es weniger geeignet, weil sie die ziemlich zähen Stengel nicht gut genug kauen können. Luzerne- und Esparcetteheu fallen auch unter diese Rubrik, weil sie angepflanzt werden und nicht wild wachsen. Es ist sehr hartes Heu mit dickeren Stengeln als Kleeheu, und manche Vollbluttrainer schwören darauf. Wenn es gut geerntet wird, hat es einen außerordentlich hohen Nährwert. Da die Wurzeln ziemlich tief reichen, hält es auch Trockenheit recht gut aus, denn es hat mehr Mineralstoffe aus tieferen Bodenschichten gezogen als andere Gräser. In manchen Gegenden ist die Ernte allerdings schwer einzubringen, weil die dicken Stengel nur bei starker Sonneneinstrahlung richtig trokken werden. Bringt man es dagegen zu trocken ein, fallen die Blätter ab, so daß nur die wenig schmackhaften Stengel übrigbleiben. Luzerne ist ein als Heu und Grünfutter gleichermaßen gut geeignetes Gras.

Wiesenheu ist viel weicher, so daß die Tiere es leichter kauen können, und hat einen höheren Wassergehalt, der einen gewissen Masteffekt besitzt. Es eignet sich daher besonders für junge oder alte Pferde. Der Blattanteil ist höher, und es setzt sich aus vielen verschiedenen Pflanzen und

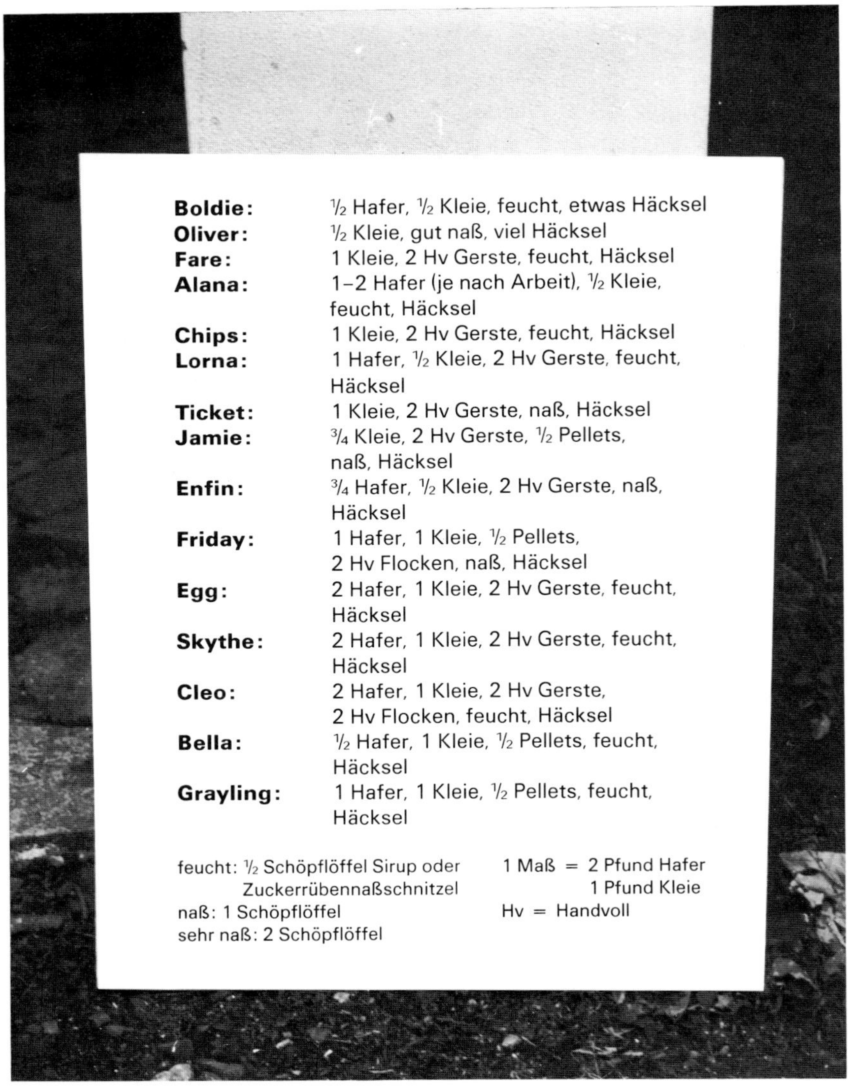

Der tägliche Futterplan wird deutlich sichtbar aufgehängt.

Heu, das auch Kleesorten enthält, schmeckt besser.

Kräutern zusammen, z.B. Löwenzahn, Klee, Hopfenklee, Wegerich, Schafgarben und Wikken – alles Pflanzen, die Pferde besonders gern mögen. Dadurch, daß es immer wieder anders schmeckt, wird der Appetit des Pferdes angeregt. Je grüner das Heu, desto besser (solange es nicht schimmelig ist), denn das bedeutet, daß es einen hohen Chlorophyllgehalt hat und bei gutem Wetter als junges Gras geerntet wurde.
Welches Heu man auch kauft, es zahlt sich aus, nur die beste Qualität zu nehmen. Dabei sollte man sein Pferd jedoch immer beobachten, ob das gefütterte Heu auch das richtige ist.
Wieviel Heu und Hafer ein im Stall gehaltenes Pferd oder Pony insgesamt erhält, hängt vom einzelnen Tier und von der geleisteten Arbeit ab. Ungefähre Richtlinien sind:

Unter 1,20 m Stockmaß: 4,5 - 5,5 kg
1,20 m - 1,30 m: 5,5 kg
1,30 m - 1,40 m: 6,3 - 7,2 kg
1,40 m - 1,50 m: 7,2 - 9 kg
1,50 m - 1,60 m: 9–13,5 kg
Über 1,60 m Stockmaß: 13,5 - 14,3 kg

Das mag manchem etwas üppig scheinen. Meiner Ansicht nach kann eine Ration von mehr als 14,3 kg leicht zu Verdauungsstörungen und Blähungen führen, aber ansonsten ist es mir lieber, meine Pferde sind etwas zu dick als zu dünn. Es ist viel leichter, ein bißchen Gewicht herunterzubekommen als umgekehrt. Jeder Pferdebesitzer wird seine eigene Ansicht darüber haben, wieviel Korn er seinem Pferd zu geben hat. Wenn man diese Menge von der angegebenen Gesamtmenge abzieht, erhält man die tägliche Heuration. Es empfiehlt sich, Heu abzuwiegen und im Heunetz zu verfüttern, was die ökonomischste Methode darstellt. Wenn das Netz hoch genug und mit einem Aufziehknoten befestigt wird, kann es dem Pferd nicht gefährlich werden.
Neben dem Rauh- oder Ballastfutter brauchen die meisten Pferde auch Körnerfutter, d.h. konzentriertere Nahrung mit höherem Proteingehalt und höherer Energielieferung.

Hafer ist das wichtigste und am meisten gefütterte Getreide für Pferde. Er gehört zu den besten Energielieferanten und ist für Leistungspferde ein absolutes Muß. Hafer baut das Gewebe auf und ist deshalb besonders für Tiere im Wachstum wichtig sowie für Zuchtstuten in allen Stadien der Trächtigkeit und mit Saugfohlen bei Fuß. Pferde, die nicht wirklich hart arbeiten, und Kinderreitponys, die nicht über Stunden geritten werden, müssen nicht unbedingt Hafer erhalten.

Kleie ist bei Pferden ebenfalls sehr beliebt. Sie macht die Kraftnahrung etwas voluminöser und schmackhafter. Trocken gefüttert, wirkt sie bindend, feucht abführend. Der Nährwert hängt davon ab, wie hoch der Anteil an Weizenkeimen noch ist. Das kann man feststellen, wenn man die Hand in die Kleie steckt: sie muß wie mit Mehl bedeckt aussehen. Kleie ist leicht verdaulich und in Form von Mash (Brei) sehr gut für kranke Pferde. Für ein Mash übergießt man die Kleie mit kochendem Wasser, deckt den Topf mit einem doppelt gefalteten Handtuch oder Sack zu und läßt sie einige Zeit ziehen. Um bei Pferden, die nicht fressen wollen, den Appetit anzuregen, kann man geriebene Karotten oder Äpfel, eine Handvoll Hafer oder kleingeschnittenes Gras daruntermischen.

Gerste ist ein Mastfutter, das ebenfalls Wärme im Blut erzeugt, weshalb man es besonders gern im Winter füttert, um die Kondition zu erhalten. Gerste wird heute wieder mehr gefüttert als noch vor einiger Zeit, ist jedoch nicht so wertvoll wie Hafer. Sie belastet die Nieren mehr und liefert auch nicht soviel Energie. Wenn man Gerste füttern will, tut man dies am besten in kleinen Mengen und zusammen mit gekochtem Leinsamen als heißes Mash, und zwar im Verhältnis von 6 Teilen Gerste zu 1 Teil Leinsamen. Die Mischung muß mehrere Stunden, am besten über Nacht, kochen. Man kann Gerste gemahlen oder gequetscht verfüttern; ganzes Korn ist gefährlich, weil es sehr aufquillt und Kolik verursachen kann.

Maisflocken haben ähnliche Eigenschaften wie Gerste. Sie sind eine wärmeliefernde Nahrung mit Masteffekt, die gern im Winter gefüttert wird und mehr Kondition bringt. Man gibt nur kleine Mengen, es sei denn, man überbrüht sie zuerst und läßt sie aufquellen, um sie gemischt mit Kleie an einem kalten Abend als Abendmahlzeit zu verfüttern. Mais quillt ebenfalls auf, wenn er feucht wird, und kann Kolik verursachen, falls er nicht eingeweicht oder überbrüht wird. In kleinen Mengen, gemischt mit Hafer und Kleie, ist er jedoch sehr zuträglich.

Zuckerrübenschnitzel sind ein Nebenprodukt der Zuckerrübe, das nach der Zuckergewinnung übrigbleibt. Die meisten Pferde mögen den süßen Geschmack. Man kann das Futter damit anfeuchten, muß die Schnitzel aber vorher mindestens acht Stunden einweichen, weil sie quellen, wenn sie Wasser aufnehmen, und uneingeweicht eine Kolik verursachen könnten. Sie müssen jeden Tag frisch zubereitet und Reste vom Vortag müssen beseitigt werden.

Leinsamen ist sehr proteinreich, gut für die Verdauung und verhilft zu glänzendem Fell. Um die Samen weich zu machen, muß man sie mehrere Stunden kochen; dann entfalten sie auch erst ihren vollen Nährwert.

Pellets (Pferdekorn) sind eine industriell erzeugte Nahrung in gepreßter Form, die Rauh- und Kraftfutter plus Mineralstoffe und Spurenelemente in ausgewogener Menge enthält. Es gibt sie in verschiedener Zusammensetzung, als proteinarmes Ballastfutter und als Kraftfutter mit hohem Proteingehalt. Sie erleichtern die Fütterung und sind besonders für Kinderreitponys sehr geeignet, weil sie eine ausgewogene Nahrung darstellen und nicht mehr gemischt werden müssen. Ein Nachteil ist, daß sie rasch an Mineral- und Vitamingehalt verlieren, wenn sie nicht frisch verfüttert werden. Außerdem kann man natürlich schlecht abschätzen, was genau man einem Pferd füttert, und deshalb auch weniger nach Arbeitsleistung und Kondition des einzelnen Pferdes variieren. Pellets werden jedoch von den meisten Pferden gern genommen und stellen eine angenehme Abwechslung im Futterplan dar.

Melasse kann entweder in Pulverform oder als schwarzer Sirup verfüttert werden, der dann mit heißem Wasser verdünnt und zum Anfeuchten des Futters verwendet wird.

Salz ist ein äußerst wichtiger Bestandteil der Nahrung. Wenn man der Kraftfutterration nur normales Kochsalz zusetzt, hat das schon eine sehr nützliche Wirkung. Das Pferd wird durstig und trinkt Wasser, was wiederum der Funktionstüchtigkeit seiner Nieren zugute kommt. Man kann auch einen Brocken Steinsalz oder einen Mineralleckstein an der Wand befestigen, damit das Pferd nach Bedarf daran lecken kann. Die Lecksteine sind entweder weiß (reines Salz) oder rosa (mit Mineralstoffen). Für auf der Weide gehaltene Ponys gibt es größere Brocken mit einem Loch in der Mitte, durch das ein Strick gezogen werden kann, um sie am Koppelzaun zu befestigen. Man kann aber auch größere Brokken Steinsalz auf der Koppel verteilen. Allerdings legt man sie besser auf eine hölzerne Unterlage, weil sonst rundherum das Gras zugrunde geht.

Wichtige Futterbestandteile

Unkraut (in Heu und Gras)

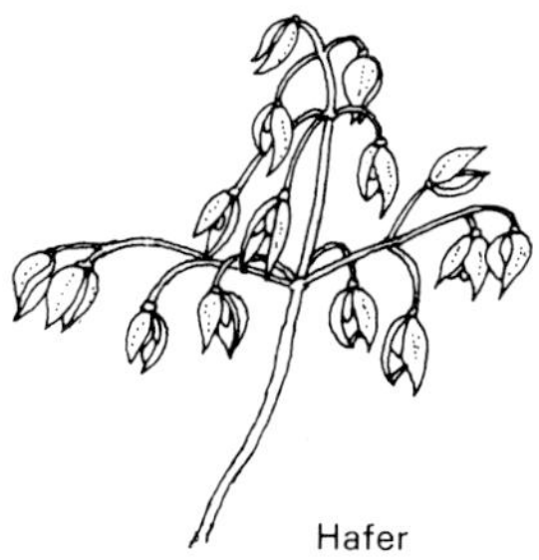

Hafer

Gerste

Mais

Zuckerrüben

Kleie

Häcksel ist kleingeschnittenes Heu bzw. eine Mischung aus Haferstroh und Heu und wird dazu verwendet, die Kraftfutterration voluminöser zu machen. Es hindert gierige Pferde daran, ihre Nahrung einfach hinunterzuschlingen, wodurch sie weniger gut ausgenützt würde. Ich nehme nur bestes Heu zum Häckseln, damit ich sicher bin, daß die Pferde es mögen und auch auffressen.

Milchpellets verfüttert man besonders gern an Stuten und Fohlen sowie an alle Pferde, die noch ein bißchen Kondition vertragen könnten.

Zusätzliche Futtermittel sind z. B. *Mineralstoffe, Lecksteine* usw., die im Handel angeboten werden. Jede Firma behauptet, ihr Produkt sei das beste, aber welches dem eigenen Pferd guttut oder ihm am besten schmeckt, kann man nur herausfinden, indem man herumprobiert. Gut sind Produkte mit *Lebertran,* aber viele Pferde mögen den Geschmack nicht. Man gibt anfangs immer nur kleine Mengen, bis sich das Pferd an den neuen Geschmack gewöhnt hat.

Wenn ein Pferd zu dick ist, muß es zu seinem eigenen Besten auf Diät gesetzt werden. Wenn man dagegen ein Pferd aufbauen will, muß es soviel erhalten, wie es fressen kann und will. Mit zuviel Futter auf einmal kann man einem Pferd jedoch eher den Appetit verderben, so daß es im Endeffekt sogar weniger frißt. Wahrscheinlich müssen die Fütterungszeiten an den Tageslauf eines Stalls angepaßt werden. In einem großen Stall mit viel Personal kann man sich strikt an den Plan halten, aber in kleineren Gemeinschaften ist es wahrscheinlich besser, daß das Pferd morgens gefüttert und dann eingedeckt auf die Koppel gebracht wird. Abends holt man es herein und füttert es noch einmal. Wenn es mehr als sonst arbeiten muß, gibt man ihm mittags noch eine Zusatzmahlzeit. Für schulpflichtige Kinder oder Studenten, die sich um ein Pferd kümmern müssen, ist diese Art der Haltung ideal, und wenn eine gewisse Regelmäßigkeit eingehalten wird, gewöhnt sich das Tier bald daran und weiß, was von ihm erwartet wird. Pferde sind Gewohnheitstiere und passen sich normalerweise neuen Gegebenheiten schnell an – mit kleinen Ausnahmen, wie z. B. dem Kauf eines neuen Pferdes, das nun zum ersten Mal auf der Weide erscheint. Nach einer solchen Veränderung seiner Lebensgewohnheiten und seiner Umgebung kann das Tier vorübergehend sogar das Futter verweigern, so daß man es mit ein paar besonderen Leckerbissen locken und verwöhnen muß.

Das Putzzeug

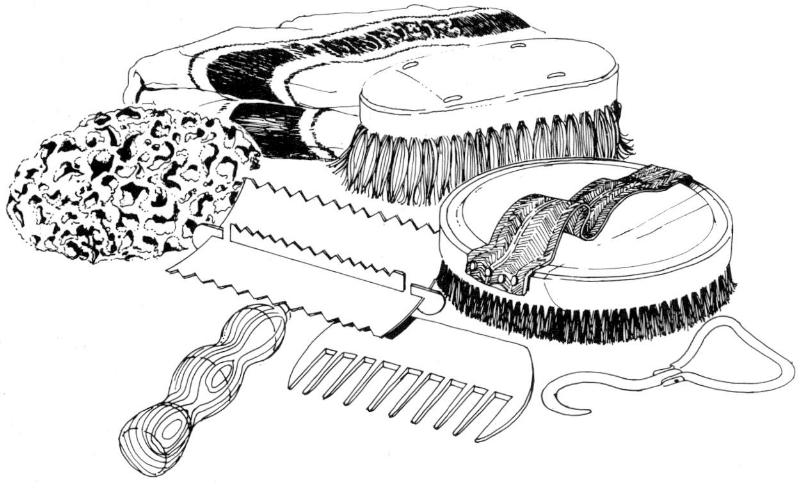

Das Putzen

Das Fell muß immer gepflegt sein, ob es sich um ein auf der Weide gehaltenes und daher nur etwas oberflächlich geputztes oder um ein im Stall gehaltenes Pferd handelt, das perfekt geputzt wird.

Ponys, die auf die Koppel gehen, müssen ab und zu mit einer harten Körperbürste übergebürstet werden, auch wenn sie nicht geritten werden. Schließlich ist es die einfachste Methode, ein Pferd genau auf Schnitte oder Verdickungen hin zu untersuchen, wenn man es bürstet. Eine verfilzte Mähne wird ausgebürstet. Für ein Pony kann eine verfilzte Mähne sogar gefährlich werden, weil es beim Kratzen mit dem Hinterfuß darin hängenbleiben kann. Koppelpferde werden nur *über*gebürstet, weil sonst dem Fell das Fett entzogen wird, das den Regen abhält. Man muß bei ihnen nur den Schmutz von Fell und Beinen entfernen und die Hufe auskratzen, dies allerdings täglich. Die Hufe werden vor und nach der Arbeit mit einem Hufkratzer ausgekratzt, wobei man sich vergewissern muß, ob die Hufe gesund sind und der Beschlag noch in Ordnung ist.

Die Pflege eines im Stall gehaltenen Pferdes macht weit mehr Mühe, denn es ist meist eingedeckt, und man muß das ganze Fett aus dem Fell herausbürsten, damit es schön glänzt. Wenn man von einem Pferd mehr erwartet als ein bißchen Spazierenreiten, braucht es auch besondere Aufmerksamkeit, und dazu gehört auf alle Fälle das Putzen. Es dient nicht nur zur Säuberung des Fells, es regt auch die Blutzirkulation an, die schnell träge wird, wenn ein Pferd stundenlang im Stall steht. Außerdem ist es eine Muskelmassage, die die Muskelbildung anregt. Durch die Hautporen werden gewisse Abfallprodukte abgesondert, die im Pferdefell in Form von Schmutz, Fett und Schuppen vorhanden sind und mit der Körperbürste herausgebürstet werden müssen. Man putzt mit kurzen, schnellen Strichen, damit der Schmutz aus dem Fell herausfliegt.

Die richtigen Bürsten gibt es in verschiedenen Größen, und es arbeitet sich viel leichter mit einer für die eigene Hand passenden Größe. Die Borsten sind meist aus Kunststoff (weniger zu empfehlen) oder aus Draht. Kunststoffborsten stehen bei längerem Gebrauch immer enger zusammen, so daß das Fell nicht mehr richtig durchgekämmt wird, während die Drahtborsten praktisch unverwüstlich sind. Geschorenen Pferden und solchen mit dünnem Fell und empfindlicher Haut tun harte Körperbürsten weh; in solchen Fällen verwendet man besser weichere Bürsten mit Haaren.

Weiter benötigt man zum Putzen eine Kardätsche, mit der das Fett aus dem Fell gebürstet wird. Sie hält die Haut geschmeidig, so daß die Poren gut arbeiten können. Wenn ein Pferd ein glänzendes Fell hat, bedeutet das im allgemei-

Mitte: Augen und Nüstern werden mit dem Schwamm gesäubert.

Unten: Die Hufe werden mit dem Hufkratzer ausgeräumt.

nen, daß es gesund ist und seine Verdauungs- und sonstigen lebenswichtigen Organe einwandfrei funktionieren. Die Kardätsche ist für im Stall gehaltene Pferde am wichtigsten, und auch hier gibt es viele verschiedene Arten: von solchen mit synthetischen Borsten, die ziemlich hart sind, zu weicheren aus echtem Haar. Der Rücken ist entweder aus Holz oder aus Leder, wobei ich die aus Leder besser finde, weil sie angenehmer in der Hand liegen.

Die Kardätsche wird zusammen mit einem Striegel benutzt, an dem sie abgestreift und gereinigt wird. Striegel gibt es im wesentlichen in zwei Ausführungen: den Jockey-Typ mit einem Gurt für die Hand und einen anderen Typ mit einem Griff. Man streift die Kardätsche am Striegel nach unten ab und klopft den Striegel von Zeit zu Zeit am Boden aus (nicht an der Stalltür, von wo sich das Pferd den Schmutz als nächstes wieder ins Fell reibt!). Um mehr Nachdruck in die Bürstenstriche legen zu können, verlagert man sein Gewicht in Richtung auf das Pferd und schaukelt von einem Fuß auf den anderen.

Die dritte Art Bürste, die Wurzelbürste, ist unentbehrlich für eine gründliche Pflege. Die Borsten müssen hart genug sein, das Fell durchzukämmen, aber auch nicht zu hart, damit sie den Schmutz mitnehmen. Wurzelbürsten werden angefeuchtet, und nach dem Gebrauch läßt man sie von allein trocknen.

Mit einem Putztuch wird schließlich das Fell übergerieben, damit es den richtigen Glanz erhält. Das Tuch ist meist aus Leinen, manche Leute schwören aber auf Wildleder.

Den vielleicht wichtigsten Bestandteil des Putzzeugs habe ich schon erwähnt: den Hufkratzer.

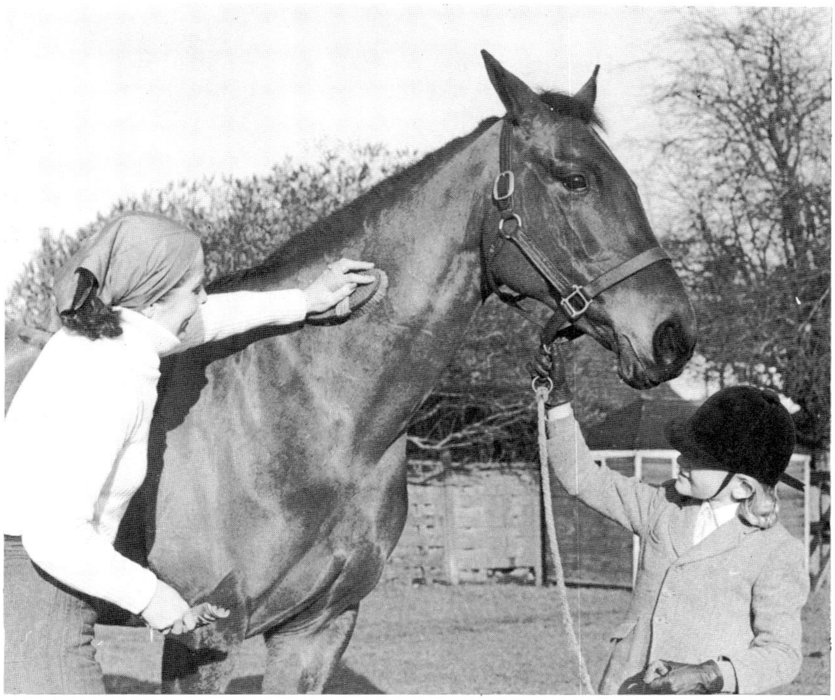

Oben: Das Fell wird mit dem Strich gebürstet.

Mitte: Bevor die Mähne mit der Wurzelbürste ausgebürstet wird, wird sie durchgekämmt.

Unten rechts: Nach dem Bürsten fährt man mit einem Putzlappen über das Fell, um oberflächlichen Schmutz aufzunehmen und das Fell zum Glänzen zu bringen (die meisten Leute putzen die linke Seite mit der rechten und die rechte Seite mit der linken Hand).

Unten links: Die Hufe werden eingefettet, damit sie gesund und geschmeidig bleiben. Außerdem sehen eingefettete Hufe immer sehr gepflegt aus.

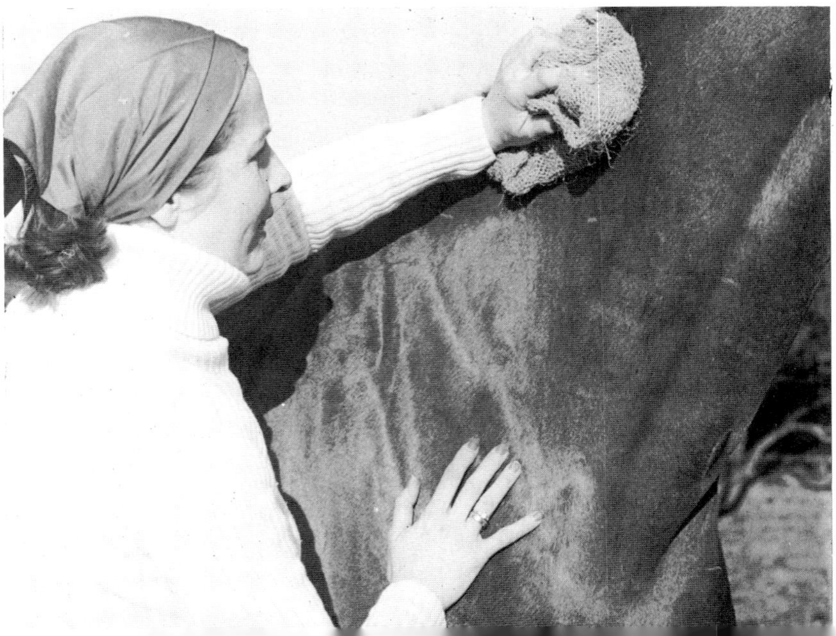

Außerdem benötigt man einen Mähnenkamm und einen Schwamm. Für den Schweif kann man einen Schweifkamm benützen, aber ich verlese den Teil unterhalb der Schweifrübe lieber vorsichtig von Hand und bürste ihn dann strähnenweise mit der Kardätsche durch.
In den letzten Jahren sind auch einige Neuerungen angeboten worden, z. B. ein Lederkissen, das in manchen Ställen statt des herkömmlichen Heuwischs benutzt wird. Früher legte man großen Wert auf dieses Abreiben des Pferdes mit einem Heuwisch, und es hatte zweifellos auch einen guten Einfluß auf den Muskeltonus. Kunststoffstriegel haben sich für schmutzverkrustete, langhaarige Ponys bewährt, aber da man die Striegel nur in einer Richtung benutzen kann, nützen sie sich ungleichmäßig ab. Gummistriegel sind nützlich, um beim Fellwechsel das lose Haar aus dem Fell zu kämmen.
Beim Putzen geht man in folgender Reihenfolge vor: Zuerst werden Augen, Nüstern und After mit dem Schwamm ausgerieben. Dann nimmt man das Halfter ab, befestigt es um den Hals, dreht den Kopf des Pferdes so, daß das Licht darauf fällt, und putzt sorgfältig mit Kardätsche und Gummistriegel hinter den Ohren und im Genick. Pferde sind sehr empfindlich am Kopf und an den Ohren, und grobe oder schnelle Bewegungen erschrecken sie leicht. Dann streift man das Halfter wieder über und bindet das Pferd an. Die Decke wird abgenommen oder zurückgerollt. Man putzt immer mit dem Strich vom Kopf in Richtung Schweif. Zuerst löst man mit kreisförmigen Bewegungen der Körperbürste den Staub und putzt ihn dann mit schnellen, abschüttelnden Bewegungen heraus. Danach wird das Fell mit einer leicht angefeuchteten Wurzelbürste abgebürstet; das Fell darf nicht zu naß werden, weil es nur um so mehr Arbeit macht, bis es trocken ist. Auch hier geht man erst in kreisförmigen Bewegungen vor und bürstet dann mit dem Strich. Statt der Wurzelbürste kann man auch den »irischen Schwamm« benützen – ein Stück Sack, in heißes Wasser getaucht und dann ausgewrungen, mit dem man über das Fell fährt. Er ist sehr wirkungsvoll bei kurzem Fell.
Nun tritt die Kardätsche in Tätigkeit; sie wird nach jedem Strich am Striegel abgestreift. Wenn man die Muskeln an Hals, Schultern und Hinterhand massieren will, bürstet man sie mit rhythmischen Bewegungen, so daß sie unter den Strichen spielen. Zum Schluß wird das Fell mit dem Putztuch abgerieben. Im Sommer kann man zum Putzen die Decke vollständig abnehmen, im Winter bearbeitet man am besten zuerst Hals, Schulter und Vorderbeine von beiden Seiten, legt die Decke dann auf den schon geputzten Teil (nachdem man sie etwas ausgeschüttelt hat) und putzt Rumpf und Hinterhand. Nach dem Abreiben mit dem Putztuch wird die Decke auf jeden Fall wieder aufgelegt.
Danach werden Mähne und Schweif mit Wurzelbürste und Kardätsche ausgebürstet, wobei man darauf achtet, so wenig Haare wie möglich auszureißen. Die Schweifrübe wird angefeuchtet und einbandagiert, damit die Haare glatt anliegen. Die Hufe werden eingefettet, und zwar bis zum Kronenrand.

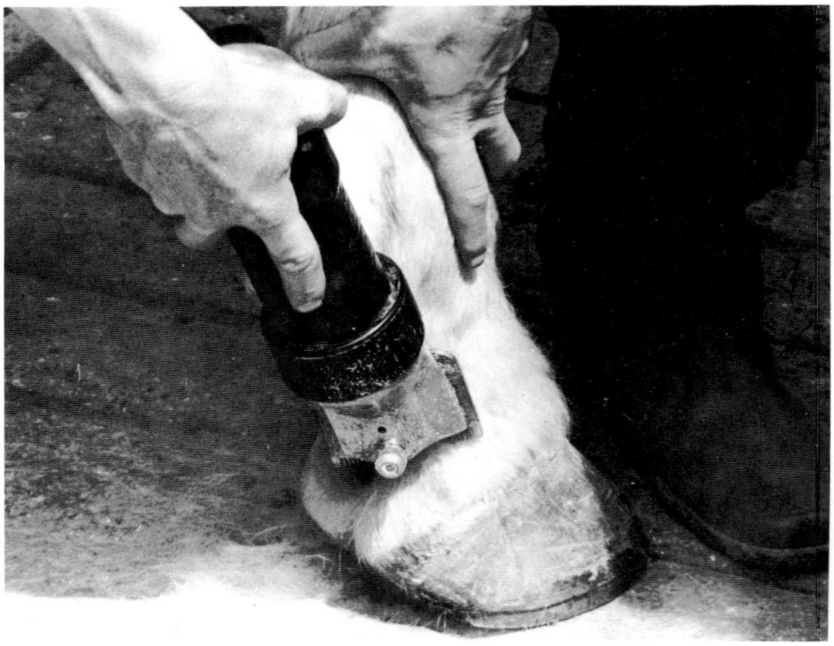

Oben: Heute wird dem Pferd nur noch selten die Mähne geschoren. Sie muß regelmäßig nachgeschnitten werden, wenn sie gut aussehen soll.

Unten: Beine und Fesselbeuge werden nur geschoren, wenn ein ausschließlich im Stall gehaltenes Pferd ganz geschoren wird. Koppelpferde brauchen diese Haare als Schutz.

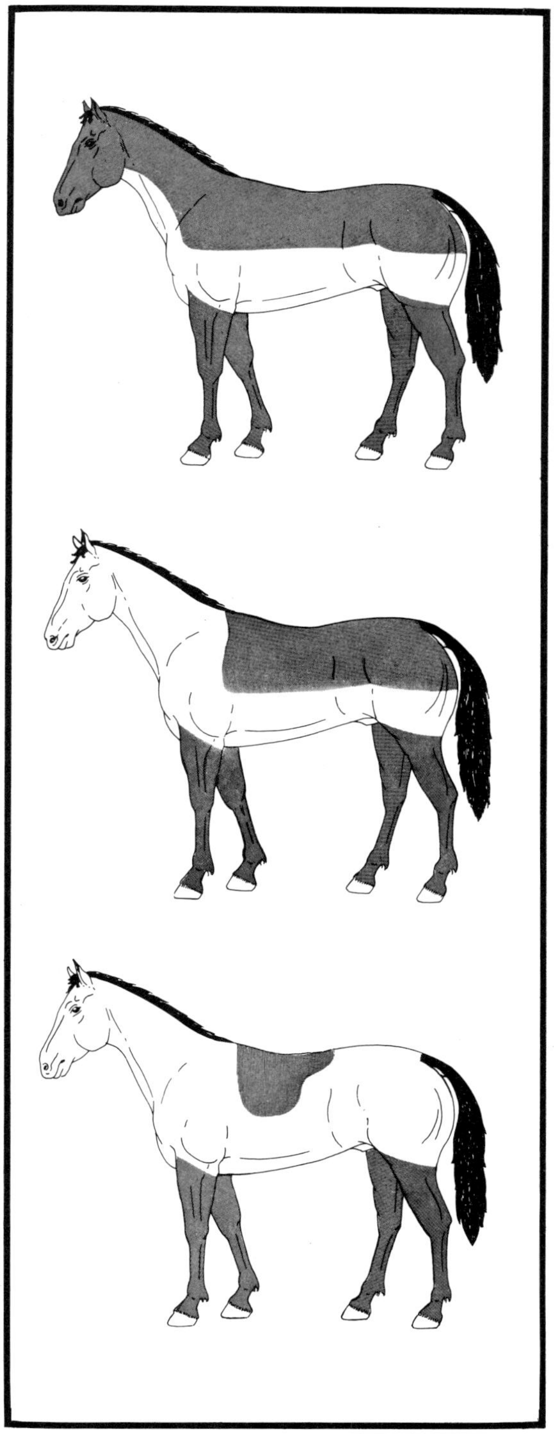

Geschorene Pferde wurden in diesem Kapitel schon einmal erwähnt. Man schert Pferden das Winterfell ganz oder teilweise ab (falls sie im Stall gehalten werden), weil sie besser aussehen, weniger Arbeit machen und weil es für ein Pferd, das hart arbeiten muß, angenehmer ist. Die verschiedenen Arten des Scherens sind auf dieser Seite dargestellt. Scheren will gelernt sein; nur Leute, die wissen, wie man es richtig macht, sollten sich daran wagen.

Links: Verschiedene Arten, ein Pferd zu scheren. Bei der unteren Art *(hunter clip)* muß das Pferd immer im Stall gehalten werden, bei den anderen beiden Arten können die Pferde an warmen Wintertagen mit einer wetterfesten Decke auf die Weide gehen.

Unten: So werden Mähnenzöpfchen geflochten. Das Ende jedes Zöpfchens wird mit einem Faden gesichert, der auf der Rückseite zum Anfang des Zöpfchens hochgeführt wird. Dann wird noch einmal ins Ende des Zopfes eingestochen und der Zopf noch einmal hochgeholt, so daß der Zopf in einem Knoten am Hals anliegt.

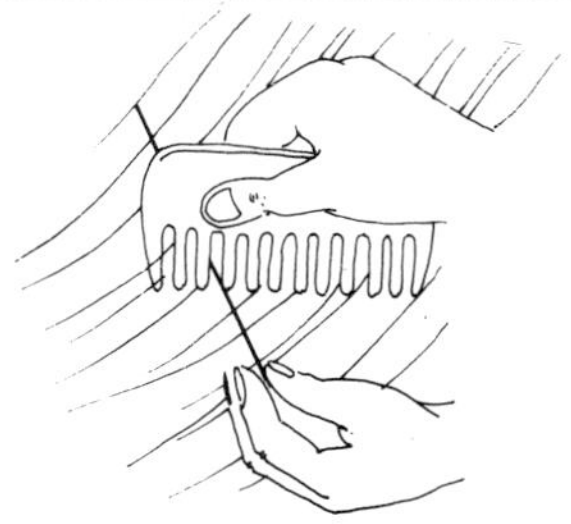

Mähne gleich lang verziehen

Mit Bürste anfeuchten

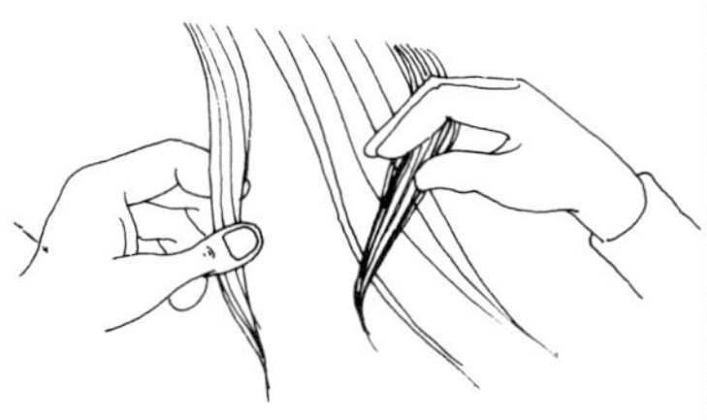

In gleiche Abschnitte einteilen

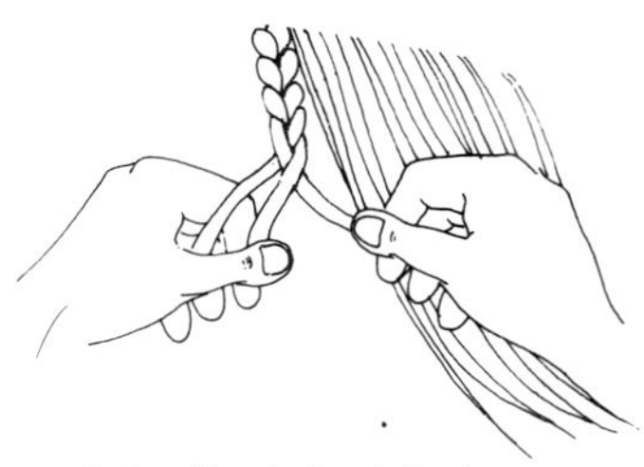

Jeden Abschnitt einflechten

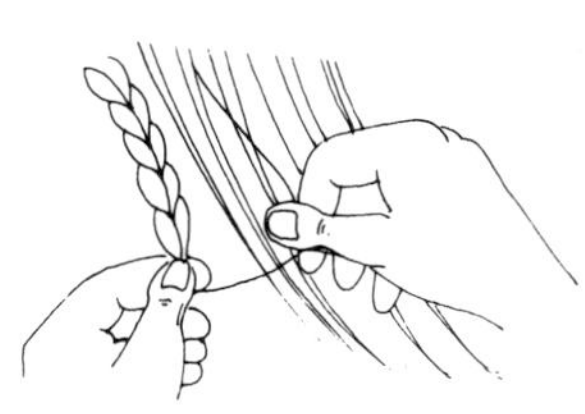

Zopfende mit Faden sichern

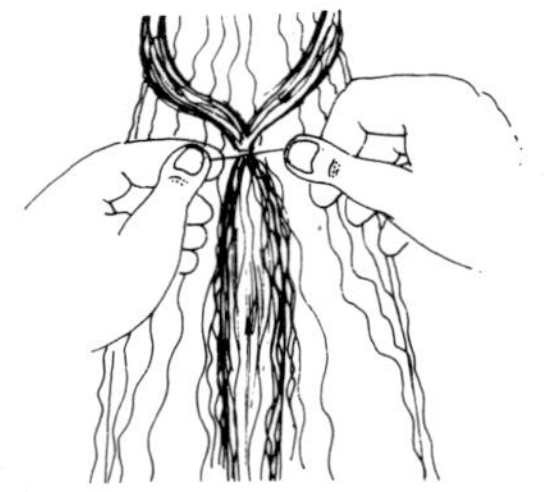

Je eine dünne Haarsträhne von jeder Seite zusammenbinden

Von beiden Seiten Strähnen dazuflechten

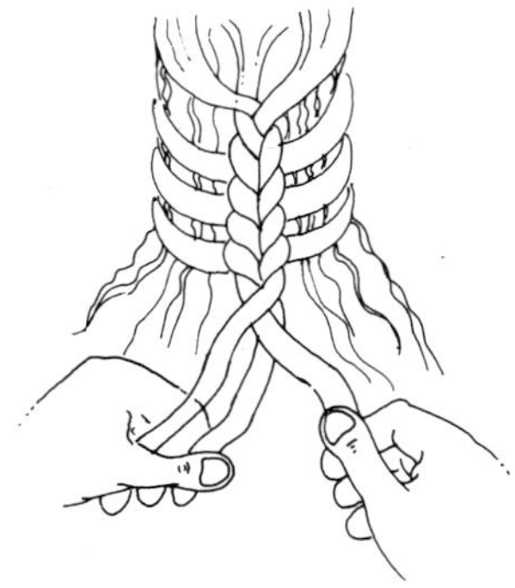

Vom Ende der Schweifrübe an den Zopf nur noch zu Ende flechten

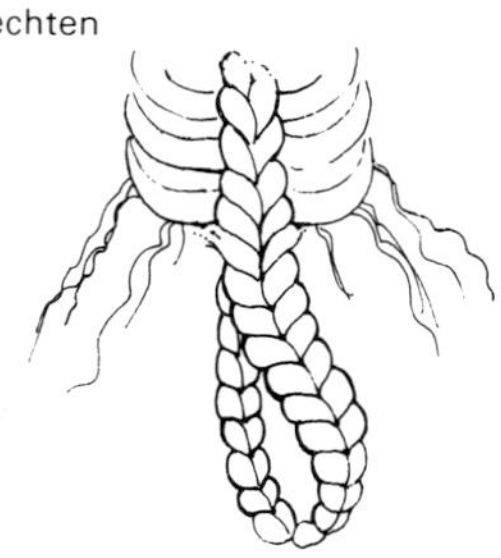

Ende mit Faden sichern und zur Schleife hochbinden

Oben: So wird ein Schweif eingeflochten. Es gehört ziemlich viel Übung dazu, wenn es sauber aussehen soll.

Die Gesundheit des Pferdes

Jeder Pferdebesitzer sollte in der Sattelkammer eine kleine Erste Hilfe-Ausrüstung zur Hand haben. Dazu gehört:

Ein Paar Stallbandagen
Bandagierwatte
Eine Decke
Ein Thermometer
Kreppbandagen in verschiedenen Breiten
Hustensirup oder Latwerge
Wasserdichtes Material zur Abdeckung der Umschläge
Eine Schere
Eine kleine Schüssel
Heilende und kühlende Salben
Ein mildes Desinfektionsmittel zum Auswaschen von Wunden
Ein starkes Desinfektionsmittel zum Auswaschen des Stalls
Eine Liste mit wichtigen Daten, z.B. der letzten Wurmkur oder der Tetanus-Auffrischungsimpfung usw.
Bleistift und Papier, um Anweisungen des Tierarztes aufzuschreiben

Wenn man ein eigenes Pferd besitzt, sollte der Tierarzt zum Freund und persönlichen Berater werden, denn man weiß nie, wann man die Hilfe des Fachmanns braucht. Es ist immer besser, den Tierarzt zu früh, als zu spät zu rufen. Daß ein Pferd sich nicht wohlfühlt, ist meist leicht zu erkennen. Es läßt den Kopf hängen und macht einen schlaffen Eindruck. Wenn es aussieht, als ob ihm kalt und ungemütlich wäre, legt man noch eine Decke mehr auf, bandagiert die Beine ein, zieht an den Ohren, um die Durchblutung anzuregen, und verabreicht ein heißes Mash. Wird dies nicht angenommen, ruft man den Tierarzt. Wenn man eine Krankheit schon in ihren ersten Anfängen behandelt, kann man unter Umständen verhindern, daß das Pferd wirklich ernstlich krank wird.

Einige häufig vorkommende Krankheiten

Kolik. Koliken gehören zu den häufigsten Pferdebeschwerden. Man unterscheidet zwei Arten - Koliken infolge von Blähungen und Koliken infolge von Krämpfen. Erstere entstehen, wenn sich im Magen zuviel Gas gebildet hat, meist weil das Pferd zuviel und zu schnell gefressen hat, manchmal auch infolge von schlechtem Heu. Davon erholt sich ein Pferd meist ohne besondere Schwierigkeiten; diese Kolik ist weit weniger gefährlich als die zweite Art, die von irgendwelchen Störungen im Magen, einem blokkierten und dadurch Verstopfung hervorrufenden Darm usw. verursacht werden kann und mit akutem Schmerz verbunden ist. Die Hauptgefahr besteht darin, daß das Pferd sich wälzen und dabei seinen Darm verdrehen könnte. Das kann zum Tode führen, wenn der betroffene Teil nicht operativ entfernt werden kann. Wegen dieser Gefahr hindert man Pferde am Wälzen, indem man sie bei Kolik ständig herumführt. Symptome sind Unruhe, Scharren, Schweißausbrüche, Wälzen, häufiges Niederlegen und Stöhnen. Am besten ruft man sofort den Tierarzt, besonders wenn das Pferd auch ein Kleiemash verweigert.

Würmer. Es gibt viele verschiedene Arten von Würmern, die alle als Parasiten in Pferden leben und ihre Gesundheit angreifen. Die schlimmsten sind die Blutsauger, die den gesamten Organismus infizieren können, weil sie die Darmwand durchstoßen. Andere Arten - wie der Bandwurm, der sich aus dem Mageninhalt ernährt und die Magensäfte durcheinanderbringen kann, die Askariden oder Milchwürmer, die hauptsächlich in jungen Pferden vorkommen, der Peitschenwurm und der Maden- und Fadenwurm - entziehen dem Pferd Nahrung und verursachen Unwohlsein, fügen dem Körper aber keinen eigentlichen Schaden zu. Wurmbefall behandelt man am besten mit einem der im Handel erhältlichen Wurmpulver. Zu beziehen sind sie über den Tierarzt.

Erkältungen und Husten. Pferde können sich erkälten, wenn sie naß werden und frieren, wenn sie nach der Arbeit schweißnaß in den Stall gestellt werden oder wenn sie sich bei anderen Pferden anstecken. Die Behandlung besteht darin, daß man sie durch zusätzliche Decken warm hält und ihnen viel frische Luft verschafft. Zugluft ist jedoch schädlich. Die Nüstern werden regelmäßig ausgewaschen und mit einer Schnupfensalbe bestrichen. Schnupfen behandelt man in gleicher Weise und gibt außerdem Sirup oder Latwerge. Solange ein Pferd stark hustet, darf es nicht gearbeitet werden. Wenn es sich anstrengen muß, bevor der Husten ausgeheilt ist, kann es einen dauernden Lungenschaden davontragen.

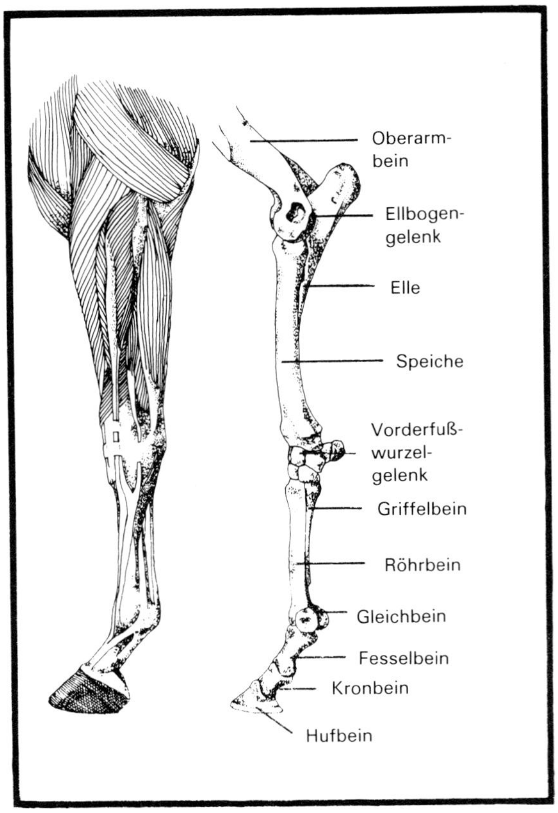

Knochen und Muskeln eines Vorderbeins

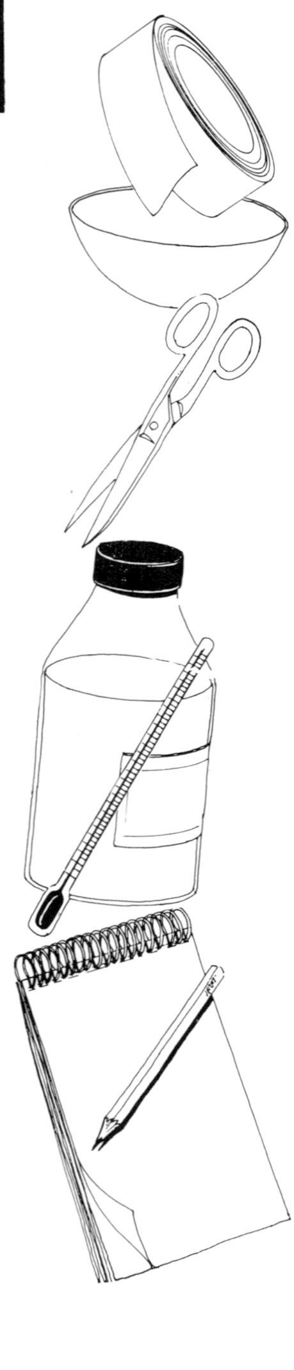
Jeder Pferdebesitzer und -halter sollte über eine gut ausgerüstete Stallapotheke verfügen.

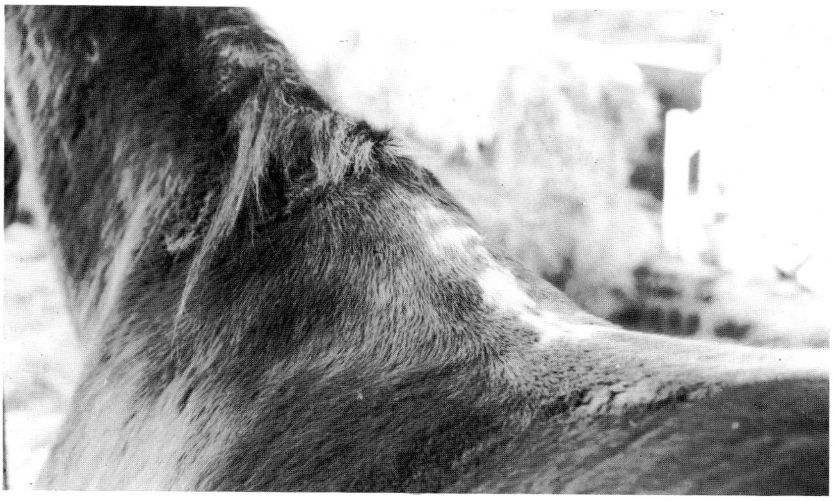

Die weißen Haare »erzählen« von einem früheren Satteldruck.

Druse. Die Krankheit ist äußerst ansteckend und befällt am häufigsten junge Pferde. Erste Anzeichen sind eine laufende Nase und Husten, der Nasenausfluß ist jedoch dick und gelb, und der Kehlgang ist geschwollen. Bald entwickelt sich ein Abszeß. Das Pferd hat hohes Fieber. Der Tierarzt muß geholt und das Pferd isoliert werden.

Beinschäden

Erkrankungen und Verletzungen am unteren Teil des Beins

Stollbeule und *Piephacke* entstehen durch Quetschungen oder Verletzungen am Ellbogenhökker bzw. dem Sprunggelenk, die sich das Pferd auf viele verschiedene Arten zuziehen kann. Es kann auf zu wenig Streu liegen, die Sprunggelenke gegen die Wand lehnen, sich beim Transport verletzen, oder die Hufeisen können beim Liegen mit untergeschlagenen Beinen auf den Ellbogenhöcker drücken. Auch achtloses Putzen kann dazu führen. Der Bereich ist geschwollen, die Haut fühlt sich härter an. Wenn man solch eine Schwellung rechtzeitig bemerkt und behandelt, muß sie nicht chronisch werden. Man reibt die Stelle mit mildem Blister ein und schützt sie durch einen hohen Stiefel oder Bandagen.

Spat. Unter Spat versteht man eine Knochenablagerung am Sprunggelenk, die durch anstrengende Arbeit, z.B. Springen auf unebenem Boden, entstehen kann, manchmal aber auch auf Veranlagung oder fehlerhafte Beinstellung zurückzuführen ist. Das Pferd zieht das erkrankte Bein meist etwas nach. Es ist dann ein besonderer Beschlag erforderlich.

Oft treten die Knochenablagerungen zusammen mit anderen, ebenfalls durch Überanstrengung verursachten weichen Schwellungen auf, den *Gallen.* Sie können durch Druckbandagen zum Verschwinden gebracht werden; manchmal ist es auch nötig, sie zu blistern, aber meistens handelt es sich mehr um Schönheitsfehler als um zu einer Lahmheit führende krankhafte Veränderungen.

Aufgeschlagene Knie sind für den Pferdebesitzer ein Schandfleck, weil sie nur zu oft durch sorgloses Reiten über steinigen Boden oder auf rutschigen Straßen verursacht werden. Die Verletzung muß sorgfältig von Schmutz gereinigt und ausgewaschen werden. Dann bestreicht man sie mit einer kühlenden, antiseptischen Paste. Das Pferd darf sich nicht hinlegen, damit die Wunde nicht wieder aufbricht; es muß deshalb kurz angebunden werden.

Muskelzerrungen sind die Folge, wenn die Muskeln durch einen Schlag, bei scharfen Wendungen in hoher Geschwindigkeit oder ungeschickter Landung nach dem Sprung einer übermäßigen Belastung ausgesetzt waren. Der Bereich wird dick und heiß, das Pferd geht lahm. Wichtig

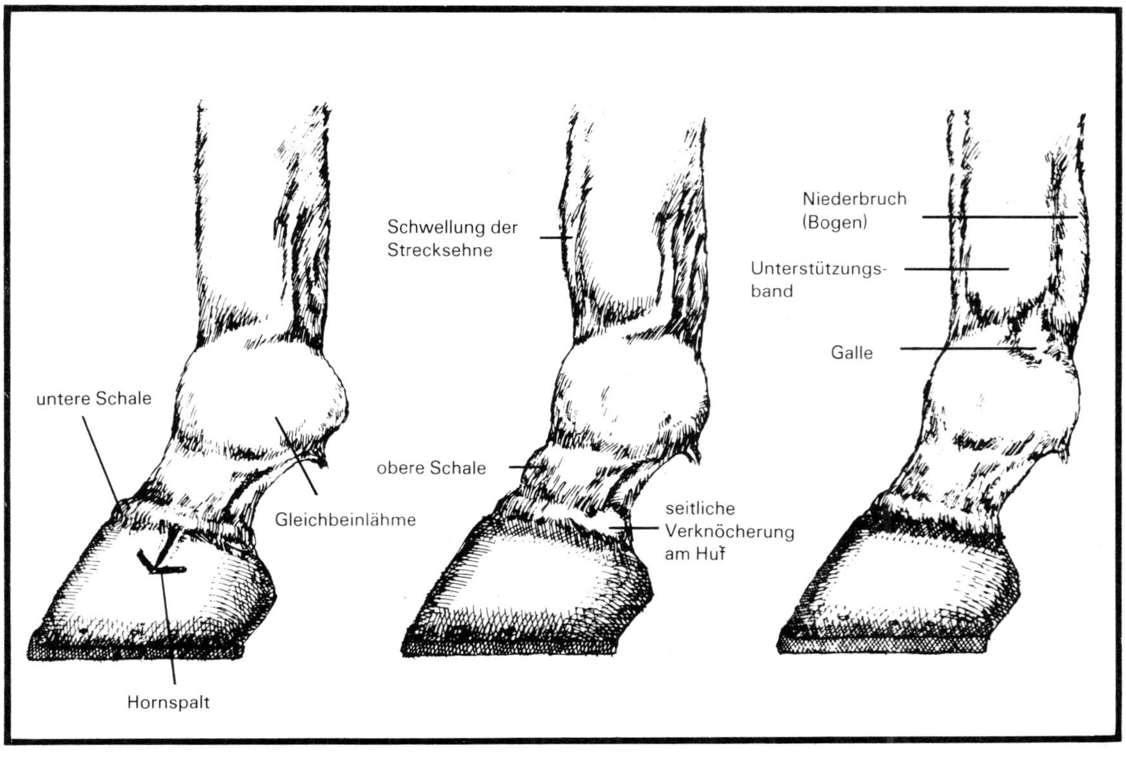

Erkrankungen und Verletzungen am oberen Teil des Beins und im Bereich des Hinterfußes (ganz rechts)

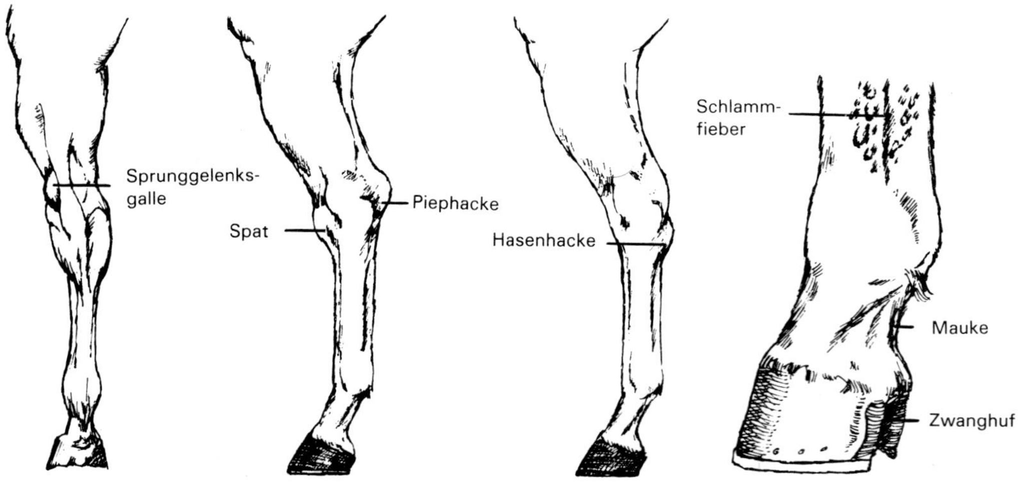

Druse ist eine unangenehme Krankheit, die meist junge Pferde befällt. Symptome sind Schläfrigkeit und Apathie, Nasenausfluß, rote – statt rosa – Schleimhäute an den Augen, Fieber und geschwollene, heiße und empfindliche Drüsen im Kehlgang. Druse ist sehr ansteckend, befallene Pferde müssen isoliert werden.

ist sofortige Ruhigstellung. Durch heißes und/oder kaltes Wasser kann man die Durchblutung anregen. Ernsthafte Zerrungen machen vielleicht Breiumschläge nötig, aber das muß der Tierarzt entscheiden. Er kann auch empfehlen, das Pferd zu blistern.

Überbeine sind eine Art Beule am Knochen; sie treten häufig bei jungen Pferden auf, deren Knochen noch nicht ganz fest sind, und sind die Folge eines Schlages oder Stoßes. Das Pferd kann sich auch selbst gestreift haben. Die Stelle ist heiß, und das Pferd geht meist lahm. Die erfolgversprechendste Behandlung ist Blistern und Ruhe.

Blistern wird häufig zur Behandlung von Lahmheiten angewendet. Ein Blister ist ein Mittel gegen Entzündungen, das selbst eine starke Entzündung hervorruft und so das Blut in den erkrankten Bereich zieht. Dadurch wird der Heilprozeß beschleunigt.
Es gibt drei Arten von Blister:
Beim milden Blister wird mit den verschiedenen Arten von Embrocation eingerieben. Wenn das Pferd nicht lahmgeht, kann es während der Behandlung auch geritten werden.

Der grünliche Blister wirkt etwas stärker, reizt aber die Haut noch nicht.
Die stärkste Wirkung hat der rote Blister, der aber unbedingt in die Hand des Tierarztes gehört.
Vor dem Blistern wird die betreffende Stelle geschoren. Die Haut wird gewaschen und abgetrocknet, um ihr das natürliche Fett zu entziehen. Die Embrocation wird nach Vorschrift eingerieben und die Umgebung mit Vaseline geschützt. Darüber kommt Bandagierwatte, die durch eine Bandage festgehalten wird. So kommt keine Luft heran, und der Blister kann nicht nach außen verdunsten, sondern zieht nach innen, was seine Wirksamkeit verstärkt.

Hautkrankheiten
Es gibt verschiedene Hautkrankheiten, die sich meist durch Haarausfall ankündigen. Wird nichts dagegen getan, reißt die Haut, und es gibt offene Stellen.

Satteldruck. Ein Satteldruck entsteht, wenn auf das Rückgrat oder daneben ein Druck ausgeübt wird, entweder weil der Sattel nicht paßt oder weil der Reiter immer auf demselben Fuß trabt und so in den Sattel kommt, daß dieser sich dauernd bewegt, oder weil der Deckengurt reibt. Ein Druck kann auch entstehen, wenn der Sattelgurt hinter dem Ellenbogen reibt, was oft vorkommt, wenn der Sattel zu weit vorn auf der Schulter liegt. Manchmal genügt es auch, wenn das Fell unter dem Gurt nicht glatt liegt. Bei all diesen Erkrankungen wird zuerst die Haut durch eine kühlende und antiseptische Salbe ausgeheilt und dann durch Abreibungen mit Salz und Wasser bzw. Methylalkohol für ihre Abhärtung gesorgt. Darüber darf man allerdings nicht vergessen, die Ursache des Druckes zu beseitigen!

Das *Sommerekzem* entsteht durch die Stiche einer bestimmten Mückenart, die besonders bei Sonnenauf- und -untergang aktiv wird. Ponys werden häufiger gestochen als Pferde, und zwar hauptsächlich in die Mähne oder oberhalb der Schweifwurzel. Die Stiche jucken, so daß die Tiere sich so lange reiben, bis sie wund sind. Die beste Abhilfe besteht darin, die Pferde vom späten Nachmittag bis nach Sonnenaufgang im Stall zu behalten. Die Stiche werden mit (rezeptpflichtigem) Benzyl-Benzoat behandelt. Da dieses Mittel, falsch dosiert, sehr schädlich sein kann, sollte ein Arzt zu Rat gezogen werden.

Die *Scherpilzflechte* ist eine Pilzkrankheit, die meist von Rindern übertragen wird. Sie ist im höchsten Maße ansteckend und kann sich von einem Tier auf ein anderes übertragen, wenn dieses sich nur am selben Baum oder Zaun scheuert. Das Haar fällt in runden Flecken aus, in deren Mitte kleine Erhebungen zu sehen sind. Die Behandlung erfolgt entweder von außen mit Salben oder von innen mit Hilfe einer neuen Medizin (Fulcin), die beim Tierarzt erhältlich ist.

Mauke ist eine Krankheit, die hauptsächlich im Winter sowohl bei im Stall gehaltenen als auch bei Koppelpferden auftritt. Bei im Stall gehaltenen Pferden kann sie dadurch entstehen, daß die Tiere naß von der Arbeit hereingebracht und ihre Beine nicht richtig abgetrocknet werden. Wahrscheinliche Opfer sind auch Pferde, die auf Koppeln mit tief verschlammten Pfützen gehalten werden. Vorbeugen ist in beiden Fällen besser als Heilen. Wenn ein Pferd naß von der Arbeit kommt, bandagiert man die Beine dick ein, eventuell mit einem Strohfutter. Auf der Koppel muß man dafür sorgen, daß keine Schlammseen entstehen. Damit kein Schmutzwasser mehr eindringen kann, fettet man die Fesselbeuge ein.
Von Mauke befallene Pferde gehen lahm. Sie müssen eine abführende Diät erhalten. Die rissige Haut wird mit Salbe behandelt; wenn sie wässert, pudert man sie zuerst mit Sulfonamidpulver ein.

Schnitte und Wunden. Es gelten dieselben Erste Hilfe-Regeln wie beim Menschen. Man stoppt die Blutung, verbindet die Wunde und ruft in schweren Fällen den Arzt, der die Wunde näht.

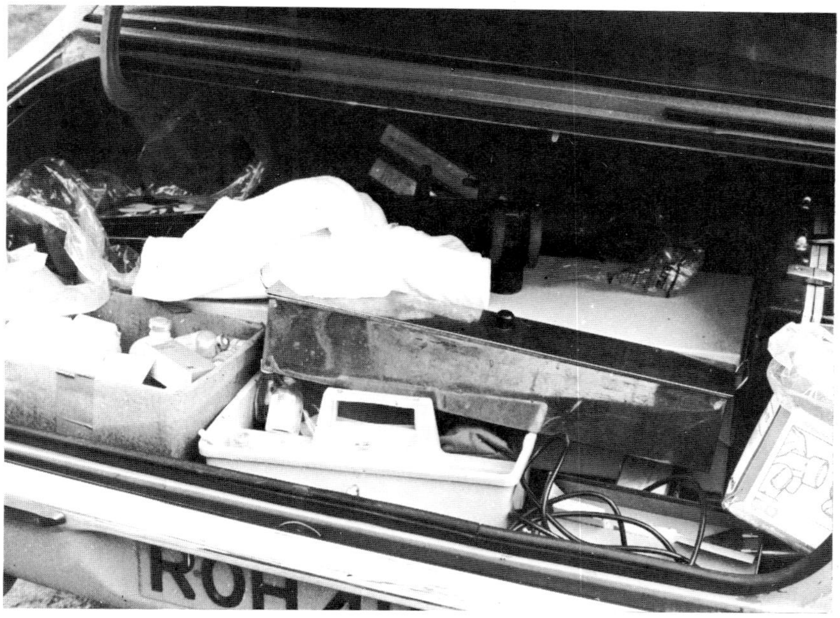

Für Gepäck ist im Kofferraum eines Tierarztes kein Platz mehr!

Offene Verletzungen führten früher oft zum tödlichen Starrkrampf, der zum Glück heute nicht mehr so oft vorkommt. Das verdanken wir hauptsächlich den Impfungen, die einen Dauerschutz geben. Jedes Pferd sollte einmal im Jahr gegen Starrkrampf (Tetanus) geimpft werden. Bei einem tiefen Schnitt oder einer bösen Verletzung empfiehlt sich außerdem noch eine Kurzzeitspritze, die während der zwei oder drei Wochen, die die Wunde zur Heilung braucht, einen zusätzlichen Schutz bietet.

Tetanus ist zwar prinzipiell tödlich, läßt sich aber heilen, wenn er rechtzeitig erkannt wird. Anzeichen sind eine seltsame Starre des ganzen Körpers und eine unnatürliche Kopfhaltung. Ein untrügliches Zeichen ist der Vorfall der Nickhaut über den Augenwinkel, manchmal sogar

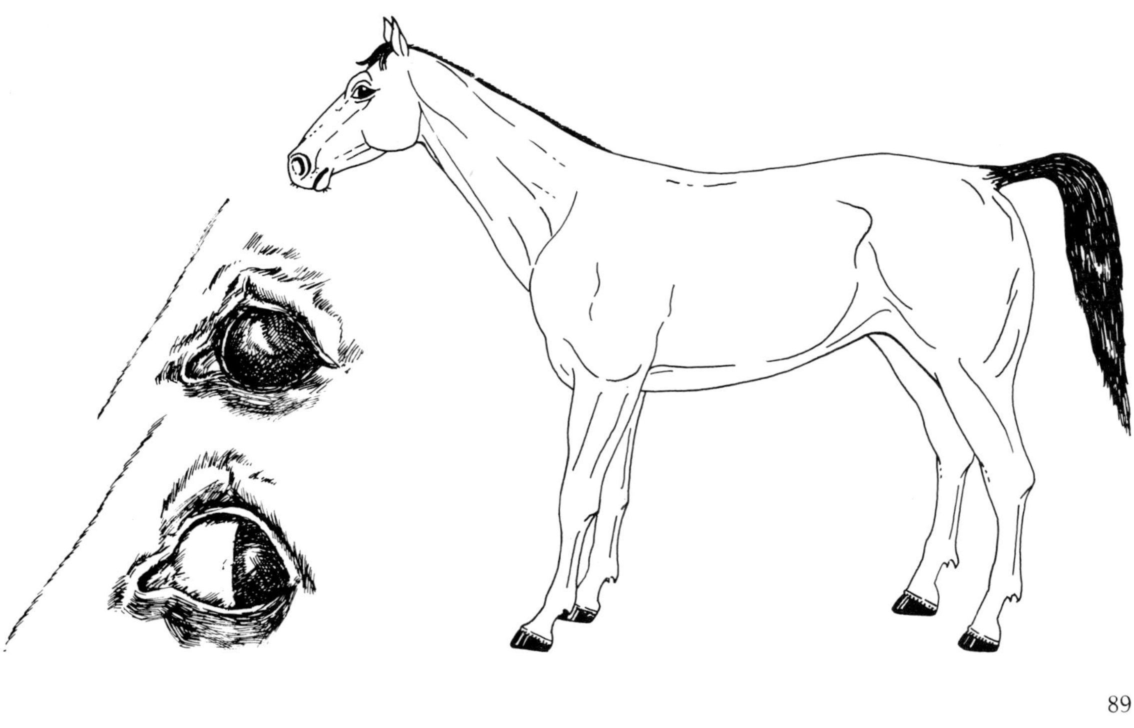

Eines der ersten Anzeichen für Starrkrampf ist das Erscheinen der Nickhaut. Das Pferd wird überall steif und steht in einer unnatürlich gestreckten Haltung mit angespannten Muskeln da. Starrkrampf ist heilbar, wenn er rechtzeitig erkannt und behandelt wird.

über einen Teil des Augapfels. Das Pferd ist nervös, und bei schnellen Bewegungen ziehen sich die Muskeln stark zusammen. Mit fortschreitender Krankheit wird die Körperhaltung steif und sägebockartig, der Schweif ist erhoben, der Bauch eingezogen und gespannt. Der Krampf erreicht schließlich die Kaumuskeln, die sich nicht mehr entspannen können - das Pferd kann nicht mehr fressen.
Für die Behandlung muß die Wunde oft geöffnet und vergrößert werden. Der Tierarzt gibt wahrscheinlich Penicillin und Anti-Serum in großen Dosen. Fütterung von Kleiemash in kleinen Portionen mehrmals am Tag, vermischt mit einem Abführmittel, hat sich ebenfalls bewährt. Die Pflege läßt sich am einfachsten im Stall durchführen. Man hängt einen Sack über die Türöffnung, um die Box ruhig und im Halbdunkel zu halten und Zugluft auszuschließen, streut dick ein und entfernt nach jeder Fütterung den Dung. Wer regelmäßig mit Pferden zu tun hat, sollte sich selbst ebenfalls gegen Tetanus impfen lassen.

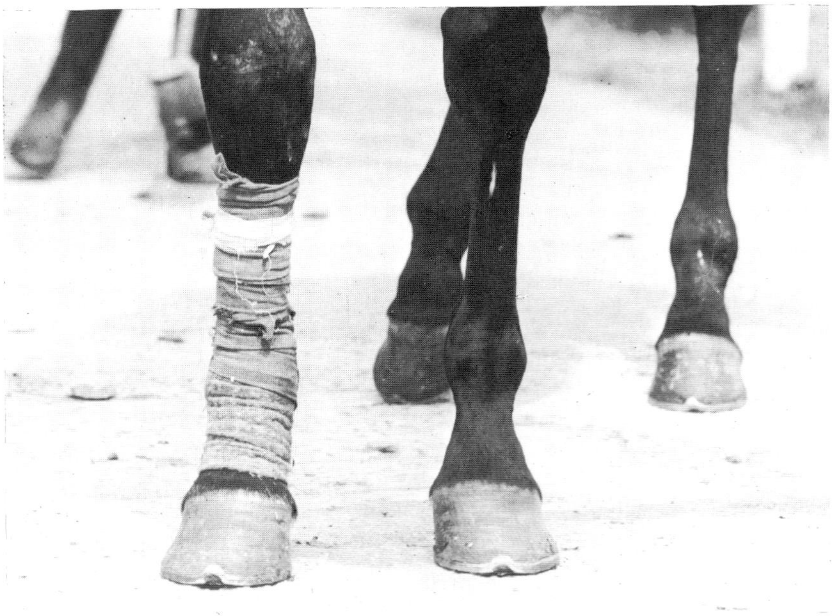

Hufpflege und Beschlag

Die Hufpflege ist vielleicht der wichtigste Aspekt der Reiterei überhaupt. Das alte Sprichwort »Kein Huf, kein Pferd« ist nur zu wahr, denn ein Pferd kann nur arbeiten, wenn seine Hufe in Ordnung sind.
Die Hufwand schützt eine Vielzahl kleiner Knochen, aus denen sich der eigentliche Huf zusammensetzt, und sie bedarf ständiger Pflege, wenn sie geschmeidig und arbeitsfähig bleiben soll. Wie wir unter den Nägeln empfindliches Fleisch haben, so folgt auf die Hufwand die empfindliche Huflederhaut (s. S. 92). Auf der Weide werden Hufwand und Kronenrand durch die natürliche Feuchtigkeit des Grases gesund erhalten. Im Stall wird die Hufaußenseite hart und spröde, weshalb sie täglich mit Huffett eingeschmiert werden muß.
Hauptsächlich eingefettet werden Kronenrand und - besonders bei im Stall gehaltenen Pferden - die Hornsohle. Ein gesundes Wachstum der Hornwand läßt sich durch Massieren des Kronenrandes mit einer alten Zahnbürste anregen. Das Einfetten der Hornsohle verhindert Strahlfäule. Diese macht sich durch einen widerwärtigen Geruch beim Hufeauskratzen bemerkbar und entsteht dadurch, daß das Pferd ständig im Mist und Urin steht. Fäulnisbakterien dringen in die Strahlfurchen ein, weichen sie auf, und es bildet sich eine schwarze, zähe Masse. Auch die Strahlfurchen sollten gelegentlich eingefettet werden, damit sie wasserabstoßend werden.

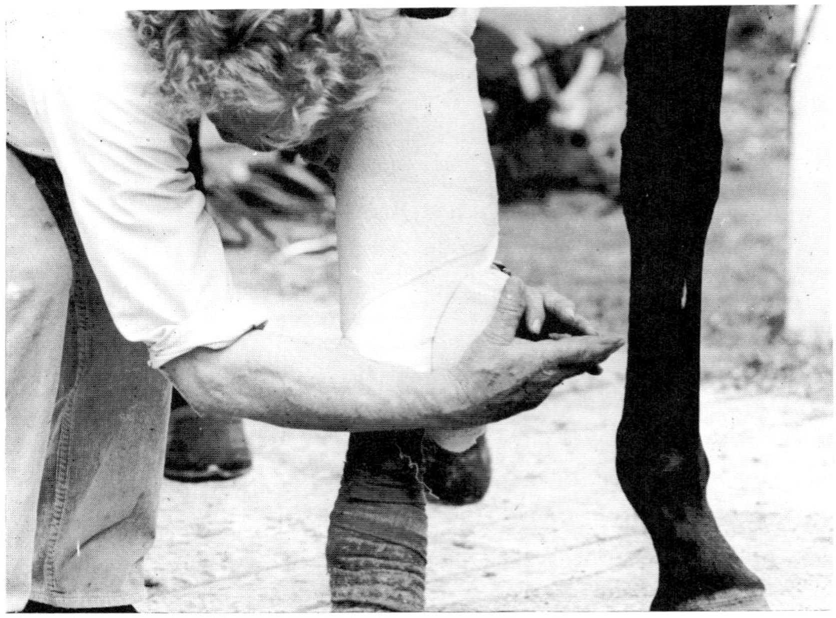

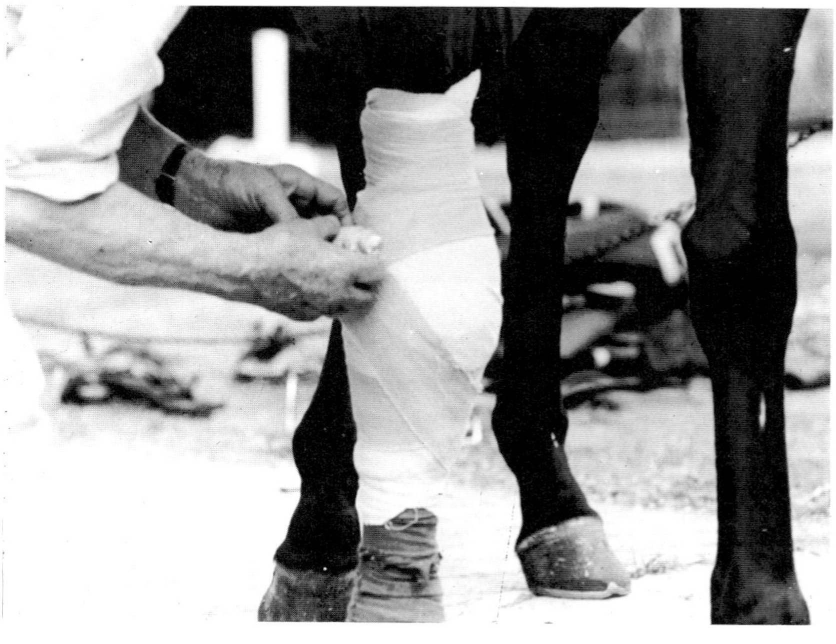

So macht man einen Breiumschlag für ein geschwollenes Vorderfußwurzelgelenk:
Oben: Das Bein wird unterhalb der Schwellung mit einer normalen Stallbandage bandagiert, die der oberen Bandage später Halt gibt.
Mitte: Der Brei wird mit einem Stück Leinen aufgebracht, das mit kreuzweise gewickelten Kreppstreifen festgehalten wird.
Unten: Über die Kreppbandage wird eine farbige Stallbandage gewickelt.

Im Abschnitt »Das Putzen« habe ich bereits erwähnt, wie wichtig das tägliche Hufeauskratzen ist. Bei im Stall gehaltenen Pferden sollten die Hufe zwei- bis dreimal am Tag ausgekratzt werden – bevor sie geritten oder auf die Koppel gebracht werden, wenn sie in den Stall zurückkommen und nochmals, wenn sie für die Nacht fertig gemacht werden. Am wichtigsten ist das Auskratzen nach der Arbeit, wobei das Pferd sich leicht einen Stein eingetreten haben kann, ein Stück Glas oder ein scharfes Metallstück, das die Hornsohle quetschen oder sogar durchdringen kann.

Ich halte es für überflüssig, daß der normale Reiter oder Pferdebesitzer alles über die Knochen weiß, aus denen sich der Huf zusammensetzt; eine ungefähre Vorstellung davon ist aber recht nützlich. Verstehen muß man außerdem die Struktur des Hufs, wenn man ihn beim Aufhalten von unten betrachtet. Die Hornwand muß eben sein und der Strahl ein deutliches V bilden. Beide dienen als natürliche Stoßdämpfer für den Huf

Ein Holzkragen verhindert, daß sich das Pferd an einem verletzten oder geblisterten Bein reibt.

So macht man einen Breiumschlag für ein durchgebrochenes Hufgeschwür:
Oben rechts: Der Huf wird gewaschen und das Geschwür gesäubert. Das Bein wird mit einer gewöhnlichen Stallbandage bandagiert. Mitte links: Der Brei (z. B. Kleie und Salz in heißem Wasser) wird auf ein Stück Leinen gegossen und auf die Wunde gelegt. Mitte rechts und unten links: Darüber kommt ein wasserdichtes Material, das mit einem Stück Sack umwickelt wird. Festgehalten wird der Umschlag von einer zweiten Bandage. Unten rechts: Das gesunde Bein wird ebenfalls gut einbandagiert, damit es dem zusätzlichen Gewicht, das es wegen der Schonung des anderen Beines übernehmen muß, besser gewachsen ist.

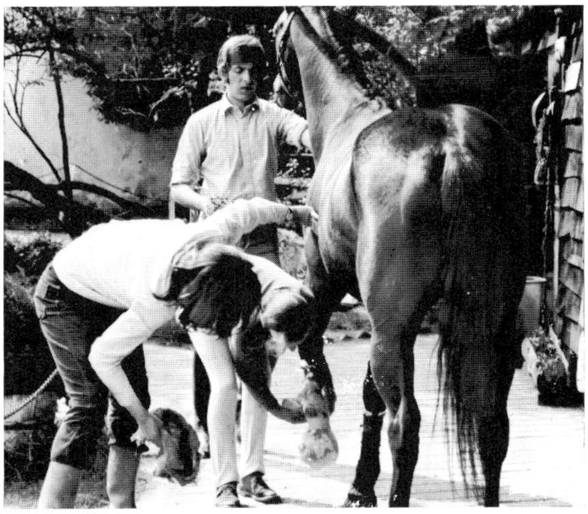

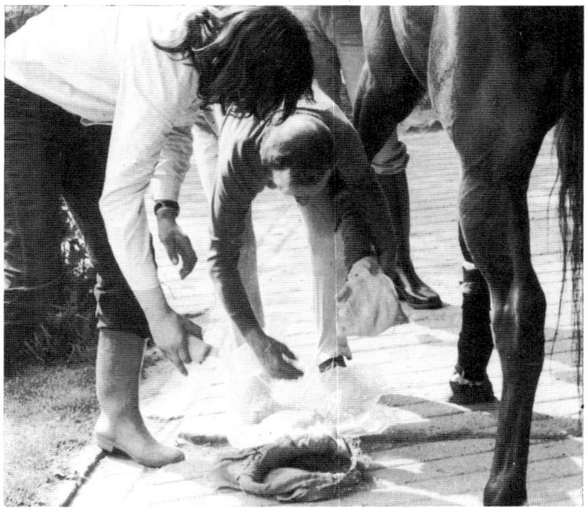

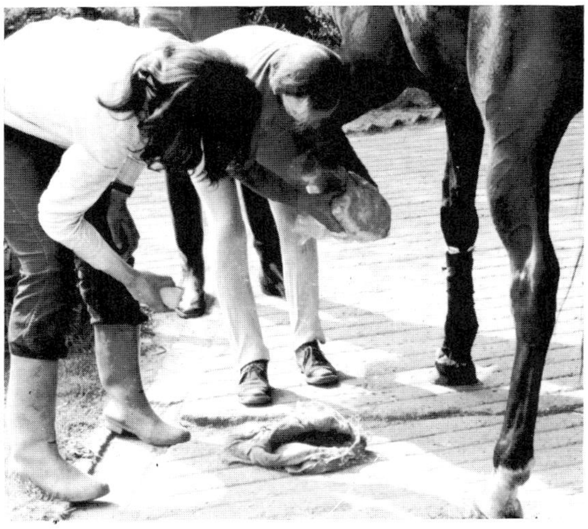

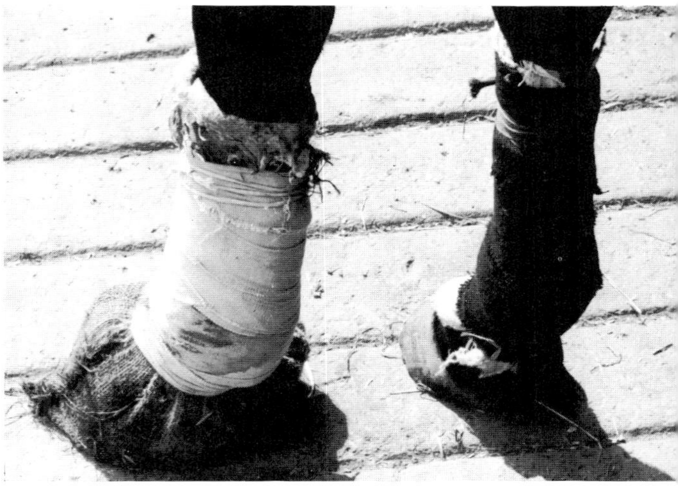

Ein Gummikrankenschuh ist ein nützliches, aber teures Stück.

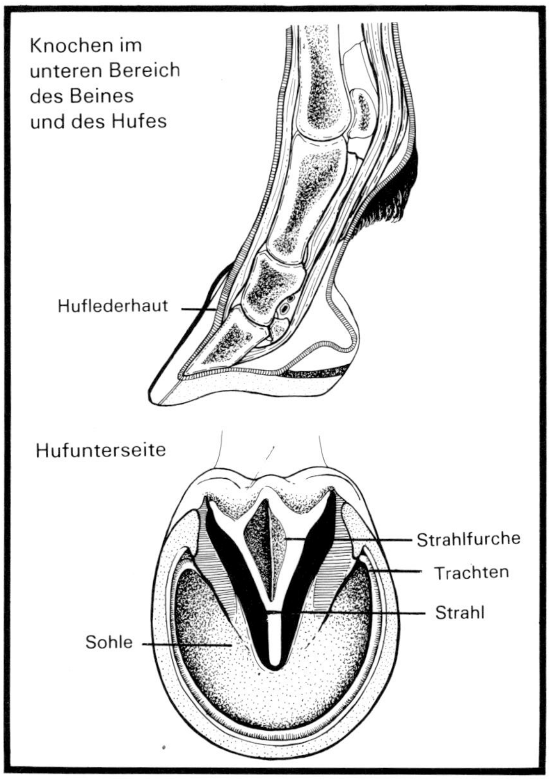

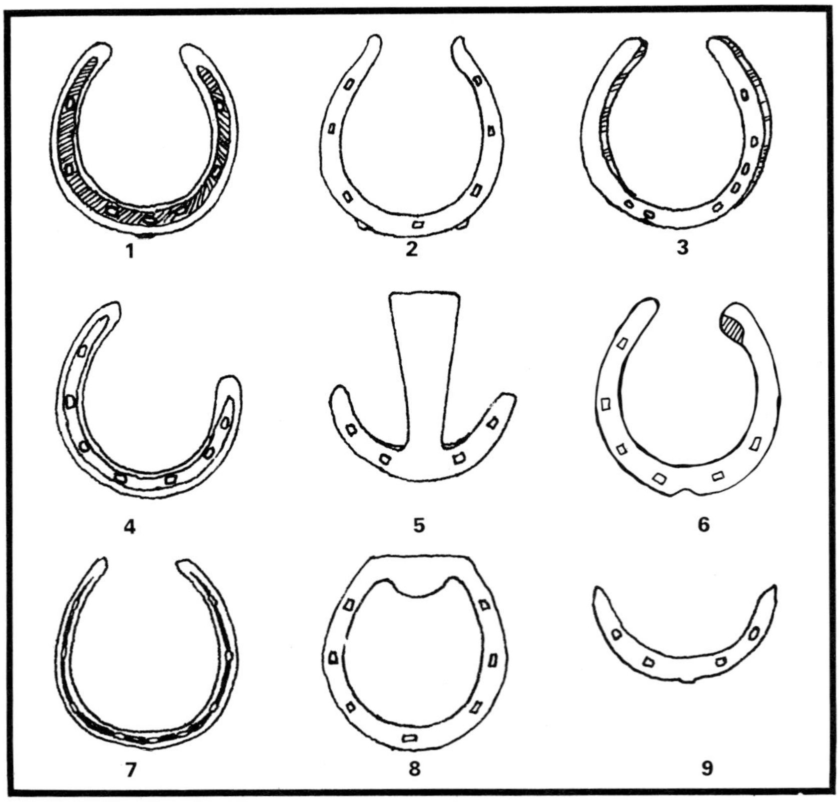

Verschiedene Hufeisenformen für folgende Zwecke:
1 Besonders griffiges Eisen durch gerillte Oberfläche (Taueisen)
2 Glatte Oberfläche, weniger griffig, wird von manchen Leuten bevorzugt (Hintereisen)
3 Für Pferde, die sich leicht streifen
4 Für Pferde, die sich stark streifen (Dreivierteleisen)
5 Bei Zwanghuf oder Steingallen (T-Eisen)
6 Bei Steingallen
7 Aus Stahl oder Aluminium, ohne Aufzüge, so daß das Pferd nicht lahmgeht, wenn es sich das Eisen im Rennen heruntertritt (Renneisen)
8 Verwendung wie T-Eisen
9 Zum Schutz der Hufe von Koppelpferden, die nicht geritten werden (Zeheneisen)

und tragen dazu bei, daß das Blut wieder aus dem Bein nach oben gepumpt wird. Ein schlechter Strahl bedeutet, daß das Herz stärker belastet wird, und außerdem werden Beine und Hufe leichter gestaucht, was Überbeine und andere Beschwerden zur Folge haben kann.

Die weiße Linie auf der Innenseite der Hornwand ist die empfindliche Huflederhaut. Wenn sie sich entzündet (bei *Hufrehe* z.B.) oder beim Beschlagen verletzt wird, kann sich die Entzündung nicht wie bei den meisten Schwellungen ausbreiten, weil die Hornwand jede Ausdehnung verhindert.

Die Hufsohle besteht aus einer harten, lederartigen Hornschicht, die trotzdem gequetscht werden kann, wenn das Pferd schnell über unebenen und steinigen Boden geritten wird. Solche Stellen werden beim Hufeauskratzen als leichte Verfärbungen auf der Sohle sichtbar. Leichte Quetschungen sind nicht weiter schlimm, aber bei bösen Quetschungen geht das Pferd lahm *(Steingallen).* Dann muß das Eisen abgenommen und der Fuß mit einem Breiumschlag behandelt werden. In extremen Fällen muß der Tierarzt die betreffende Stelle aufschneiden und dem angestauten Blut Abfluß verschaffen. Die Hufsohle wird dann durch ein Lederkissen geschützt, und das Pferd darf nicht gearbeitet werden, bis die Sohle nachgewachsen ist.

Für einen Breiumschlag braucht man folgende Ausrüstung:
Bandagierwatte in Gaze oder einfache Watte und eine Stallbandage
Eine Extrabandage zur Befestigung des Umschlags
Eine wasserdichte Hülle
Ein Stück Leinen für den Umschlag
Ein viereckiges Stück von einem Sack
Den Brei, der sich verschieden zusammensetzen kann
Die richtige Zusammensetzung läßt man sich vom Tierarzt angeben.

Erkrankungen des Hufs

Hufrehe (Huflederhautentzündung) tritt sehr häufig bei auf der Weide gehaltenen Ponys auf. Sie hat ihre Ursache darin, daß Ponys, die für ein Leben auf kargen Hügel- und Moorweiden gezüchtet wurden, plötzlich Gras in Hülle und Fülle zur Verfügung haben. Der Überfluß führt zu einer Entzündung der Huflederhaut. Die Hufe werden sehr heiß, das Pony geht lahm und hat große Schmerzen. Es erhält eine abführende Diät in Form von Kleiemash mit Bittersalz; in schlimmen Fällen muß der Tierarzt helfen. Er lindert den akuten Schmerz durch Cortison-Injektionen.

Lose oder hohle Wand. Damit bezeichnet man eine Trennung zwischen der empfindlichen und der unempfindlichen Schicht der Hufwand. Sie ist im allgemeinen kein Grund zur Aufregung, aber wenn sie nicht bald besser wird, muß der Hufschmied die käsig aussehende Masse, die sich in der hohlen Stelle bildet, wegschneiden. Der Hohlraum wird gesäubert und mit in Holzteer getauchter Watte ausgestopft. Das bringt jede Entzündung schnell zum Abklingen, so daß der Huf wieder normal geraspelt werden kann.

Hornspalten erscheinen in der Hufwand und verlaufen gewöhnlich vom Kronenrand nach unten. Oft sieht man den Spalt nicht gleich am Kronenrand, sondern erst ein Stück darunter, wo das Horn dicker und der Huf breiter wird. Die Ursache liegt in nachlässiger Hufpflege oder in einer direkten Beschädigung des Kronenrandes. Der Spalt wird mit Holzteer gefüllt, und der Schmied geht einmal mit der Feile über den Huf, damit er nicht weiterreißt. In schlimmen Fällen kann auch ein Keil eingesetzt werden. Tiefe Wunden am Kronenrand haben manchmal zur Folge, daß der Huf für immer an dieser Stelle verformt ist. Solche vertikalen Rillen sind aber mehr ein Schönheitsfehler und selten die Ursache von Lahmheiten.

Ein *Hufgeschwür* kann am Kronenrand aufbrechen, wenn sich ein Steinchen in den Huf gebohrt oder ein Nagel die Huflederhaut verletzt hat. Die Ursache kann durchaus in der Hufsohle liegen; da die Hufwand der Schwellung nicht nachgibt, wandert die Entzündung nach oben und kommt erst am weichen Kronenrand zum Ausbruch. Breiumschläge beschleunigen das Aufbrechen des Abszesses und damit die Heilung.

Ein *Eckstrebendruck* entsteht meist dadurch, daß die Eisen zu lange getragen wurden und die Schenkel in den Huf eingewachsen sind. Er sitzt gewöhnlich zwischen den Trachten und der hinteren Hornwand, wo die Sohle nur dünn ist. Das Eisen wird abgenommen, der Druck herausgeschnitten und der Huf mit einem Dreivierteleisen neu beschlagen.

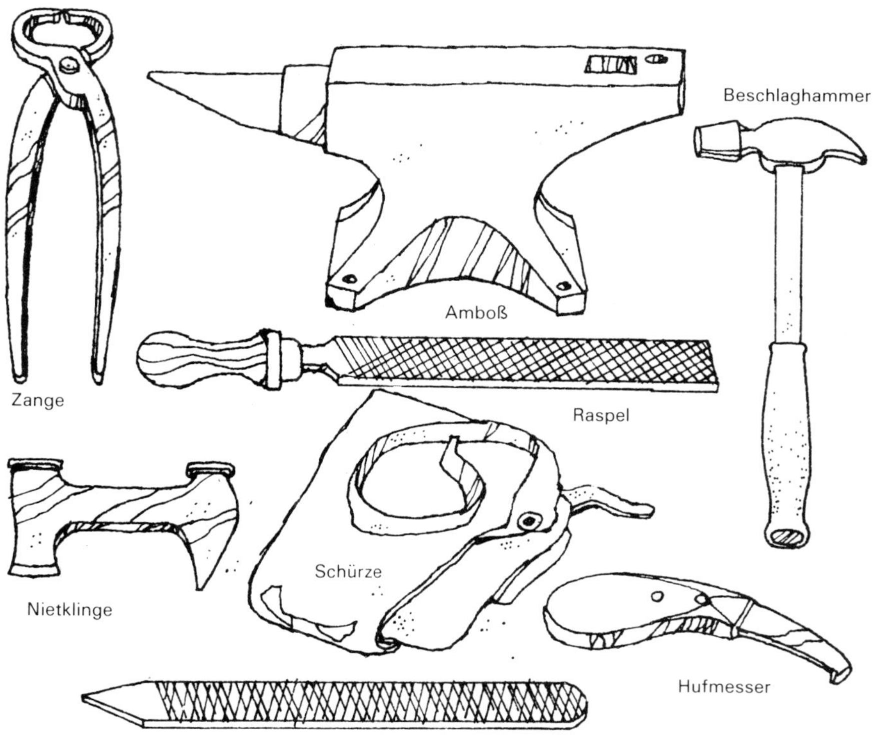

Schmiedewerkzeug

Vernagelung nennt man es, wenn ein Hufnagel zu hoch oder zu dicht an der Huflederhaut eingeschlagen wurde. Wenn ein Pferd unmittelbar nach dem Beschlagen lahmgeht, sollte man diese Möglichkeit stets in Erwägung ziehen. In diesem Falle genügt es manchmal, den betreffenden Nagel einfach herauszuziehen. Meist muß jedoch das ganze Eisen abgenommen und der Huf mit einem Breiumschlag behandelt werden.

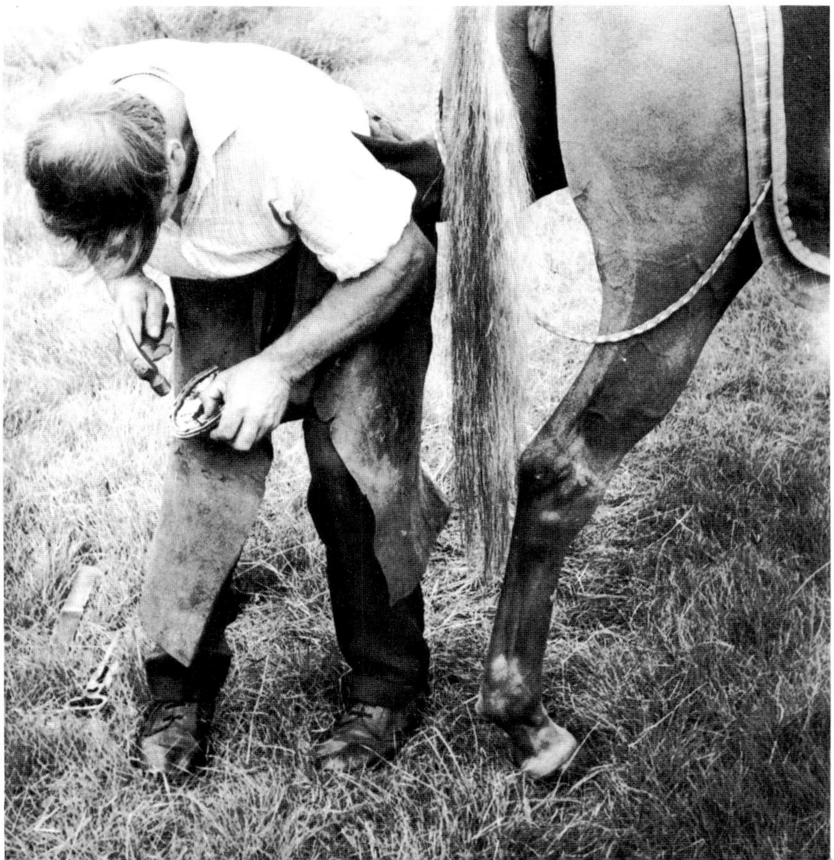

Beschlagschmied bei der Arbeit. Ein guter und gewissenhafter Beschlagschmied ist ein »Schatz« für jeden Pferdebesitzer.

Beschlag

Die oben beschriebenen Erkrankungen und Probleme zeigen deutlich, wie unendlich wichtig ein guter Beschlag ist. Wie der Tierarzt, so sollte auch der Schmied ein persönlicher Freund sein, wenn es auch heute nicht mehr ganz so einfach ist, einen guten, erfahrenen und sorgfältigen Beschlagschmied zu finden.

Das Beschlagen ist natürlich Sache des Hufschmieds, aber es schadet nicht, wenn man weiß, warum er dies und jenes tut und auf was man achten muß, wenn er fertig ist. Im allgemeinen sollte ein Pferd etwa einmal im Monat beschlagen werden; es hängt allerdings davon ab, wieviel es gehen muß. Auf jeden Fall sollten die Hufe einmal im Monat nachgesehen werden, ob sie nicht gekürzt werden müssen.

Ein guter Hufschmied hält sich an die Regel, am Huf so wenig wie möglich zu verändern, d.h., das Eisen passend zum Huf zu machen und nicht umgekehrt. Das Eisen muß überall flach und gleichmäßig aufliegen. Das Horn wird um so viel abgefeilt, wie der Huf seit dem letzten Beschlag gewachsen ist. Die Zehen dürfen nicht abgeraspelt werden, bis sie ins Eisen passen, und nur lose oder tote Hornteilchen werden ausgeschnitten.

Es gibt verschiedene Arten von Hufeisen, die unterschiedliche Zwecke erfüllen (s.S. gegenüber).

Sattel- und Zaumzeug

Es gibt vieles, was ein Pferde- oder Ponybesitzer braucht, aber auch mancherlei, was zwar interessant ist, aber nicht unbedingt angeschafft werden muß!

Erster wichtiger Ausrüstungsgegenstand ist etwas, womit man das Pferd auf der Weide einfangen, es führen und anbinden kann: das Halfter mit einem Strick. An einem Strickhalfter ist der Führstrick schon befestigt; es ist stark und nicht teuer, aber wenn dieses Halfter auf der Weide verlorengeht, verrottet es schnell. Haltbarer sind Halfter aus Leder oder Perlon. Meiner Meinung nach ist ein Halfter aus Chromleder am geeignetsten, wenn auch vielleicht nicht am schönsten. Es verwittert nicht, hält lange und ist so weich, daß es nicht scheuert.

Einen Führstrick kann man sich selbst aus Schnur flechten, man kann auch teure farbige Seile mit Sicherheitshaken kaufen. Wenn ein Pferd gern auf dem Strick herumkaut, verwendet man besser eine Anbindekette, die es ebenfalls in verschiedenen Ausführungen gibt. Wichtig ist, daß sich das Pferd beim Herumspielen mit der Kette nicht die Lippen einklemmen kann.

Gebisse und Zäumungen

Es gibt zwei Haupttypen von Zäumungen – *Trensen* und *Kandaren.* Kandaren haben normalerweise zwei Zügel, es gibt aber auch das *Pelham,* bei dem Gebiß und Anzüge miteinander verbunden sind und nur noch ein Zügel zu diesem Verbindungsstück führt. Am meisten verwendet wird in der ganzen Welt das Trensengebiß, und eigentlich hat seit vorchristlichen Zeiten niemand mehr irgendwelche tiefgreifenden Verbesserungen dazu erfunden. Dieses Stück

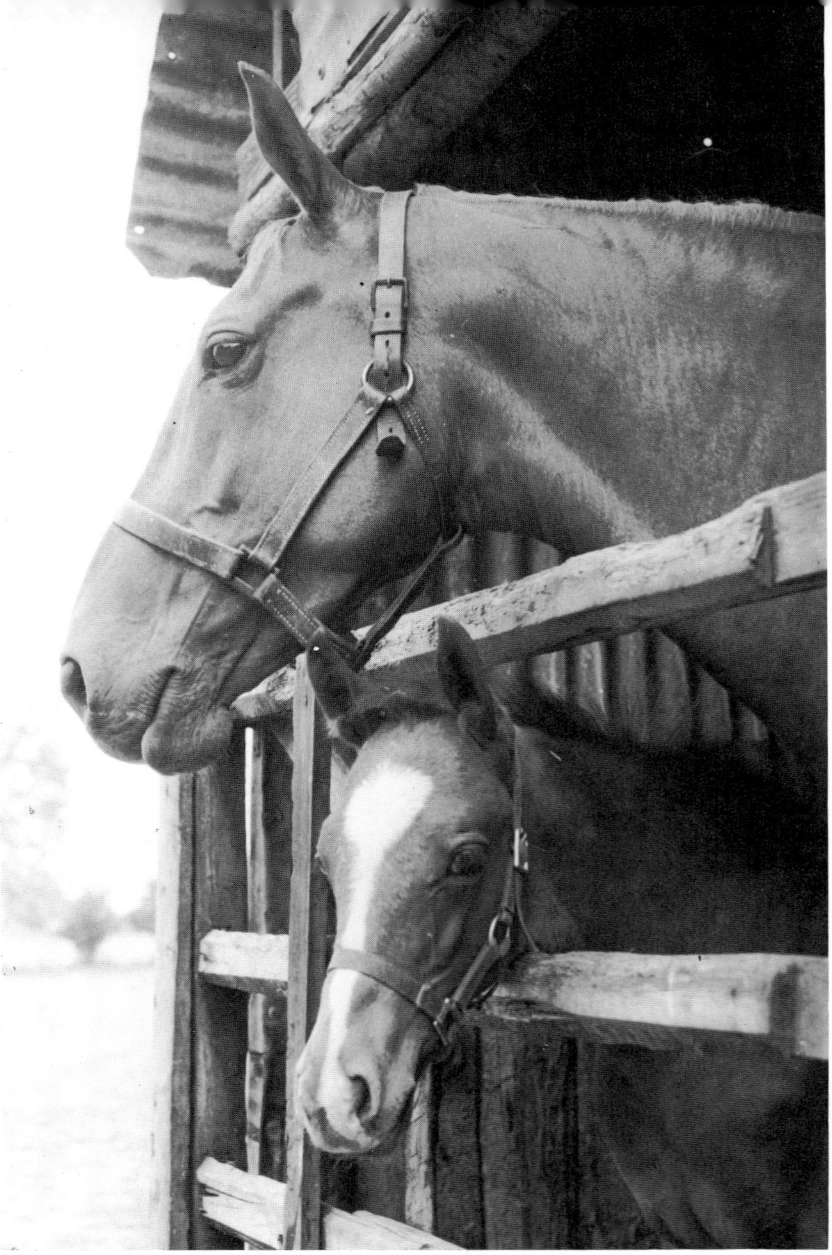

Halfter müssen immer aus widerstandsfähigem Material sein und gut passen.

Bestandteile einer Trense

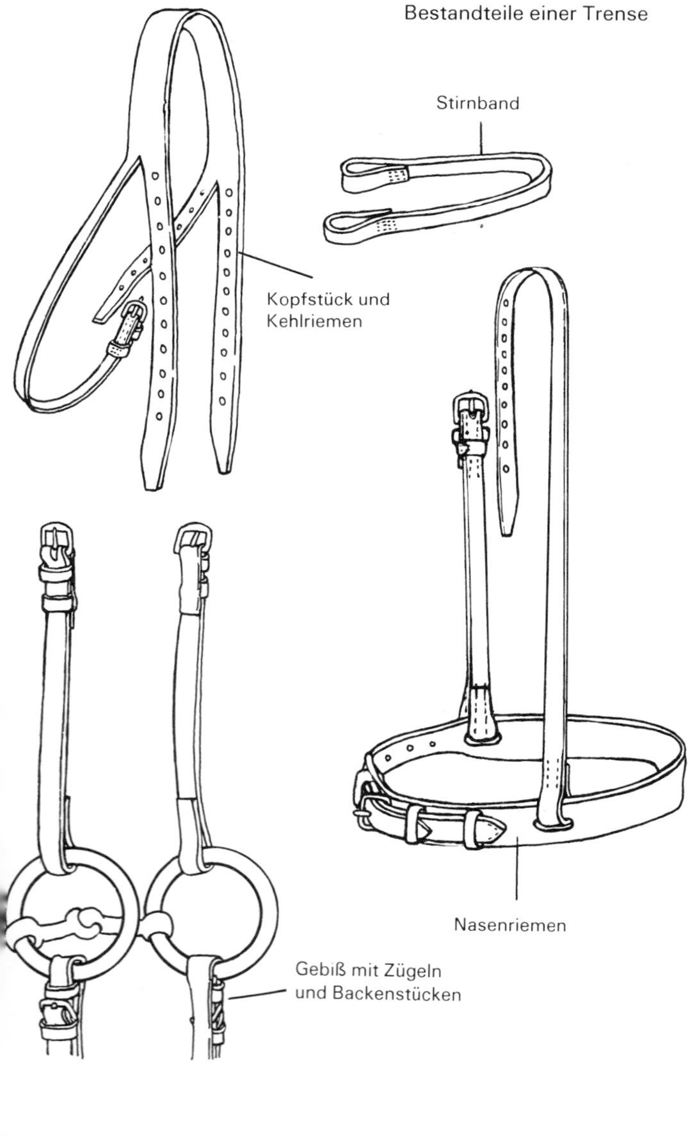

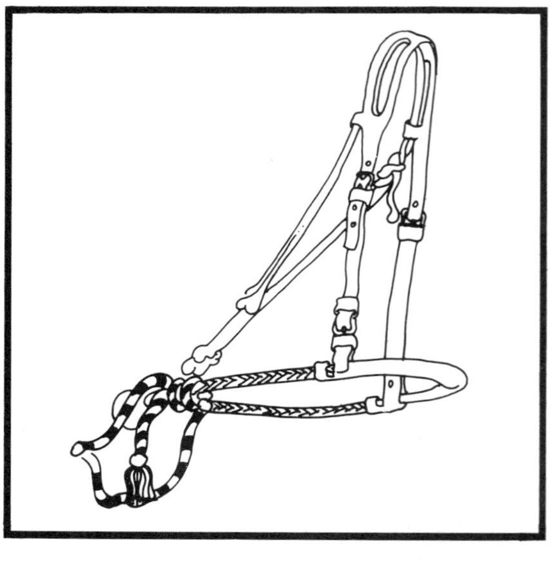

Ein Bosal, eine Western-Zäumung ohne Gebiß

Metall, Gummi, Plastik oder Hartgummi, das dem Pferd ins Maul gelegt wird, gibt es in unendlich vielen Abwandlungen, ebenso wie es auch verschiedene Kandaren und Pelhams gibt, aber im Grunde gelten die gleichen Regeln für alle Zäumungen. Alle dienen dazu, das Pferd besser lenken zu können. Das ist gar nicht so einfach; zwar werden alle Pferde mit empfindlichem Maul geboren, aber dieses hochempfindliche Organ auch zu erhalten, ist wieder eine andere Sache.
Bei einem heftigen Pferd, das immer zurückgehalten werden muß, werden die Laden schnell abgestumpft und unempfindlich. Erster Grundsatz muß jedoch immer sein, stets das weichste Gebiß zu verwenden, um das Pferdemaul so empfindlich wie möglich zu erhalten.
Allein über Zäumungen und Gebisse könnte man schon Bücher schreiben, die diesem an Umfang nicht nachstünden. Für unsere Zwecke genügt es aber, die Auswirkungen jedes Gebisses zu kennen und das alte Sprichwort zu verstehen: »Zu jedem Pferdemaul gibt es einen Schlüssel, man muß ihn nur zu finden wissen.« Pferde haben nicht alle die gleiche Maulform. Bei manchen sind die Laden runder, bei anderen ist die Zunge größer (besonders bei den Pferden mit Araberblut). Manche Pferde gehen sehr gut auf *Hackamore*, der Zäumung ohne Gebiß, die in den letzten Jahren sehr beliebt geworden ist. Wie scharf diese Zäumung wirkt, hängt davon ab, ob eine Kinnkette oder ein Riemen verwendet wird, wobei man den Riemen noch mit Lammfell polstern kann. Das weichste Gebiß von allen ist die *Gummitrense*, bei der als Vorsichtsmaßnahme eine Kette eingearbeitet ist. Es folgt das *Hartgummi-Gebiß*, und dann kommen die *Stangentrensen* aus Metall (starre Stangen üben mehr Druck auf die Zunge aus). Wieder etwas härter sind die *gebrochenen Gebisse* (mit einem Gelenk in der Mitte), die einen Nußknakker-Effekt besitzen. Dann gibt es noch die *ge-*

Korrekt aufgehängte Trense. Der Kehlriemen ist über den Backenstücken gekreuzt und zugeschnallt. Der Nasenriemen liegt über den Backenstücken.

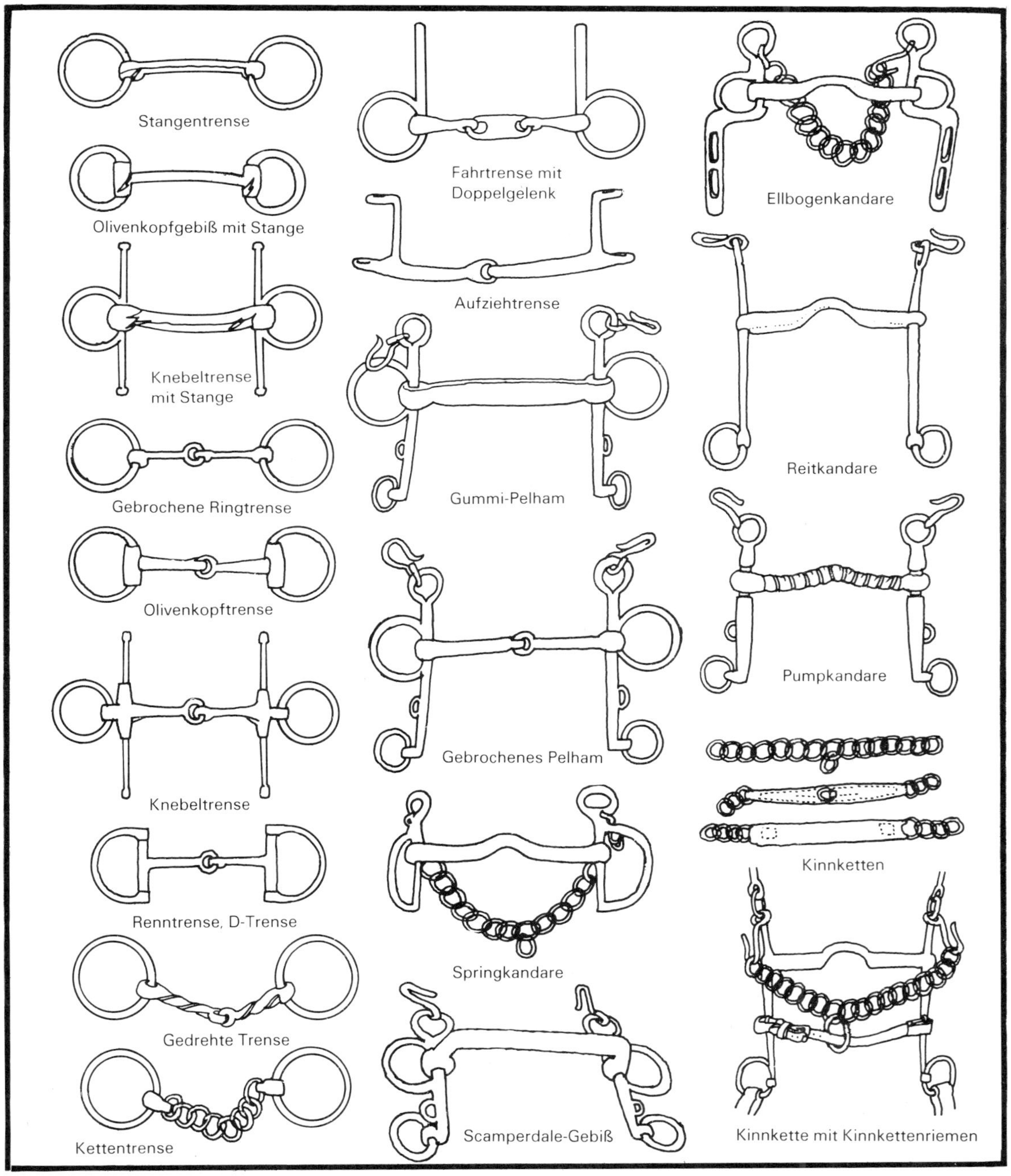

Verschiedene Gebisse und Kinnketten. Der Kinnkettenriemen (ganz unten rechts) wird durch den Ring an der Kinnkette gezogen und hält sie fest.

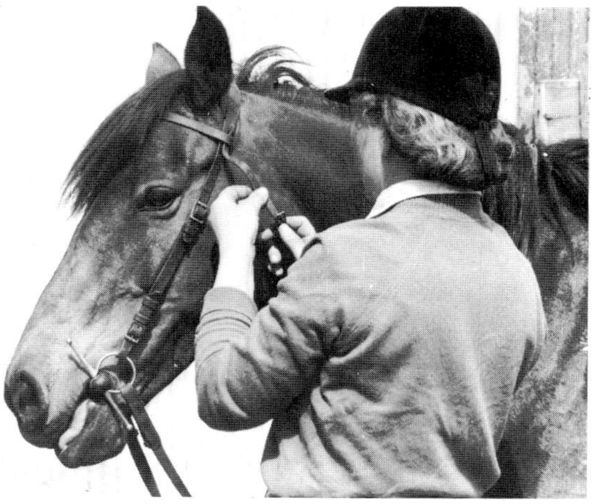

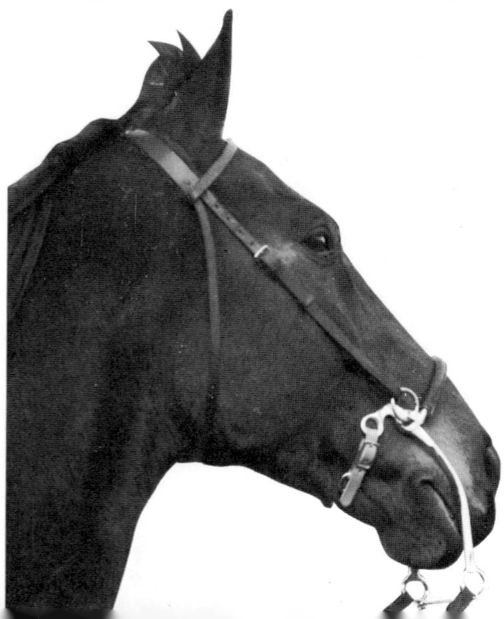

wundene Trense, eine scharfe Zäumung, und das *Spielgebiß* mit einem Anhängsel, durch das das Pferd angeregt wird, mit dem Gebiß zu spielen, anstatt sich daraufzulegen.
Die eigentliche Kandare besteht aus zwei Gebissen – einer sogenannten Unterlegtrense, die meist schmaler ist als eine normale Trense, und dem Kandarengebiß. Das Kandarengebiß kann entweder feststehend sein, wie es zur Fixierung der Kopfhaltung bei Dressur- und Show-Pferden verwendet wird, oder aber auch auf- und abgleiten (Pumpkandare), sich also im Pferdemaul bewegen. Wie scharf eine Kandare wirkt, hängt von der Länge der Ober- und Unterbäume und der Zungenfreiheit ab. Der Oberbaum wirkt auf das Genick, der Unterbaum oder Anzug hat eine Hebelwirkung. Eine weit geschwungene Zungenfreiheit läßt der Zunge Bewegungsspielraum, eine hohe drückt gegen den Gaumen. Eine enge, hohe Zungenfreiheit wirkt deshalb sehr scharf, während eine breite, weniger hohe eine milde Wirkung hat. Die Zungenfreiheit hat Einfluß auf die Aufrichtung des Pferdes.
Das Pelham besteht nur aus einem Gebiß, aber da es Anzüge besitzt, hat es auch eine Hebelwirkung. Klassisch orientierte Reiter lehnen dieses Gebiß ab, und für Dressurprüfungen ist es nicht

Oben: Eine Zäumung ohne Gebiß, die weit weniger scharf ist als das Hackamore. Auf dem kleinen Bild ist die richtige Lage des Gebisses auf dem Unterkiefer zu sehen.

Links: So trenst man ein Pferd auf:
Oben: Das Maul wird geöffnet und das Gebiß hineingeschoben. Mitte: Das Kopfstück wird über die Ohren gezogen.
Unten: Der Kehlriemen wird zugeschnallt, wobei noch mindestens zwei Finger zwischen Riemen und Kopf passen sollen.

Ganz unten: Hackamore, eine sehr scharfe Zäumung

zugelassen. Viele Pferde gehen jedoch sehr gut auf Pelham, so daß es für den normalen Reiter nicht unwesentlich ist, es zu kennen. Auch hier gibt es viele verschiedene Typen, vom gebrochenen Pelham über das wirklich scharfe Gebiß mit enormen Anzügen und einer hohen Zungenfreiheit. Auch die mit dem Pelham getragenen Kinnketten können verschieden scharf wirken. Der weichste Typ besteht aus einem breiten Gummistück mit zwei oder drei Ringen an jedem Ende und einem in der Mitte, in den der Kinnkettenriemen eingeschnallt werden kann. Auch ein Lederstück ist noch mild in der Wirkung. Es gibt jedoch auch metallene Kinnketten, und für diese gilt: je kleiner die Glieder, desto schärfer die Wirkung. Alle Kinnriemen und -ketten müssen in Verbindung mit einem Kinnkettenriemen getragen werden. Es gibt außerdem Gummiunterlagen, die sie für das Pferd angenehmer machen und die Kinngrube nicht aufscheuern. Sehr nützlich ist das Pelham mit einem Zügel oft bei eigenwilligen kleinen Ponys.

Auch die *Nasenriemen* können unter Umständen eine bessere Kontrolle des Pferdes ermöglichen, obwohl sie oft nur schmückendes Beiwerk sind. Das einfache *englische Reithalfter* dient in vielen Fällen dazu, ein langes Pferdegesicht optisch zu unterbrechen, und läßt ein Pferd mit ziemlich großem Kopf hübscher aussehen. Einem Pferd mit edlerem Kopf würde wahrscheinlich eine schmalere, gepolsterte Version mit abgesteppten Nähten besser stehen. Beim englischen Reithalfter liegt der Nasenriemen etwa in der Mitte zwischen dem vorspringenden Backenknochen und dem Maulwinkel; zwischen Nasenriemen und Pferdekopf muß noch Platz für zwei Finger sein.

Das *hannoversche Reithalfter* verhindert, daß das Pferd das Maul aufsperrt und sich dem Gebiß entzieht. Der tiefliegende Nasenriemen muß sehr korrekt verschnallt sein (s. Abbildungen), damit die Atmung nicht beeinträchtigt wird. Wenn das Pferd geräuschvoll atmet, muß der Nasenriemen höher eingestellt werden, damit er nicht auf die Atemwege drückt.

Dann gibt es noch eine Abart des hannoverschen Reithalfters, bei dem man einen feststehenden Ausbindezügel, den sogenannten Stoßzügel, am Nasenriemen befestigen kann.

Das *mexikanische Reithalfter* (Kreuzpullerriemen) hat etwa die Wirkung des hannoverschen mit dem feststehenden Zügel, der Druck kann jedoch auf dem Nasenrücken weiter nach oben verlegt werden. Es ist besonders für solche Pferde zu empfehlen, die sich gern festbeißen und pullen. Das *Kingston-Halfter* wird hinter dem Gebiß verschnallt. Es läßt sich so einstellen, daß das Gebiß vorn im Maul gehalten wird, so daß die Zunge nicht über das Gebiß genommen werden kann.

Die verschiedenen Rennhalfter habe ich absichtlich nicht zu beschreiben versucht, aber zwei der gebräuchlicheren möchte ich doch noch erwähnen:

Das *Reithalfter mit Lammfellüberzug* am Nasenriemen, das vor einigen Jahren groß in Mode kam, weil es angeblich gut für bodenscheue Pferde ist.

Unten: Die oberen Anzüge dieser Knebeltrense laufen durch Schlaufen an den Backenstücken, so daß das Gebiß immer am richtigen Platz gehalten wird.

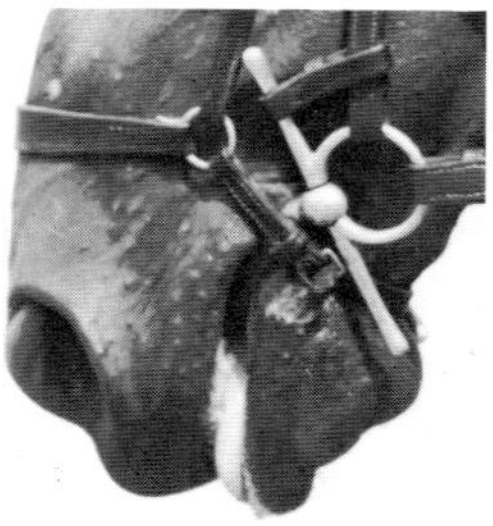

Links: Das hannoversche Reithalfter muß so tief sitzen, daß die Maulwinkel nicht hochgezogen werden, aber nicht so tief, daß es die Atmung behindert.

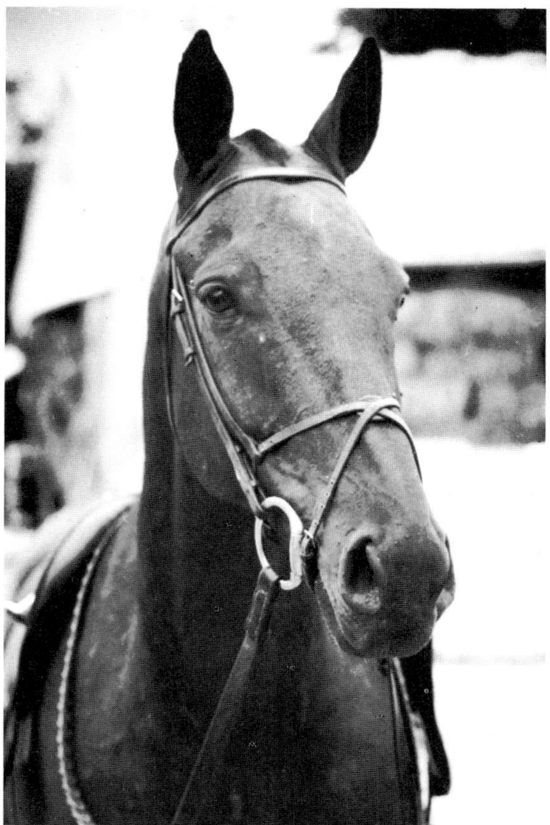

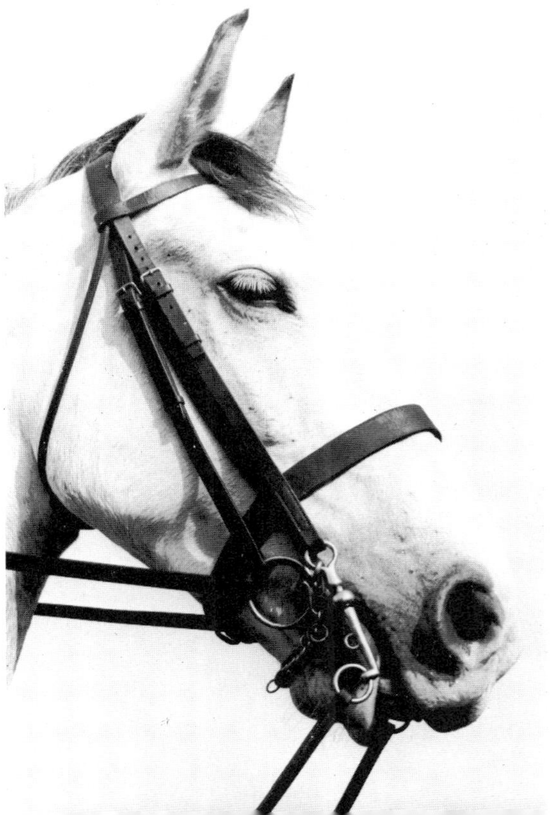

Links: Mexikanisches Reithalfter oder Kreuzpullerriemen

Rechts: Kandare mit englischem Reithalfter

Das *australische Reithalfter* hat denselben Zweck wie das Kingston-Halfter: das Gebiß vorn im Maul zu halten. Dazu dienen zwei Gummiringe um das Gebiß, die von weiteren Gummistücken am Platz gehalten werden. Sie laufen zusammen und werden zwischen den Pferdeohren am Reithalfter befestigt.
Die *Zügel* sind wichtige Bestandteile des Zaumzeugs und in großer Auswahl erhältlich. Lederzügel gibt es in verschiedenen Breiten, glatt, geflochten, gestochen und beflochten (die letzten beiden rutschen weniger). Gummizügel werden besonders im Rennsport gern verwendet. Kandarenzügel sind normalerweise schmaler als Trensenzügel, und der eigentliche Kandarenzügel ist noch einmal schmaler als der der Unterlegtrense. Dadurch kann man sie leichter auseinanderhalten. Dann gibt es noch eine ganze Anzahl von Zügeln, die hauptsächlich zum Springen verwendet werden, aus Baumwolle oder Nylon geflochtene, Baumwollzügel mit Lederansatzstücken und Gurtzügel. Auch die Länge der Zügel ist verschieden, von kurzen Zügeln für Ponys bis zu extrem langen für den Damensattel. Es ist wichtig, daß die Zügel die richtige und angenehme Länge haben. Sie können am Gebiß angenäht oder mit Nieten bzw. Schnallen befestigt werden.

Sättel

Auf den ersten Abbildungen, die wir von Menschen auf Pferderücken besitzen, reiten sie noch ohne Sattel. Dann wurde eine einfache Art Sattelkissen erfunden, an dem bald Steigbügel bzw. ein Halt für die Füße des Reiters befestigt wurden. Die ersten Sättel, die den heute gebräuchlichen ähnelten, waren vorn und hinten hoch, damit der Reiter einen festen Halt hatte. Diese Tendenz hat sich bei einigen Satteltypen bis heute erhalten; das beste Beispiel dafür ist der Western-Sattel mit seinem Sattelknauf und seinem erhöhten Sattelkranz. Auch beim modernen Springsattel ist diese Tendenz noch erkennbar, wenn auch in abgeschwächter Form.
Aus der Notwendigkeit, einen Sitz zu konstruieren, der auf den Pferderücken paßte, ohne auf das Rückgrat zu drücken, und gleichzeitig sowohl größtmögliche Belüftung als auch Schutz gewährleistete, entstand der Sattel, wie wir ihn heute kennen. Alle Sättel sind über ein Gestell, den sogenannten Sattelbaum, gebaut, zu dem ein Bogen über dem Widerrist gehört. Das ist der Vorderzwiesel bzw. die Sattelkammer. Daran schließt sich die Sitzfläche (der Mittelteil) an, und den Abschluß bildet der Hinterzwiesel. Früher bestanden die Sattelbäume aus Buchenholz, heute sind sie leichter – laminiert oder aus Kunststoff. Neuerdings gibt es einen sehr starken Sattelbaum aus Glasfiber. Vor einigen Jahren kam der Federbaum auf den Markt. Der Baum ist zuerst mit Gurtenstoff, dann mit Serge, Filz oder Schaumstoff bezogen, und darüber kommt dann das Leder.

Oben: Drei Zügeltypen – geflochten, gestochen und beflochten, glatt

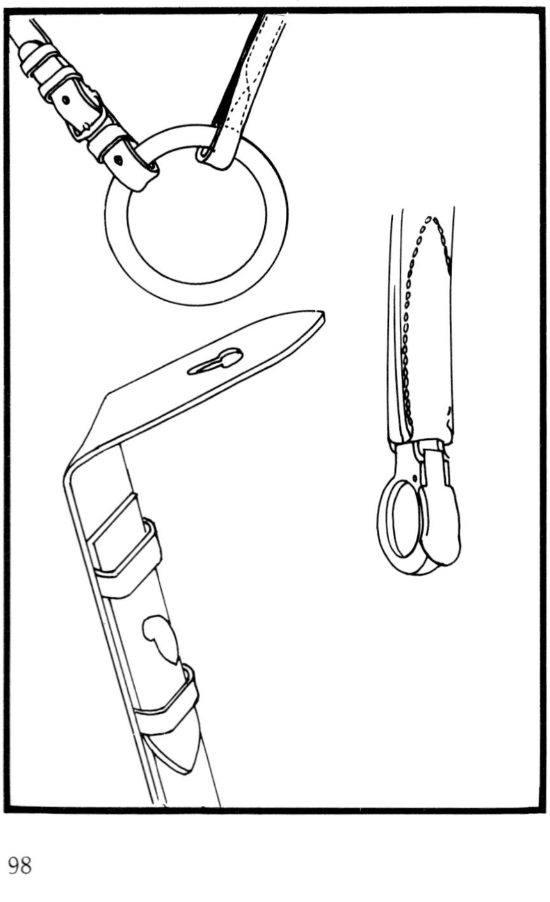

Links: Die Zügel können am Trensenring angeschnallt oder angenäht (oben), mit einem Haken geschlossen (links) oder mit einem Karabinerhaken eingehakt werden.

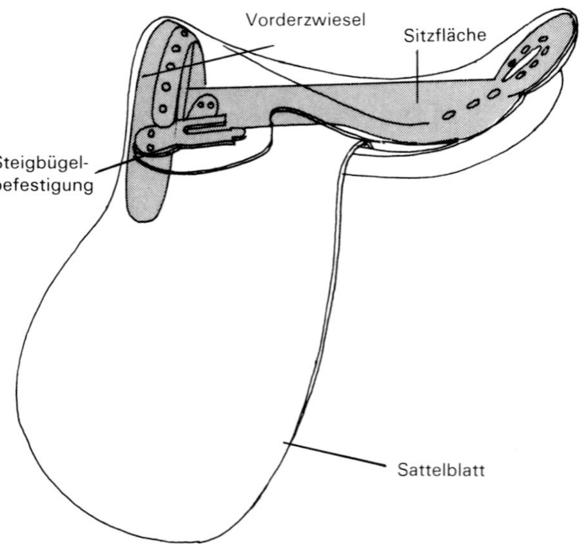

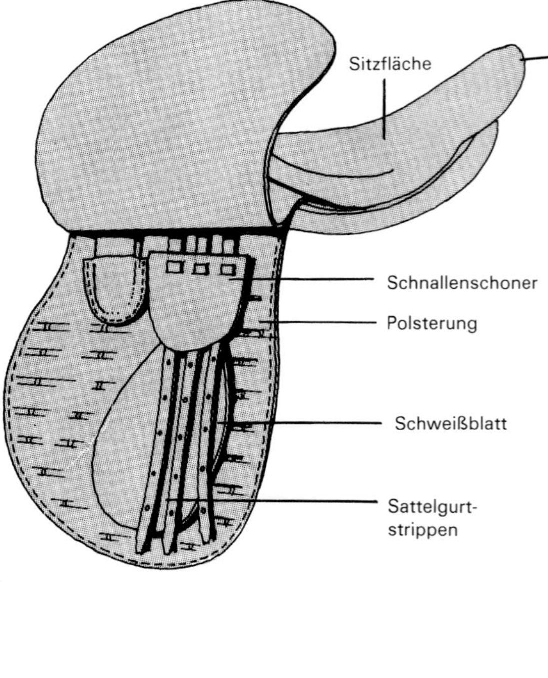

Oben und links: Bestandteile des Sattels. Die obere Zeichnung stellt den Sattelbaum dar.

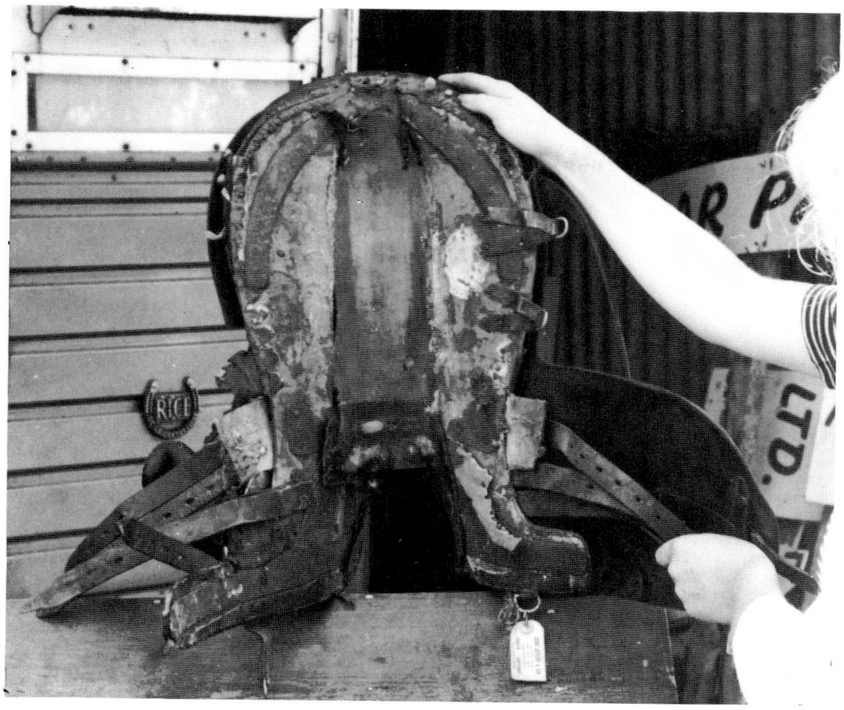

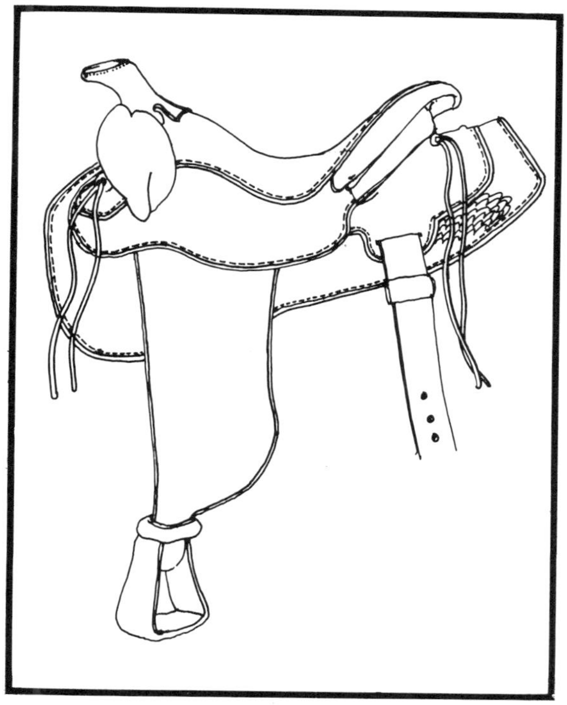

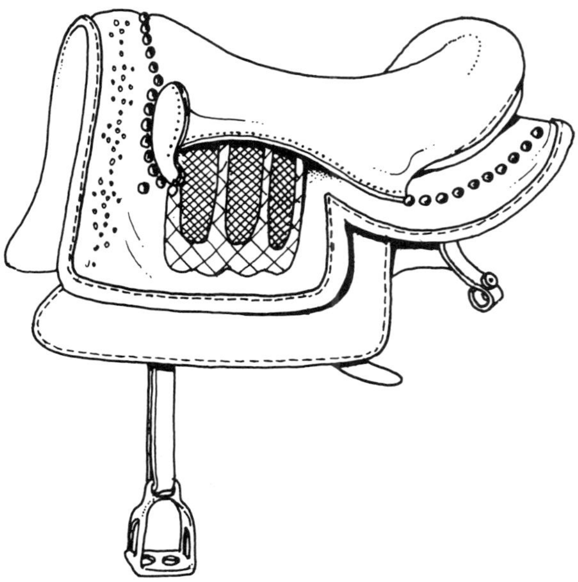

Oben links: Sattel von unten

Oben rechts: Typischer Western-Sattel mit hohem Vorderzwiesel und Ledersteigbügeln

Links: Solche Sättel benutzte die US-Kavallerie um 1770

Am Sattelbaum sind die Sattelblätter und die Ösen zum Einhängen der Steigbügelriemen befestigt, und darüber werden die Pauschen konstruiert. Die Pauschen können entweder das ganze Sattelblatt hinunter gepolstert sein oder nur bis zum Knie reichen. Beim Saumur-Sattel ist eine leichte Höhlung eingearbeitet, in die das Knie des Reiters zu liegen kommt. Beim kontinentalen Sattel ist der Sattel vor und hinter dem Schenkel gepolstert, während der Schenkel selbst unmittelbareren Kontakt zum Pferdeleib hat, was überhaupt der Sinn dieser beiden Sättel ist. Noch ausgeprägter ist dies beim Dressursattel der Fall, der gar keine Pauschen hat. Die Gurtstrippen sind am Sattelbaum befestigt und liegen zwischen zwei Lederblättern. So bleiben die Bewegungen des Pferdes für den Reiter voll fühlbar. Bei manchen Sätteln verhindert ein Schweifriemen das Vorrutschen des Sattels.

Am gebräuchlichsten ist heute der sogenannte *Vielseitigkeitssattel*, eine Art Kreuzung zwischen dem reinen Spring- und dem Jagdsattel. Die Sitzfläche ist so groß wie beim Jagdsattel, aber nicht so tief wie beim Springsattel, und die Pauschen sind nicht so übertrieben gepolstert. Wie schon der Name sagt, kann man ihn vielseitig verwenden – zum Reiten jeden Tag, zum Springen, sogar für Dressur –, aber so nützlich solch ein »Hans Dampf in allen Gassen« ist, so wenig nützt er dem Spezialisten. Bei einem Flachrennen z.B. braucht man sehr weit nach vorn geschnittene Sättel und beim Jagdrennen größere mit vorgewölbten Sattelblättern, so daß die Knie noch Halt finden, wenn der Jockey mit extrem kurzen Bügeln reitet. Rennsättel gibt es verschieden schwer, weil manche Jockeys den Gewichtsausgleich lieber durch einen schwereren Sattel als durch das tote Gewicht einer Bleidecke vornehmen.

Wie es heißt, wurde der *Springsattel* in neuerer Zeit für die Reiter erfunden, die sich dem modernen italienischen »leichten Sitz« verschrieben haben. Auf alten Bildern kann man jedoch entdecken, daß es zu Rembrandts Zeiten schon polnische Reiter gab, die sehr ähnlich zu Pferd saßen.

In Deutschland bevorzugt man einen noch mehr nach vorn geschnittenen Springsattel, der zwar beim Springen den leichten Sitz ermöglicht, für den Normalreiter aber nicht sehr bequem ist.

Es gibt einen englischen Sattel mit geraden Sattelblättern, der nur für Show-Klassen benützt wird. Die Ösen für die Bügelriemen sind nach hinten versetzt, damit der Reiter das Bein ganz gerade ausstrecken kann. Das soll dazu dienen, die Schulter des Pferdes so vorteilhaft wie möglich herauszubringen. Da der Sattel oft auch relativ weit hinten liegt, hat er meist vier Gurtstrippen, die ihn an seinem Platz halten (besonders wichtig für rundliche Pferde mit schwach ausgeprägtem Widerrist).

Links: Dressursattel mit ganz leichter Kniepolsterung

Rechts: Ein Show-Sattel. Durch die geraden Sattelblätter kommt die Schulter des Pferdes besser zur Geltung.

Damensattel von rechts (mit Haltegurt) und von links

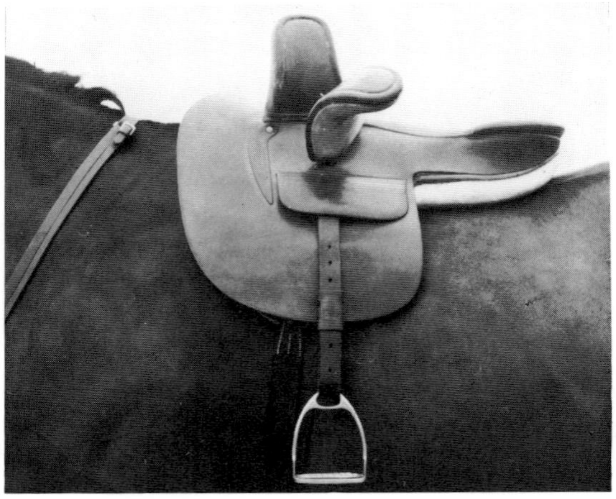

Links: Springsattel mit vorspringenden Pauschen

Rechts: Rennsattel, Gewicht variabel

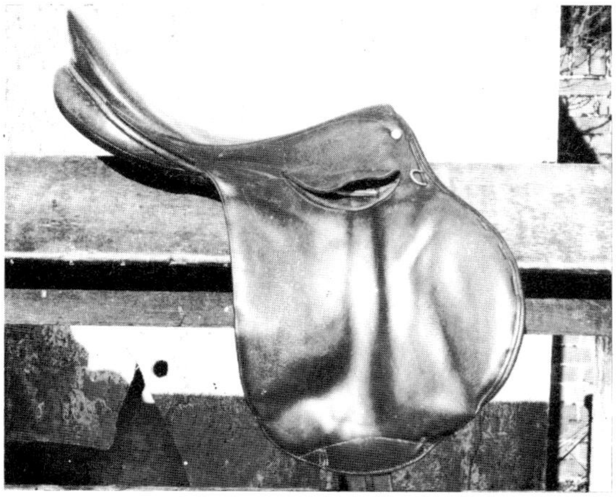

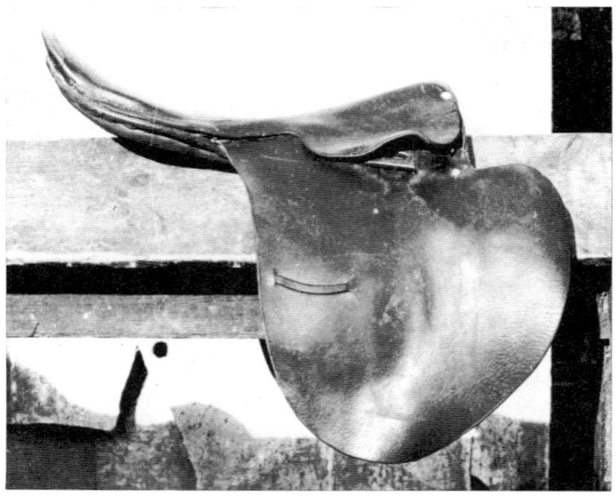

Auch der *Dressursattel* liegt etwas weiter zurück, ist aber nicht ganz so gerade geschnitten wie der Show-Sattel und hat eine ganz leichte Kniepolsterung. Der Sattelbaum ist kurz und der Sattel so konstruiert, daß der Hinterzwiesel zusätzlich aufgepolstert werden kann, um den Reiter tiefer in den Sattel zu bringen. Die Gurtstrippen sind länger als gewöhnlich und für einen Gurt mit zwei Schnallen gemacht. Ein Dressursattel erlaubt das Reiten mit längeren Bügeln als ein Springsattel, und der Schenkel ist immer dicht am Pferd, weil die Pauschen besonders kurz gehalten sind.

Heute sind die Anforderungen, die die Reiter stellen, so vielfältig und verschieden, daß wir anscheinend auch ebenso viele verschiedene Satteltypen brauchen. Die alten *Jagdsättel* sind immer noch im Gebrauch und mit ihrer großen Sitzfläche und dem guten Schwerpunkt besonders für ältere, wohlproportionierte Reiter geeignet. Für den Durchschnittsreiter sind die modernen *Federbaumsättel* bequemer - für das Pferd mitunter auch, weil sie leichter sind. Dafür haben sie eine Neigung, sozusagen über dem Pferd zu thronen und sich hin- und herzubewegen, wenn der Reiter müde wird. Für Trekking und Distanzritte sind Sättel mit größerer Sitzfläche, die das Reitergewicht besser verteilen, mehr zu empfehlen.

Vor dem Zweiten Weltkrieg war es üblich, den Sattel in regelmäßigen Abständen aufpolstern und jedes Jahr mindestens zweimal an das Pferd anpassen zu lassen. Die Unterseite des Sattels war damals entweder aus Leinen oder aus Serge, nur selten aus Leder, weil die Pferde unter Leder schwitzen. Trotzdem sind fast alle Sättel heute auch auf der Unterseite mit Leder bezogen, weil es am leichtesten sauberzuhalten ist. Es gibt nur noch so wenige Sattelmacher, daß Sättel kaum noch nach Maß angefertigt werden. Das Problem der Paßform wurde durch den allgemeinen Gebrauch von Sattelkissen gelöst, die

Links: Vielseitigkeitssattel

Rechts: Alter Damensattel an einem spanischen Bauernhaus

Oben: Der Sattelgurt wird an den beiden äußeren Gurtstrippen befestigt.

man vor zwanzig Jahren noch auf keinem Turnierplatz gesehen hätte.
Die meisten modernen Sättel haben zwei Riemen für den Sattelgurt, weil auch die meisten Gurte zwei Schnallen haben. Viele Sättel haben aber auch die drei Riemen beibehalten, die ursprünglich für einen bestimmten breiten Webgurt gedacht waren, der mit einem schmaleren Gurt in der Mitte festgehalten wurde. Wenn man einen Gurt mit zwei Schnallen an einem Sattel mit drei Riemen befestigen will, benutzt man am besten den ersten und den dritten. Dazu raten auch die Sattelmacher.
Auch *Sattelgurte* gibt es in verschiedenen Ausführungen. Während man früher breite Gurte bevorzugte, verwendet man heute lieber schmalere. Sie können aus nahezu jedem Material sein, meist sind sie jedoch aus Leder, Schnur, Baumwolle, Eisengarn oder aus Perlon. Schnur- und Perlongurte sollen angeblich kühler für das Pferd sein und weniger scheuern, aber so ideal sind sie auch wieder nicht. Außerdem scheuert jeder Gurt, wenn die Hautfalten hinter dem Ellbogen nicht geglättet werden. Dazu fährt man mit der Hand unter dem Gurt am Pferdeleib entlang oder zieht jedes Vorderbein nach vorn heraus, so daß sich die Haut dehnt. Solche zusammengeschobene Hautpartien reiben gegen den Gurt, und die Folge ist ein Druck. Wenn der Gurt nach vorn unter den Ellbogen des Pferdes rutschen kann, verursacht er dem Pferd Unbehagen und hindert es am freien Vorwärtstreten.

Steigbügel und Steigbügelriemen

Die Steigbügelriemen werden in den Verschluß am Sattel eingehängt und dienen natürlich dazu, den Steigbügel zu halten. Es gibt sie aus Leder und aus Gurtmaterial, das wegen seines geringeren Gewichts hauptsächlich im Rennsport Verwendung findet. Lederriemen gibt es aus Rindleder, das nicht nachgibt, aus Rohhaut oder aus Büffelleder, einem starken Leder, das jedoch weich und biegsam ist und manchmal nur schwer durch den Verschluß gezogen werden kann. Ich finde Bügelriemen aus Rohhaut am besten, weil sie so gut wie nie brechen. Alle Riemen gibt es je nach Bedarf in verschiedenen Breiten.
Die Bügel sind gewöhnlich aus Nickel oder aus Stahl. Die aus Nickel sind billiger, aber sie zu kaufen, heißt, am falschen Platz sparen. Sie verformen sich leicht und können sogar brechen. Am besten sind schwere Bügel aus rostfreiem Stahl, die immer in die richtige Stellung nach unten fallen, wenn der Reiter einmal die Bügel ver-

Rechts: Verschiedene Sattelgurte

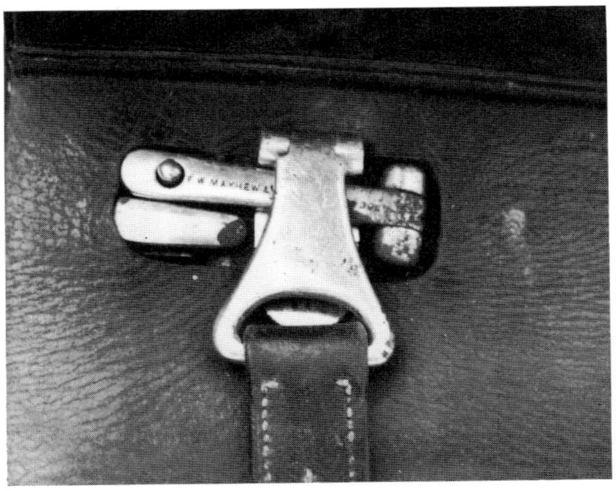

Drei verschiedene Steigbügelbefestigungen. Im mittleren Bild ist der Steigbügel eingehängt. Auf dem unteren Bild ist die Öse offen. Wenn der Bügel eingehängt ist, wird sie geschlossen und hält den Bügel fest.

liert. Die Bügel sollten immer etwas zu groß sein, weil man in engen Bügeln leicht hängenbleiben kann.

Steigbügel gibt es ebenfalls in verschiedenen Ausführungen:

Der Kournakoff-Bügel ist nach hinten und nach innen geneigt, um den Fuß in die richtige Haltung zu bringen. Es ist damit leichter, das Gewicht auf die Innenseite des Fußes zu verlagern, wie es richtig ist, so daß Knie und Oberschenkel tief in den Sattel kommen und der Absatz nach unten gedrückt wird.

Dann gibt es einen Bügel mit geschwungenem Oberteil, der nicht auf den Stiefel drückt, wenn der Reiter den Fuß durch den Bügel steckt, statt den Bügel unter dem Fußballen zu halten. Rennbügel sind mehr rund in der Form und wegen der größeren Leichtigkeit oft aus Aluminium.

Es gibt auch verschiedene Sicherheitsbügel mit einer Vorrichtung aus Leder und Gummi, die sich öffnen sollen, wenn ein Reiter darin hängenbleibt und mitgeschleift wird. Sie funktionieren aber nicht immer gut. Der »Schuh« ist eine altmodische Bügelform, obwohl die Bezeichnung »Bügel« hier vielleicht nicht ganz korrekt ist. Auf jeden Fall ist er in meinen Augen bei weitem der sicherste Bügel für Kinder und behinderte Reiter. Er gibt nicht nur kleinen oder behinderten Reitern ein Gefühl der Sicherheit, er bringt den Fuß auch in die richtige Lage, weil das Gewicht automatisch auf den Ballen verlagert und der Absatz nach unten gedrückt wird.

Hilfszügel

In einer idealen Welt wären alle Pferde so gut ausgebildet, daß sie keine Hilfszügel bräuchten. Aus mancherlei Gründen, nicht zuletzt wegen gewisser Körpermängel, tragen die Pferde jedoch den Kopf nicht immer so, wie er nach Meinung des Reiters gehalten werden sollte. Deshalb gibt es eine ganze Reihe von Hilfszügeln, die z. B. verhindern, daß ein Reiter schmerzhafte Bekanntschaft mit dem auf- und abschlagenden Kopf seines Pferdes macht. Ein mit dem Kopf

Unten: Verschiedene Steigbügel. Oben links: Sicherheitsbügel; oben rechts: Lederschuh (ideal für Kinder). Untere Reihe von links nach rechts: Normaler Bügel mit Einlage (damit der Fuß nicht abrutscht), Kharnikow-Bügel mit Einlage, Bügel mit ungleichen Schenkeln und Einlage, normaler Kindersteigbügel

schlagendes Pferd bringt es sogar fertig, daß die Zügel über den Ohren landen, so daß dem Reiter jede Kontrolle genommen ist. Kopfschlagen kann eine schlechte Angewohnheit sein, kann aber auch daher kommen, daß das Gebiß dem Pferd Schmerzen bereitet oder ein Zahn nicht in Ordnung ist. Bevor man also zu einem Hilfszügel greift, sollte man sich vergewissern, warum das Tier mit dem Kopf schlägt.

Der *feststehende Zügel* oder *Stoßzügel* ist am Sattelgurt befestigt und läuft zwischen den Vorderbeinen zum (englischen) Reithalfter durch. Er darf nie an einem hannoverschen, also tiefsitzenden Nasenriemen befestigt werden, wenn er nicht speziell dafür gemacht wurde (s. S. 97, mexikanisches Reithalfter). Der Stoßzügel sollte so lang sein, daß er knapp bis zum Widerrist reicht (s. Abbildung nächste Seite); bei dieser Länge kann ein Pferd noch unbehindert springen. Ist er kürzer, wird das Genick des Tieres beengt. Das mag nötig sein, wenn man ein Pferd reitet, das gern steigt oder sich aufs Gebiß legt, bevor es durchgeht. Ich würde in solchen Fällen jedoch eher für eine bessere Ausbildung des Pferdes plädieren als für den Gebrauch von kurzgeschnallten Hilfszügeln.

Das *Ringmartingal* dient dazu, die Zügel unten zu halten, so daß das Gebiß auf den Kiefer des Pferdes einwirkt. Es wird so eingestellt, daß die Zügellinie vom Gebiß zur Reiterhand nicht gebrochen wird, sondern gerade verläuft. Bei einem zu kurz geschnallten Martingal läuft der Zügel vom Gebiß nach unten durch den Martingalring und wieder nach oben in die Reiterhand. In Reiterkreisen sagt man gern: Der Stoßzügel ist für den Kopf des Pferdes, das Martingal für die Hand des Reiters!

Das *Bib-Martingal* und das *irische Martingal* sind dazu da, daß die Zügel auf der Halsseite bleiben, wo sie hingehören; Verwendung finden sie hauptsächlich in Rennställen, besonders wenn Zwei- oder Dreijährige in der Gruppe ausgeritten werden.

Cheshire-Zügel laufen vom Sattelgurt durch die Trensenringe in die Hand des Reiters und dienen der Fixierung der Kopfstellung. Die Wirkung ist sehr scharf, so daß man die Zügel am besten so anfaßt wie Kandarenzügel - mit dem größeren Gewicht auf dem normalen Trensenzügel. Mit diesem Zügel kann man ein Pferd zwingen, den Kopf herunterzunehmen und den Hals zu biegen. Die Wirkung ist ähnlich wie beim Schlauf-

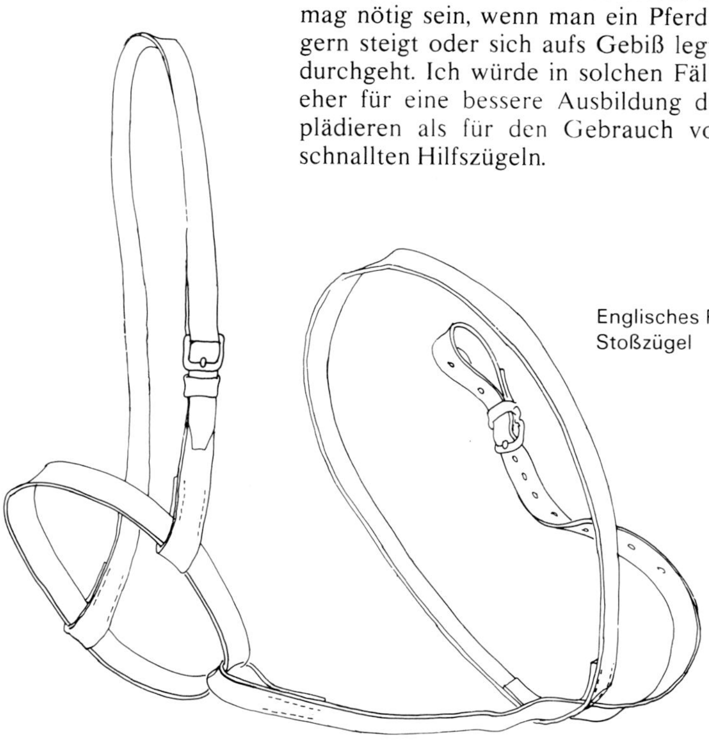

Englisches Reithalfter mit Stoßzügel

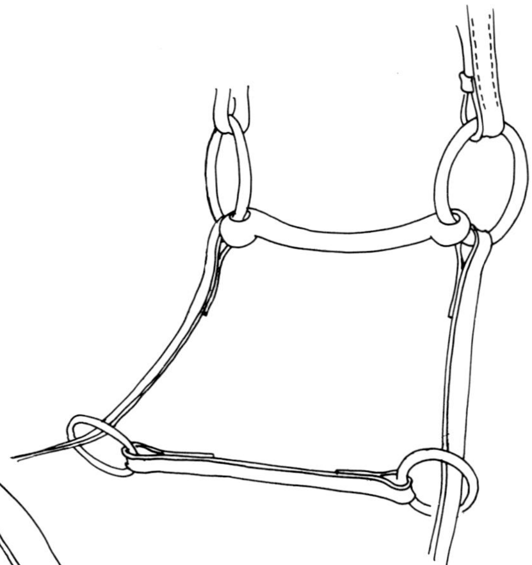

Zügel mit eingeschnalltem irischen Martingal

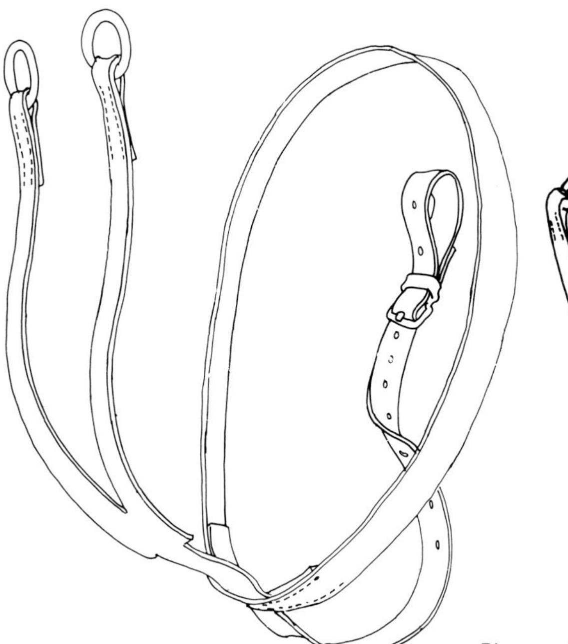

Ringmartingal

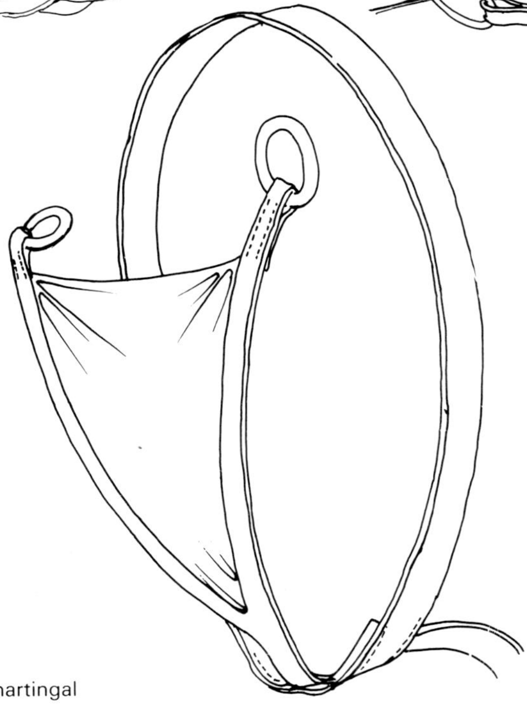

Bib-Martingal

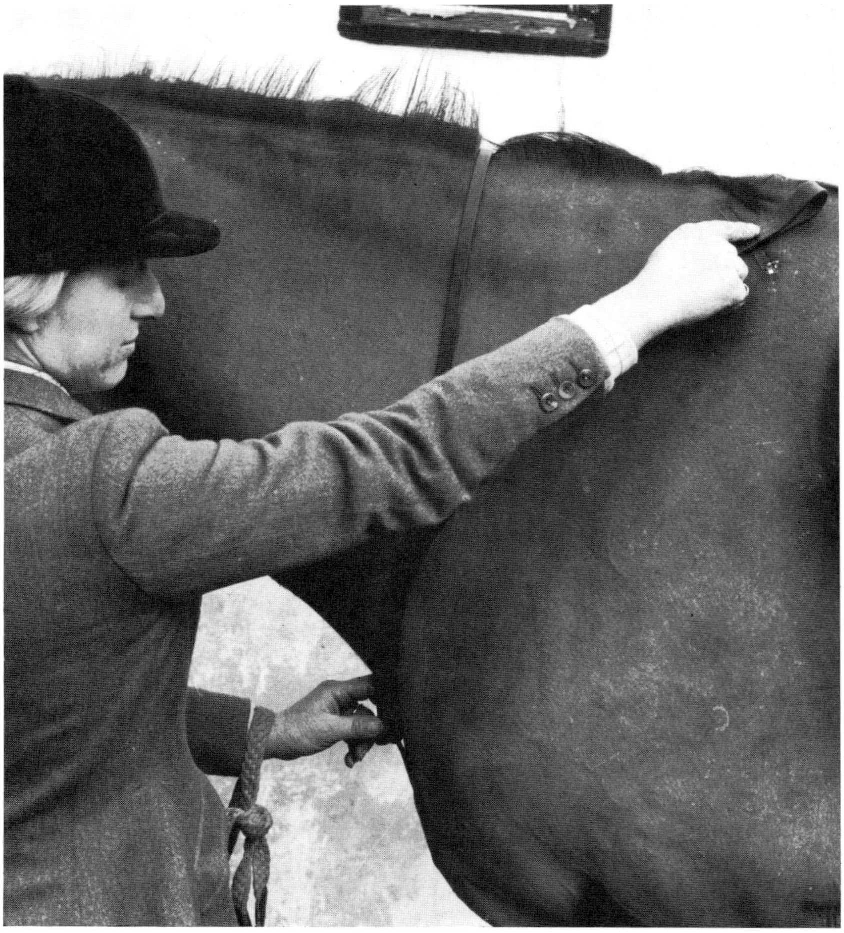

Links: So wird die Länge des Stoßzügels abgemessen: Er muß – bereits am Sattelgurt befestigt – bis zum Widerrist reichen.

Unten: Cheshire-Martingal

zügel, der von den Gurtstrippen in horizontaler Linie zu den Trensenringen und von dort in die Reiterhand läuft.
Das *Chambon,* eine französische Erfindung, bringt das Pferd dazu, den Kopf herunterzunehmen und die Rückenmuskeln loszulassen. Gleichzeitig fördert es das Vorwärts-Abwärtsstrecken von Kopf und Hals.
Hilfszügel gehören nur in die Hand eines erfahrenen Reiters, der sich über den Zweck und die richtige Anwendung völlig klar ist. Wenn man glaubt, daß ein Hilfszügel bei einem bestimmten Pferd nützlich sein könnte, nimmt man am besten eine Stunde Unterricht bei einem erfahrenen Lehrer und läßt sich zeigen, wie man ihn richtig anwendet.

Rechts: Schlaufzügel laufen vom Sattelgurt durch die Trensenringe in die Hand des Reiters.

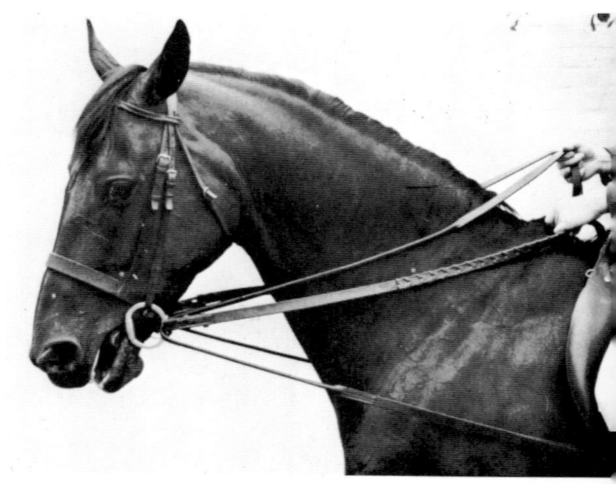

Sattelpflege

Alle hier beschriebenen Ausrüstungsgegenstände sind sehr teuer, aber mit ein bißchen Verstand gepflegt, bleiben sie auch lange in gutem Zustand. Lederzeug enthält ein gewisses Maß an Fett, das bei langem Gebrauch verschwindet. Für die Geschmeidigkeit und die Lebensdauer ist es aber unentbehrlich und muß immer wieder ersetzt werden.
Wer sein Sattelzeug so lange wie möglich in gutem Zustand erhalten will, muß es nach jeder Benutzung putzen. Wie bei allen Stallarbeiten geht das am schnellsten und einfachsten, wenn es zu einem Teil der täglichen Routine wird. Gurt, Bü-

Rechts: Die Oberseite des Sattels wird mit einem feuchten Tuch abgerieben. Dann trägt man mit einem Schwamm Sattelseife auf.

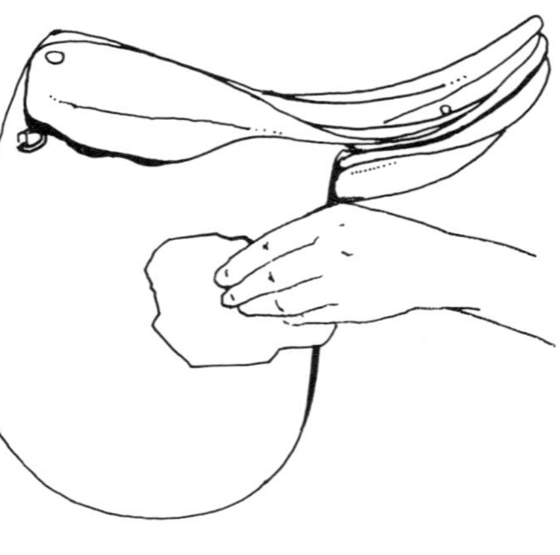

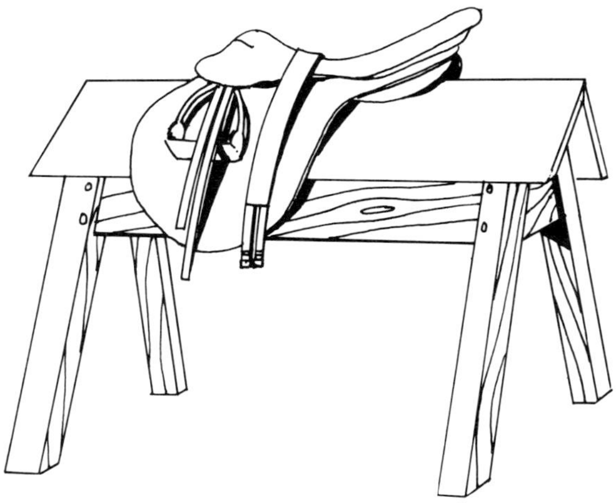

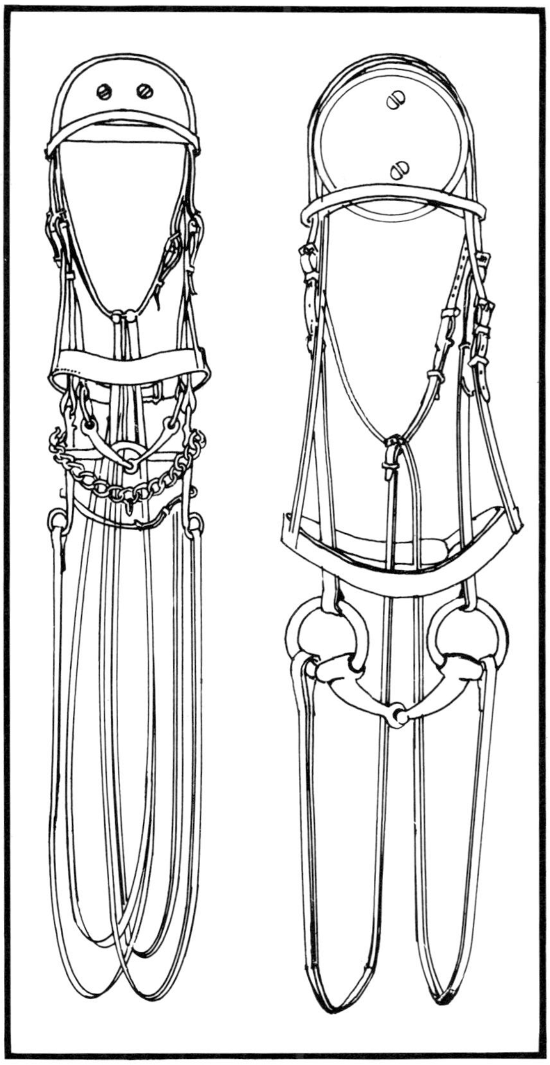

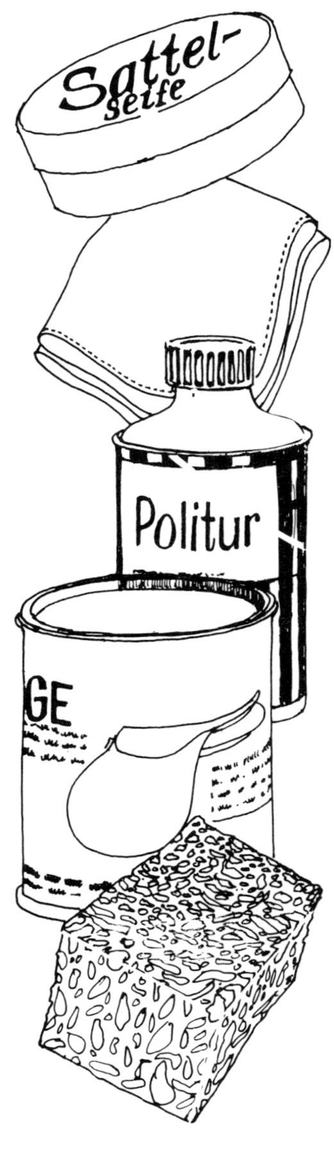

gelriemen und Bügel werden abgenommen, und der Sattel wird entweder vorsichtig auf den Kopf gestellt oder auf einen richtigen Ständer oder Bock gehängt. Flach auf den Boden sollte man einen Sattel nie legen, weil das dem Baum nicht bekommt. Gurt und Riemen werden aufgehängt, die Trense wird zum Putzen vorbereitet, indem man alle Schnallen öffnet und sie in ihre Bestandteile zerlegt. – Die Ober- und Unterseite des Leders bedürfen unterschiedlicher Pflege.
Die Unterseite der Schweißblätter, des Gurts und der Pauschen wird z. B. mit lauwarmem (nicht heißem) Wasser von Schweiß und Salz gesäubert. Dann wird das Ganze mit einem Stück Sackleinwand, das man in Fett getaucht hat, abgerieben. Besonders gut ist Klauenfett; Pflanzenfett oder Mineralöl sollte man dagegen nicht verwenden. Die Pauschen werden abgebürstet, um lose Haare zu entfernen. Alle Metallteile müssen gut trocken sein, damit sie nicht rosten. Dann reibt man – mindestens einmal in der Woche – noch zusätzlich ein Lederpflegemittel in die Unterseite ein.
Die Oberseite des Leders wird mindestens alle vierzehn Tage mit Sattelseife gepflegt, die man mit einem trockenen Schwamm oder Tuch gut einreibt.
Teile des Zaumzeugs und der Bügelriemen werden mit dem Schwamm abgewischt und ebenso behandelt wie der Sattel. Ledergurte brauchen dieselbe Pflege, Schnur- und Nylongurte müssen regelmäßig sauber geschrubbt und an der Luft getrocknet werden.
Steigbügel, Gebiß und – falls vorhanden – Kinnkette werden abgewaschen und sorgfältig getrocknet. Dann wird alles wieder zusammengesetzt, die Trense aufgehängt und der Sattel, solange er nicht gebraucht wird, über einen Sattelbock gehängt, damit die Luft von unten heran kann. Lederzeug bewahrt man in einem trockenen Raum auf. Nasses Lederzeug – z. B. von

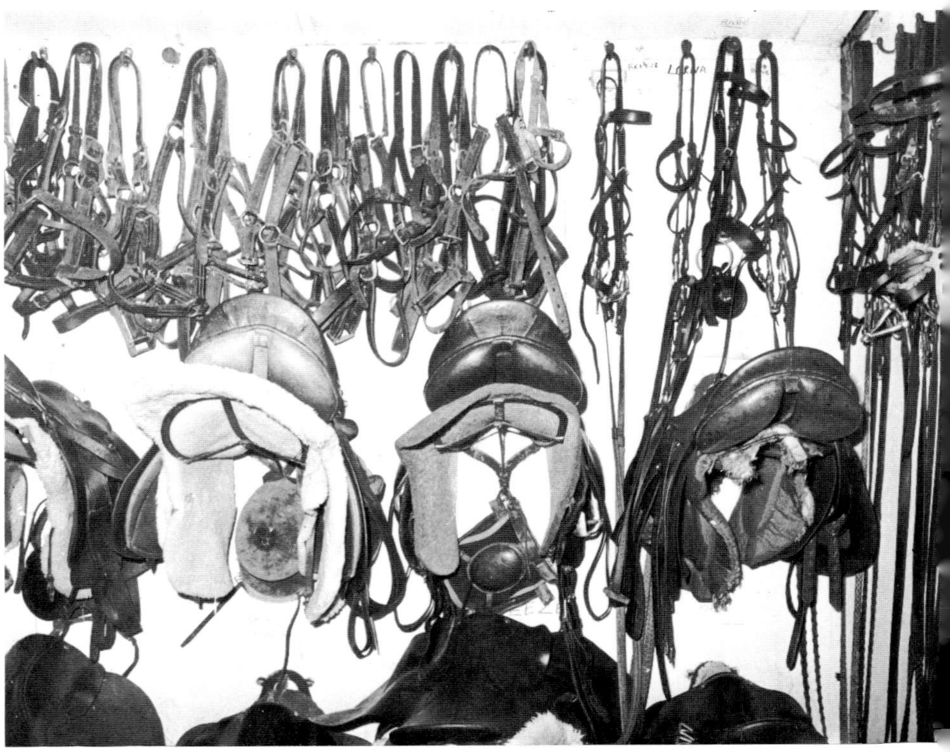

Oben links: Sättel werden am besten auf Sattelböcken aufbewahrt, damit sie nicht die Form verlieren.

Oben Mitte: Nach dem Putzen korrekt aufgehängte Kandare und Trense

Oben rechts: Pflegemittel für Lederzeug

Unten: Eine ordentliche, gut organisierte Sattelkammer

einem Ritt im Regen – muß immer bei normaler Zimmertemperatur trocknen. Jeder Versuch, diesen Prozeß zu beschleunigen, indem man den Sattel oder die Trense über die Heizung hängt, endet damit, daß dem Leder das natürliche Fett entzogen wird, so daß es hart wird und bricht.

Ausrüstung zum Schutz des Pferdes

Neben der Ausrüstung, die ein Reiter braucht, um sein Pferd lenken zu können, gibt es noch eine Vielzahl von Dingen, die für das Pferd wichtig sind und es z. B. schützen oder wärmen sollen.

Wulstgamaschen schützen den Ellbogen, wenn das Pferd sich im Stall niederlegt.

Kniegamaschen schützen das Vorderfußwurzelgelenk während eines Transports oder beim Reiten auf glatten Straßen. Für letzteres verwendet man meist eine leichtere und bequemere Ausführung mit einem Elastikband oberhalb des Gelenks.

Für die Hinterbeine gibt es *Sprunggelenksgamaschen,* die von solchen Pferden getragen werden, die ihre Einstreu wegscharren und sich auf dem blanken Boden sonst Piephacken zuziehen würden.

Streifkappen sind ein Schutz, wenn ein Pferd sich oft streift. Sie können die Form von langen Gamaschen haben, aber auch nur aus einem Ring bestehen, der um den Kronenrand gelegt wird. Es gibt auch solche Streifgamaschen, die nicht über den Kronenrand reichen, statt dessen aber auf der Innenseite des Vorder- bzw. Hinterbeins dick gepolstert sind.

Pologamaschen reichen an den Vorderbeinen besonders weit hinunter und bedecken an den Hinterbeinen noch den Kronenrand. Sie eignen sich nicht nur zum Polospielen, sondern auch für die normale Arbeit.

Renngamaschen reichen vom Sprunggelenk bis zum Fesselgelenk und sind ein zusätzlicher Schutz für Rennpferde.

Springglocken werden von solchen Pferden getragen, die sich beim Springen oder im Galopp gern »greifen«, d. h. mit den Hinterbeinen an den Vorderbeinen verletzen.

Bandagen sind das einfachste Mittel, Pferde während des Transports zu schützen. Bandagiert wird über einer Unterlage aus Watte oder Gamgee (Watte in Gazegewebe) vom Vorderfußwurzel- bzw. Sprunggelenk bis zum Kronenrand. Ar-

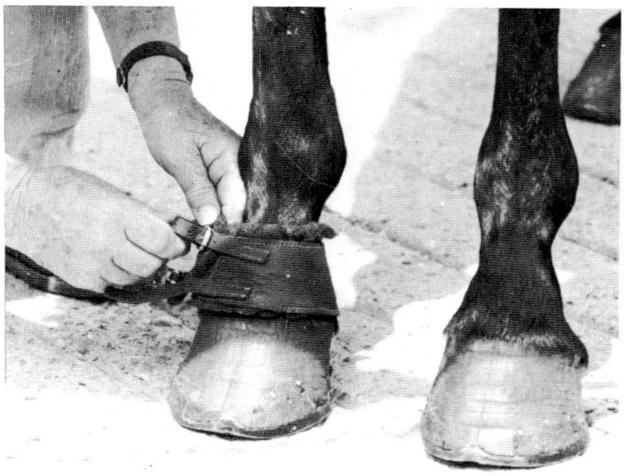
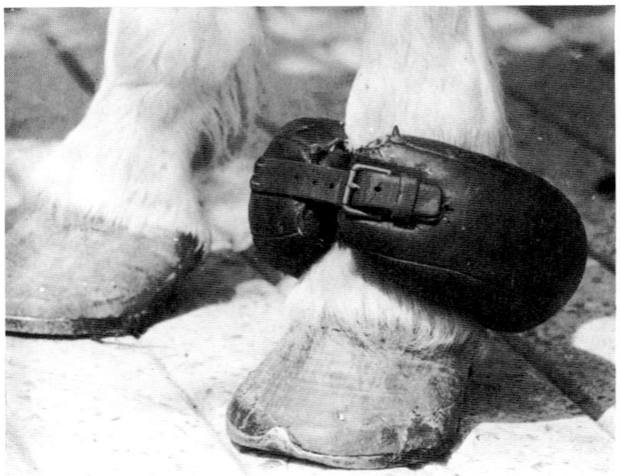

Links: Hufkronenschutz aus Leder, mit Filz gefüttert

Rechts: Wulst-Gamaschen

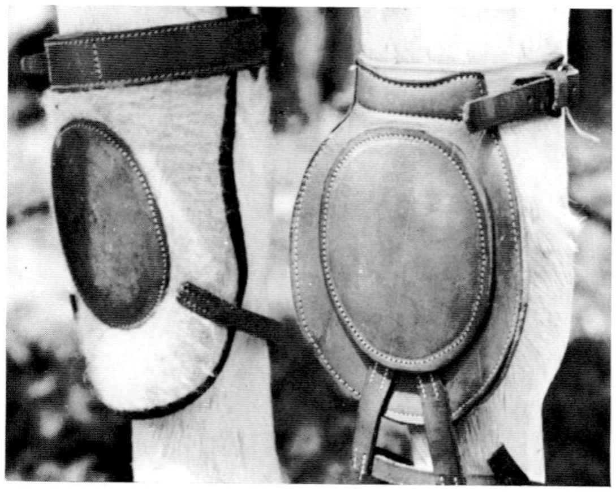

Links: Sprunggelenksgamasche

Rechts: Zwei Arten von Kniegamaschen. Die rechte Art wird gern bei der Arbeit verwendet.

Links: Die Nachtmütze hält die Ohren warm.

Rechts: Die Kapuze muß genau passen, damit die Augen nicht verletzt werden.

Die verschiedenen Pferdedecken dienen auch verschiedenen Zwecken.

Links: Antischweiß- bzw. Fliegendecke. Wenn darüber noch eine leichte Decke gelegt wird, kann sich ein erhitztes Pferd abkühlen, ohne sich zu erkälten.

Rechts: Eine Decke aus karierter Wolle hält ein im Stall gehaltenes Pferd sauber und warm.

Links: Die Kapuze wird von einem Halfter in der richtigen Lage gehalten.

Rechts: Lavenham-Decke für die Nacht

beitsbandagen sind aus einem elastischeren Material als Stallbandagen und werden ebenfalls in Verbindung mit Watte oder Gamgee benützt; zur Arbeit bandagiert man jedoch nur bis knapp oberhalb des Fesselgelenks.

Wärmeschutz:
Die *Kapuze* ist eine nach der Kopfform zugeschnittene Umhüllung für Kopf und Hals, die bis zur Schulter reicht. Geschlossen wird sie mit Schnallen unter dem Kinn und befestigt am Halsansatz.
Die *Nachtmütze* ist eine kleinere Version der Kapuze, die kurz hinter dem Genick endet. Befestigt wird sie mit einem gut verpaßten Halfter.
Eine *Decke* für die Nacht ist sehr wichtig. Sie besteht meist aus Segeltuch oder Jute und ist halb oder ganz mit einem Wolltuch gefüttert. Es gibt sie mit losem und mit angenähtem Gurt.
Die *Tagesdecke* kann entweder aus einem schweren oder aus einem leichten Wollmaterial bestehen. Das schwerere Material ist mehr zu empfehlen als das leichtere, das kaum wärmt und höchstens für einen etwas kühleren Sommertag geeignet ist. Unbedingt nötig ist sie nicht, aber sie kann ganz nützlich sein, wenn ein Pferd noch leicht erhitzt von der Arbeit zurückkommt.
Die *Kreuzdecke* wird von Rennpferden über dem Sattel getragen, wenn sie sich vor dem Rennen vorstellen. Unter dem Sattel dient sie dazu, die Nierenpartie bei der Winterarbeit warmzuhalten.
Die *Regendecke* ist für die meisten europäischen Länder eine nützliche Einrichtung, wenn die Pferde im Regen auf den Start eines Rennens oder Wettbewerbs warten müssen. Sie kann einfach aus einem wasserdichten Material bestehen oder zusätzlich mit Wolle gefüttert sein.
Sommerdecken sind meist aus Baumwolle oder Leinen und mit einer leuchtenden Farbe eingefaßt. Man nennt sie auch Fliegendecken, weil sie

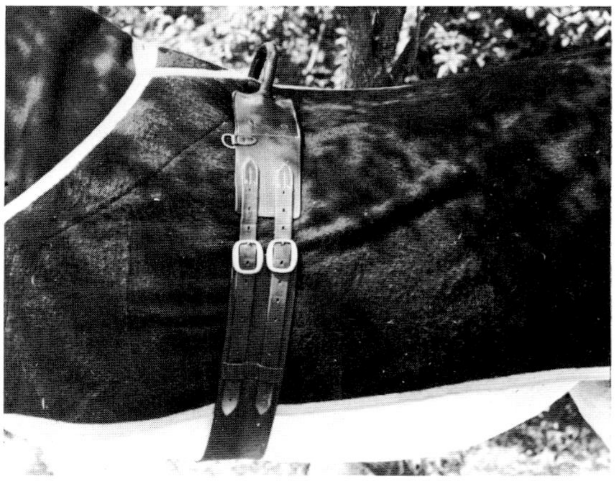

Links: Deckengurt mit Überrollbügel

Unten: Zwei verschiedene Deckengurte, der obere mit Überrollbügel, der verhindert, daß das Pferd sich festlegt

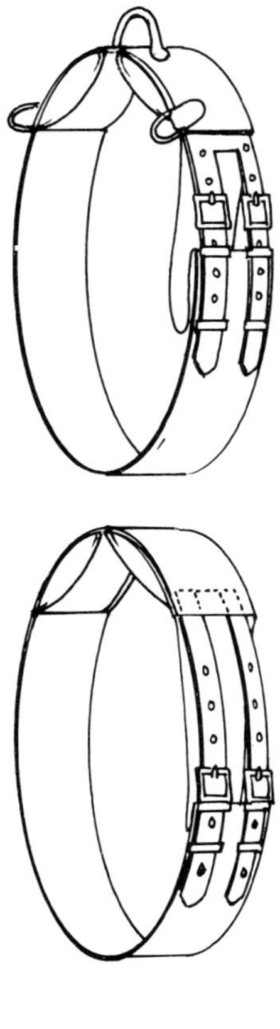

im Stall gehaltene Pferde im Sommer vor Fliegen und Staub schützen.
Die *Neuseeland-Decke*, eine Allwetter-Decke, besteht aus Segeltuch oder einem wasserdichten Material und ist mit Wolle gefüttert. Sie kann mit Gurten oder Beingurten befestigt werden, wobei die echte, gut geschnittene Neuseeland-Decke mit Beingurten auskommt. Diese Decke wurde erstmals in Neuseeland verwendet, um die Pferde den ganzen Winter im Freien lassen zu können.
Deckengurte gibt es in den verschiedensten Ausführungen. Sie dienen dazu, die Decke an ihrem Platz zu halten. Wichtig ist, daß sie nicht auf das Rückgrat drücken, was besonders bei Pferden mit ausgeprägtem Widerrist leicht vorkommen kann. Deshalb bevorzugen die meisten Leute den mit einem Bügel versehenen Gurt, der das Wälzen und damit jeden Druck auf das Rückgrat verhindert. Lederdeckengurte sind am teuersten. Sie sind aber auch am leichtesten sauberzuhalten und haben die längste Lebensdauer. Am billigsten ist der einfache Jutegurt mit einem oder – besser – zwei Strippen.

Pferdekauf

Es mag seltsam erscheinen, daß der Kauf eines Pferdes oder Ponys erst zur Sprache kommt, nachdem die Pflege ausführlich besprochen wurde, aber man darf nicht vergessen, daß es sich schließlich um lebende Tiere von einigem Wert handelt, die kundiger Betreuung bedürfen. Niemand sollte sich ein eigenes Pferd oder Pony kaufen, der sich nicht orientiert hat, was zur Pflege und Erhaltung eines solchen Tieres alles nötig ist.

Ein wichtiger Aspekt beim Pferdekauf ist die persönliche Beziehung zwischen Pferd und Reiter. Nicht jedes Tier verträgt sich mit jedem Menschen, aber das ist innerhalb kurzer Zeit nur sehr schwer festzustellen. Manchmal gefällt einem ein Pferd anfangs sehr gut, aber wenn man es einige Zeit gehabt hat, stellt sich heraus, daß es den Erwartungen doch nicht entspricht.

Auch die physische Seite ist wichtig, denn ein Pferd kann viele körperliche Fehler haben, die selbst sein Besitzer oder Züchter nicht kennt. Das vollkommene Pferd gibt es nämlich ebensowenig wie den vollkommenen Menschen; wir müssen uns darauf einstellen, daß auch unser Pferd seine »Wenn« und »Aber« haben wird.

Als man noch Stallpersonal und Gärtner hatte und nicht alles selbst machen mußte, hing die Verwirklichung des alten Kindertraums – ein eigenes Pony zu besitzen – hauptsächlich davon ab, wie gut die väterliche Brieftasche gefüllt war. Heute spielen noch einige andere Faktoren eine Rolle. Wie paßt ein Pony in den Schüleralltag? Ist jemand da, der es versorgen kann, wenn das Kind krank oder in Ferien ist?

Wer sich ein Pferd kaufen will, aber nicht viel Ahnung hat, sollte einen Fachmann um Rat und Hilfe bitten. Vier Augen sehen sowieso mehr als zwei. Außerdem sollte man jedes Pferd zuerst vom Tierarzt – und zwar von einem Pferdespezialisten, nicht von einem Kleintierarzt – untersuchen lassen, bevor man es kauft. Er weiß sofort, auf was er achten muß, und kann Herz, Lungen, Beine und Augen untersuchen und auf jeden anderen Mangel hinweisen.

Wo man ein Pferd kaufen soll, ist eine schwierige Frage. Auktionen sind für Anfänger nicht zu empfehlen, und ungerittene Jungpferde kommen sowieso nicht in Frage. Deshalb muß man sich erst darüber klarwerden, welche Art Pferd man braucht und unter welchen Bedingungen man es halten kann. Soll es auf der Weide gehalten werden, kauft man besser keinen Vollblüter oder Araber. Dafür eignen sich die Berg- oder Moorrassen mit ihrem dicken, schützenden Fell viel besser. Auch über Größe und Alter muß man bestimmte Vorstellungen haben. Und erst, wenn man genau weiß, was man will, kann man darangehen, ein Tier zu suchen!

Die Möglichkeit, ein Pferd von einem Händler zu kaufen, sollte man nicht von vornherein verwerfen. Im großen und ganzen habe ich festgestellt, daß Pferdehändler – trotz ihrer sprichwörtlichen »Gerissenheit« – auch nicht unehrlicher sind als private Besitzer. Schließlich müssen sie auf ihren Ruf achten, weil ihr Geschäft von Empfehlungen lebt, während der Besitzer eines einzigen Pferdes mehr daran interessiert ist, den Verkauf schnell und ohne Rücksicht auf den Käufer abzuschließen. Man kann es auch über die Anzeigen in Lokalzeitungen oder Pferdefachzeitschriften versuchen, muß aber dann auf lange Fahrten gefaßt sein, die schließlich oft mit einer Enttäuschung enden.

Unten links: Käufer und Verkäufer auf einem Muli-Markt in Spanien

Unten rechts: Die Zähne verraten das Alter eines Pferdes – durch ihre Länge, den Grad der Abnutzung, die Stellung. Man zieht die Lippen zurück und betrachtet sie von der Seite, damit man die Schrägstellung besser sehen kann.

Beim Pferdekauf gilt es, auf eine Menge Dinge zu achten. Einer der wichtigsten Punkte sind aber wahrscheinlich die Hufe. Sie müssen gut gerundet und offen sein, d.h. auf keinen Fall wie die eines Esels aussehen. Nur dann haben die Knochen so viel Platz, daß sie sich in der schützenden Hufwand frei bewegen können. Das Herz muß gesund sein, aber diese Untersuchung kann nur ein Tierarzt durchführen. Auch die Lungen sind wichtig, weil von ihnen die körperliche Leistungsfähigkeit abhängt. Es stimmt zwar, daß es Pferde mit leichtem Lungenschaden gibt, die noch viele Jahre leben und sogar leichte Arbeit verrichten – aber warum gerade ein Problempferd kaufen?
Man sollte sich immer den Stall oder die Koppel ansehen, wo das Pferd, für das man sich interessiert, steht, und versuchen, herauszufinden, ob man gut mit dem Tier umgehen kann. Vorsicht bei Pferden, die schon fertig gesattelt und gezäumt bereitstehen oder offensichtlich kurz vorher gearbeitet worden sind! Wenn das Pferd auf der Koppel steht, sollte man so rechtzeitig kommen, daß man das Einfangen miterlebt.
Und vor allen Dingen braucht man für die ganze Angelegenheit viel Zeit. Man muß das Tier ausgiebig betrachten und sehen, wie es insgesamt wirkt und welcher Typ Pferd es ist. – Gefällt es einem? – Ist es das, was man gesucht hat? – Steht es fest und gleichmäßig auf allen vier Beinen, und sehen die so aus, als könnten sie nicht nur das Pferd, sondern auch noch den Reiter sicher tragen?

Es ist schwierig, hieb- und stichfeste Regeln über das Gebäude – also den Körperbau – eines Pferdes aufzustellen, weil wiederum sehr viel davon abhängt, was von dem Tier letzten Endes verlangt wird. Auf folgende Punkte sollte man aber achten: Die Fesseln müssen leicht schräg, aber nicht zu lang sein. Zu lange Fesselung ist eine Schwäche. Bei zu steil gestellten Fesseln wird das ganze Bein gestaucht, das Pferd hat einen harten, unbequemen Gang.
Der Hals muß stark (aber nicht dick) sein, damit er den Kopf tragen kann.
Der Rücken darf nicht zu lang sein. Er muß stark und tragfähig sein und darf nicht aussehen wie eine Hängebrücke, die zwischen Vorder- und Hinterbeinen aufgehängt ist und dringend nach einer mittleren Stütze verlangt!
Die Hinterhand ist der »Motor« des Pferdes. Eine kräftig entwickelte Hinterhand beweist, daß das Pferd sie auch einsetzt.
Wenn man nicht unbedingt ein Pferd für Show-Zwecke sucht, macht es meiner Meinung nach nicht viel aus, wenn die Kruppe leicht zum Schweif hin abfällt. Solche Pferde sind oft gute Galoppierer, besonders wenn die Partie vom Sitzbeinhöcker zum Sprunggelenk schön lang ist.
Kopf und Augen sind besonders aufschlußreich. An den Augen kann man den Charakter eines Tieres am besten erkennen. Sie sollten groß, offen und freundlich sein. Pferde mit kleinen, bösen Augen, bei denen man womöglich noch viel Weiß sieht, sollte man niemals kaufen. Der Kopf

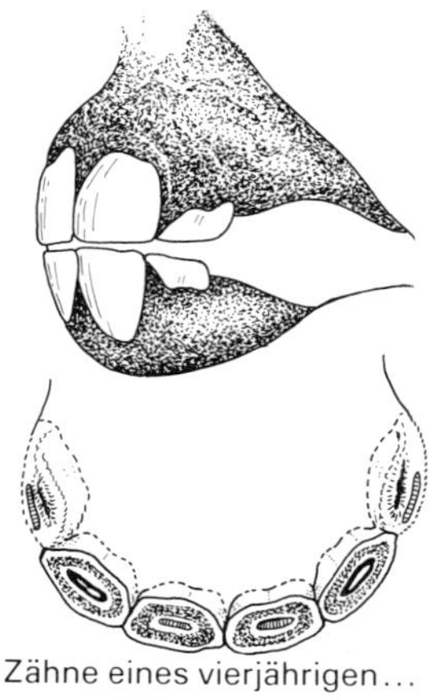

Zähne eines vierjährigen...

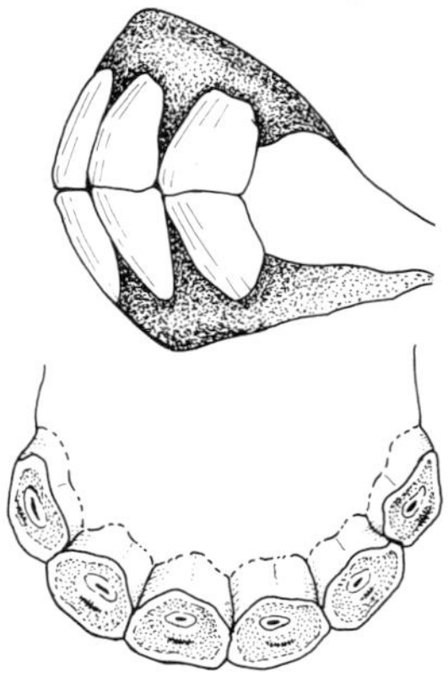

eines zehnjährigen...

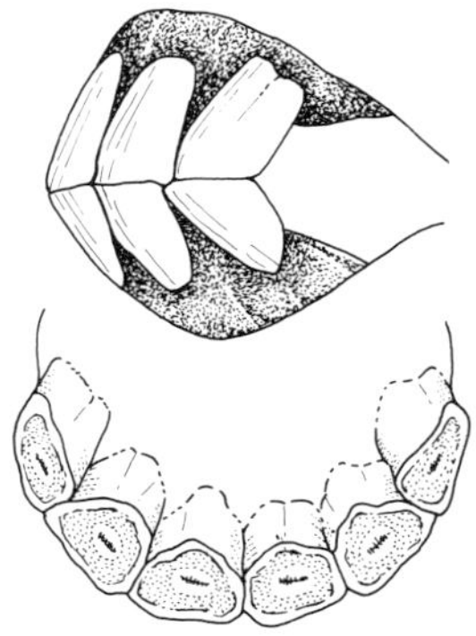

und eines fünfzehnjährigen Pferdes

Der Markt in Tavistock, Hauptumschlagplatz für Dartmoor Ponys

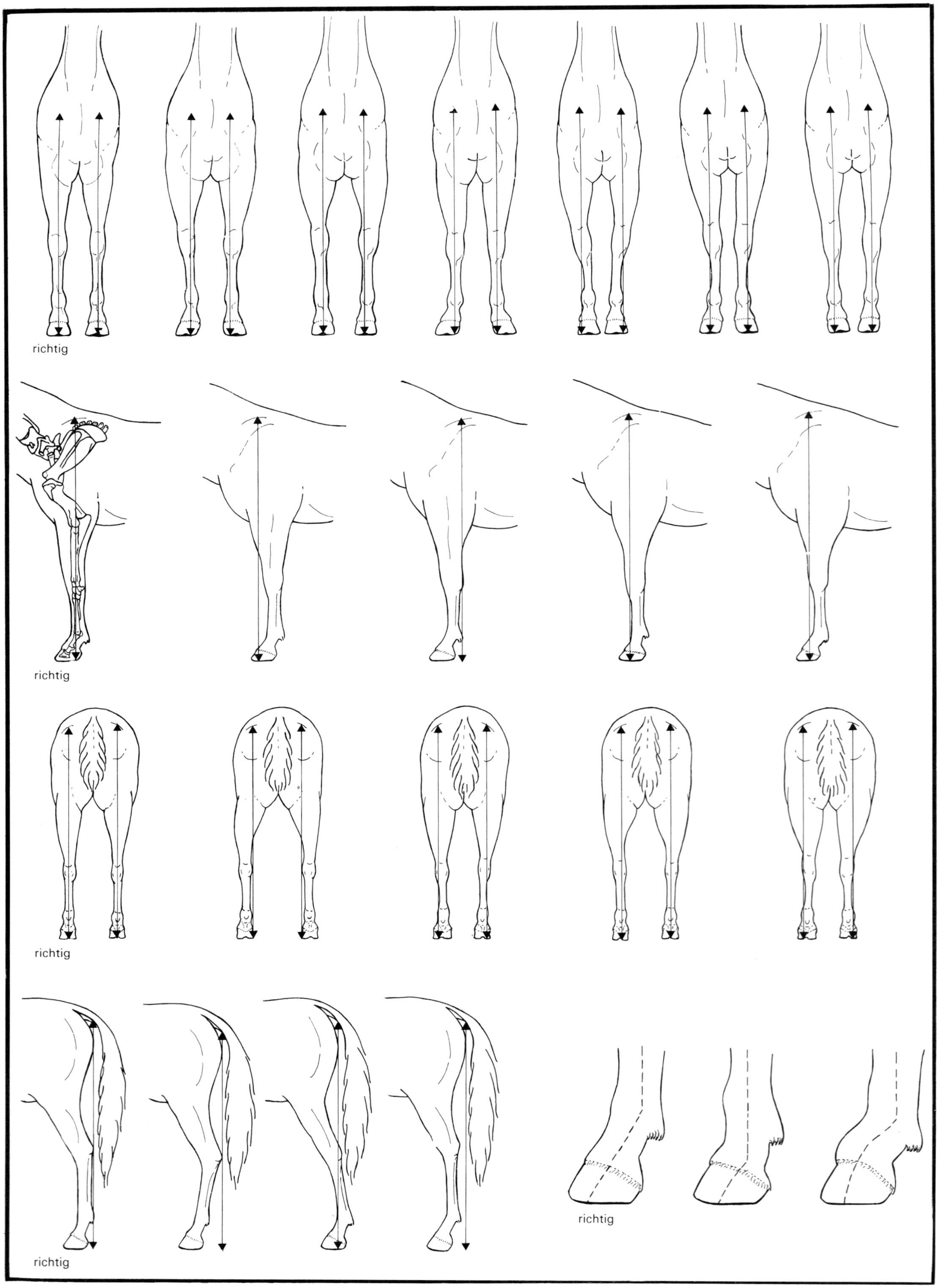
richtig
richtig
richtig
richtig
richtig

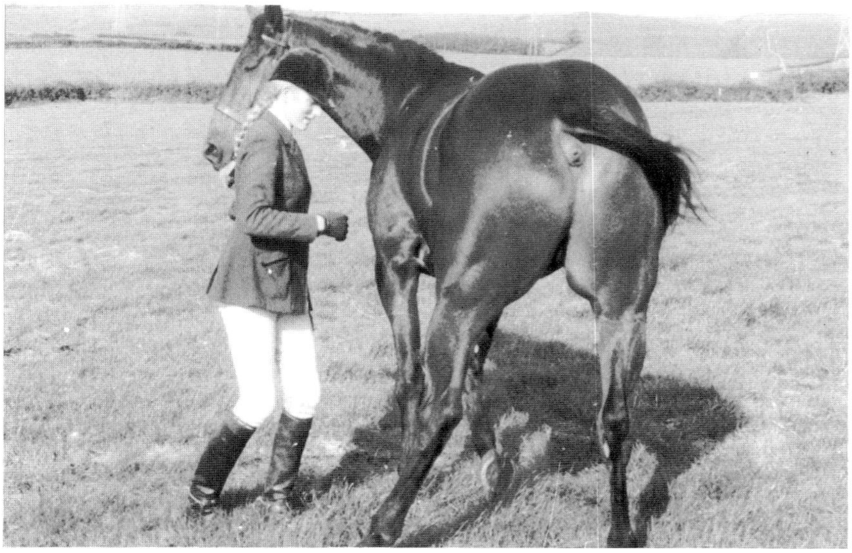

selbst muß im Vergleich zum übrigen Körper eher klein wirken und gut am Hals angesetzt sein. Ein Pferd mit einem großen, dicken Kopf hat immer mit Gleichgewichtsproblemen zu kämpfen und ermüdet schneller.
Hat man sich alles in Ruhe angesehen, muß man darüber nachdenken, ob einem das, was man gesehen hat, gefällt und ob einem die Arbeit mit diesem Pferd Spaß machen würde. Wenn ja, läßt man es sich im Schritt und im Trab an der Hand vorführen und beobachtet die Bewegungen genau. Die beiden Beinpaare müssen sich parallel bewegen. Die Füße dürfen sich nicht überkreuzen, so daß sie an den Fesselgelenken streifen. Früher oder später entstehen daraus Lahmheiten bzw. Vergrößerungen der Gelenke und Gelenkrheumatismus. In solchen Fällen macht die moderne Medizin den Pferden das Leben leichter, den Käufern dafür schwerer - weil sich mit schmerzstillenden Mitteln Lahmheiten nämlich gut verbergen lassen.
Bevor man selbst aufsteigt, läßt man sich das Pferd auf jeden Fall erst vorreiten. Und dann versucht man, von der Koppel oder dem Stall wegzureiten, und bleibt nicht auf einem Platz, den das Pferd genau kennt. Aus demselben Grund probiert man ein Pferd, das man speziell als Springpferd kaufen will, auch nicht bei seinen Heimsprüngen, die es nur zu gut kennt. Man muß den Parcours ändern oder das Tier auf dem nächsten kleinen Turnier ausprobieren dürfen. Zukünftige Vielseitigkeitspferde muß man ebenso im Gelände erproben, besonders über und durch Wasser. Vielseitigkeitspferde sollen vor allen Dingen ruhig und vernünftig sein; das ist wichtiger als Schönheit. Auch für Dressurpferde ist ein gutes Temperament wichtig, es muß allerdings mit einer eindrucksvollen Haltung verbunden sein. Anhänger des Fahrsports, die gemütlich durch die Lande kutschieren wollen, werden sich nach einem ruhigen Pferd umsehen, solche mit Turnierambitionen nach einem, das etwas mehr vorwärtsgeht und sich besser präsentiert.

Jedes Pferd hat heute verkehrssicher zu sein. Man sollte es sich also am besten auf einer möglichst belebten Straße vorreiten lassen. Ganz wichtig ist, den Kauf nicht zu überstürzen und eine Probezeit zu vereinbaren. Früher einmal war das allgemein üblich, aber heute geben die meisten Leute wertvolle Pferde nur noch ungern auf Probe ab. Um so wichtiger ist es, auf dem Gelände des Besitzers ein Tier »auf Herz und Nieren« zu prüfen.
Die Preisfrage ist ganz offensichtlich ein persönliches Problem. Man darf aber nicht vergessen, daß dem Züchter für seine Bemühungen auch ein angemessener Preis zusteht und daß Zucht, Aufzucht und Ausbildung von Pferden eine kostspielige Sache sind.

Ein Pferd, das man kaufen will, läßt man im Schritt und Trab auf ebenem Boden von sich weg- und auf sich zuführen. So kann man am besten beurteilen, ob der Gang korrekt ist. Beim Wenden sieht man, ob es die Hinterhand richtig einsetzt.

S. 110: Stellungsfehler. Die Zeichnung zeigt jeweils ganz links die korrekte Stellung, alle anderen sind offensichtlich fehlerhaft.

Reiten zum Vergnügen

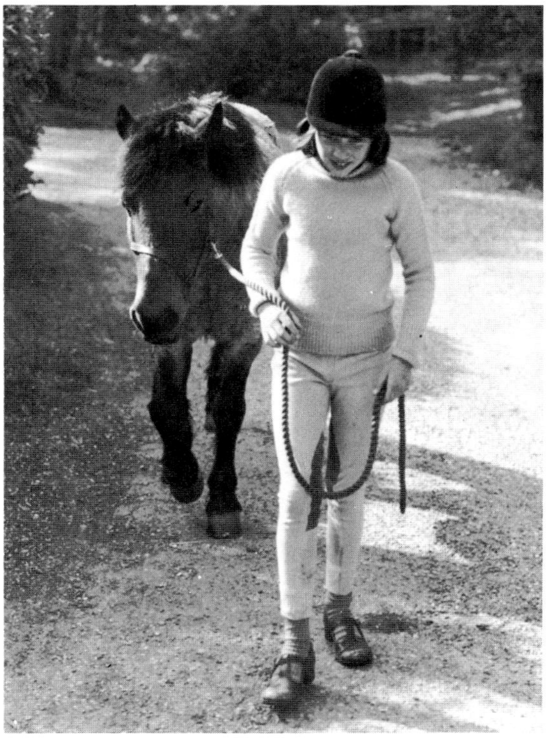

Zum Spaß am Reiten und zum Reitenkönnen gehört auch, daß man sich sein Pony selbst fertigmacht.

Links: Das Pony wird von der Weide geholt und mit einem Halfter zum Stall geführt.

Rechts und unten: Zuerst werden die Hufe ausgekratzt und die Augen ausgewischt, dann wird das Fell gebürstet.

Seite 113, links oben: Nun noch Sattel und Trense, und dann kann's losgehen!

Viele Menschen reiten aus reinem Spaß an der Freude. Sie genießen einfach das Gefühl, auf einem Pferd zu sitzen und mit ihm zusammen zu sein. Oftmals ist das der schönste Umgang mit Pferden, und es besteht überhaupt keine Notwendigkeit, im Reitsport großen Ehrgeiz zu entfalten.

Wer zu seinem Vergnügen reitet, sollte nicht bei schlechtem Wetter ausreiten. Es macht bestimmt keinen Spaß, halb erfroren oder bis auf die Haut naß nach Hause zu kommen. Allerdings kommt man manchmal nicht darum herum, Pferde auch bei schlechtem Wetter zu bewegen. Im Stall gehaltene Tiere müssen einmal am Tag ins Freie, auch bei Regen, Sturm oder eisiger Kälte, obwohl außer dem Pferd niemand etwas davon hat. Für uns Menschen kann es auch in der wärmsten und wasserdichtesten Kleidung kalt und ungemütlich werden, Pferde dagegen brauchen nur eine leichte Decke oder genügend Bewegung, um ausreichend warm zu bleiben. Gedeckte Reithallen haben sehr dazu beigetragen, den »Schönwetter-Reitern« das Leben leichter zu machen. Bei schönem Wetter aber gibt es nichts Angenehmeres als einen Ausritt von zwei oder drei Stunden. Man lernt die Gegend kennen und vertieft die Gemeinschaft mit seinem Pferd. Ich reite am liebsten ganz früh an einem Sommermorgen, wenn alles noch still und friedlich und die Welt noch nicht ganz wach ist.

Ob man nun sein Pferd von der Weide oder aus dem Stall holt – vor einem Ausritt müssen bestimmte Vorbereitungen getroffen werden. Die Hufe werden ausgekratzt, und eigentlich müssen auch Nüstern und Augen mit dem Schwamm ausgewischt werden. Am besten holt man ein Pferd gleich mit einem Halfter von der Weide, mit dem man es während dieser Vorbereitungen anbinden kann. Ein Pony von der Koppel muß vielleicht erst mit der Körperbürste von getrocknetem Schmutz befreit werden, bevor der Sattel aufgelegt werden kann. Ein im Stall gehaltenes Pferd wird am besten nach dem Reiten geputzt, wenn der Staub von der Haut ins Fell hochgestiegen ist. Nun fehlen nur noch Sattel und Trense, und der Ausritt kann beginnen.

Man sollte vorher wissen, wohin man ungefähr reiten will, und man reitet vom Stall weg immer in langsamer Gangart, am besten im Schritt. Nach etwa fünf Minuten wird der Gurt nachge-

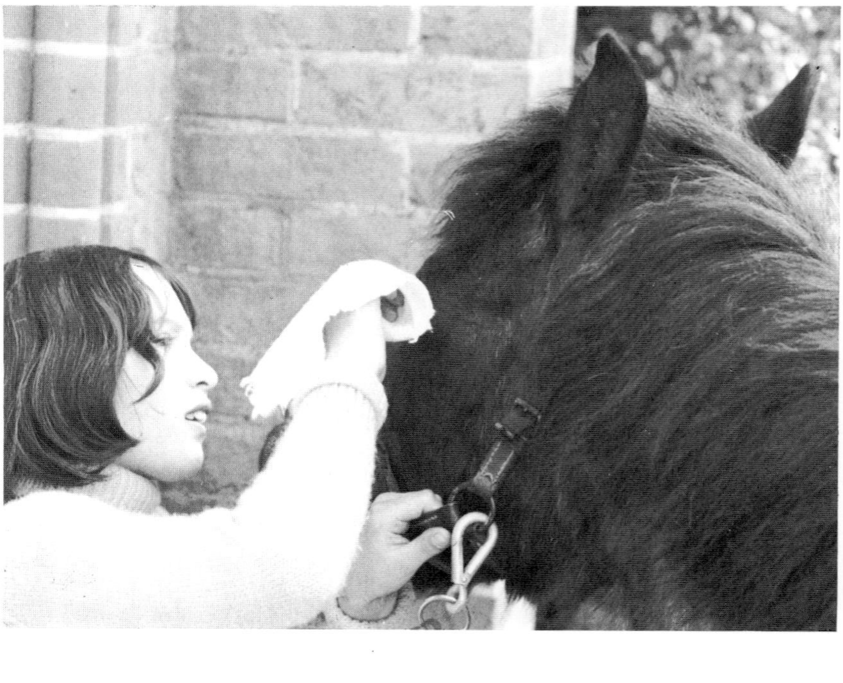

Auf Straßen müssen Handzeichen für Autofahrer gegeben werden.

zogen, der sich bis dahin sicher wieder etwas gelockert hat. Ein sehr frisches, übermütiges Pferd beruhigt sich am besten bei einer langen Trabreprise, bei der man es gut vorwärtsgehen läßt, aber auf geregeltes Tempo achtet. Das hilft mehr als viele kurze Trabstrecken.
Glücklich diejenigen, die durch Weideland, Moorlandschaften oder Wälder reiten können, idealen Gegenden für Ausritte. Auch dafür gibt es jedoch »Benimmregeln«, an die sich jeder Geländereiter strikt halten sollte. An weidendem Vieh, Kühen oder Schafen, vorbei läßt man sein Pferd immer in ruhigem Schritt gehen und achtet darauf, die Tiere nicht zu erschrecken. Wenn nur eines erschrickt und davonrennt, laufen ihm wahrscheinlich alle anderen nach. Weidetore müssen immer sorgfältig geschlossen werden. Andernfalls kann ungeheurer Schaden entstehen. Man stelle sich nur vor, ein Bulle läuft auf die Straße oder eine ganze Kuhherde trampelt ein Kornfeld nieder! Kein sehr beruhigender Gedanke. Auch bei der Begegnung mit anderen Reitern verlangsamt man immer das Tempo und benimmt sich rücksichtsvoll. Sie haben vielleicht junge Pferde dabei, die sich aufregen, wenn ein anderes Pferd vorbeigaloppiert. Auch ein freundlicher Gruß ist ein Zeichen für gute Kinderstube. Ebenso reitet man an Spaziergängern nur langsam vorbei.
Besondere Vorsicht ist beim Reiten auf der Straße geboten. Auf Hauptstraßen (die man im übrigen meidet, wenn es sich einrichten läßt) geht man überhaupt nur Schritt. Der harte Straßenbelag ist äußerst rutschig, und der Geschwindigkeitsrausch vieler Verkehrsteilnehmer macht Straßen zu einem unangenehmen Aufenthaltsort für Pferde und Reiter. Man behält das Pferd gut am Zügel und reitet so, daß einem der Verkehr entgegenkommt (wie es auch für Fußgänger empfohlen wird). Wenn man sich bei Autofahrern, die beim Näherkommen ihre Geschwindigkeit verlangsamen, durch ein Lächeln oder eine Geste bedankt, ermutigt sie das vielleicht dazu, Reitern auch in Zukunft mit Rücksicht zu begegnen. Mehrere Reiter reiten immer in einer Linie hintereinander. Irgendwelche Richtungsänderungen müssen durch deutliche Handzeichen angezeigt werden.
Es macht Spaß, mit anderen Leuten auszureiten, aber man sollte sich seine Gesellschaft aussuchen. Schließlich haben beide Teile mehr davon, wenn man von einem Ausritt dieselben Dinge er-

Ausritte in Gesellschaft machen besonders viel Spaß.

wartet. Wer einen gemütlichen Spazierritt machen will, sollte nicht mit Leuten reiten, die die ganze Zeit galoppieren und jedes erreichbare Hindernis springen wollen. Es macht aber auch Spaß, allein zu reiten, nur sollte man dann irgendwo hinterlassen, wohin man zu reiten gedenkt. Ein Unfall kann sich immer ereignen, und wenn man Hilfe braucht und niemand weiß, wo man ist, kann es sehr lange dauern, bis man gefunden wird.
Ein schlechter Reiter, wer sein Pferd schweißtriefend in den Stall zurückbringt. Zum Abschluß jedes Ausritts geht man eine Weile Schritt und läßt das Pferd verschnaufen. Wenn das Pferd anschließend auf die Koppel kommt, wird es sich wahrscheinlich wälzen und so selbst dafür sorgen, daß es trocken wird. Das Wetter darf dazu allerdings nicht zu kalt sein. Wenn man aber schon ein nasses Pferd in den Stall stellt – ob es nun naß vom Schweiß oder vom Regen ist –, muß man es entweder trockenreiben oder mit einer dicken Lage Stroh bedecken und eindecken. Wenn man es nämlich von allein trocknen läßt, ist das der sicherste Weg zu einer gehörigen Erkältung.

Reiterferien

Viele Leute haben ihre ersten Reiterfahrungen auf einem Trekking-Urlaub gemacht. Zum Trekking werden meist sichere, zuverlässige Pferde eingesetzt, oft die trittsicheren einheimischen Ponyrassen. Da es mehr darauf ankommt, die Landschaft zu erforschen und zu genießen, und da viele der Teilnehmer Anfänger sind, wird langsam, aber stetig vorwärtsgeritten. Viele Unternehmen erteilen einen kurzen Reitunterricht für Anfänger, und bei manchen ist es üblich, daß sich die Reiter selbst um ihre Pferde kümmern. Meist werden diese Trecks von einem erfahrenen Führer geführt, der dafür sorgt, daß sich jeder im Sattel seines Pferdes zufrieden und glücklich fühlt. Für mich bedeuten Trekking-Ferien lange, gemütliche Ritte durch herrliches offenes Gelände mit einem wundervollen Blick oder durch schattige Wälder.
Für die, denen das zu langsam ist, gibt es auch viele Reitzentren in flacherem Gelände, wo man ohne Gefahr schneller reiten kann. Hier wird

Begegnung mit einem Gefährten

Am Strand und im seichten Wasser macht das Reiten Reiter und Pferd besonders viel Vergnügen.

nicht so lange geritten, denn natürlich ermüden die Pferde auch schneller, wenn sie härter geritten werden. Viele der Ställe, die sich nicht auf Trekking, sondern auf Reiterurlaub spezialisiert haben, offerieren einen abwechslungsreichen Stundenplan. Neben Ausritten gibt es Unterrichtsstunden am Morgen oder auch am Nachmittag, oder es wird erwartet, daß der Gast sich mit um die Pferde kümmert. Das können auch Zuchtstuten mit ihren Fohlen sein - und selbst wenn man nur zuschaut, wie mit ihnen umgegangen wird: Es gibt so vieles, was man über Pferde lernen kann, daß man sich in einem geschäftigen Stall nicht einen Augenblick zu langweilen braucht.

Reiterferien bieten auch hervorragende Möglichkeiten, andere Länder kennenzulernen, denn heute werden sie in vielen Teilen der Welt angeboten. Auf den Britischen Inseln gibt es Trekking-Urlaub im schottischen Hochland, im walisischen Bergland, in Irland, Exmoor und Dartmoor und in den wunderschönen Moorlandschaften im Norden. In den USA und in Kanada kann man seine Ferien mit »Trail-Riding« verbinden, wobei die Reiter von einem Sommer-Camp als Mittelpunkt aus jeden Tag ins Gelände reiten und so z. B. die kanadischen Rocky Mountains kennenlernen oder einen Nationalpark. Gerade in Amerika gibt es noch viele andere Reitzentren, besonders für Kinder, wo sowohl Unterricht im Western-Reiten als auch klassischer Reitunterricht erteilt wird. Es werden auch kleine Clubturniere innerhalb des Camps oder mit anderen Camps abgehalten.

Wenn man in Gesellschaft reitet, muß man immer auf genügend Abstand zum Vordermann achten.

Ferien im Zigeunerwagen kann man auf den abgelegenen Straßen des Schweizer Jura machen.

Die meisten Ferienzentren bieten außerdem ausgezeichnete Möglichkeiten für andere Sportarten wie Kanufahrten, Schwimmen und eine Vielzahl von Spielen.
Auch viele europäische Länder bieten herrliche Reiterferien an. Frankreich, Belgien, Ungarn, Italien, Österreich, die Schweiz, Spanien, Luxemburg, Deutschland, die skandinavischen Länder und Island offerieren jeweils verschiedene Arten von Reiterurlaub.
In Island kann man an Pony-Trekkings auf den genügsamen kleinen Isländern teilnehmen, was besonders reizvoll ist.
Dänemark hat als Spezialität eine Art »Ferien auf dem Bauernhof« kombiniert mit Trekking; außerdem gibt es ein organisiertes Zentrum für Western-Reiterei in Jütland.
Auch die Schweiz und Österreich bieten sehr interessante Reiterferien an. Überall in der Schweiz gibt es Reitschulen mit einer Vielzahl von reitsportlichen Angeboten, von Kurzausritten unter Leitung eines Führers bis zu Tagesritten, vom Anfängerunterricht bis zu fortgeschrittenen Dressurlehrgängen. Der Schweizer Automobilclub bietet außerdem die Möglichkeit, mit Pferd und Wagen durch den Schweizer Jura zu ziehen. Eine Tour dauert acht Tage. Übernachtet wird in bequemen Rasthäusern an der Straße, wo man sich auch um die Pferde kümmert, so daß die »Zigeuner« sich jeden Morgen frisch und ausgeruht wieder auf den Weg machen können. Diese Touren sind zwar sehr sorgfältig geplant und die ausgewählten Routen besonders ausgeschildert, aber die Urlauber lenken ihren Wagen den ganzen Tag allein, ohne einen offiziellen Führer.
Auch in Österreich stehen dem Pferdeliebhaber viele Möglichkeiten offen, von Trekking-Touren bis zum Reitunterricht in einer der vielen Reitschulen. Eine weitere Attraktion ist die Spanische Hofreitschule in Wien mit ihren regelmäßigen Vorführungen während der Touristensaison. Die Besucher dürfen die Ställe besichtigen, in denen die berühmten Lippizaner stehen, und können ihnen bei der Morgenarbeit zusehen, wenn sie ihre schwierigen Dressurlektionen lernen. Auch die Staatsgestüte stehen Besuchern offen, so das berühmte Gestüt Piber, die Heimat der Lipizzaner, oder das staatliche Hengstdepot mit seinen über 100 Hengsten der verschiedenen österreichischen Rassen, z.B. Haflinger. Auch die Märkte, Veranstaltungen und Auktionen, die der Noriker-Zuchtverband organisiert, sind für den Pferdeliebhaber von großem Interesse.
In Frankreich kann man von den schroffen Küsten der Bretagne bis zum wilden Bergland von Savoyen überall Reiterferien machen. In der Camargue kann man die berühmten Weißen Pferde der Camargue reiten. Die Kavallerieschule in Saumur mit ihren »Schwarzen Reitern«, dem Cadre Noir, ist ebenso für Besucher offen wie die Spanische Hofreitschule in Wien.
In Belgien und Luxemburg verbringt man Reiterferien meist in den landschaftlich herrlichen Ardennen und in Deutschland hauptsächlich im Schwarzwald, in Bayern und im Rheinland.

Oben: An einem tunesischen Strand

Unten: Pony-Trekking in Österreich

Auch in Spanien und Portugal ist für Reitgelegenheiten und Reiterferien gesorgt. In Spanien kann der Besucher in Andalusien die herrlichen andalusischen Pferde reiten oder in Katalonien und an der Costa Brava Reiterferien machen. In der Algarve, im Süden von Portugal, kann man in verschiedenen Ställen Pferde für Stunden oder Tage mieten, und in Lissabon gibt es einige Reitschulen mit Spezialarrangements für Touristen. Man kann in Portugal auch einige der staatlichen Gestüte oder Pferdeauktionen besuchen, die besonders interessant sind.
Mit am vergnüglichsten und anregendsten sind Ritte am Meer entlang. Erstens ist es herrlich, weit weg von Straßen und jeder Zivilisation zu sein, und zweitens ist es ein Gelände, das dem Pferd sehr guttut. Auf dem festen Sand geht es sich leicht und angenehm, und wenn man außerdem noch durch das seichte Uferwasser reitet, übt das Salzwasser eine sehr wohltuende Wirkung auf die Pferdebeine aus.
Reiter- und Trekking-Urlaub und auch der Urlaub mit Pferd und Wagen sind aber nicht die einzigen Möglichkeiten, die Ferien mit Pferden zu verbringen. Viele Leute besuchen Spezialkurse und lassen sich auf irgendeinem Gebiet der Reiterei, das sie besonders interessiert, weiter ausbilden. Das kann das Reiten im Western-Stil sein, im Damensattel, Fahrunterricht oder ein Kurs, wie man Pferde einreitet. Manche gehen auf einen Bauernhof und lernen mit Kaltblütern umgehen, manche nehmen Unterricht in den Show-Klassen, weil sie mit einem neuen Pferd auf Turnier gehen möchten, andere machen einen Kurs für Züchter mit, weil sie gerne ein Fohlen von ihrer Stute hätten. Wer sich für et-

Pony-Trekkers vor den schneebedeckten Gipfeln der Schweizer Alpen

Spiel von Licht und Schatten in belgischen Wäldern

was Bestimmtes interessiert, findet Kurse über praktisch alle Sparten der Reiterei überall in der Welt. Einzelheiten darüber kann man von den nationalen reiterlichen Vereinigungen des jeweiligen Landes erfahren.

Reit- und Ponyclubs

Wer mehr über die verschiedenen Aspekte der Reiterei wissen will, tritt am besten einem der vielen tausend Reit- und Ponyclubs bei, die es überall gibt. Dadurch trifft man auch gleichzeitig Leute mit ähnlichen Interessen.
Die Ponyclub-Bewegung hat sich über die ganze Welt ausgebreitet und erfreut sich heute in Großbritannien, Australien, Neuseeland, den USA, Kanada, Frankreich und sogar in Sambia – um nur einige Länder zu nennen – besonderer Beliebtheit. Ihren Ursprung nahm sie vor vielen Jahren in England, wo eine Gruppe von Pferdefreunden damit begann. Der Grundgedanke war eigentlich, den Kindern jener Bauern, denen man zu Dank verpflichtet war, weil sie Reitjagden auf ihrem Grund und Boden erlaubten, zu einigen Reitkenntnissen zu verhelfen und sie zum Reiten zu ermutigen. Allmählich erstreckte sich diese Unterstützung auf jedes Kind, das gern reiten lernen wollte, dessen Eltern aber zu beschäftigt oder nicht genügend interessiert waren, um sich selbst darum zu kümmern. Die Kinder lernten, für ihre Ponys zu sorgen und über kleine Hinder-

Links: Durch die rauhe Landschaft des Dartmoor

Unten: Willkommene Erfrischung für die zähen kleinen Island Ponys

nisse zu springen, und einige Erwachsene übernahmen es freiwillig, auf der Jagd nach den Kindern zu sehen. Deshalb stand jeder Ponyclub in Großbritannien ursprünglich mit einer bestimmten Jagd in Verbindung. Aus diesen kleinen Anfängen entwickelte sich der Ponyclub zu einer wohlorganisierten Institution, die man höchst zutreffend eine der größten Jugendbewegungen der Welt genannt hat. Der Club gibt ein hervorragendes Buch über Reiten und Ponypflege heraus, das von einer Reihe bekannter Reiter zusammengestellt und ständig überarbeitet wird.

Die Motive und Ziele des Ponyclubs kann man am besten beschreiben, wenn man wörtlich aus dem Buch zitiert: »Er ist in nicht weniger als 22 Ländern vertreten und hat über 75000 Mitglieder. Sein Ziel ist es, junge Menschen an den Reitsport heranzuführen und sie mit allen Arten von Sport vertraut zu machen, die mit dem Pferd und dem Reiten zusammenhängen, ihre Reitkenntnisse und ihren Pferdeverstand gleichermaßen auszubilden, sie in der richtigen Pflege ihrer Pferde zu unterweisen und sie zu fairen Sportlern, guten Staatsbürgern und Kameraden, d.h. zu Charakterstärke und Selbstdisziplin, zu erziehen.«

Mitglied kann jeder werden, der das 21. Lebensjahr noch nicht erreicht hat. Ordentliche Mitglieder sind unter 17, außerordentliche zwischen 17 und 21 Jahre alt. Mit dem 21. Geburtstag erlischt die Mitgliedschaft.

Der Ponyclub veranstaltet für seine Mitglieder eine Reihe von Leistungsprüfungen, die von D (Standard) bis A (Fortgeschrittene) gestaffelt sind, wobei in A-Prüfungen wirklich schon sehr viel verlangt wird. Diese Prüfungen sind international anerkannt und werden von qualifizierten Richtern abgenommen. Geprüft werden Reitkenntnisse und praktisches Wissen über Pferdepflege und Stallführung. Noch viel wichtiger und

Oben und links: Pony-Clubs gibt es in der ganzen Welt. Unterricht, Spiel und Spaß bringen junge Reiter zusammen.

eine Hauptstütze der Ponyclub-Bewegung sind aber die Kurse (working rallies), die jeder lokale Club während der Schulferien abhält. Die Kinder erhalten Unterricht von qualifizierten Kräften und müssen – vorausgesetzt, sie haben ihre Mitgliedsbeiträge pünktlich bezahlt – dafür nicht extra bezahlen. Darüber hinaus organisiert der Club noch vieles mehr – Gymkhanas (eine Art Reiterspiele), Filme, Vorführungen, Vorträge, Besuche bei großen Turnieren und meist ein Sommercamp, in dem die Kinder mit ihren Ponys eine Woche lang recht intensiv geschult werden, wo aber auch viel gelacht und gespielt wird.
Außer dem mitgliederstarken Ponyclub gibt es in den USA auch noch eine Organisation, die sich »4 H« nennt, für *Health, Heart, Hands and Head* (Gesundheit, Herz, Hände und Kopf). Wie der Ponyclub hält auch »4 H« Lehrgänge über Stallarbeit und Reitkurse ab, veranstaltet Vorführungen und Vorträge über alles, was mit Pferden zu tun hat. Die Atmosphäre ist zwanglos und freundlich; es gibt zwar ein paar Prüfungen, aber das Element des Wettbewerbs wird so klein wie möglich gehalten. Das Reiten ist in den USA eine sehr beliebte Freizeitbeschäftigung, und im Gegensatz zu Europa wird es Kindern dort leicht gemacht, reiten zu lernen, weil es sehr viele kleine Ponys gibt. Was man als »Vorgarten-Pony« bezeichnet, sind meist liebevoll gepflegte Tiere, die tatsächlich und buchstäblich im Garten hinter dem Haus gehalten werden. Oft ist sich die ganze Familie einig in ihrer Pferdebegeisterung, und Kinder und Eltern gehen gemeinsam auf Tages- oder Abenteuerritte.
Da man im Ponyclub nur bis zum Alter von 21 Jahren Mitglied sein kann, gibt es in den meisten

Gegenden auch Reitclubs. Sie sind fast eine Art Erweiterung des Ponyclubs und werden sehr ähnlich geführt. Auch sie organisieren Veranstaltungen für alle Arten von Reiten. Außer den Reitstunden gehören zu ihrem Programm Picknicks, allgemeine Ausritte und Treffen, Besuche bei Jagdhunde-Meuten, Zuchtvorführungen und Dressurprüfungen. Abends gibt es Vorträge, Filmvorführungen, Quiz-Wettbewerbe, Gespräche mit bekannten Reitern, Partys und Tanzveranstaltungen. Die meisten Reitclubs halten eigene Turniere oder andere Prüfungen, wie z.B. Jagdpferde-Eignungsprüfungen, ab. Das Niveau ist dort allgemein nicht so hoch, und die Prüfungen werden auch nicht so ernst genommen wie

Oben: Aufmerksam lauscht die Abteilung den Worten des Reitlehrers.

Unten: Mitglieder eines Pony-Clubs bei Gleichgewichtsübungen

Reiterspiele im Pony-Club

offene Turniere, so daß die Leute, die mehr zu ihrem Vergnügen reiten und weil sie einfach Pferde lieben, ebenfalls ihren Spaß haben und sich getrauen, teilzunehmen.

Gymkhanas und Reiterspiele

Gymkhanas mit ihren unzähligen lustigen Reiterspielen werden oft als typisch englische Einrichtungen angesehen, aber diese Art reitsportlicher Veranstaltungen findet auch in vielen anderen Ländern statt, und Reiterspiele gab es schon lange, bevor das erste Gymkhana abgehalten wurde. Reiterspiele in den verschiedensten Formen waren seit Tausenden von Jahren schon Teil des Reitens und begannen wahrscheinlich als Geschicklichkeits- und Genauigkeitsprüfungen beim Jagen und Kämpfen. Heute veranstalten z.B. in England berittene Polizei und Kavallerie noch verschiedene Reiterspiele, die u.a. bei dem berühmten *Royal Tournament* in London vorgeführt werden. Es kommt dabei auf die Geschicklichkeit an, mit der der Reiter verschiedene ungewöhnliche Aufgaben vom Pferderücken aus löst, und auf die Genauigkeit, mit der er sein Pferd bei den etwas unkonventionellen Manövern zu lenken versteht. Genau darauf kommt es auch bei Gymkhanas an. Bei den Gymkhana-Spielen gewinnt das geschickteste Kind auf dem wendigsten Pony.

Gymkhanas und Reiterspiele werden absichtlich in diesem Kapitel beschrieben, denn sie gehören viel mehr in den Bereich des Vergnügens, als daß sie einen großen Wettbewerbsehrgeiz hervorrufen sollten. Natürlich fehlt das Element des Wettbewerbs nicht ganz – Gewinnen bringt mehr als Verlieren –, aber hauptsächlich dienen sie dem Vergnügen, der Entspannung und der Unterhaltung.

Jedes Pony kann man zur Teilnahme an Gymkhanas trainieren. Manche Ponys sind so begeistert davon wie ihre Reiter. Andere gehen nicht so von selbst mit, können aber nützliche Lehrpferde für etwas ängstliche Kinder sein, die durch sie mehr Vertrauen bekommen. Ich habe mit Kindern und Ponys auf Gymkhanas schon sehr viel Spaß gehabt, und nichts freut mich mehr als ihre glücklichen, lachenden Gesichter.

Fütterung und Pflege des Pferdes stehen im Pony-Club ebenso auf dem Stundenplan wie Reitunterricht.

Ein ideales Gymkhana-Pony ist klein und wendig. Sehr viele Ponys besitzen diese zweite Eigenschaft nicht, aber mit geduldigem Training können sie trotzdem mehr als ehrenvoll abschneiden. Das Pony muß jedoch so klein sein, daß das Kind aufspringen kann (was man allerdings nicht im Trab oder Galopp versuchen sollte). Als Training für Gymkhana-Spiele beginnt man am besten mit dem beliebtesten aller Spiele – dem *Slalom-Rennen*. Dabei muß man in Schlangenlinien um fünf oder sechs hintereinander aufgestellte Pfosten herumreiten, nach dem letzten kehrtmachen und wieder in Schlangenlinien zurückreiten. Zum Trainieren nimmt man fünf oder sechs Pfosten (oder umgedrehte Eimer) in etwa fünf Schritt Abstand als Markierungen.

Für den Anfang reitet man im Schritt so dicht um die Markierungen herum wie möglich. Schenkel und Gewicht werden korrekt eingesetzt, die Hände geben weich nach; außerdem kann es nicht schaden, mit dem Pony zu sprechen. Nach dem Schlußpfosten wendet man so eng wie möglich, und wenn man wieder am Anfang angelangt ist, klopft man dem Pony anerkennend den Hals. Das wird etwa sechsmal wiederholt, bis das Pony anfängt zu verstehen, was von ihm verlangt wird. Dann wiederholt man das Ganze im langsamen, ausgesessenen Trab, so daß man gut mit Schenkeln und Zügeln einwirken kann. Die Schenkel liegen leicht treibend (aber nicht klopfend) dicht am Pferdeleib. Nicht mit Lob und Anerkennung für das Pony sparen – ein paar Pferdewürfel oder Brotstückchen in der Hosentasche, die man ihm zur Belohnung reicht, können den Vorgang des Begreifens erheblich beschleunigen! Wenn die Schlangenlinien im Trab gut gemeistert werden, versucht man gegen Ende zu, das Tempo zu beschleunigen. Diese Übung wird einige Tage lang wiederholt und das Tempo nur dann beschleunigt, wenn man das Gefühl hat, daß das Pony von sich aus mitarbeitet und man nicht mehr viel mehr als ein Passagier ist.

Mehr als zwei oder drei Spiele, insgesamt eine halbe Stunde lang, würde ich am Tag nicht üben. Nicht alle Spiele werden anfangs ganz glatt verlaufen – z. B. solche, bei denen Wasser befördert werden muß. Die meisten Ponys sind nicht sehr erbaut davon, wenn ihnen das kalte Wasser die Schulter herunterläuft. Auch das Sackhüpfen ist nicht ganz problemlos. Dabei muß der Reiter sackhüpfen, ohne sein Pony loszulassen, und verständlicherweise regen sich manche Ponys über dieses komische, beinlose Ding, das da neben ihnen herhüpft, ziemlich auf. Vor allem kommt es darauf an, den Sack gut um die Hüften hochzuhalten, denn wenn man ihn nachschleppen läßt, kann das Pony darauftreten, und man fällt voll auf die Nase!

Das Training für Gymkhana-Spiele unterscheidet sich in keiner Weise von irgendeinem anderen Training: Auch hier geht man langsam und ruhig vor, zeigt dem Pony ständig, daß es nichts zu fürchten hat, und übt ein und dasselbe Spiel nie so lange, daß sich das Pony langweilt. Je län-

Start zu einem Gymkhana-Rennen

ger man ein Spiel im langsamen Tempo übt, desto besser, weil das Pony dann Zeit hat, die Angelegenheit zu begreifen. Es kommt auch nicht so leicht aus dem Gleichgewicht und lernt, immer bessere Wendungen auszuführen. Reiter, die dauernd mit den Absätzen und den Zügeln arbeiten und ihre Ponys anbrüllen, bringen sie nur aus dem Konzept und verhindern jede Konzentration.

Der Höhepunkt der Gymkhana-Saison kommt in England im Oktober, wenn bei der *Horse of the Year Show,* einem der größten, internationalen englischen Turniere, um den Prince Philip Cup geritten wird. Überall in England werden vorher Wettkämpfe veranstaltet, und jeweils die Erst- und die Zweitplazierten qualifizieren sich für das regionale Semi-Finale. Die vier siegreichen Mannschaften aus diesen Semi-Finalkämpfen bestreiten dann den Kampf um den Prince Philip Cup. Die Zuschauer gehen immer begeistert mit, weil sie merken, daß es dabei weniger ernsthaft zugeht als sonst auf dem Turnier. Schon zweimal waren die vier Mannschaften des Finales zu Schaukämpfen in Paris und Amsterdam eingeladen, wo sie vom Publikum mit derselben Begeisterung begrüßt wurden.

Ich sehe immer mit großem Vergnügen zu, wenn die kleinen Ponys auf der Horse of the Year Show auf dem Abreiteplatz frisch und fröhlich neben den großen Show-Stars, den Siegern der Show-Klassen, und den Springpferden von internationalem Renommee einhertraben. Natürlich

Oben: Gelungene Wendung in einem Gymkhana-Spiel. Um schneller auf- und absitzen zu können, reitet der Reiter ohne Bügel, aber in perfektem Gleichgewicht.

Rechts: Die Reiterspiele um den Prinz Philip-Pokal, deren Finale jedes Jahr während der *Horse of the Year Show* in Wembley ausgetragen wird.

hat auf diesem Niveau das Wettbewerbselement größere Bedeutung erlangt, und es ist sehr wichtig, den richtigen Typ Pony auszusuchen. Meiner Meinung nach eignen sich die zartgliedrigen Ponys nicht dafür, weil sie die ziemlich rauhen Wendungen und Vollbremsungen nicht aushalten. Sie sollten eher wie Polo-Ponys en miniature aussehen, denn die Anforderungen, die an sie gestellt werden, haben viel Ähnlichkeit.
Nachdem es Ponyclubs in so vielen Teilen der Welt gibt, sind auch Gymkhana-Spiele immer beliebter geworden, aber wie schon erwähnt, wurden Reiterspiele schon früher und bei anderen Gelegenheiten abgehalten. In Südamerika, wo Ponys von jeher für die Arbeit auf den Ranches unentbehrlich sind, werden Reiterspiele seit Jahrhunderten als eine Form der Erholung praktiziert. Es ist kein Zufall, daß die besten Poloponys in Südamerika gezüchtet und abgerichtet werden; akkurate Wendungen und die Fähigkeit, blitzschnell zu stoppen oder zu starten, gehören zu den Anforderungen, die jeder Rancher dort täglich an sein Pferd stellt. Polo ist ebenfalls ein Reiterspiel, das seit langem in der ganzen Welt verbreitet ist; ich werde es gleich noch ausführlicher behandeln. Es gibt aber auch sozusagen entschärfte Versionen von Polo, z.B. das »Kissen-Polo«, zu dem jedoch auch schon beträchtliche Reitkenntnisse erforderlich sind. Es wird von zwei Mannschaften gespielt, deren Ziel es jeweils ist, den Gegnern ein Kissen oder einen ähnlichen Gegenstand, der von Hand zu Hand geht, abzunehmen. In einigen Ländern spielt man eine Art »Pferde-Lacrosse«, d.h., das Spiel hat mehr Ähnlichkeit mit Lacrosse als mit Polo, weil die Spieler Schläger mit Netzen tragen, mit

Oben: Weit aus dem Sattel hängend, nimmt der Kosak etwas vom Boden auf.

Unten: Reiterspiel der berittenen Polizei

Ein Cowboy fängt ein Kalb mit dem Lasso ein, eine Standard-Prüfung bei jedem Rodeo.

denen der Ball vom Boden aufgenommen und getragen oder an einen anderen Spieler weitergegeben wird. Es wird besonders in Australien und der UdSSR gespielt und erfreut sich in Georgien größter Beliebtheit. Dort heißt es Tskhenburti. Es ist für die Pferde weit weniger anstrengend, weil es nicht so schnell und auf einem kleineren Platz gespielt wird.

Pushball ist ein anderes in Rußland entstandenes Spiel. Man muß einen sehr großen, weichen Ball über die Ziellinie der gegnerischen Mannschaft stoßen, die ihrerseits versucht, ihn aufzuhalten. Dieses Spiel ist auch in den Niederlanden sehr beliebt.

Polo ist ein sehr altes Reiterspiel, das seinen Ursprung in Persien hatte und sich nach China und Indien ausbreitete. In England wurde es im 19. Jahrhundert von Kavallerieoffizieren bekannt gemacht, die es in Indien kennengelernt hatten. Heute spielt man es in vielen Teilen der Welt, besonders in den USA und Argentinien. Von den ausgezeichneten Poloponys, die auf den argentinischen Ranches gezüchtet werden, habe ich schon gesprochen.

In England war das Polospiel besonders Anfang dieses Jahrhunderts beliebt; ein Zentrum des Polospiels war der English Polo Club in Hurlingham. Er stellte die Regel auf, daß ein Polopony nicht über 1,45 m (14,2 hands) groß sein durfte. Viele Leute hatten sich auf die Zucht von Poloponys verlegt. Meist kreuzte man kleine Vollbluthengste mit schwereren Ponystuten, nicht immer reingezogene einheimische Rassen, sondern oft »Milchwagen-Pferde«. Ihre Kraft und Ausdauer ergab in Verbindung mit dem Adel und der Schnelligkeit des Vollbluts genau die richtigen Eigenschaften für ein Polopony. Als allerdings Mannschaften aus den Vereinigten Staaten und Argentinien herüberkamen, stellte sich heraus, daß sie mit deren hervorragenden Poloponys nicht mithalten konnten, und es wurde Mode, in Argentinien gezogene Poloponys zu importieren. Nach dem Zweiten Weltkrieg ließ man die Größenbeschränkung fallen, aber die Vorliebe für argentinische Ponys blieb und hat sich bis heute erhalten.

Polo hat den Ruf, das schnellste Mannschaftsspiel der Welt zu sein, und das ist zumindest zum Teil wohl auch der Grund dafür, warum es so kostspielig ist, wenn man es ernsthaft und mit Turnierambitionen spielen will. Die Länge eines ganzen Spiels bedingt, daß jeder Spieler in jedem Spiel mindestens zwei Ponys zur Verfügung hat, weil eines allein das erforderliche Tempo nicht durchhalten würde. Manchmal genügen nicht einmal zwei, denn das Spiel wird in kurze Abschnitte, die »Chukkas«, unterteilt, und mehr als zwei Chukkas kann man einem Pony pro Tag nicht zumuten. Bei den meisten Spielen werden vier Chukkas gespielt, bei den größeren Wettbewerben aber auch fünf oder sechs.

Kurz gesagt geht es darum, vom galoppierenden Pferd aus einen kleinen Ball mit einem langen Bambusschläger zu treffen. Es gibt zwei Mannschaften, und jeder Spieler versucht, die Spieler der gegnerischen Mannschaft daran zu hindern. Bestraft wird, wer den Weg eines Spielers kreuzt oder wer seinen Schläger regelwidrig gebraucht. Erlaubt ist dagegen, einen Gegenspieler vom Ball wegzudrängen, indem man neben ihm hergaloppiert und ihn mit dem eigenen Pferd abdrängt, das sich dazu voll gegen das andere Pferd stemmt. Auch den Schläger des Gegenspielers zu treffen ist gestattet. Das Endziel ist, den Ball ins Ziel zu schlagen, und der Erfolg hängt ausschließlich vom Teamwork, d.h. von der Zusammenarbeit ab. Wie man sich vorstellen kann, machen das Geschick und die reiterlichen Fähigkeiten im Verein mit der Rasanz des Spielgeschehens Polo zu einem aufregenden und begeisternden Spiel für die Zuschauer.

Verschiedene Arten von Reiterspielen werden auch bei Rodeo-Veranstaltungen in Nordamerika und Australien »gespielt«, manchmal sogar ausgesprochene Gymkhana-Spiele. Bei den meisten Rodeo-Prüfungen werden die Fähigkeiten getestet, die die Rancher oder Viehhirten jeden Tag bei ihrer Arbeit unter Beweis stellen müssen, z. B. das Reiten von ungerittenen, bockenden Pferden, das Einfangen von Stieren mit dem Lasso, das Reiten auf Bullen oder das »Bulldogging« – ein gefährlicher Sport, bei dem sich der Reiter vom galoppierenden Pferd auf einen flüchtenden Stier wirft, ihn an den Hörnern packt und dann versucht, ihn zu Boden zu zwingen. In Australien gibt es noch eine Prüfung, bei der der Reiter einen Jungstier von einer größeren Herde absondern und dann im Galopp einen vorher bestimmten Kurs entlangtreiben muß. Rodeos sind farbenprächtige und aufregende Ereignisse, die auf einzigartige Weise die Atmosphäre der riesigen Rinderfarmen widerspiegeln. Kanadische Rodeos, besonders die *Calgary Stampede*, sind das Mekka eines jeden Cowboys und berühmt in der ganzen Welt.

Einmal im Jahr treffen sich vier- bis fünftausend Beduinen in Marrakesch, dem »Paris der Sahara«, zu einer *charaga*, einem Stammestreffen. Wenn die Zelte außerhalb der alten, rosagetünchten Mauern aufgestellt sind, bereiten sich die Teilnehmer auf eine *Fantasia* vor, ein aufregendes und farbenprächtiges Reiterspiel, das sich am ehesten als Scheinkrieg umschreiben läßt.

Etwa tausend Reiter versammeln sich gleichzeitig auf dem Kampfplatz und ordnen sich zu Gruppen. Die Pferde sind mit roten marokkanischen Ledersätteln und leuchtend bunten Satteldecken geschmückt. Auf einen Schuß hin stürmen sie im Galopp voran. Dann richten sich die Reiter auf Kommando in den Steigbügeln auf, schwenken ihre langen *mokkalas* (Gewehre) und

Bronco-Riding, eine weitere Standard-Prüfung bei Rodeos. Der Reiter muß etwa zehn Sekunden im Sattel bleiben. Es gibt Punkte für den Stil des Reiters und dafür, wie kräftig das Pferd buckelt.

feuern sie ab, während die Pferde ausschlagend und plötzlich stoppend den Staub aufwirbeln und die Zuschauer gellend schreien. Diese »Angriffe« werden wieder und wieder geritten, was neben dem Vergnügen für Reiter und Zuschauer auch einen praktischen Zweck hat, nämlich die Ermittlung der besten Pferde.
Der usbekische Nationalsport des Ziegengreifens oder *Kok-par* setzt ebenfalls hervorragende Reiter voraus und erfordert kräftige, trittsichere Pferde; sie müssen blitzschnell vom Start weg sein, in gestreckten Galopp fallen und außerdem fremde Reiter umgehen können, die ebenfalls die Trophäe, einen ausgestopften Ziegenbalg, vom Pferderücken aus zu ergreifen versuchen.
Im mittelalterlichen Europa waren Turniere ein beliebter Sport. Ursprünglich war ein Turnier ein tödlich endender Kampf zweier Reiter. Von

Lanzenstechen wie zur Ritterzeit. Mit waagrechter Lanze reitet der Reiter gegen das auf einem Pfosten befestigte Ziel an.

Polo ist ein in der ganzen Welt beliebter Sport.

der Mitte des 13. Jahrhunderts an wurden diese Kampfspiele zur Unterhaltung organisiert und auf speziellen Turnierfeldern ausgetragen. »A l'outrance« war ein Zweikampf bis zum Tod, »a plaisance« ein Schaukampf mit stumpfer Lanze, wobei der Gegner vom Pferd gestoßen oder seine Lanze zerbrochen werden mußte. Das Turnierreglement sah strenge Strafen für jene Kämpfer vor, die während des »ritterlichen Spiels« die Pferde ihrer Gegner verletzten. Ein berühmtes Turnier hat sich bis in unsere Tage erhalten. Noch heute findet auf der Piazza Campo in Siena zweimal jährlich der Palio statt, ein berühmtes Volksfest, zu dem ein aufregendes Pferderennen gehört, das ohne Sattel und nach streng lokalen Regeln ausgetragen wird.

Grundausbildung des Reitpferdes

Wie wir gesehen haben, hat sich die Rolle des Pferdes überall in der Welt entscheidend verändert. Früher war es das Haupttransportmittel und ein unentbehrlicher Helfer in der Landwirtschaft, heute dient es hauptsächlich dem Vergnügen. Aber auch dazu muß ein Pferd zuerst ausgebildet werden, denn wie ein Hund oder ein sonstiges Haustier muß es erst lernen, wo sein Platz und wer der Herr ist. Die meisten Tiere können die Menschen, mit denen sie in Berührung kommen, sehr gut einschätzen und nützen sie schamlos aus, wenn man ihnen Gelegenheit dazu gibt. Das Pferd ist da nicht anders. Wenn man allerdings bedenkt, wie wenig Zeit wir am Tag mit dem Pferd verbringen, muß man sich wundern, daß es sich überhaupt an uns erinnert. Eine gewisse Intelligenz kann man deshalb dem Pferd nicht absprechen. Auf jeden Fall hat es ein wunderbares Gedächtnis, und auf diesem Gedächtnis und gewissen Gedankenverbindungen bauen wir auf, wenn wir ihm beibringen, unseren Befehlen zu gehorchen.

Die beste, allgemein und universell anerkannte Methode, ein Pferd als Reitpferd auszubilden, besteht darin, sich geduldig und langsam aufbauend an einen sorgfältig ausgearbeiteten Plan zu halten. Es gibt auch Leute, die – vielleicht aus Gründen der Zeitersparnis – die Arbeit anders angehen. Das, was man das »Einbrechen im Western-Stil« nennen könnte, scheint mehr darauf abzuzielen, ein Pferd dadurch zum Gehorsam zu erziehen, daß man es geistig zerbricht.

Fohlen müssen möglichst früh an den Umgang mit Menschen gewöhnt werden.

Friedlich stehen Stute und Fohlen beisammen.

Wenn ein Cowboy, Gaucho oder Stockman ein Reitpferd braucht, sondert er ein Tier von der Herde ab und bindet es als erstes fest an einen Pfosten. Da das Pferd nicht daran gewöhnt ist, angebunden zu sein, versucht es natürlich, sich zu befreien. Man läßt es sich austoben, bis es vor lauter Erschöpfung stillsteht. Dann werden Sattel und Zaum, meist ohne Gebiß, aufgelegt. Der Reiter steigt auf, das Pferd wird losgebunden, und der Kampf beginnt von neuem. Der Reiter treibt das Pferd im vollen Galopp vorwärts, so daß es noch schneller ermüdet. Es wird jedoch so lange weitergetrieben, bis es auf Kommando des Reiters das Tempo verlangsamt, weil es viel zu erschöpft ist, um irgend etwas anderes zu tun. Wie man sagt, geht nach drei Tagen jedes Pferd ruhig unter dem Sattel.

Ich habe so etwas Ähnliches einmal mit einer alten, ungerittenen Welsh Pony-Stute versucht. Wir konnten sie so lange festhalten, bis wir einen Western-Sattel aufgelegt hatten (Western-Sättel lassen sich leichter auf ein bockendes Pferd auflegen als europäische), dann stieg meine Tochter, die gerade aus Amerika zurückgekommen war, auf und hielt die Bockerei wie ein alter Cowboy durch. Wir machten das an drei aufeinanderfolgenden Tagen, aber irgendeine Verbesserung war nicht festzustellen. Deshalb gaben wir die Idee auf und ritten das Pony nach der üblichen Methode ein.

Wenn man sich nämlich an die üblichen Methoden hält, trägt das viel zum besseren Verständnis des Pferdes und seiner Reaktionen bei. Ein nervöses Pferd ist schwieriger zu behandeln als ein friedliches, zutrauliches. Interessanterweise können diese Charaktereigenschaften sich ganz verschieden weiterentwickeln. Das nervöse Tier wird wahrscheinlich immer besser reagieren und sich insgesamt sehr erfreulich entwickeln, wenn es richtig und mit Freundlichkeit behandelt wird, während aus dem zutraulichen Tier ein ziemlich widersetzlicher Dickkopf werden kann.

Junge Pferde gehören im allgemeinen zu einer von zwei Kategorien:

1. Pferde, die Produkte einer planmäßigen Züchtung sind und von Anfang an den Umgang mit Menschen gewöhnt sind;
2. Pferde, die in Freiheit geboren und aufgewachsen sind. Sie haben wahrscheinlich nur wenige Male in ihrem Leben einen Zaun kennengelernt – wenn sie auf eine andere Weide getrieben wurden, beim Absetzen, oder als sie verkauft wurden.

Gewöhnung an den Menschen

Wie man mit der ersten Gruppe umgeht, um allmählich das Vertrauen aufzubauen, wird im Kapitel »Reiten für Fortgeschrittene« (S. 158) erklärt. Bis sie angeritten werden, sollten solche Pferde schon an den Menschen gewöhnt sein und sich an der Hand führen lassen. Der zweiten Gruppe muß man das alles erst noch beibringen, denn ihre einzige Reaktion auf menschliche Nähe wird Furcht sein. Der erste Schritt besteht darin, wenigstens so weit das Vertrauen des Pferdes zu gewinnen, daß man ihm ein Halfter anlegen kann, womit man doch eine gewisse Kontrolle ausübt. Wahrscheinlich ist das Pferd in einem Lastwagen oder Pferdeanhänger geliefert worden; wenn man es mit Hilfe einiger Leute geschafft hat, es in eine Box zu verfrachten, kann die Arbeit beginnen.

Man kann ein Pferd auf viele Arten zähmen, und meiner Meinung nach hat man in jeder Hinsicht um so mehr Erfolg, je mehr Zeit man sich dabei läßt. Am besten wäre es, wenn man sich jeden Tag mindestens drei Stunden in der Box des Neuankömmlings aufhalten könnte, nur bei ihm steht, leise mit ihm spricht, ihm Gras aus der Hand anbietet und versucht, seine Nüstern, seinen Hals, seine Hinterhand zu berühren (wobei man nie vergessen darf, daß sich das Pferd in Abwehrstellung befindet und seine Hinterbeine mit unwahrscheinlicher Kraft und Schnelligkeit herausfliegen können). Selbst wenn man so viel Zeit und Geduld aufbringt, erzielt man vielleicht kaum einen Fortschritt und muß dann zu etwas strengeren Maßnahmen greifen.

Zuerst sorgt man dafür, daß das Pferd kein Wasser mehr aufnehmen kann außer aus einem Eimer, den man ihm hinhält. Man rührt mit der Hand ein wenig im Wasser herum, damit das Pferd weiß, daß dort Wasser ist. Für das Pferd ist der neue Besitzer ein zweibeiniges Ungeheuer, das es von allem fortgeholt hat, was es kannte und verstand, und es statt dessen Hals über Kopf in eine neue, erschreckende Umgebung verpflanzt hat. Sein Selbsterhaltungstrieb ist jedoch stärker als seine Furcht. Hunger ist kein so zwingendes Gefühl wie Durst, aber man kann es auch mit frischem Gras oder Blättern versuchen, an die es gewöhnt ist und von denen es weiß, daß sie besser schmecken als Heu. Wenn es zum ersten Mal Futter oder Wasser aus der Hand annimmt, hat man die erste Runde gewonnen. Nun braucht man nur noch genauso langsam und ruhig weiterzumachen, bis man das Tier während des Tränkens aus dem Eimer an der Stirn oder am Hals berühren kann.

Wenn das Pferd sich schließlich ohne Anzeichen von Furcht oder Widerstand am Kopf berühren und hinter den Ohren kraulen läßt, kann man daran denken, ihm ein Halfter anzulegen. Dazu legt man das Halfter am besten in den Wassereimer, und wenn das Pferd den Kopf in den Eimer steckt, zieht man den Riemen langsam und unter ständigem beruhigendem Zureden hoch und legt ihn hinter die Ohren. Den Eimer (mit sehr wenig Wasser darin) balanciert man auf dem Knie, wenn man das Pferd oder Pony nicht überhaupt daran gewöhnt hat, daß der Eimer auf dem Boden steht. Es ist durchaus möglich, daß es erst nach mehreren Versuchen klappt. Hat man es endlich geschafft, versucht man, das Pferd zu führen, erst in der Box, dann im Freien vor dem Stall. Danach sind die Trainingsmethoden für beide Gruppen die gleichen.

Einem in Freiheit aufgewachsenen Pony kann man mit Hilfe einer Stange ein Halfter überstreifen. Das Halfterseil wird in der anderen Hand gehalten.

Um einem nervösen Pferd das Halfter anzulegen, versteckt man es auf dem Boden eines Futtereimers. Sobald das Pferd die Nase in den Eimer steckt, zieht man vorsichtig den Genickriemen über den Kopf und schnallt ihn zu.

Von allen Tugenden, die ein Pferdeausbilder besitzen muß, ist – neben seiner Geduld – die Voraussicht oder Intuition die größte. Er muß immer im voraus wissen, was sein Schüler vorhat, um ihm einen Schritt voraus sein zu können. Außerdem muß er freundlich, aber fest sein und sich selbst beherrschen können. Pferde können einen zur Verzweiflung treiben, aber man darf ihre Achtung und ihr Vertrauen nicht durch Wutausbrüche aufs Spiel setzen. Mit ihrem hoch entwikkelten Gedächtnis und Bewußtsein wissen Pferde, die gut behandelt und ausgebildet wurden, sehr genau, wann sie zu weit gegangen sind. Heftige Strafen sind dazu ganz unnötig.
Zu Beginn der eigentlichen Ausbildung wird das Halfter durch den Kappzaum ersetzt. Der Kappzaum ist aus kräftigem Leder, so daß er auch einmal einen Ruck aushält, wenn ein junges Pferd, aus purer Lebensfreude oder wenn es seine Kräfte gegen die seines Ausbilders setzt, einmal an der Longe zieht, die in den Zaum eingeschnallt werden kann. Ein Pferd, das an der Longe nicht ab und zu einen Bocksprung macht, ist seinen Hafer nicht wert. Nachdem man das Vertrauen des Pferdes erworben hat, muß man ihm nun aber auf alle Fälle beibringen, daß der Ausbilder das Sagen hat. Es ist ganz nützlich, dieses Stadium der Ausbildung auf einem abgegrenzten Platz zu beginnen, so daß das Pferd nicht das Gefühl hat, nur einen Sprung von der Freiheit entfernt zu sein, und sich entsprechend zu benehmen versucht. Außerdem kommt es nicht weit, wenn es ihm wirklich gelingt, loszukommen.

Arbeit an der Longe

Das Tier muß nun lernen, an der Longe zu gehen. Die Arbeit an der Longe dient drei Hauptzielen:
1. Das Pferd soll lernen, auf die Stimme des Ausbilders zu hören.
2. Es muß eine gewisse Disziplin entwickeln.
3. Es muß frei vorwärts gehen.
Sehen wir uns die drei der Reihe nach an: Wie schon auf S. 60 beschrieben, gehört die Stimme zu den Hilfen des Reiters, deren Bedeutung oft unterschätzt wird. Ein Reiter kann widersprüchliche Zügel- und Schenkelhilfen geben, aber die Stimme wird er immer richtig einsetzen. Niemand wird »Schritt« sagen, wenn er »Galopp« meint. Auf die Stimme kann sich ein Pferd also immer verlassen.
Disziplin kann auch als Gehorsam gegenüber den Wünschen des Ausbilders bezeichnet werden. Es bedeutet, daß das Pferd sein in diesem Stadium verständliches Verlangen, an andere Dinge zu denken oder im falschen Augenblick herumzuspielen, unterdrücken lernt. Das Pferd soll nicht eingeschüchtert werden, so daß es we-

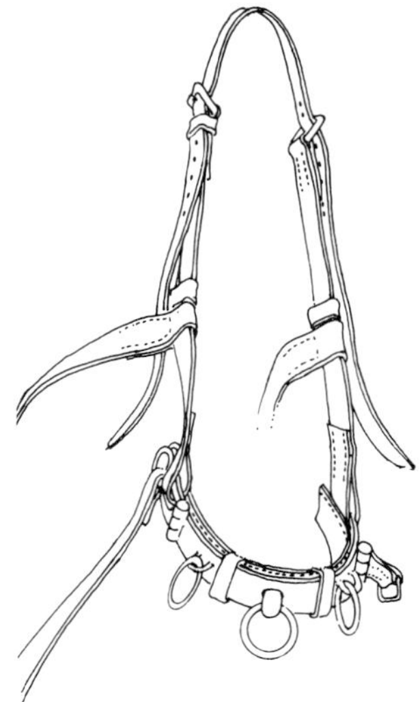
Kappzaum

Pferd mit Kappzaum

Erste Arbeit an der Longe. Ein Helfer führt das Pferd im Kreis, während der Ausbilder in der Mitte seine Anweisungen gibt.

der Interesse noch Spaß an seiner Arbeit hat und keine Äußerung der Lebensfreude mehr wagt, aber wir müssen darauf hinarbeiten, daß es sich leiten läßt und harmonisch mit seinem Reiter zusammenarbeitet.
Freies Vorwärtsgehen bedeutet, daß man in allen Gangarten den Rücken zum Schwingen bringt. Ob ein Pferd den Rücken losgelassen hat, kann man am gelösten Pendeln des Schweifes erkennen.
Die Longe ist zweifellos das beste Mittel, einem Pferd das Vorwärtsgehen beizubringen. Man bringt das Tier dorthin, wo man mit ihm arbeiten will, und läßt es in einem Kreis um sich herumgehen. Es ist gut, wenn zuerst eine zweite Person das Pferd am Kopf führt, während der Ausbilder in der Mitte des Zirkels stehen bleibt.
Der Ausbilder hält die Longe in der Führhand (d.h. in der linken, wenn das Pferd linksherum geht) und in der anderen Hand eine lange Longierpeitsche. Die Spitze der Peitsche zeigt auf die Hinterhand des Pferdes und hält das Pferd auf der Zirkellinie. Die Longierpeitsche ist sehr wichtig, denn das Pferd muß sie respektieren, darf sie aber nicht fürchten. Hält das Pferd an, kann man es damit leicht am Schweif berühren, und wenn es nach innen auf den Ausbilder zuläuft und den Zirkel abschneidet, schüttelt man die Peitsche in Richtung auf die Vorhand oder tippt das Pferd an der Schulter an. Die Stimme fordert denselben Respekt, gibt aber auch Lob und Ermunterung, und jeder Ausbilder hat dafür sein eigenes Vokabular.
Für die ersten Stunden an der Longe wählt man am besten eine Ecke der Reithalle oder des Reitplatzes, so daß zwei Seiten des Zirkels begrenzt sind. Ein wirklich kleiner Platz (etwa 10 auf 10 Meter), womöglich noch auf allen Seiten eingezäunt, wird nach den ersten paar Stunden aber auch zu eng werden. Wenn wir das Pferd zum freien Vorwärtsgehen anregen wollen, muß es genügend Platz dafür haben! Ein nicht allzu beengter Raum gibt dem Pferd das Gefühl der Freiheit, so daß es gern vorwärts geht, wenn es dazu aufgefordert wird. Wenn das Pferd mit der Begleitperson am Zaum auf Befehl des Ausbilders Schritt und Trab geht oder anhält, kann man auf die Führperson verzichten und den Zirkel etwas größer anlegen. Je gehorsamer das Pferd an der Longe geht, desto eher kann man die Arbeit auch in offenes Gelände verlegen. Vernunft ist dabei allerdings oberstes Gebot, denn ein Pferd durch tiefen Schlamm pflügen zu lassen, führt zu nichts, ermüdet Mann und Pferd und ist für ein junges Pferd viel zu anstrengend. Auf offenem Gelände ist es für den Ausbilder schwieriger, das Tier unter Kontrolle zu halten, aber schließlich wollen wir es ja irgendwann auch außerhalb des geschlossenen Platzes reiten, dieser Fortschritt ist also notwendig.
Wenn man das Gefühl hat, daß das Pferd auf den Longenführer achtet und dieser es einigermaßen in der Gewalt hat, kann man einen Gurt – oder auch einen Sattel – auflegen. Zuerst läßt man das Pferd den Gegenstand ausgiebig beriechen und untersuchen. Dann legt man ihn kurz vor dem Widerrist auf den Hals, nimmt ihn wieder ab und legt ihn wieder auf. Nach einigen Versuchen

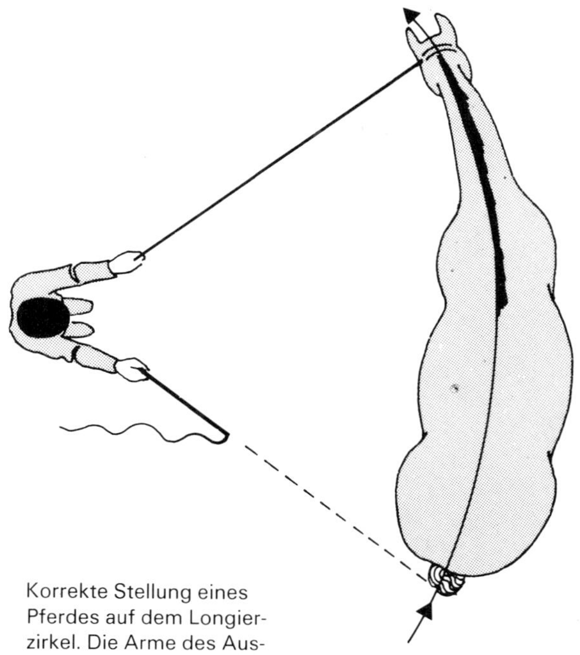

Korrekte Stellung eines Pferdes auf dem Longierzirkel. Die Arme des Ausbilders bilden zusammen mit der Longierleine und der Peitsche ein V.

Immer noch Grundausbildung, zwar ohne Helfer, aber in einer Ecke des Platzes, damit der Zaun auf zwei Seiten als Begrenzung genutzt werden kann

Bevor man den Sattel auflegt, wird das Pferd an den Longiergurt gewöhnt. Elastische Ausbindezügel werden an den seitlichen Ringen des Kappzaums und am Gurt befestigt und geben dem Pferd eine erste Anlehnung.

schiebt man ihn zurück in die richtige Lage. Über den nächsten Schritt kann man sich streiten. Ich persönlich befestige immer einen Brustriemen (eine einfache Schnur tut es auch) vorn am Gurt, damit der Gurt nicht zurückrutschen kann, wenn es mir nicht gelingt, ihn fest genug anzuziehen. Falls der Gurt nämlich wirklich nach hinten rutscht, kann er das Pferd in Panik versetzen, so daß es vollständig außer Kontrolle gerät und sich selbst in einer geschlossenen Halle ernsthaft verletzt.

Ich habe gern noch jemand dabei, wenn ich zum ersten Mal einen Gurt auflege. Einer hält das Pferd am Kopf, streichelt und klopft es zur Beruhigung, und der andere legt den Gurt auf und zieht ihn ziemlich fest an. Dann läßt man das Pferd antreten. Manche finden sich mit dem beengenden Gefühl im Schritt ab, buckeln aber im Trab oder Galopp. Andere explodieren sofort und versuchen, sich von diesem unangenehmen Druck um den Brustkorb zu befreien. Manche wölben den Rücken auf, senken den Kopf und schwingen von einer Seite auf die andere – sie sind »sattelstolz«, wie man früher sagte. Wenn das Pferd schon an eine Decke gewöhnt ist, wird es den Gurt wahrscheinlich ganz natürlich finden. Ehrlich gesagt, habe ich es ganz gern, wenn sich ein Pferd ein bißchen wehrt. Es gibt einem das Gefühl, daß es etwas Besonderes hat – Mut vielleicht.

Da sich ein Sattel nicht so leicht befestigen läßt, verwende ich lieber einen Gurt. Außerdem würde ich einen guten, teuren Sattel nicht gern der Gefahr aussetzen, daß das Pferd darauffällt und der Sattelbaum bricht oder der Sattel sonst irgendwie beschädigt wird. Viele Leute sind der Ansicht, daß das Pferd ja zu guter Letzt doch früher oder später einen Sattel tragen muß, es sich also genausogut gleich daran gewöhnen kann. Das ist auch richtig, aber erst nach zwei oder drei Tagen. Ich habe auch einen alten Sattel vom Ponytyp, den »Einreitsattel«, und wenn ich mit einem besonders schwierigen Tier arbeite, lasse ich ihn manchmal sogar nachts im Stall drauf. Es macht nichts, wenn sich das Pferd damit wälzt, ihn anknabbert oder sonst etwas damit anstellt.

Gewöhnung an das Gebiß

Wenn sich das Pferd in allen Gangarten an den Sattel gewöhnt hat, kommt die Trense an die Reihe. Einem Pferd zum ersten Mal das Gebiß ins Maul zu schieben, ist nie ganz einfach, aber es muß nun einmal getan werden. Es gibt verschiedene Methoden, ein Tier ans Gebiß und an die Zügelhilfen zu gewöhnen. Früher war es üblich, dem Pferd ein gebrochenes Spielgebiß ins Maul zu legen, die Zügel seitlich am Sattelgurt zu befestigen und es so ausgebunden drei Tage stehen zu lassen. Nach diesen drei Tagen war es »ans Gebiß gewöhnt« – jedenfalls in der Theorie. Ich denke mit Schrecken an das erste Pferd zurück, das ich auf diese Art »angeritten« habe; allerdings kann ich mich nicht erinnern, daß ihm die Methode ein schlechtes Maul eingetragen hätte. Trotzdem finde ich auch, daß es eine gedankenlose Art war, ein Pferd mit einer zumindest anfangs unangenehmen Empfindung vertraut zu machen.

Heute richte ich mich in meinen Methoden nach dem Pferd, das ich in Arbeit habe. Eine allgemein gültige Regel besagt: »Je dicker das Mundstück, desto weicher das Gebiß«, aber ich glaube, daß ein großes, dickes Gebiß für ein Pony nicht besonders angenehm sein kann, wenn es dadurch gezwungen ist, das Maul zu weit zu öffnen. In solchen Fällen wickle ich ein Stück Tuch, das ich mit verdünntem Sirup getränkt habe, um das Gebiß. So hat das Pferd etwas zu kauen und wird dadurch ermutigt, mit dem Gebiß herumzu-

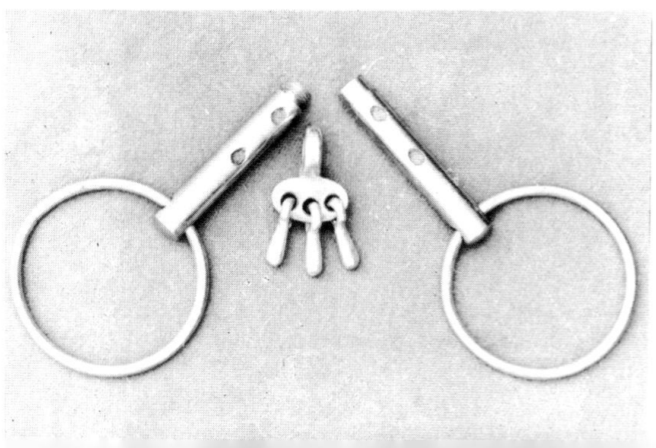

Trense mit Spielanhänger für das erste Auftrensen

spielen, denn es muß damit spielen, wenn es ein empfindliches Maul bekommen soll. Für große Pferde verwende ich entweder ein Spielgebiß mit gerader Stange oder gebrochenem Mundstück. Durch die Spielanhänger vermindert sich der Druck auf die Zunge, und viele Pferde mögen sie gern. Das auf S. 132 unten dargestellte Gebiß geht auf eine französische Trense zurück, bei der Spielanhänger vom mittleren Ring herunterhängen. Dieses Gebiß verwende ich erst seit zwei Jahren und nur für große Pferde. Bis jetzt hatte ich Erfolg damit. Sie scheinen es gern anzunehmen und spielen damit.

Auf einem mir bekannten Gestüt verwendet man dünne Knebeltrensen mit gerader Stange, die man etwa zehn Minuten im Maul läßt, während das Pferd Heu oder ähnliches knabbert. Ich habe immer Befürchtungen, daß sich das Pferd angewöhnen könnte, die Zunge über das Gebiß zu nehmen, wenn es zu lange im Maul bleibt und unangenehm wird. Ich lasse das Gebiß nicht länger als fünf Minuten im Maul, etwa während des Putzens, und wiederhole das mehrmals am Tag, aber nie länger als fünf Minuten, so daß das Pferd sich an das Gefühl gewöhnt, etwas im Maul zu haben. Am nächsten Tag longiere ich es mit dem Gebiß, wobei der Zügel jedoch noch am Kappzaum, nicht am Gebiß befestigt ist. Der Kappzaum verhindert, daß es einen Ruck im Maul gibt, und allmählich lernt das Pferd, das Gebiß ohne größeres Theater auf der Zunge zu halten.

Wenn ein Pferd immer wieder die Zunge übers Gebiß nimmt, kann eine Wilson-Trense mit gerader Stange Abhilfe schaffen. Die beiden Extraringe werden in die Backenriemen eingeschnallt und von einem verstellbaren Lederriemen über dem Nasenrücken zusammengehalten. Dadurch wird das Gebiß vorn im Maul gehalten und übt nur ganz wenig Druck auf die Zunge aus. Nach ein paar Wochen geht das Pferd meist ohne jede Schwierigkeit auch mit einem anderen Gebiß, z. B. einer Olivenkopftrense.

Bei der ersten Bekanntschaft mit dem Gebiß muß man sehr darauf achten, das Pferd nicht zu verletzen oder zu erschrecken. Das Gebiß darf z. B. nicht die Lippen einzwicken, ein Schmerz, den das Pferd sofort mit dem Gebiß verbinden würde. Am besten streift man dem Pferd zuerst das Zaumzeug über den Kopf und befestigt dann – mit einer Hand über dem Nasenrücken, damit es den Kopf nicht hochwerfen kann – das Gebiß am rechten Backenriemen. Dann schiebt man es ganz sanft durchs Maul und befestigt es am linken Backenriemen. Zum Abtrensen legt man die linke Hand auf den Nasenrücken und streift mit der rechten das Genickstück über die Ohren. Man schiebt den linken Daumen in die Maulspalte und öffnet dem Pferd so das Maul, damit das Gebiß leicht herausfallen kann, ohne an den Zähnen hängenzubleiben, was das Pferd sehr erschrecken könnte.

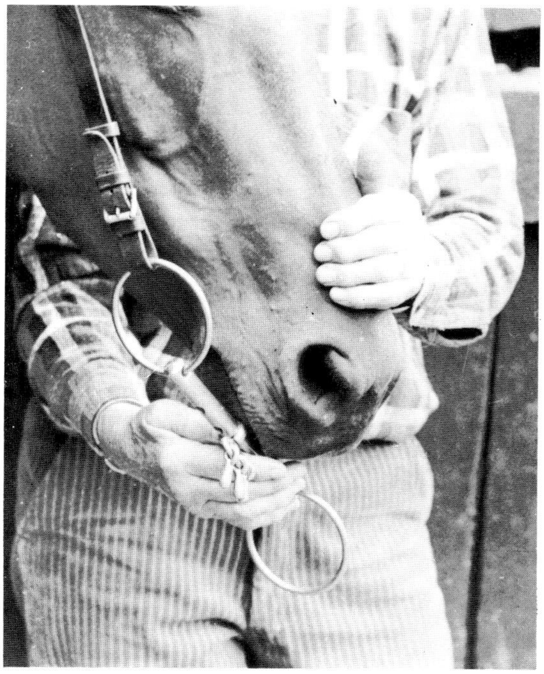

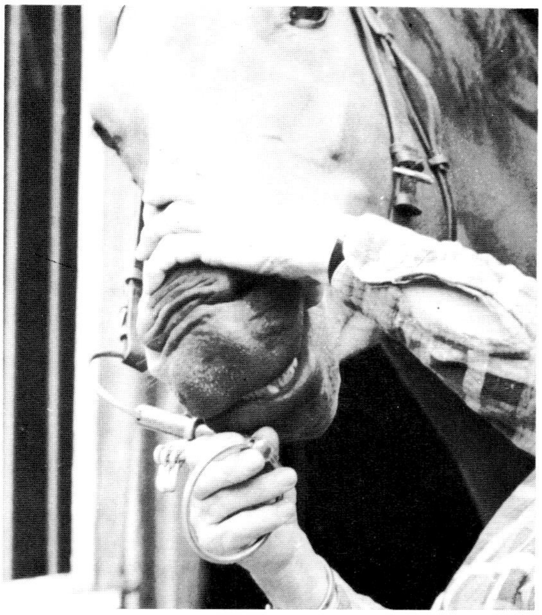

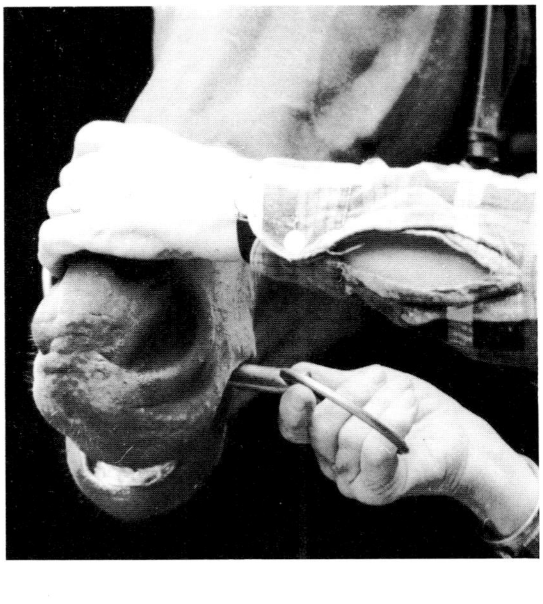

So geht man beim ersten Auftrensen vor: Das Gebiß wird nur in den rechten Trensenring eingeschnallt und mit der rechten Hand festgehalten. Die linke Hand liegt auf der Nase des Pferdes. Das Maul des Pferdes wird vorsichtig geöffnet. Das Gebiß wird ins Maul geschoben, wobei man aufpassen muß, daß es nicht gegen die Zähne schlägt.

Ausbindezügel

Der nächste Schritt besteht darin, Ausbindezügel am Sattelgurt zu befestigen, so daß das Pferd sich daran gewöhnt, von einem Zügel festgehalten zu werden. Die Ausbindezügel werden zuerst in die Ringe des Kappzaums eingeschnallt, und dann kann man die Zügel am Gebiß befestigen, wobei sie zunächst noch so lang geschnallt werden, daß sie nicht anstehen. Es gibt starre und elastische Ausbindezügel, die beide ihre Vor- und ihre Nachteile haben. Im Augenblick benütze ich für die fünf Pferde, die gerade bei uns angeritten werden, beide Arten, je nach Pferd. Im allgemeinen verwende ich bei Pferden, die gut mitarbeiten, gern elastische Zügel, weil mir scheint, daß sie durch ihre Elastizität der Hand eines guten Reiters ähneln – weich und nachgebend. Sie gestatten dem Pferd auch mehr Bewegungsfreiheit in Kopf, Hals und Rücken. Bei einem Pferd, das sich auf den Zügel legt, würde ich jedoch feste Ausbindezügel nehmen. Wenn ein Pferd unter dem Reiter ständig bukkelt und korrigiert werden muß, binde ich es mit starren Ausbindern kreuzweise über dem Widerrist aus, damit es den Kopf nicht nach unten nehmen kann. Das könnte man meiner Meinung nach einen Korrekturzügel nennen. Sehr viele Leute benützen während der ersten Ausbildungszeit mit viel Erfolg starre Ausbindezügel. Ich muß zugeben, daß sie eine ruhige Kopfhaltung begünstigen, aber ich finde auch, daß sie die freie Bewegung von Kopf und Hals, ja des ganzen Körpers hemmen. Bei Pferden mit schweren Köpfen habe ich dagegen auch festgestellt, daß sie durch das Longieren mit starren Ausbindezügeln eine bessere Kopfhaltung bekommen. Daraus geht schon hervor, daß der Ausbilder sich über seine Ziele im klaren sein muß. Anfänglich werden die Ausbinder so eingeschnallt, daß sie in gerader Linie vom Maul zum Sattelgurt oder Longiergurt verlaufen und leicht anstehen. Im Anfangsstadium der Ausbildung soll ein Pferd den Kopf etwa in Widerristhöhe tragen. Im weiteren Verlauf der Ausbildung müssen die Zügel höher kommen und kürzer werden, so daß sie schließlich in die Sattelringe oder die Bügelaufhängung eingeschnallt werden. Die Zügel haben nun etwa die Position, die ihnen eine tiefgetragene Reiterhand geben würde.

Neben der Frage, ob starre oder elastische Ausbinder besser sind, gibt es auch Meinungsverschiedenheiten darüber, ob bei der Arbeit auf dem Zirkel der innere Zügel kürzer geschnallt sein soll als der äußere. Die Befürworter des verkürzten inneren Zügels argumentieren, daß der

Im Trensenring und am Gurt befestigte Ausbindezügel

An der Steigbügelaufhängung befestigte Ausbindezügel. Bei einem mit tiefer Hand reitenden Reiter hätten die Zügel eine ähnliche Stellung.

Reiter seinem Pferd auf dem Zirkel eine gewisse Stellung abverlangt, die es auch an der Longe einnehmen sollte. Das leuchtet mir ein. Die Gegenseite ist für gleichlange Zügel, weil nur dann die Hinterbeine richtig durchschwingen können. Für mich scheint das darauf hinauszulaufen, daß der Ausbilder das Pferd ständig beobachten und Länge und Stellung der Zügel jeweils so einrichten muß, daß er Kopf- und Halshaltung, die Arbeit der Hinterhand oder die Bewegung entsprechend korrigieren kann.

Noch immer in der Ecke des Platzes, aber schon unter dem Sattel. Die Longe ist im Trensenring befestigt.

Das Longieren auf einem freien Platz gibt dem Pferd das Gefühl der Freiheit.

Erstes Aufsitzen

Das Pferd wird ständig weiter an der Longe gearbeitet, um ganz allgemein seinen Gang, sein Gleichgewicht und seinen Gehorsam gegenüber Stimmhilfen zu verbessern. Bald wird der Ausbilder das Gefühl haben, daß das Pferd nun auch geritten werden kann. Das eigentliche Anreiten beginnt damit, daß man das Pferd an einen Druck auf den Widerrist gewöhnt. Dazu drückt man einfach mit der Hand auf den Widerrist. Dann hüpft man, immer noch mit der Hand auf dem Widerrist, neben dem Pferd auf und ab, anfangs am besten im Stall, wenn das Pferd von der Arbeit zurückkommt. Gurt oder Sattel werden abgenommen, ein Assistent bleibt beim Kopf des Pferdes stehen, um es zu klopfen und zu beruhigen, und der Ausbilder hüpft ein paarmal neben dem Pferd auf und ab, bis es sich an die Bewegung gewöhnt hat. Dann stellt man sich (mit dem Assistenten immer noch am Pferdekopf) auf einen Strohballen oder hebt ein Bein an, so daß man sich über die Schulter des Pferdes lehnen

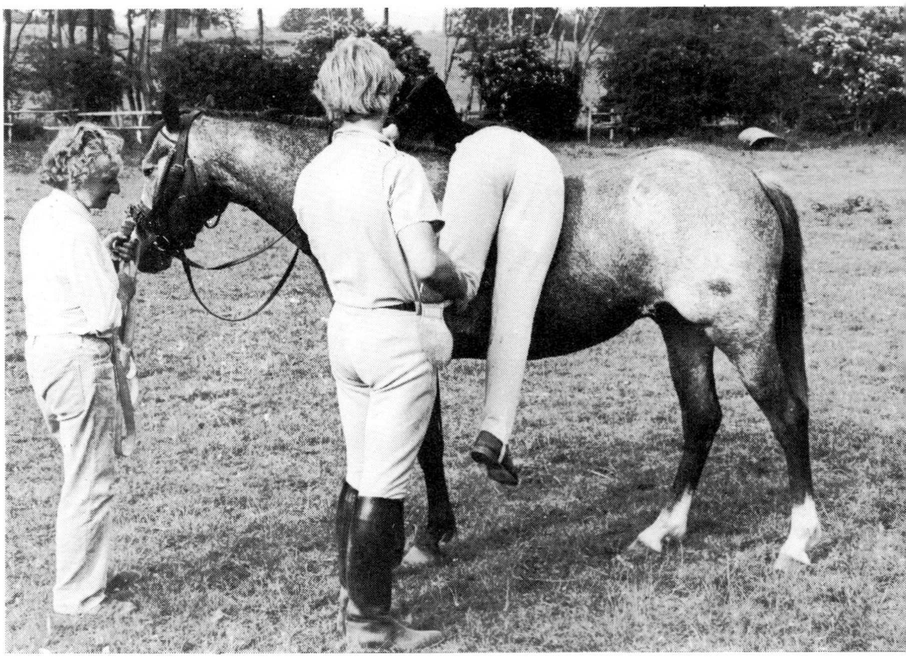

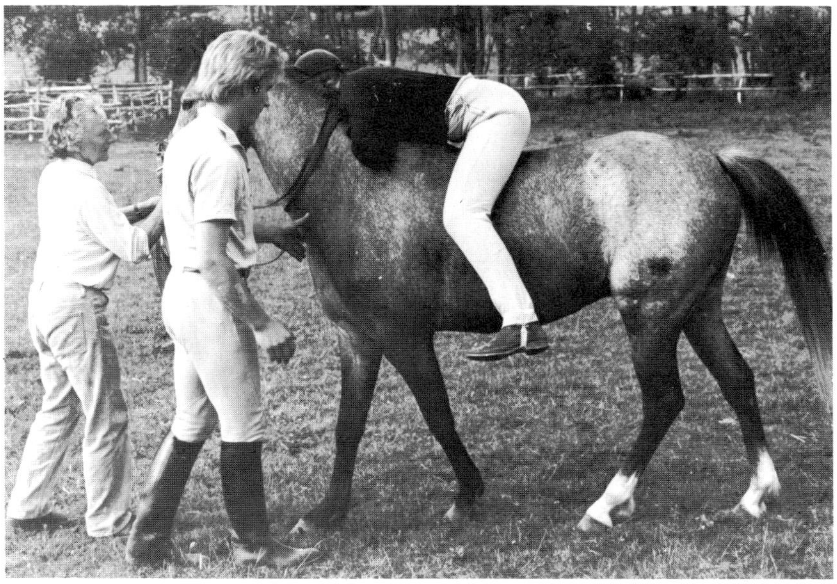

Erstes Aufsitzen

Oben: Die Ausbilderin hält das Pferd am Kopf und beruhigt es, ein Helfer leistet Hilfestellung für den Reiter, der sich über den Rücken des Pferdes lehnt.

Mitte: Der Reiter ist oben, lehnt sich aber weit nach vorn, damit das Pferd nicht vor seinem Schatten erschrickt.

Unten: Die Ausbilderin führt das Pferd mit Reiter, während ein Helfer dafür sorgt, daß dieser nicht ins Rutschen kommt.

kann. Das wiederholt man viele Male, und so lernt ein Pferd, das Reitergewicht zu akzeptieren.

Manche Leute setzen sich in der Box zum ersten Mal auf ein Pferd. Ich persönlich habe lieber ein bißchen mehr Platz; mir sind die Stallwände etwas zu nahe an meinem Kopf. Manche Leute sitzen auch gleich mit Sattel auf, aber ein Sattel kann verrutschen oder quietschen, wenn sich der Reiter hinsetzt, und das genügt, um ein nervöses Tier zu erschrecken. Ein menschlicher Körper ist weicher und warm und deshalb vermutlich für das Pferd viel angenehmer.

Das Pferd wird dann dazu ermuntert, mit seinem Reiter ein paar Schritte zu gehen, wobei es von jemandem geführt wird. Dann hält man wieder an und lobt und klopft es ausgiebig zur Belohnung. Dann reitet man erneut an. Wenn das Pferd sich mit Reiter ruhig im Schritt führen läßt, kann man dasselbe auch mit Sattel versuchen. Es ist wichtig, alle Eventualitäten zu berücksichtigen. So ist es z. B. recht nützlich, wenn das Pferd vorher mit Sattel und hängenden Steigbügeln, die gegen seine Flanken stoßen, longiert wurde. Wenn später einmal der Reiter einen Bügel verliert und dieser dem Pferd in die Seite schlägt, ist das dann keine ganz neue Erfahrung für das Pferd, und es braucht nicht herumzubocken, um die Störung loszuwerden. Das Hauptziel besteht nun darin, daß der Reiter oben bleiben muß, denn wenn ein junges Pferd erst einmal gelernt hat, daß man einen Reiter auch loswerden kann, tut es das

wahrscheinlich immer wieder, bis es zu einer Untugend geworden ist. Deshalb muß man langsam vorangehen, bis das Pferd sich wirklich an das Reitergewicht gewöhnt hat.
Wie bald man aufsitzen kann, hängt davon ab, wie schnell das Pferd Disziplin und Gleichgewicht gelernt hat. Als Beispiel kann ich ein kleines, dreijähriges Pony anführen, das ich während eines Kurses über das Anreiten von jungen Pferden als Demonstrationsobjekt benutzte. Die Stute war bisher nur an der Hand geführt worden. Ich klopfte ihr den Hals, hüpfte ein paarmal auf und ab, lehnte mich über ihren Rücken und schwang mich dann hinauf. Nach zehn Minuten konnte sie mit mir auf dem Rücken durch die Reithalle geführt werden - aber was genau hatte ich erreicht? Ich hatte bewiesen, daß man schon sehr früh aufsitzen kann. Doch bevor ein Pferd nicht Disziplin und natürliches Gleichgewicht gelernt hat, ist es eigentlich zu nichts nütze, auf seinem Rücken zu sitzen. Gewicht und Vorhandensein des Reiters stören seine Konzentration und seine Arbeit mit dem Ausbilder, und sowohl das natürliche Gleichgewicht als auch der Gang leiden mit Sicherheit darunter.

Arbeit am langen Zügel

Der nächste Schritt besteht darin, daß ein Reiter das Pferd ohne Longe reitet, während der Ausbilder dabeisteht und mit Longierpeitsche und Stimme aufmunternd und korrigierend darauf achtet, daß das Tier gut vorwärtsgeht. Diese Ausbildungsstufe ist viel einfacher zu bewältigen, wenn das Pferd vorher am langen Zügel gearbeitet worden ist, eine Ausbildungsart, von der ich noch nicht gesprochen habe. Wie der Name sagt, geht das Pferd an zwei langen Zügeln, die man anfangs in die seitlichen Ringe des Kappzaums einschnallen kann. Früher war die Arbeit am langen Zügel sehr beliebt, aber dann kam sie aus der Mode, wahrscheinlich deshalb, weil sie nicht ganz ungefährlich ist. Es gab sogar eine Theorie, daß man allein durch die Arbeit an der Longe mit Ausbindezügeln einem Pferd die Zügelhilfen beibringen könnte. Nach meiner Erfahrung lernten die Pferde jedoch langsamer, wenn ich ihnen die Zügelhilfen nicht vorher vom Boden aus beigebracht hatte.
Es ist leider wahr, daß sich bei der Arbeit am langen Zügel leicht Fehler einschleichen können, wenn die Zügel nicht in der Hand eines erfahrenen Ausbilders liegen. Wenn die Zügel am Gebiß statt am Kappzaum befestigt sind, leidet das Pferdemaul wahrscheinlich genauso, wie wenn man ein junges Pferd an der Hand vorführt und den Vorführzügel oder Strick am Gebiß befestigt. Auch bei der Arbeit auf dem Zirkel kann sich das Pferd leicht verstellen, aber diese Fehler lassen sich genausogut auch vermeiden. Den ersten Fehler kann man dadurch ausschalten, daß man die Zügel in die seitlichen Ringe des Kappzaums bzw. in den Nasenriemen vor den Backenstücken einschnallt. Für den Anfang wird das Pferd von einem Assistenten an der Longe geführt, die im mittleren Ring des Kappzaums befestigt ist; der Ausbilder hält die langen Zügel.

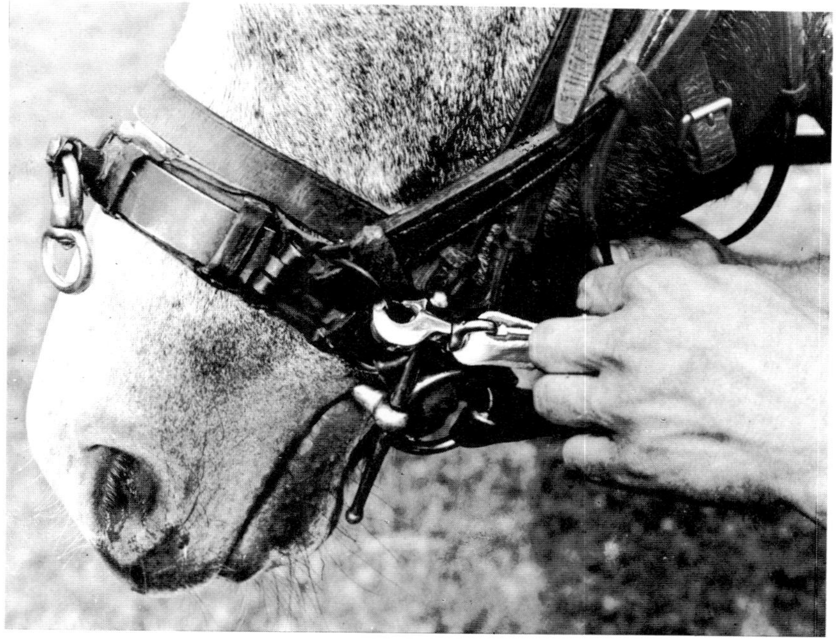

Oben: Zu Beginn der Arbeit am langen Zügel werden die Zügel an den seitlichen Ringen des Kappzaumes befestigt.

Mitte: Die Steigbügel werden am Gurt angebunden und die Zügel durch sie hindurchgeführt.

Unten: Wenn ein Experte die Zügel hält, können sie auch in die Trensenringe eingeschnallt werden. Unsachgemäße Handhabung schadet dem Pferdemaul.

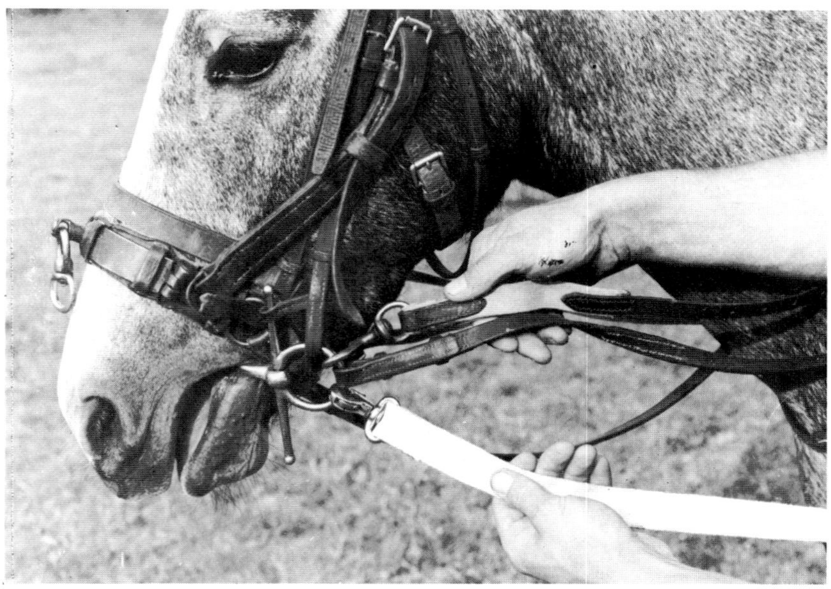

Um die falsche Stellung des Pferdes auf dem Zirkel zu vermeiden, würde ich empfehlen, sich auf die Arbeit auf geraden Linien mit Abwendungen nach links und rechts und ganzen Paraden zum Halten zu beschränken, wenn man nicht über genügend Erfahrung verfügt. Bei fortschreitender Erfahrung mit diesen »Fahrleinen« kann man sich - mit einem ausgebildeten Pferd - auch an die Arbeit auf dem Zirkel wagen. Um die Arbeit am langen Zügel zu lernen, muß man unbedingt ein bereits ausgebildetes, erfahrenes Pferd zur Verfügung haben, das in diesem Falle die Rolle des Ausbilders übernimmt.

Es ist heute sehr wichtig, ein junges Pferd an den Straßenverkehr zu gewöhnen. Wenn das Pferd schon am langen Zügel geht, kann man es am langen Zügel mit auf die Straße nehmen, allerdings nur in Begleitung einer zweiten Person. Man beginnt mit einer ruhigen Nebenstraße, und die Zügel werden zur Schonung des Mauls am Nasenriemen befestigt. Ein junges Pferd kann sich sehr leicht erschrecken; oft genügt es schon, daß es aus der vertrauten Umgebung herausgerissen ist, um es für jedes fremde Geräusch oder jeden unbekannten Gegenstand überempfindlich zu machen. Eine Person führt das Pferd mit einer Longe, die im mittleren Ring des Kappzaums eingeschnallt ist, geht in Kopfhöhe neben ihm und beruhigt es mit freundlichem Zuspruch, während der Ausbilder mit den langen Zügeln hinterhergeht. Dadurch wird sowohl die Arbeit am langen Zügel als auch die Verkehrssicherheit des Pferdes verbessert.

Ein Pferd, das nicht vorher am langen Zügel gearbeitet wurde, reitet man am besten hinter einem ruhigen Führpferd aus, damit es mehr Vertrauen hat. Nach einiger Zeit kann man es dann auch vorausgehen lassen. Das Longieren und die Arbeit auf dem Reitplatz oder in der Reithalle darf aber darüber nicht vernachlässigt werden, damit sich allgemein der Ausbildungsstand verbessert. Beim Ausritt läßt man das Pferd öfter anhalten oder führt Wendungen aus, damit auch hier die Ausbildung nicht ganz zu kurz kommt. Das Ziel muß sein, das Pferd von jedem Ritt besser nach Hause zu bringen, als es aus dem Stall gegangen ist.

Arbeit am langen Zügel, anfangs mit einem Helfer, der das Pferd führt

Später wird das Pferd ohne Helfer auf der Geraden am langen Zügel gearbeitet.

Die Hilfen

Sobald sich das Pferd an das Reitergewicht gewöhnt hat, muß es die verschiedenen Hilfen erkennen und beantworten lernen, mit denen es zu Tempo- und Richtungswechseln aufgefordert wird. Es kennt die Stimme des Ausbilders genau, weil es sie vom ersten Stadium der Ausbildung an ständig gehört hat. Es hat sich auch automatisch an die »passiven« Hilfen gewöhnt, die vorhanden sind, sobald es sich mit einem Reiter auf dem Rücken bewegt: das Gewicht des Reiters und sein Sitz im Sattel. Ein gutes Einfühlungsvermögen des Reiters ist deshalb von äußerster Wichtigkeit. Er muß korrekt, aber losgelassen im Sattel sitzen und die Schenkel ruhig halten; sie dürfen nicht heftig gegen den Pferdeleib klopfen. Das Pferd muß das Gefühl bekommen, daß das Gewicht auf seinem Rücken, der Kontakt mit seinem Maul und die zu beiden Seiten baumelnden Schenkel völlig harmlos sind und ihm in keiner Weise Schmerz zufügen.

Longiert man ein Pferd mit Reiter, wird das Kommando zur Änderung der Gangart vom Longenhalter mit Stimme und Peitsche gegeben. Deshalb kann der Reiter die Zügel locker lassen und sich darauf konzentrieren, die richtigen Gewichts- und Schenkelhilfen zu geben, während das Pferd die Kommandos befolgt. Kommandiert der Ausbilder z.B. den Übergang vom Schritt zum Trab, unterstützt der Reiter das Kommando durch die entsprechenden Hilfen, d.h., er spannt das Kreuz an und legt vermehrt die Schenkel an. Auch beim Kommando »Ga-

Arbeit an der Doppellonge auf dem Zirkel. Der innere Zügel läuft durch den Steigbügel, der äußere liegt oberhalb des Sprunggelenks.

Am langen Zügel (mit einem Helfer, der das Pferd führt) kann man ein Pferd sehr gut an den Verkehr gewöhnen.

lopp« gibt der Reiter die entsprechenden Hilfen. Wenn das Pferd immer wieder die Hilfen spürt, sobald es den Kommandos folgt, fängt es ganz von selbst an, diese Hilfen mit den Tempoänderungen in Verbindung zu bringen. Ohne die Longe gibt der Reiter allein die entsprechenden Hilfen, wenn er die Gangart oder die Richtung wechseln will, und dann werden die Hilfen eher aktiv als passiv.

Hilfen werden immer ruhig und allmählich gegeben, niemals heftig und plötzlich. Eine plötzliche, heftige Hilfe hat fast immer eine plötzliche, heftige Bewegung des Pferdes zur Folge, und das führt nahezu unvermeidlich zu einem Ruck im Maul. Eine allmähliche Hilfengebung ist besonders dann wichtig, wenn das Pferd zum Halten gebracht werden oder seine Geschwindigkeit verlangsamt werden soll (z.B. vor einer Wendung). Niemals darf man versuchen, das Pferd dadurch abzubremsen, daß man sich am Zügel festzieht, d.h. einen ständigen, toten Druck auf das Pferdemaul ausübt. Die Antwort des Pferdes darauf wird sein, daß es davonzulaufen versucht, um diesem unangenehmen Druck zu entgehen. Statt dessen zieht man die Zügel leicht an und gibt noch einige Male kurz wieder nach, während man Gewicht und Schenkel einsetzt und das Pferd mit der Stimme auffordert, langsamer zu werden.

Wenn das junge Pferd die Gewichts- und Schenkelhilfen wirklich zu verstehen beginnt, kann man sich mehr darauf konzentrieren, über die Zügel Kontakt zum Pferdemaul aufzunehmen. Das Pferd selbst muß diesen Kontakt suchen. Eine freie Vorwärtsbewegung ist nur möglich, wenn die Hände korrekt gehalten werden und besonders der Daumen die richtige Stellung hat. Die Hilfen, die ein freies Vortreten des Pferdes ermöglichen, kommen aus dem Ellenbogen, und dieser kann nur richtig arbeiten, wenn die Hände so aufrecht getragen werden, daß der Daumen obenauf liegt. Nur dann ist das Ellenbogengelenk losgelassen und läßt die Tritte nach vorn herausschwingen. Wird die Hand gekippt, so daß der Daumen seitlich zu liegen kommt, wird der Ellenbogen steif, und der Druck, den die Zügel auf das Maul ausüben, hemmt den freien Vortritt. Von Brian Young, dem früheren britischen Nationaltrainer, habe ich einmal einen sehr guten Tip erhalten: Der Daumennagel muß den Zü-

Ein Pferd geradeaus zu reiten, ist ein wichtiger und oft gar nicht so leichter Bestandteil der ersten Ausbildung.

Das Pferd muß immer auf die Zirkellinie eingestellt bleiben und darf weder nach innen noch nach außen drängen.

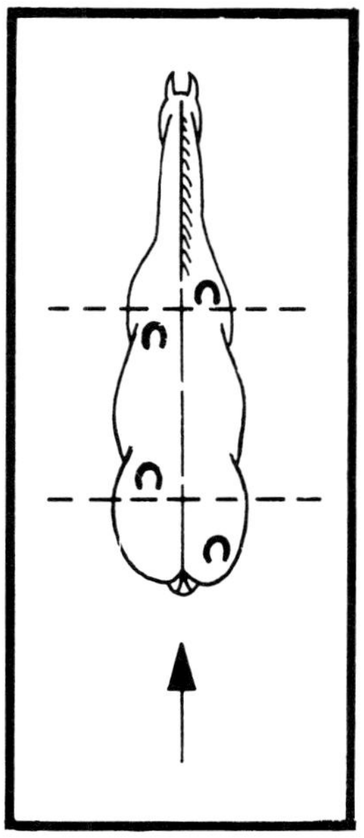

Die Hinterhufe müssen genau in die Spuren der Vorderhufe treten, das Gewicht des Pferdes muß gleichmäßig verteilt sein.

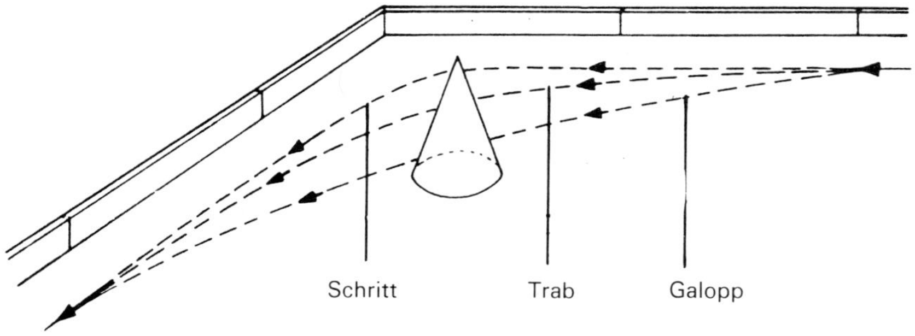

Das Pferd darf die Ecken nicht abkürzen, sich aber auch nicht übertrieben biegen.

gel auf dem Zeigefinger halten. Die Berührung ist dann sehr leicht, und leichte, mitgehende Hände sind extrem wichtig für einen guten Reiter. Mit einer schlechten Hand ist ein Reiter nur halb soviel wert, wie er vielleicht sein könnte, und er kann viele gute Pferde verderben.

Will man mit dem Pferd eine Ecke durchreiten, kann man zuerst das nachahmen, was das Pferd an der Longe gelernt hat. Man bleibt tief im Sattel sitzen und bewegt den inneren Arm seitwärts vorwärts, so daß das Pferd auf einen nicht zu engen Kreisbogen geführt wird. Den äußeren Zügel läßt man anstehen, d.h., er bewegt sich nicht. Wenn sich das Pferd daran gewöhnt hat, werden diese Hilfen durch die aktive, diagonale Hilfengebung ersetzt. Der innere Schenkel (d.h. der Schenkel der Seite, nach der man die Wendung ausführen will) liegt mit leichtem Druck an, der äußere Schenkel mit vermehrtem Druck etwas hinter dem Gurt, während der innere Zügel nachgibt und der äußere Zügel minimal vorgeht. Die Hinterbeine müssen genau denselben Bogen beschreiben wie die Vorderbeine.

Versucht das Pferd, in den Zirkel hineinzulaufen, drückt man es mit dem inneren Schenkel am Gurt wieder nach außen und geht mit dem äußeren Zügel um ein weniges nach außen. Gleichzeitig wird das Tier mit der inneren Hand, die sich nicht mehr bewegt, wenn es die richtige Stellung erreicht hat, auf der Zirkellinie gehalten.

Das Hauptziel in diesem Stadium der Ausbildung besteht darin, daß das Pferd die vier natürlichen Hilfen - Stimme, Gewicht, Schenkel und Zügel - von Grund auf verstehen lernt und im Schritt, Trab und Galopp frei und taktmäßig vorwärtsgeht. Es muß sich korrekt stellen lassen und schenkelgehorsam sein. Gearbeitet wird auf geraden Linien, durch die ganze oder die Länge der Bahn und auf Zirkeln verschiedener Größe. Häufige Tempo- und Richtungswechsel sowie dann und wann ein Wechsel der Umgebung, wenn es sich ermöglichen läßt, verhindern, daß

Durch das Traben auf abfallendem Gelände lernt das Pferd, seine Tritte zu verlängern.

das Pferd sich langweilt. Man sollte nie zu lange am gleichen Platz arbeiten. Mit kurzen und häufigen Lektionen erreicht man wesentlich mehr. Es muß gleichmäßig auf beiden Händen gearbeitet werden, damit sich nicht eine »gute« und eine »schlechte« Seite entwickeln können. Zu dieser Arbeit mit dem Pferd braucht man immer eine sachverständige Person, die einen beobachtet und berät. Niemand kann immer für sich allein arbeiten; es schleichen sich ganz unbemerkt Fehler ein. Das Pferd mag sich auf der einen Seite besser biegen als auf der anderen, und solche Dinge sieht man manchmal besser vom Boden aus. Eine Hilfe ist es auch, selbst Unterricht auf Pferden zu nehmen, die besser und weiter ausgebildet sind als das Pferd, das man in Ausbildung hat. Man bekommt dann eher ein Gefühl dafür, wie sich die verschiedenen Bewegungen anfühlen müssen, wenn sie von einem Pferd ausgeführt werden, das sie beherrscht. Jedes Pferd ist anders und muß im Verlauf seiner Ausbildung wieder ein bißchen anders angefaßt werden. Manche Pferde reagieren auf Schmeicheln, manche muß man überreden, und manche muß man ein bißchen härter anfassen, bevor sie einen respektieren. Es ist vor allem sehr wichtig, daß das Pferd von der Überlegenheit des Reiters überzeugt ist. Damit muß man vom ersten Tag an beginnen, und die Überlegenheit darf nie verlorengehen.

Man sollte immer versuchen, den Gang des Pferdes zu verbessern. Das erreicht man am besten auf einem leicht abfallenden, aber ebenen Boden. Man trabt abwärts und treibt das Tier dabei gut mit dem Kreuz vorwärts, damit es seine Tritte verlängert. Um den abfallenden Boden zu erreichen, muß es die Vorderbeine strecken, und nach einiger Zeit wird es die Tritte automatisch verlängern. Es wird ihm allmählich Spaß machen, die Vorderbeine zu strecken und aus der Schulter heraus zu arbeiten. Auch hier lernt es ganz von selbst die Hilfen zum Verlängern der Tritte. Ein Klopfen auf den Hals, ein lobendes Wort, zeigen dem Pferd, daß seine Versuche, den Reiter zufriedenzustellen, auch gewürdigt werden.

Vom Beginn der Ausbildung an muß das Pferd immer wieder geschmeidig gemacht werden.

Schritt und Trab an der Longe über am Boden liegende Stangen verbessern Gleichgewicht und Takt des Pferdes.

Das Springen

Von diesem Ausbildungsstand an ändert sich das Training eines Pferdes je nachdem, was aus ihm einmal werden soll – ein Showpferd oder ein Vielseitigkeitspferd, ein Springpferd oder ein Reitpferd für alle Zwecke. Trotzdem sind die meisten Leute dafür, daß ihr Pferd zumindest kleinere Hindernisse mit Anstand bewältigen kann. Ich habe das Springen bisher absichtlich nicht erwähnt, weil es sehr viele Leute nicht gut finden, wenn sehr junge Pferde schon früh gesprungen werden. Ich muß allerdings zugeben, daß ich persönlich ganz gern ausprobiere, wie sich ein Pferd über am Boden liegenden Stangen benimmt, ob es von Natur aus geschickt ist und über eine gute und saubere Beintechnik verfügt.

Für diesen Zweck dürfen nur wirklich gute, schwere Stangen verwendet werden. Leichte Stangen rollen weg, wenn das Pferd dagegen tritt. Man läßt das Pferd zuerst im Schritt über eine Stange gehen, wie es mag, aber wenn man allmählich mehrere hintereinander legt, muß man darauf achten, daß sie den richtigen Schrittabstand voneinander haben. Wenn das Pferd ganz selbstverständlich darübergeht, ohne sie zu streifen, kann man es im Trab versuchen. Dadurch verbessern sich bei jedem Pferd Gleichgewicht und natürlicher Takt. Nach einer Weile legt man die Stangen so hin, daß die Anzahl der Zwischentritte verschieden sind, und wartet ab, wie es sich mit der veränderten Situation abfindet.

Als nächsten Schritt reitet man das Pferd über

Hier wurde das Pferd zu stürmisch und sprang das Cavaletti, statt darüberzutraben.

Links: So bringt man einem Pferd das Rückwärtsrichten bei. Mit sanftem Druck gegen Nase und Schulter veranlaßt die Ausbilderin das Pferd, einen Schritt zurückzutreten.

eine etwa 30 cm vom Boden entfernte Stange mit einer deutlichen Absprunghilfe in Form einer zweiten, davor liegenden Stange. Meiner Meinung nach kann es keinem jungen Pferd schaden, während seiner Ausbildung solche Übungen zu machen, und der Ausbilder und Reiter bekommt einen gewissen Überblick über die natürlichen Fähigkeiten seines Tieres.

Übergang zur Arbeit auf zwei Hufschlägen

Es ist zwar wichtig, daß das Pferd lernt, sich mit Hilfe von Schenkel und Zügel geradezurichten, die dressurmäßige Arbeit muß jedoch auch darauf gerichtet sein, den Rücken für die fortgeschritteneren Lektionen zu lösen und geschmeidig zu machen. Bis jetzt erfolgte die Arbeit immer auf einem Hufschlag, d.h., die Hinterbeine traten in die Spuren der Vorderbeine; nun aber erfolgt der Übergang zur Arbeit auf zwei Hufschlägen mit Lektionen wie z.B. Schulterherein oder Schenkelweichen. Hier beginnt sich die Ausbildung etwas mit der fortgeschrittenen Ausbildung (s. S. 158) zu überschneiden. Ein Pferd, das bisher gut ausgebildet wurde und gehorsam ist, wird die neuen Hilfen bald begreifen, wenn man sie klar und deutlich genug gibt. Gerade in diesem Stadium empfehle ich jedem Reiter ganz besonders, das Gefühl für solche Bewegungen wie Schulterherein auf beiden Händen, Vorhandswendungen und Schenkelweichen im Schritt und im Trab dadurch zu entwickeln, daß er sie unter Aufsicht eines Reitlehrers auf einem erfahrenen, gut gerittenen Pferd reiten lernt.

Beim Schulterherein links ist das Pferd leicht nach innen, d.h. nach links, gebogen, so daß der linke Vorderfuß nach innen vom Hufschlag abweicht, der linke Hinterfuß in die Spur des rechten Vorderfußes tritt, und der rechte Hinterfuß auf einer eigenen Spur tritt. Die Hilfengebung für diese und andere fortgeschrittene Übungen wird auf S. 160 bis 171 erklärt. Um einem Pferd solche Übungen wie Schulterherein oder Schenkelweichen beizubringen, reitet man am besten anfangs an einem Zaun, einer Hecke oder an der Bande der Reithalle entlang. Im Grunde genommen bringt man dem Pferd bei, auf einseitige Hil-

Unten: Um das Tor öffnen zu können, muß der Reiter sein Pferd parallel dazu stellen.

S. 145: Oben: Sobald der Reiter das Tor ergriffen hat, drückt er die Hinterhand zur Seite. Mitte: Der Reiter hält das Tor offen und läßt das Pferd hindurchgehen. Unten: Das Pferd wird wieder parallel zum Tor aufgestellt, damit der Reiter es verschließen kann.

fen vom Schenkel weg seitwärts zu treten, während die Hilfen bisher immer diagonal gegeben wurden. Einem Druck seitwärts auszuweichen, war eines der ersten Dinge, die ein Pferd schon in der Box lernt, wenn man mit der Hand gegen Schulter und Pferdeleib drückt, um es zum Herumgehen oder Ausweichen zu bringen.
In diesem Stadium der Ausbildung sollte ein junges Pferd von höchstens zwei oder drei Reitern geritten werden, und das auch nur dann, wenn sie wirklich genau wissen, was sie tun.

Nach den ersten drei Monaten

Die Ausbildung eines Pferdes ist ein langer - um nicht zu sagen lebenslanger - Prozeß. Genau wie ein Mensch lernt auch ein Pferd sein ganzes Leben nicht aus.
Gleich in welcher Jahreszeit man mit dem Anreiten eines Pferdes begonnen hat - es tut ihm sehr gut, wenn es nach etwa drei Monaten Arbeit noch einmal für einen oder zwei Monate auf die Koppel kommt. Ist es gerade Winter, stellt man das Pferd tagsüber eingedeckt auf die Weide und holt es abends in den warmen, gemütlichen Stall zurück. Das trägt sehr stark dazu bei, daß sich das Tier nicht langweilt und »sauer« wird. Wenn diese Erholungspause vorüber ist, fängt man langsam wieder mit dem Auffrischungspensum an. Morgens wird das Pferd etwa eine Viertelstunde ruhig longiert, dann kommt es in den Stall zurück und wird gefüttert, und am Nachmittag kann es dann noch einmal 10 oder 15 Minuten lang gearbeitet werden. Man versuche nicht, ihm den Speck, den es während der Ruhepause angesetzt hat, auf einmal abzutrainieren, sondern arbeite es langsam und ruhig an der Longe, um die Muskeln allmählich aufzubauen. Erst dann folgt wieder die Arbeit unter dem Reiter, und wenn man nichts überhastet, gibt es auch keine Rückschläge. Auf welche Laufbahn die Ausbildung eines Pferdes auch abzielt, man darf nie vergessen, daß es körperlich und seelisch aufgebaut werden muß. Wenn es im Stall gehalten wird, sollte man keine Gelegenheit versäumen, es ein oder zwei Stunden auf eine gute Weide zu bringen, damit es sich erholen und mit Behagen grasen kann. Ein Stall und jeden Tag künstliches Futter werden mit der Zeit tödlich langweilig! Je mehr Abwechslung das Pferd hat, desto besser für die Ausbildung; ein zufriedenes ausgeglichenes Pferd wird immer besser gehen als ein gelangweiltes.

Ein Fohlen von der eigenen Stute

Stuten mit Fohlen auf der Weide

Ein Fohlen aus der eigenen Stute zu züchten, ist wirklich ein aufregendes Erlebnis, aber auch eines, das sorgfältig bedacht werden will, bevor man sich hineinbegibt. Der erste wichtige Faktor ist das Alter der Stute. Manche Leute sind so unklug, mit Zweijährigen zu züchten, und trächtig werden können schon Jährlinge. Mir erscheint es nicht gut, ein Tier mit Schwangerschaft und Geburt zu belasten, dessen eigener Körper noch nicht ausgereift ist. Ganz allgemein ist es besser, eine Stute erst mit vier oder fünf Jahren decken zu lassen, wenn die Knochen voll ausgebildet sind und sie Gelegenheit hatte, sich unter dem Sattel zu bewähren. Eine gute Stute kann dann jedes Jahr ein Fohlen bringen, bis sie 23 oder 24 Jahre alt ist. Manchmal läßt man Stuten auch mit sieben oder acht Jahren decken, verwendet sie 12 oder 15 Jahre als Reitpferd und züchtet danach mit ihnen weiter. Wenn sie schon ein Fohlen gehabt haben, gibt es wahrscheinlich keine Schwierigkeiten, aber Stuten mit 20 Jahren zum ersten Mal decken zu lassen, ist nicht sehr klug. Zu den Fragen, die man sich stellen muß, bevor man unter die Züchter geht, gehören: Steht genügend Weideland in gutem Zustand und mit ausreichendem Schutz zur Verfügung, um Stute und Fohlen zu versorgen? Ist genügend Zeit, Geld und Hingabe da, ein Fohlen großzuziehen? Hat die Stute so viele gute Eigenschaften, daß sich eine Nachzucht lohnt? Wenn man all diese Fragen mit Ja beantworten kann, muß man sich darüber klarwerden, was für ein Fohlen man haben möchte, und danach den Hengst auswählen.

Ein Neuankömmling

Die Wahl des Hengstes

Viele Leute lassen ihre Stute besonders gern von einem Araberhengst decken, damit das Fohlen die ansprechenden Eigenschaften des Arabers erhält. Wenn es sich um eine Ponystute handelt und man mit Hilfe eines Araberhengstes wiederum ein Pony produzieren möchte, sollte man sich erst einige Fotos ansehen. Meiner Meinung nach gibt es zwei Arten von Arabern: Solche, die viel Ähnlichkeit mit einem Pony haben, und solche, die aussehen wie ein kleines Pferd. In diesem Fall wäre der erste Typ wünschenswert.
Wenn man ein etwas größeres Pony züchten möchte, empfiehlt sich eine Kreuzung mit einem Vollbluthengst. Der richtige Vollbluthengst hierfür ist wahrscheinlich schwer zu finden, denn ein Vollblutpony gibt es nicht, und nur sehr wenige Vollblüter haben irgendwelche Pony-Charakteristiken. Auch sucht man am besten nach einem Hengst, dessen Kopf mehr einem Pony als einem Pferd ähnelt. Vollblüter mit ponyähnlichen Köpfen haben diese Eigenschaft wahrscheinlich dem Araberblut zu verdanken, das von den drei berühmten Stammvätern der englischen Vollblutrasse her in ihren Adern fließt. Wenn es sich um ein reinrassiges, eingetragenes Pony handelt, züchtet man am besten ein ebenfalls reinrassiges Fohlen, das auch eingetragen werden kann, und in diesem Fall wählt man einen Hengst, der den Rassetyp möglichst rein verkörpert, den besten, den man erreichen kann.
Wenn man erst einmal weiß, welche Art Fohlen man haben möchte, schaut man sich die in Frage kommenden Hengste an und versucht, abzuschätzen, was sie als Deckhengste zu bieten haben. Ich suche ein Pferd mit maskuliner und dominierender Ausstrahlung, das zugleich das Gebäude und den Gang hat, wie ich sie mir vorstelle. Noch wesentlicher ist die Temperamentsfrage, die man nur außer acht lassen kann, wenn man Rennpferde züchtet. Hier kommt es ausschließlich auf Leistung an, Temperament ist weniger interessant. Für alle anderen Zwecke sind

Gutmütigkeit und Sanftheit äußerst wichtig, denn schließlich möchte man doch ein Fohlen züchten, das seinem Pfleger, Reiter und Besitzer einmal Freude macht. Heutzutage werden Hengste viel mehr wie normale Pferde behandelt als früher. Sie werden ausgeritten, täglich gearbeitet und führen ein ähnliches Leben wie andere Reitpferde. Manche sind sogar abwechselnd Deckhengste und Springpferde.

Man muß sich den Hengst vorführen lassen und sich seine Bewegungen und seine Beine ansehen. Mit Vorsicht zu genießen sind Rennpferde, die ihre Rennlaufbahn wegen Niederbruchs beendeten und dann in die Zucht gingen. Es kann sich um eine angeborene Schwäche oder einen Gebäudefehler handeln. Die Tatsache, daß heute viel mehr Hengste gehalten werden als früher, bedeutet auch, daß es heute mehr fehlerhafte Tiere gibt. Man muß darum Ausschau nach einem Hengst halten, der so vollkommen ist wie möglich, zumindest was die Verbesserung von Gebäudemängeln der Stute anbetrifft.

Wenn man die Wahl getroffen hat, spricht man mit dem Gestütsleiter, bei dem der Hengst steht, und macht die Einzelheiten aus, besonders wann man die eigene Stute besuchen kann, solange sie dort ist. Gestütsleiter und Hengsthalter sind immer bereit, unerfahrenen Züchtern zu helfen, nicht nur, weil es ihr Beruf ist, sondern auch weil sie an ihrer Arbeit echtes Interesse haben. Sie beraten bezüglich des besten Decktermins. Die Tragezeit beträgt 11 Monate, d. h., wenn man die Stute Anfang Juni zum Hengst schickt, wird das Fohlen etwa Anfang Mai nächsten Jahres geboren. Wenn sie beim ersten Mal nicht tragend wird, führt man sie bei der nächsten *Rosse*, etwa drei Wochen später, erneut zum Hengst, so daß das Fohlen dann Ende Mai auf die Welt käme.

Oben und links: Zwei Araber. Der Kopf des links abgebildeten weist Ponymerkmale auf, während der obere mehr im Typ des Reitpferdes steht.

Die beste Zeit für die Geburt eines Fohlens ist ohne jeden Zweifel das späte Frühjahr, wenn es wärmer wird und das Gras am nahrhaftesten ist. Dadurch ist gewährleistet, daß die Stute auch genügend Milch für ihr Fohlen hat. Die Zucht ist zu einer ziemlichen Wissenschaft geworden, und Vollblutfohlen werden heute schon früher im Jahr, im Februar oder März, geboren. Das hat den Vorteil, daß sie Altersgenossen vielleicht ein paar Monate voraushaben, wenn sie als Zweijährige ihre ersten Rennen bestreiten. Andererseits bedeutet es, daß das Fohlen künstlich vor kaltem, winterlichem Wetter geschützt werden muß. Auf großen Gestüten, wo die meisten Rennpferde gezüchtet werden, sorgen Wärmestrahler in den Boxen für genügend Wärme, und Stuten und Fohlen können sich in überdachten Laufhöfen die Beine vertreten, ohne daß sie naß werden und sich erkälten.

Wenn man vereinbart hat, die Stute zum Hengst zu schicken, sobald sie rossig ist, schreibt man sich vorher die Termine der Rossigkeit auf, damit man ungefähr abschätzen kann, wann es soweit sein wird.

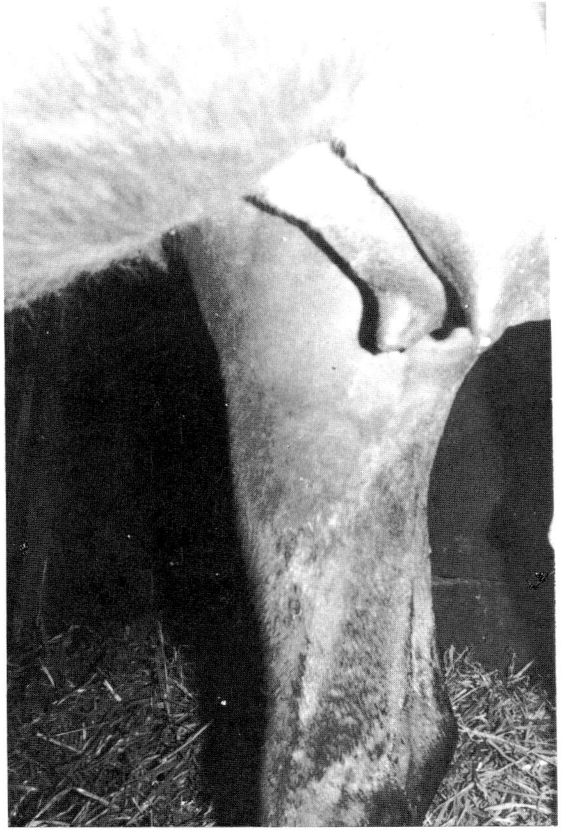

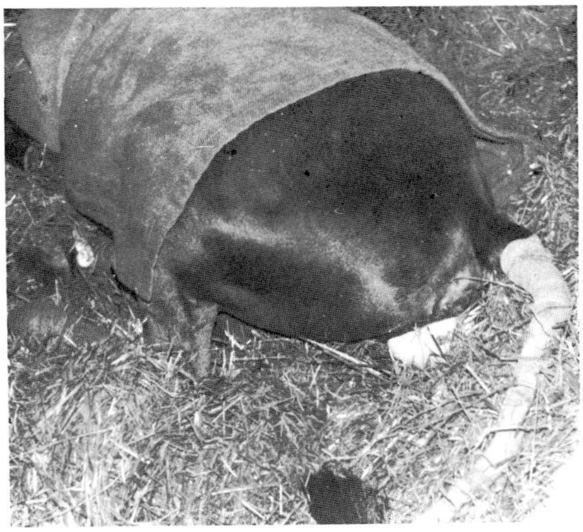

Links: Das pralle Euter mit den nach vorn zeigenden Zitzen weist auf die kurz bevorstehende Geburt hin. Es kann auch schon Milch austreten (bei dieser Stute läuft schon Milch am Hinterbein hinab).

Rechts: Die Fruchtblase wird sichtbar. Der Schweif der Stute ist einbandagiert, damit die Schweifhaare abgehalten werden und das Infektionsrisiko vermindert wird.

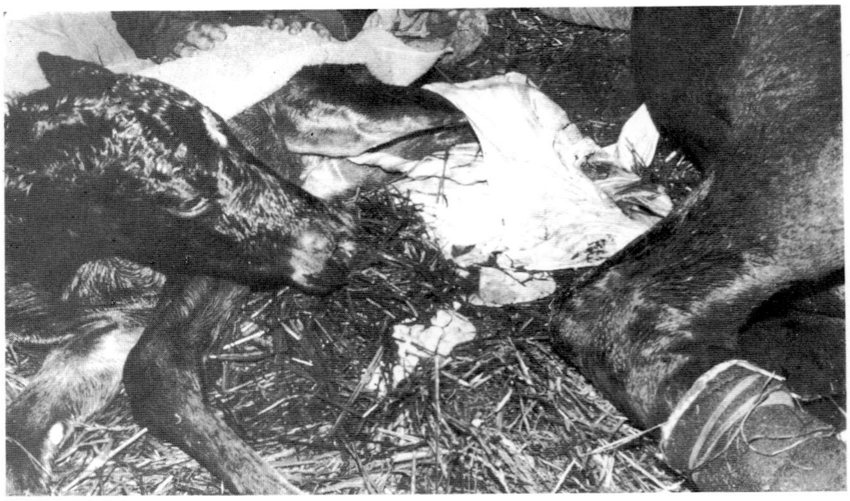

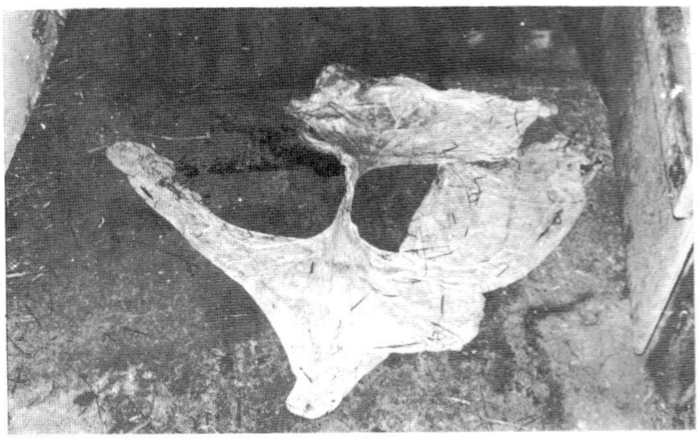

Oben: Das Fohlen wird trockengerieben, wobei auch der Kreislauf angeregt wird. Es hängt noch an der Nabelschnur.

Links: Die Nachgeburt wird ausgelegt, damit man prüfen kann, ob sie vollständig ausgetreten ist.

Auch die Deckgebühren und die Kosten für die Unterbringung der Stute auf dem Gestüt müssen vereinbart werden. Es kann Sparsamkeit am falschen Platz sein, ein Gestüt wegen seiner Billigkeit zu wählen. Vielleicht kommt die Stute abgemagert und verwurmt zurück, und das hat fast mit Sicherheit Auswirkungen auf das Fohlen. Man schaut sich also die Weiden an, auf denen die Pferde gehalten werden, und vergewissert sich so gut wie möglich, daß die Stute gut versorgt sein wird.

Die Zahlungsbedingungen können in den verschiedenen Gestüten verschieden sein. »Kein Fohlen, kein Geld« ist wörtlich zu nehmen – wenn die Stute Anfang Oktober nicht tragend ist, braucht kein Deckgeld bezahlt zu werden. Solche Bedingungen beweisen, daß der Hengsthalter absolut davon überzeugt ist, daß die Stute tragend wird. »Kein Fohlen, Wiederkommen frei« bedeutet, daß die Stute, wenn sie dieses Jahr nicht tragend geworden ist, das nächste Jahr zum selben Hengst kommen kann, ohne daß eine erneute Gebühr fällig wird. In beiden Fällen muß aber natürlich der Unterhalt der Stute bezahlt werden, solange sie auf dem Gestüt steht. Es gibt aber auch Gestüte, bei denen die Decktaxe verloren ist, auch wenn die Stute nicht tragend ist. Dann hat man eben Pech gehabt!

Im großen und ganzen werden Ponystuten leichter tragend als große Stuten. Manche Stuten nehmen nicht auf, solange sie ein Fohlen bei Fuß haben, andere bleiben bei einem bestimmten Hengst *güst* und haben mit einem anderen überhaupt keine Schwierigkeiten. Meist bleibt die Stute zwischen drei und sechs Wochen auf dem Gestüt, damit man sie abprobieren kann, ob sie wieder rossig wird oder nicht. Wenn sie aufgenommen hat, kann der Tierarzt das nach sechs Wochen mit einer Tastprobe feststellen, und dann kann sie nach Hause zurückkehren.

Wenn man eine Stute mit Fohlen bei Fuß zum Decken auf ein Gestüt schickt, sollte man sich noch mehr darum kümmern, daß beiden Tieren auch die richtige Pflege zuteil wird. Wichtig ist, daß Boxen vorhanden sind, die die Pferde bei naßkalter Witterung benutzen können. Das Fohlen wird nämlich noch sehr klein sein, wenn die Stute wieder zum Hengst gebracht wird. Die meisten Gestüte nehmen die Stuten gleich sechs oder sieben Tage nach dem Abfohlen wieder auf.

Vor der Geburt

Wenn die Stute wieder zu Hause ist, kann sie für leichte Spazierritte hergenommen werden - d.h., falls sie nicht noch ein Fohlen bei Fuß hat. Ich finde es besser, man läßt sie sich friedlich und abseits von anderen Pferden auf einer schattigen Weide erholen. Die Fütterung einer Zuchtstute ist sehr wichtig, und manche Leute vertreten die Meinung, daß die Zeit, die ein Fohlen im Bauch seiner Mutter verbringt, überhaupt die wichtigste seines Lebens ist. Es stimmt, daß das ungeborene Fohlen seine Nahrung ausschließlich durch das Blut der Mutter aufnimmt, also ist es logisch, daß die Stute ausreichendes und qualitativ hochwertiges Futter braucht, um sich und das Fohlen zu erhalten. Manche tragenden Stuten werden sehr dick, während andere bis zu einem relativ späten Termin wesentlich schlanker bleiben. Unabhängig davon sollte das Tier eine Zusatzration bekommen. Wenn die Stute zu Hufrehe neigt, befriedigt man ihren Rauhfutterbedarf besser mit Heu als mit Gras, weil Gras proteinreicher ist. Es gibt eine Theorie, derzufolge eine tragende Stute keine Hufrehe bekommen kann, aber ich habe das Gegenteil mit einer meiner Welsh Pony-Stuten bewiesen. Man kann aber sagen, daß es ungewöhnlich für tragende Stuten ist, Hufrehe zu bekommen, weil das Fohlen tatsächlich einen Großteil der Nahrung von der Stute abzieht.

Gegen Ende der Tragezeit, wenn das Fohlen im Körper der Mutter mehr Platz braucht, bleibt weniger Raum für Ballastfutter. Dann erhöht man den Anteil an konzentriertem Futter und gibt z.B. 1 - 1,5 kg Hafer mehr und ein zusätzliches Mineralfutter, das für das ungeborene Fohlen ebenso gut ist wie für die Milchproduktion der Stute. Auch Algenmehl ist ein guter Zusatz. Es enthält viel Eisen, das gut für die Blutbildung ist, und schmeckt salzig, wodurch die Stute veranlaßt wird, viel zu trinken. Das ist nötig, weil das Wasser für das richtige Funktionieren des Stoffwechsels und vor allem der Nieren wichtig ist. Wenn die Nieren richtig arbeiten, laufen auch die Beine nicht so leicht an. Bei Stuten, die den ganzen Tag im Freien sind, kommt das sowieso nicht häufig vor, weil die ständige Bewegung den Kreislauf in Schwung hält. Dick angelaufene Beine sieht man oft bei Stuten, die tagsüber auf der Weide waren und nachts in den Stall gebracht wurden. Solche Stuten werden einbandagiert, wenn sie abends hereingebracht werden, und morgens nimmt man die Bandagen ab, bevor sie wieder auf die Weide gebracht werden. Angelaufene Beine deuten auf Störungen der Nierenfunktion hin, denn die Schwangerschaft ist eine Belastung für das ganze System. Manche Pferde werden besser damit fertig und manche schlechter. Jede Stute muß individuell behandelt werden.

Im Winter, scheint mir, verdienen es tragende

Lipizzaner-Stuten mit Fohlen

Stuten zumindest nachts, warm und trocken zu stehen. Sie brauchen am Abend und am Morgen eine kleine Menge Futter und ein wenig Heu, falls sie nicht schon eine Menge Speck an Hals und Hinterhand angesetzt haben. Es empfiehlt sich, besonders das Morgenfutter gut mit Häcksel zu mischen, weil es dann langsamer gefressen wird. Das ist gut für die Verdauung, die jetzt besonders wichtig ist, und sorgt dafür, daß das Futter optimal ausgenutzt wird. Für meine Stuten habe ich die Regel aufgestellt, daß sie mindestens eine halbe Stunde für ihr Morgenfutter brauchen sollen, bevor sie auf die Weide gebracht werden.

Als Vorbereitung auf das Fohlen wird nach Möglichkeit eine kleine Koppel in der Nähe des Hauses geeggt und gesäubert, so daß sie etwa eine oder zwei Wochen vor dem eigentlichen Geburtstermin bereitsteht. Je näher der Termin rückt, desto sorgfältiger muß die Stute beobachtet werden, ob sie gesund ist und ob sie vor allem nicht unter Verstopfung leidet.

Wenn man nur eine einzige tragende Stute hat, erhebt sich das Problem, ihr Gesellschaft zu besorgen. Man versucht, ihr ein geeignetes älteres Pferd oder Pony als Gefährten zu geben, bis das Abfohlen kurz bevorsteht. Dann trennt man sie besser, aber vorzugsweise nur durch einen Stangenzaun, so daß sie sich sehen, der Gefährte aber in keiner Weise stören kann. Beide Pferde müssen während der ganzen Tragezeit regelmäßig entwurmt werden, weil junge Pferde sehr anfällig für Parasiten sind.

Die Geburt

Wenn die Milchader, die auf der Bauchunterseite zum Euter läuft, dicker wird, das Euter sich vergrößert und die Muskeln um die Schweifwurzel schlaff werden, steht das Abfohlen kurz bevor. Stuten können früh oder spät fohlen, Extremfälle sind aber ungewöhnlich. Es scheint einen Dreiwochenzyklus zu geben, d.h., daß viele Stuten entweder drei Wochen vor oder drei Wochen nach dem errechneten Datum abfohlen. Der spätere Termin scheint häufiger zu sein, aber man sollte sich innerhalb dieses Zyklus nicht allzu viele Sorgen machen, wenn es der Stute gut geht. Wenn es ihr nicht gut geht, ruft man den Tierarzt.

Wenn man noch nie bei der Geburt eines Fohlens geholfen hat, sollte entweder der Tierarzt oder sonst jemand mit Erfahrung bei der Geburt zugegen sein. Auf jeden Fall sollte man den Tierarzt von dem Termin in Kenntnis setzen, an dem

Geduldig steht die Stute und läßt ihr Fohlen saugen.

Ein niedliches Araber-
fohlen

mit dem Abfohlen zu rechnen ist, nur für den Fall, daß etwas schiefgeht und er gerufen werden muß. Allgemein ist man der Ansicht, daß eine Geburt ohne Hilfe bzw. Störung von seiten des Menschen höchstwahrscheinlich ganz glatt verläuft. Ich bin dafür, daß jemand dabei ist, falls die Stute doch Hilfe braucht.

Zeichen, daß die Geburt unmittelbar bevorsteht, sind das Austreten von kleinen, wachsähnlichen Tröpfchen aus den Zitzen, möglicherweise sogar schon Austritt von Milch, und das Erschlaffen der Muskeln am Schweifansatz. Aber Vorsicht! Bei manchen Stuten ist nichts von diesen Anzeichen zu sehen, und die Geburt erfolgt ganz unerwartet. Manche Stuten fohlen im Liegen, andere im Stehen. Manche sind aufgeregt oder verzweifelt, andere ruhig und friedlich. Man muß mit der Situation fertig werden, wie sie eben ist.

Die Geburt beginnt damit, daß der Fruchtwassersack erscheint, der aufreißt, wenn die Stute preßt. Nach dem Wasserschwall werden normalerweise die beiden Vorderbeine sichtbar, wobei oft eines etwas weiter vorn ist als das andere. Dann erscheint die Nase, die zwischen den Beinen eingebettet ist, und dann, nachdem die Stute mit Pressen nachgeholfen hat, tritt der ganze Kopf aus. Man putzt dem Fohlen die Nüstern aus und beklopft es leicht, um zu sehen, ob es auch atmet. Wenn erst einmal die Schultern das Becken passiert haben, gleiten der ganze Körper und die Hinterbeine meist ohne weitere Schwierigkeiten durch. Das Fohlen wird mit Tüchern trockengerieben, was gleichzeitig die Zirkulation anregt. Es ist immer noch durch die Nabelschnur mit der Mutter verbunden, und das ist gut so, weil es zwar selbst atmet und Sauerstoff aufnimmt, gleichzeitig aber auch noch vom Blut der Mutter profitiert, mit dem es durch die Nabelschnur noch versorgt wird. Die Schnur reißt, wenn die Stute auf die Beine kommt und das Fohlen sich dagegenstemmt. Es dürfen nur weni-

Fohlen sind sehr
neugierig!

ge Tropfen Blut austreten. Wenn der Bruch stärker blutet, wird er mit vorher bereitgelegtem sterilem Band abgebunden. Sehr wichtig ist, daß man sich vergewissert, ob die Nachgeburt vollständig abgegangen ist. Etwaige nicht abgegangene Überreste werden sehr schnell gangränös. Wenn die Nachgeburt unvollständig ist, muß innerhalb von vier Stunden nach der Geburt der Tierarzt gerufen werden.

Natürlich verlaufen nicht alle Geburten glatt. Manchmal liegt ein Fohlen so ungeschickt, daß es ohne Hilfe nicht auf die Welt kommen kann. Das ist jedoch sehr selten, und noch seltener wird ein Fohlen tot geboren. Wenn die Stute normal und gesund ist, kann man annehmen, daß die Geburt glatt verlaufen wird; nur bei hoch im Blut stehenden Stuten, die ihr erstes Fohlen bekommen, würde ich es vorziehen, jemanden mit einiger Erfahrung zur Seite zu haben.

Ich züchte seit über 30 Jahren Pferde; angefangen hat es mit einer kleinen Welsh Pony-Stute, bis ich schließlich meinen eigenen Hengst zog und ein kleines Gestüt gründete. Natürlich blieben mir in dieser Zeit Enttäuschungen und Rückschläge nicht erspart, und lange Nachtwachen bei kranken Fohlen oder fohlenden Stuten wurden mir schon zur Gewohnheit. Trotzdem kann ich sagen, daß die Zucht von Ponys und Reitpferden mir eine Menge Spaß und auch einigen Erfolg gebracht hat. Einen absoluten Traumtag hatte ich auf einem Turnier vor einigen Jahren: ich gewann sechs erste Preise, drei Reservechampionate und zwei Championate! So ein Tag entschädigt einen natürlich für alle Mühe, aber das ist nicht einmal das Entscheidende. Nichts macht mir mehr Freude, als an einem Sommerabend durch die Felder zu gehen und die Stuten und Fohlen zu besuchen. Die alten Damen freuen sich über meinen Besuch, und der Nachwuchs untersucht mich neugierig. Der Tag ist vorüber, kein Trubel mehr, alles ist friedlich. Was kann man mehr verlangen?

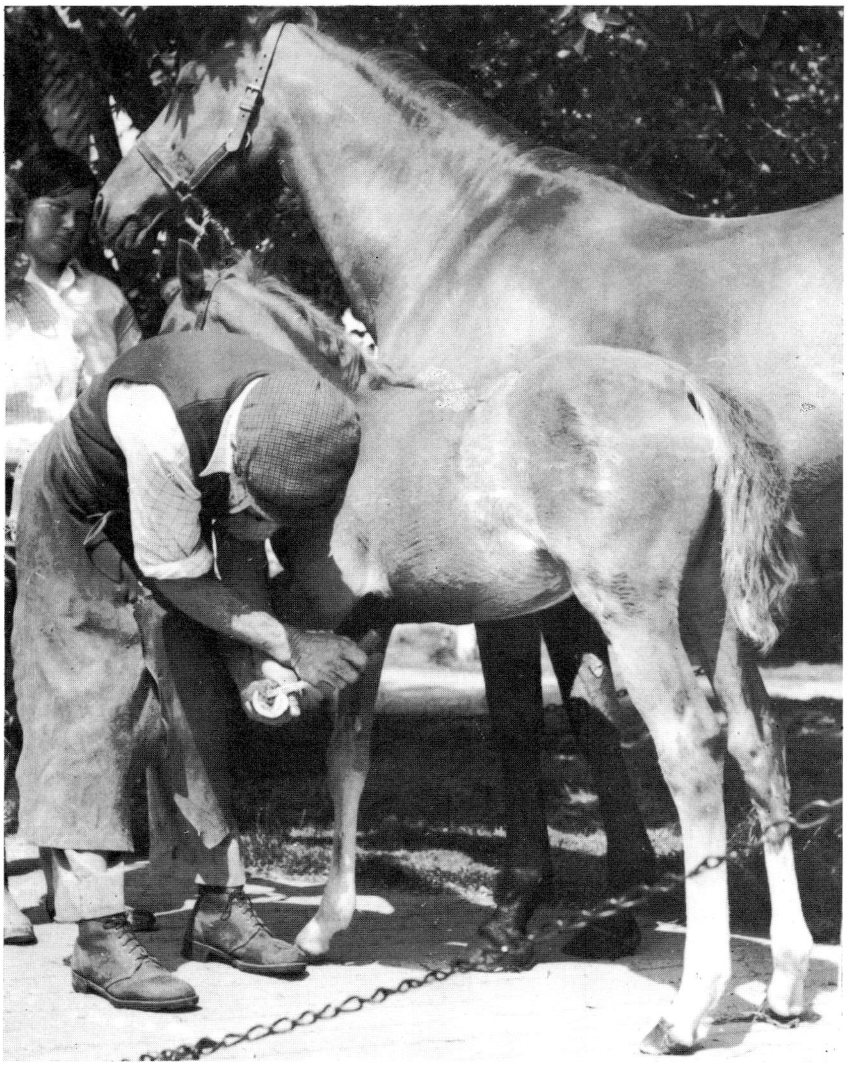

Oben: Die erste Bekanntschaft mit dem Hufschmied ist weniger schreckerregend, wenn die Mutter dabei ist.

Unten: Ein ganz junges Fohlen wird mit einem Tuch geführt.

Eine ruhige Stute kann ihrem Fohlen viel Sicherheit geben, solange es noch klein ist.

Erziehung und Aufzucht von Fohlen

Die Ausbildung und Erziehung eines Fohlens sollte schon kurz nach seiner Geburt beginnen. Erste und wichtigste Aufgabe ist, sein Vertrauen zu gewinnen, denn seine ganze zukünftige Ausbildung hängt davon ab, daß es Vertrauen zum Menschen hat. Fohlen sind von Natur aus neugierig, sie sind aber auch scheu, besonders wenn etwas größer ist als sie und sich schnell oder laut bewegt. Wenn man sich mit einem Fohlen anfreunden will, beugt man sich am besten zu ihm herunter, so daß man auf einer Ebene mit ihm oder sogar kleiner ist; das macht ihm eher Mut, näherzukommen und den Fremden zu untersuchen. Es hilft auch sehr, wenn die Mutterstute Vertrauen zeigt. Wenn sie kein Vertrauen hat, versucht sie wahrscheinlich sowieso, den Zugang zu ihrem Fohlen zu versperren. Manche Stuten lassen besonders am Anfang niemand an ihr Fohlen heran. Es ist dann das beste, sie ein oder zwei Tage in Ruhe zu lassen, bis sie sich beruhigt haben. Man kann sagen, daß die Ausbildung ein paar Tage nach der Geburt beginnt, wenn man dem Fohlen ein Fohlenhalfter überstreifen und es auf die Koppel führen kann. Jemand führt die Stute voraus, und das Fohlen folgt. Man kann auch etwas nachhelfen, indem man eine Hand um seine Hinterhand legt und es vorwärtsschiebt. Das Fohlen folgt der Mutter und lernt dabei, sich ebenfalls führen zu lassen. Der Abstand zur Mutter darf sich jedoch nicht allzu sehr vergrößern, denn wenn das Fohlen die Mutter nicht mehr sieht, bekommt es wahrscheinlich Angst und bleibt wie angewurzelt stehen. Wenn die Mutter nicht zurückgebracht wird, wird es keine Macht der Welt vom Platz bewegen.

Im Alter zwischen vier und sechs Monaten wird das Fohlen für die Mutter zuviel. Man merkt das daran, daß sie an Kondition verliert, weil das Fohlen so viel Milch trinkt, daß sie aus dem Futter nicht mehr genügend Nährwert für sich selbst herausholen kann. Dann ist es Zeit, das Fohlen abzusetzen und allein aufwachsen zu las-

sen, besonders wenn die Mutter wieder tragend ist.
Für das Fohlen wird eine gut mit Stroh eingestreute Box vorbereitet. Die Futterkrippe wird gefüllt und ein Tränkeimer an der Wand befestigt. Hier in diese Box kommt das Fohlen, wenn es von der Mutter getrennt wird. Gut ist die Gesellschaft eines anderen Fohlens oder wenigstens eines älteren Gefährten für die erste Zeit nach der Trennung von der Mutter. Die Box muß dick eingestreut sein, damit sich das Fohlen nicht verletzen kann, wenn es unruhig wird und etwa ausrutscht. Manche Fohlen nehmen das Futter sofort an und genießen das neue, unabhängige Leben. Andere leiden unter der Trennung und rufen ständig nach der Mutter, so daß es mehr Arbeit macht, sie an den neuen Zustand zu gewöhnen. Solche Fohlen beruhigen sich am ehesten, wenn jemand, den sie kennen, sich mit ihnen beschäftigt, sie putzt, mit ihnen spricht usw. Wenn das Fohlen sehr aufgeregt ist, muß es vielleicht von einem Helfer am Kopf gehalten werden, während es geputzt wird. Das Absetzen ist eine wichtige Periode für die Entwicklung von Disziplin und gutem Benehmen. Mit ein paar strengen Worten erreicht man meist mehr als mit Schlägen, obwohl auch ein Klaps bei bestimmten Gelegenheiten nicht schadet. Ich würde aber sagen, daß man damit vorsichtig sein sollte. Meine Stimme hat mir im Umgang mit jungen Pferden immer bessere Dienste geleistet als ein Stock. Fohlen sind wie richtige Babys und probieren manchmal aus, wie weit sie gehen können. Wenn ein Fohlen etwa anfängt, auszuschlagen, muß dieser Entwicklung sofort Einhalt geboten werden.
Nach einigen Tagen in der Box wird das Fohlen tagsüber auf die Weide gebracht und abends hereingeholt. Bei mehreren Fohlen sollte man die Geschlechter jetzt schon trennen, auch wenn die männlichen Tiere kastriert sind. »Jungen spielen Jungenspiele«, und dabei kann es ziemlich rauh zugehen. Das zeigt schon, wie weit man vorausplanen muß, damit man später auch genügend Platz für alle hat. Wenn man ein Fohlen so früh wie möglich daran gewöhnt, eine wasserdichte Decke zu tragen, kann es auch bei Regen draußen bleiben, und es gibt nicht diese Hetzerei, um die Pferde hereinzubringen, wenn ein Sturm aufkommt.
Wenn man die Fohlen nicht auf Ausstellungen zeigt, werden sie im Sommer entwurmt, bekommen die Hufe korrigiert und werden nur mit der Körperbürste vom gröbsten Schmutz gereinigt. Jetzt kann man sie Tag und Nacht draußen lassen. Man muß nur dafür sorgen, daß sie auch Schatten finden können, wenn die Sonne vom Himmel brennt – entweder unter Bäumen, bei einer Hecke oder in einem Unterstand. Der Schattenplatz muß so groß sein, daß sämtliche Fohlen sich unterstellen können, ohne daß es Gedränge und Schlägereien gibt.
Das Gras verliert nun an Nährwert, weshalb man ein Auge auf die Kondition der Tiere haben

Im französischen Staatsgestüt Haras du Pin

muß. Eventuell bekommen sie abends eine kleine Mahlzeit, damit sie nicht vom Fleisch fallen und gut wachsen können. Ein oder zwei Lecksteine, bequem zugänglich aufgehängt, sorgen für die nötigen Mineralstoffe. Am besten läßt man den Boden untersuchen, um festzustellen, welche Mineralstoffe fehlen.
Das Wichtigste bei der Entwicklung heranwachsender Pferde sind gesunde Knochen. Es darf zu keinen Mangelerscheinungen kommen. Das beste Futter ist guter Hafer mit einem Mineralzusatz und gut mit Häcksel vermischt, damit er besser verdaut wird.
Alle Pferde haben ihre Vorlieben und Abneigungen, und sie sind schon in diesem frühen Alter entwickelt. Im Augenblick habe ich ein Fohlen, das am liebsten »im Bett« frühstückt - wir müssen das Futter vor es hinstellen, und es frißt im Liegen. Erst nach beendigtem Frühstück geruht der Herr aufzustehen. Ob man Fohlen Tag und Nacht draußen läßt oder abends hereinholt, ist eine persönliche Entscheidung, die davon abhängt, welchen Typ Fohlen man züchtet. Mit den Kosten hat es weniger zu tun. Wenn die Tiere immer draußen sind, fressen sie mehr, weil die Hälfte der Nahrung dazu verbraucht wird, sie warm zu halten. Nur in wenigen Ländern bleiben die Entscheidungen und die Qual der Wahl dem Privatmann überlassen, wenn es um die Zucht geht. Sehr oft wird alles, was mit der Zucht zusammenhängt, vom Staat geregelt.
In Österreich z.B. wird die Haflingerzucht von staatlicher Seite so streng überwacht, daß alle Hengstfohlen auf ihre eventuelle Zuchttauglichkeit hin kontrolliert werden. Die Fohlen, die vor den kritischen Augen der Kommission nicht bestehen, werden als Schlachtpferde verkauft. Anscheinend werden von etwa 400 im Jahr nur ungefähr 20 ausgewählt, aber auch bei diesen steht noch lange nicht fest, daß sie wirklich als Deckhengste Verwendung finden. Mit drei Jahren müssen sie eine Reihe von Voraussetzungen erfüllen, und nur wenn sie diesen hohen Anforderungen genügen, werden sie ins Stutbuch eingetragen. Diese staatliche Kontrolle gibt es erst seit 20 Jahren, und die Zucht soll sich in dieser Zeit enorm verbessert haben. Heute gibt es sehr viel bessere Haflinger als früher.
Auch in Frankreich wird die Pferdezucht in gewissem Maße staatlich gelenkt, weil es nur wenige private Hengsthalter gibt. Privat gehaltene Hengste müssen erst von staatlichen Gestütsleuten überprüft werden, bevor sie eine Deckerlaubnis erhalten. Die meisten Besitzer von

Futterzeit für die Lipizzaner-Stuten mit ihren Fohlen im österreichischen Staatsgestüt Piber in der Steiermark. Das schwarze Fell der Fohlen wird weiß, wenn sie erwachsen sind.

Zuchtstuten lassen ihre Stuten lieber gleich von einem der hervorragenden Hengste decken, die in den verschiedenen staatlichen Hengstdepots im ganzen Land aufgestellt sind. Bei den Hengsten handelt es sich im wesentlichen um Anglonormannen, Vollblüter, Angloaraber und Traber.

Oben: Ein hübscher Jährling

Unten: Eine Stute mit Fohlen bei Fuß wird vorgestellt.

Ausstellungen für Zuchtstuten mit Fohlen bei Fuß

Auf vielen Turnieren und Ausstellungen gibt es Prüfungen für Zuchtstuten mit Fohlen bei Fuß, aber die Teilnahme daran erfordert ein zusätzliches Maß an Planung. Es ist nicht klug, ein sehr junges Fohlen zu transportieren, weil es noch sehr anfällig für Infektionen ist. Wenn die Stute wieder tragend ist, kann sie durch die Aufregung auch das befruchtete Ei abstoßen, bevor es sich richtig in der Gebärmutterwand festgesetzt hat. Ich finde es auch nicht richtig, eine Stute im fortgeschrittenen Stadium der Trächtigkeit noch auf Ausstellungen zu zeigen, weil dies so kurz vor dem Abfohlen eine ungebührliche Belastung darstellt. Die Ausstellungen beginnen gewöhnlich im April und laufen den ganzen Sommer über. Das bedeutet, daß das Fohlen im März geboren sein muß, wenn man es noch im selben Jahr auf Ausstellungen zeigen will. Im März ist das Wetter aber oft noch so schlecht, daß Stute und Fohlen im Stall gehalten werden müssen. Vom Januar an braucht die Stute besondere Pflege, d.h., sie erhält ausgewähltes Futter und wird sorgfältig geputzt, damit sie sich in erstklassiger Verfassung präsentiert. Zu diesem Zeitpunkt ist es auch besonders wichtig, das Futter mit zusätzlichen Konzentraten und Mineralstoffen zu ergänzen, die entscheidenden Einfluß auf ihre Kondition haben. Die Stute darf allerdings auch

Ein erfolgreicher Tag!
Stute und Fohlen tragen besonders kleidsame Schauhalfter.

nicht zu dick werden. Dicke Stuten verbrauchen anscheinend den Hauptteil der Nahrung für sich selbst und bringen gern kleine, magere Fohlen. Wenn man die Stute den ganzen Tag im Stall hält, ist eine kleine Mahlzeit zu Mittag, mit ein paar Äpfeln oder Möhren angereichert, eine willkommene Unterbrechung des täglichen Einerleis. Noch besser ist es allerdings, sie mit regenfester Decke tagsüber auf die Koppel zu bringen und am frühen Nachmittag wieder hereinzuholen.

Stuten, die auf Ausstellungen gezeigt werden sollen, läßt man normalerweise nicht für längere Zeit zum Decken in einem fremden Gestüt, weil das Personal dort sich nicht so um sie kümmern kann, wie es nötig wäre. Man kann nur versuchen, dem Pfleger mehr Geld anzubieten, wenn er die Stute besonders gut füttert, am besten aber schickt man gleich sein eigenes Futter mit.

Es ist wichtig, die Nennungen zu den Ausstellungen, an denen man teilnehmen will, rechtzeitig abzugeben, und man macht sich am besten einen genauen Zeitplan. Das Vorführen an der Hand übt man schon einige Wochen vorher, damit man weiß, wie sich Mutter und Fohlen gut präsentieren. Vielleicht gehen beide am besten, wenn man das Fohlen festhält und die Stute daraufzu traben läßt. Von der Art des individuellen Auftritts kann die endgültige Plazierung abhängen.

Wenn man über Nacht auf einer Ausstellung bleiben muß, nimmt man sein eigenes Futter und etwas Stroh mit, weil die Einstreu bei solchen Gelegenheiten irgendwie nie reicht. Das Fohlen zeigt man in einem hübsch genähten Halfter, die Stute kann mit einer normalen Kandare, entweder mit Leder- oder mit weißen Führzügeln, vorgestellt werden.

Reiten für Fortgeschrittene

Je selbstverständlicher ein Reiter mit der Zeit zu Pferde sitzt und je besser er reitet, desto eher hat er auch den Wunsch, nicht nur zu seinem Vergnügen durchs Gelände zu reiten, sondern mehr darüber zu lernen, wie man sein Pferd auch an höhere Anforderungen heranbringt. Dann sollte er sich eingehender mit den Warums und Weshalbs der Reiterei beschäftigen. Viele Bücher über Pferde wollen gelesen, weitere Bereiche der Reiterei entdeckt und erforscht werden, so daß andere Theorien und Ideen mit Reitlehrern und Reiterfreunden erörtert und ausprobiert und dann angenommen oder verworfen werden können. Pferde und Reiten sind nie langweilig, und niemand – auch nicht die Spitzenreiter und die Lehrer – hat jemals ausgelernt. Auf allen Gebieten – Zucht, Ausbildung von Reitern oder Pferden, Reitstundèn – gibt es immer wieder neue Ideen, neue Gesichtspunkte und Neues zu lernen. Wer wirklich vorwärtskommen will, muß für jeden neuen Gedankengang offen sein. Ich kann jedem Reiter nur raten, regelmäßig Unterricht zu nehmen. Man muß herausfinden, wo die eigenen Schwächen liegen und was man falsch macht, denn nur, wenn man sich ständig korrigieren läßt, kann man lernen, diese Fehler mit der Zeit zu überwinden. Was man in Theorie und Praxis zu wissen glaubt, muß kritisch überprüft werden. Niemand läßt sich gern beweisen, daß er unrecht hatte, aber schließlich möchte man doch besser reiten lernen, um noch mehr Freude an diesem Sport zu haben.

Bei diesem Ausbildungsstand werden die natürlichen Hilfen schon automatisch gegeben, aber

S. 158 oben: Klassische Reitkunst in der Vollendung demonstriert die Spanische Hofreitschule in Wien.

S. 158 unten: Die Vielseitigkeitsreiterei ist die anspruchsvollste aller Reitsportarten. Hier zeigen Prinzessin Anne und *Goodwill* ihre offensichtlichen Fähigkeiten.

Rechts: Einer der erfolgreichsten Springreiter der Welt – Hans Günther Winkler bei den Olympischen Spielen 1976.

Unten: Die vielleicht eleganteste Ausdrucksform der Reitkunst, die Dressurreiterei, verlangt sowohl enormes Talent und Konzentration als auch genauestes Zeitgefühl.

der Reiter sollte nun anfangen, sich zu fragen, warum er welche Hilfe auf diese und nicht auf andere Weise gibt.
Unsicherheiten müssen dadurch ausgeräumt werden, daß man so lange nach der richtigen Erklärung sucht, bis man sie gefunden hat. Hauptziel ist immer noch, einen geschmeidigen Sitz im Gleichgewicht zu erlangen und den Bewegungen des Pferdes weich zu folgen, so daß der Eindruck von Harmonie entsteht, der den Anblick von Reiter und Pferd zu einem Genuß werden läßt. Jeder macht einmal einen Fehler oder nimmt eine Bewegung, eine Reaktion des Pferdes vorweg, die nachher gar nicht erfolgt. Auf vielen Aufnahmen kann man sehen, daß selbst die besten Reiter gelegentlich hinter die Bewegung geraten oder nicht im Gleichgewicht sitzen. Das ist aber um so mehr ein Grund, ständig an einem unabhängigen Sitz zu arbeiten, der es ermöglicht, Schenkel und Zügel voneinander unabhängig einzusetzen. Nur dann können klare Hilfen gegeben werden, die sich nicht widersprechen – daß etwa am Zügel gerissen wird, während doch der klopfende Schenkel zum Vorwärtsgehen auffordert. Wenn der Reiter in der Lage ist, fein abgestimmte Hilfen zu geben, kann er auch anfangen, empfindlichere und besser ausgebildete Pferde zu reiten.
Ich habe schon mehrfach darauf hingewiesen, wie wichtig es ist, daß eine Übereinstimmung zwischen Reiter und Pferd erzielt wird. Wenn Reiter und Pferd zusammen schwierigere Aufgaben meistern lernen wollen, wird diese Übereinstimmung noch wichtiger. Erreicht wird sie durch ruhige, einfühlsame, harmonische Arbeit auf ein bestimmtes Ziel hin.

Dressur

Wenn ein Reiter lernt, mit seinem Pferd schwierigere Übungen zu reiten, kann man auch sagen, daß er sich auf das Gebiet der Dressurreiterei begibt. Wie das deutsche Wort Dressur, stammt auch das englische *dressage* ursprünglich aus dem Französischen; das französische Original meint: aufrichten, setzen, erheben, ausbilden.
Das läßt uns an ein ausgebildetes, aufgerichtetes Pferd denken, und genau das ist auch das Wesentliche: ein Pferd im Gleichgewicht und in schöner Haltung. Wenn man das heute übliche Wort »ausbilden« durch das altmodischere »schulen« ersetzt, kommt man der Bedeutung schon so nahe wie möglich. Die oberste reiterliche Instanz, die *Fédération Equestre Internationale* (F.E.I.), gibt für »Dressur« folgende Erläuterung: »Das Ziel der Dressur ist die harmonische Entwicklung der natürlichen Anlagen und Fä-

Mittelschritt

Schritt am hingegebenen Zügel

higkeiten des Pferdes. Sie bezweckt gleichermaßen ein ruhiges, gehorsames und schwungvolles Pferd und damit eine vollkommene Einheit mit seinem Reiter.«

Die von der F.E.I. vertretenen Ziele der Dressur sind, »die Reitkunst vor jedem möglichen Mißbrauch zu schützen und die Reinheit der Grundsätze zu wahren, so daß sie unverändert an die Generationen von Reitern, die nach uns kommen, weitergegeben werden können.«

Im Jahre 1929 veranstaltete die Fédération eine internationale Dressurprüfung, und seither gibt es diese Art Prüfungen auf internationaler, nationaler und lokaler Ebene in vielen Ländern. Die Teilnahme zumindest an den letzteren liegt im Bereich der Möglichkeiten jedes Reiters.

Für die von einem Dressurpferd verlangten oder erwarteten Eigenschaften gibt die F.E.I. folgende Definition:

»Freiheit und Regelmäßigkeit der Gänge;
Harmonie; Leichtigkeit und Ungezwungenheit der Bewegungen;
Unterstützung der Vorhand und das Tätigsein der Hinterhand;
absolut korrekte, der jeweiligen Arbeit auf gerader oder gebogener Linie entsprechende Stellung.«

Das sind die gleichen Ziele, auf die auch unsere bisherige Arbeit mit dem Pferd gerichtet war. Die ersten Schritte der dressurmäßigen Reiterei unterscheiden sich tatsächlich in nichts von dem, was die meisten Reiter schon geraume Zeit praktiziert haben – einfache Bahnfiguren, geritten im Schritt, Trab und Galopp, mit dem Ziel, das Pferd gehorsam zu machen und zu zeigen, daß der Reiter ein gleichmäßiges Tempo reiten und an bestimmten Punkten Gangart oder Tempo wechseln kann. Der nächste Schritt besteht darin, Schritt, Trab und Galopp in verschiedenen Tempi reiten zu können.

Die Gangarten

Früher unterschied man drei verschiedene Tempi – *normal, verlängert* oder *versammelt* (langsam). Die F.E.I. war der Ansicht, daß kein junger oder unerfahrener Reiter in der Lage ist, wirklich verlängerte oder versammelte Tritte zu zeigen, und änderte die Bezeichnungen etwas ab. Heute sprechen wir von *versammeltem Schritt, Mittelschritt, starkem Schritt,* und *freiem Schritt* und von *versammeltem Trab* bzw. *Galopp,* von *Arbeits- und Mitteltrab* bzw. *-galopp* und vom *starken Trab* bzw. *Galopp.* Versammelte Gangarten werden erst in einem ziemlich fortgeschrittenen Stadium der Ausbildung verlangt. Als »Arbeitstempo« bezeichnet man ein Tempo, das zwischen dem versammelten und dem mittleren Tempo liegt, wobei es besonders auf Takt und aktives Treten der Hinterhand ankommt. Es wird keine eigentliche Versammlung angestrebt, aber doch ein verbessertes Gleichgewicht und

Die Reiterin fordert durch Schenkeldruck das Pferd zu aktiverem Vorwärtsgehen auf (siehe Hinterbein).

Versammelter Schritt

Arbeitstrab. Das Pferd ist aufmerksam und im Gleichgewicht.

Mitteltrab

etwas mehr Aufrichtung als beim normalen Gehen.

Mit Mitteltrab bzw. -galopp ist eine Gangart gemeint, die zwischen dem Arbeitstempo und dem starken Trab bzw. Galopp liegt. Die Hinterbeine müssen energischer abfußen als im Arbeitstempo, so daß das Pferd in der Schulter freier wird und längere Tritte zeigen kann. Die Nase darf ein wenig vor die Senkrechte kommen; im Deutschen spricht man dabei auch von einer »Erweiterung des Rahmens«.

Von starkem Trab bzw. Galopp spricht man, wenn das Pferd die Tritte zu einem Höchstmaß verlängert, wenn jeder Trabtritt bzw. Galoppsprung soviel Boden wie möglich deckt. Der Hals des Pferdes darf etwas länger, der Kopf tiefer getragen werden, die Verbindung zum Pferdemaul darf jedoch nicht verlorengehen. Das aktive Abfußen der Hinterhand ermöglicht ein räumendes Vorgreifen der Vorhand. Es sieht besonders attraktiv aus, wenn ein Pferd sich im starken Trab oder Galopp im vollen Gleichgewicht präsentiert, aber sehr oft sieht man auch den Fehler, daß das Pferd nur vorn »tritt«, während die Hinterhand nachschleppt.

Beim »Schritt am hingegebenen Zügel« darf sich das Pferd nach vorwärts-abwärts strecken; in England nannte man dies früher »dem Pferd den Boden zeigen«, was recht genau umschreibt, daß sich Hals und Kopf des Pferdes in voller Freiheit nach unten strecken dürfen.

Am schwersten zu reiten sind die versammelten Gangarten, die von der F.E.I. auch erst ab Dressurprüfungen der Klasse L verlangt werden. Einer der Gründe dafür ist, daß die Muskeln des Pferdes bei der Versammlung sehr stark beansprucht werden, und daß eine Versammlung überhaupt nur zu erreichen ist, wenn diese Muskeln zuvor entwickelt wurden. Versammelte

Gangarten sind deshalb nichts für Neulinge – weder für Pferde noch für Reiter am Anfang ihrer Ausbildung.
Nun wird auch die korrekte Ausführung der ganzen Parade zum Halten wichtig. Das Pferd muß gleichmäßig auf allen vier Beinen und ganz gerade auf der Linie stehen, der es vorher gefolgt ist. Vorder- und Hinterbeine müssen unter das Gewicht treten und ein gleichmäßiges Rechteck markieren.
In ihren Dressurdefinitionen und -beschreibungen sagt die F.E.I. auch, daß das Pferd »während seiner ganzen Arbeit, auch beim Halten, am Zügel stehen muß. Ein Pferd ist ›am Zügel‹, wenn die Hinterhand richtig untertritt, der Hals je nach dem verlangten Versammlungsgrad mehr oder weniger aufgerichtet ist, der Kopf ruhig getragen wird, eine leichte Verbindung zum Pferdemaul besteht und das Pferd sich dem Reiter nicht widersetzt.«
Verlängerte Tritte dürfen von einem Pferd erst dann gefordert werden, wenn es wirklich am Zügel ist. Dann kann man es durch vermehrtes Treiben mit Kreuz und Schenkeln aus dem Arbeitstempo in den Mittel- bzw. starken Trab oder Galopp hineinschieben. Man darf dabei allerdings nie vergessen, daß die Tritte länger, nicht schneller oder gar ungleichmäßig werden sollen.
Beim starken Schritt treten die Hinterbeine deutlich über die Abdrücke der Vorderbeine hinaus. Bei dem mächtigen Schub, den das Pferd im starken Trab aus der Hinterhand entwickelt, benutzt es seine Schulter, um mit jedem Tritt möglichst räumend vorgreifen zu können, seine Aktion darf jedoch nicht höher werden. Beim starken Galopp deutet die Nase des Pferdes mehr oder weniger nach vorn, weil das Pferd den Hals länger macht. Auch der starke Galopp muß so leicht und ruhig geritten werden wie der Arbeitsgalopp.
Im Galopp wurde das Pferd wahrscheinlich bisher hauptsächlich auf dem Zirkel gearbeitet, und zwar auf der rechten Hand im Rechtsgalopp und umgekehrt. Als Fortsetzung davon legt man nun eine Acht an und pariert im Mittelpunkt jeweils zu einigen Tritten im Schritt oder Trab durch, bevor man das Pferd auf der anderen Zirkelhälfte im anderen Galopp anspringen läßt. Wird diese Aufgabe gut ausgeführt, kann man zum Außengalopp übergehen, d.h., man läßt das Pferd auf dem Zirkel linker Hand z.B. rechts galoppieren. Diese Übung trägt viel dazu bei, ein Pferd geschmeidig zu machen. Gleichzeitig ist sie eine gute Gehorsamsprüfung, weil das Pferd daran gewöhnt ist, auf dem Zirkel auf der anderen Hand zu galoppieren. Außerdem zeigt sich dabei auch, ob der Reiter deutliche Hilfen gibt!
Im Außengelopp bleibt das Pferd leicht nach der Seite gestellt, auf der es galoppiert, woraus folgt, daß das Rückgrat des Pferdes im Außengalopp auf dem Zirkel nicht der Zirkellinie entsprechend gebogen ist. Es muß jedoch darauf geachtet werden, daß die Hinterhand nicht nach außen herausgedrückt wird.
Meinem Empfinden nach sollte man nicht zuviel im Außengalopp auf dem Zirkel reiten, weil es irgendwie im Widerspruch zu dem steht, was das

Oben: Starker Trab

Mitte: Versammelter Trab

Unten: Die Reiterin trabt leicht. Die Schultern sind zu weit nach vorn gezogen.

Pferd bisher gelernt hat. Nachdem man sich viele Stunden darum bemüht hat, das Pferd im Galopp auf der inneren Hand auf dem Zirkel ins Gleichgewicht zu bringen, ist es ein Jammer, das Pferd wieder aus dem Konzept zu bringen. Es kann auch dazu führen daß das Pferd ein starkes Abhängigkeitsgefühl gegenüber dem Reiter entwickelt, und auf manchen Gebieten der Reiterei - beim Geländereiten z.B. - kann es mitunter sehr nützlich sein, wenn das Pferd in der Lage ist, sich und den Reiter aus irgendwelchen Schwierigkeiten zu befreien. Es ist jedoch ein guter Test für die Hilfengebung des Reiters und den Gehorsam des Pferdes.

Der fliegende Galoppwechsel
Eine noch erheblich fortgeschrittenere Übung ist der *fliegende Galoppwechsel,* der erst in Dressurprüfungen der Klasse M verlangt wird (die Reihenfolge ist: Reiterprüfung, Dressurprüfung Klasse A, Klasse L, Klasse M, Klasse S). Dabei springt das Pferd während des Galopps, in der Schwebephase, um, muß dabei jedoch ganz gerade, ruhig und leicht bleiben. Oft springt das Pferd nur vorn um und galoppiert dann im Kreuzgalopp weiter. An diese Lektion darf man auf jeden Fall erst herangehen, wenn das Pferd in der Lage ist, im Außengalopp auf dem Zirkel und auf Schlangenlinien zu galoppieren, ohne umzuspringen.
Bevor man den fliegenden Galoppwechsel versucht, empfehle ich folgende Übung: Man reitet geradeaus und gibt aus dem Schritt deutliche Hilfen zum Angaloppieren auf einer bestimmten Hand. Nach einigen Galoppsprüngen pariert man wieder durch zum Schritt und läßt das Pferd auf der anderen Hand anspringen. Der Reiter darf sich dabei so wenig wie möglich im Sattel bewegen. Wenn er sein Gewicht zu sehr verlagert, bleibt das Pferd beim Galoppwechsel nicht auf der geraden Linie, sondern beginnt zu schwanken.
Diese Übung wird einige Male wiederholt, bis sie einwandfrei ausgeführt wird, und dann kann man den fliegenden Wechsel versuchen. Wenn sie nicht einwandfrei ausgeführt wird, wartet man besser ab, bis es soweit ist! Als Vorbereitung für den fliegenden Wechsel reitet man im Außengalopp linker Hand auf dem Zirkel. Wenn das Pferd ganz im Gleichgewicht und aufmerksam ist, sitzt der Reiter um und gibt die Hilfen zum Linksgalopp. Der Wechsel wird dem Pferd dadurch erleichtert, daß es in den »richtigen« Galopp umspringen darf, aber es kann trotzdem einige Zeit dauern, bis der Wechsel korrekt durchgesprungen wird. Das hängt zum großen Teil davon ab, wie gut das Pferd im Gleichgewicht ist und wie intensiv das Angaloppieren auf verschiedenen Händen zuvor geübt wurde. Wenn der fliegende Galoppwechsel größere Schwierigkeiten bereitet, sind die Fehler hier zu suchen, und möglicherweise muß man wieder auf die Übung des abwechselnd Angaloppierens aus dem Schritt oder Trab auf der Geraden zurückgehen.

Oben: Arbeitsgalopp auf der rechten Hand

Unten: Außengalopp rechts

Die halbe Parade

Eine Bewegung, die der Reiter bei all seiner dressurmäßigen Arbeit ausgeführt hat, ist die *halbe Parade*. Nun ist der Zeitpunkt gekommen, ihr ein wenig mehr Überlegung zu widmen. Halbe Paraden werden gegeben beim Übergang vom Galopp zum Trab oder vom Trab zum Schritt, und sie haben den Sinn, die Hinterhand zum Untersetzen, zum Tragen zu bringen, wodurch die Vorhand entlastet wird. Ganz im Gegensatz zu dem, was der Reiter anfangs annimmt, muß man ein Pferd deshalb vorwärtstreiben, um das Tempo zu verlangsamen. Ein fließender Übergang von einer Gangart in die nächst niedere kann nur gezeigt werden, wenn das Pferd gegen das Gebiß getrieben wird, so daß die Hinterhand untertritt und die Vorhand entlastet wird. Wenn der Zügel ohne Unterstützung durch Gewichts- und Schenkelhilfen nur einfach angezogen wird, wirft sich das Pferd nach vorn, um dem Druck zu entgehen. Eine halbe Parade macht das Pferd aufmerksam, so daß es auf weitere Hilfen wartet, die ihm sagen, ob es die Gangart wechseln, langsamer werden oder eine Wendung ausführen soll.

Das Rückwärtsrichten ist eine viel kompliziertere Übung, als man annehmen sollte. Wenn es richtig ausgeführt wird, bewegt sich das Pferd im Zweitakt, d.h., die diagonalen Beinpaare werden gleichzeitig bewegt. Wenn es falsch ausgeführt wird, geht das Pferd im Viertakt rückwärts. Das Rückwärtsrichten gibt dem Reiter eine ausgezeichnete Gelegenheit zu fühlen, wie das Pferd den Kopf fallen läßt, weil es erstens ans Gebiß herantritt und sich zweitens darauf vorbereitet, das Kommando des Reiters auszuführen. Zum Rückwärtsrichten muß man das Pferd zuerst mit einer halben Parade zum Halten bringen und es dann mit leichtem Schenkeldruck hinter dem Gurt bei anstehendem Zügel dazu bringen, das Gebiß anzunehmen. Wenn das Pferd zu kauen beginnt und den Kopf fallen läßt, fordert man es mehr mit Kreuz und Schenkel als mit den Zügeln zum Rückwärtsgehen auf. Der Schenkel verhindert auch, daß die Hinterhand zur Seite ausweicht.

Man läßt das Pferd nur wenige Schritte zurück-

Aufnehmen des Pferdes zum versammelten Galopp, der aber noch nicht erreicht ist

Versammelter Galopp

treten und reitet dann sofort wieder an, damit es sich nicht angewöhnt, mehr zurückzurennen als zurückzutreten oder sich hinter dem Zügel zu verkriechen. Das Rückwärtsrichten ist ein wichtiger Bestandteil jeder Dressurprüfung, und jede Übereilung, jedes Abweichen von der Geraden oder eine inaktive Hinterhand werden als schwerwiegende Fehler gewertet. Ein Pferd, das den Hilfen des Reiters zum Rückwärtsrichten nicht gehorcht, gilt als ungenügend gymnastiziert, schlecht ausgebildet oder schlecht vorgestellt.
Ein Reiter, der sich diesen fortgeschrittenen Lektionen zuwendet, muß sich mehr mit der Wirkung des Gebisses auf das Pferdemaul beschäftigen. Er kann die Stellung des Gebisses im Maul verändern, so daß es auf die Zunge, auf die Laden oder die Maulwinkel wirkt. Das ermöglicht die Stellung des Pferdes nach einer Seite, was bei bestimmten Bewegungen wie dem Schulterherein oder dem Schenkelweichen sehr wichtig ist.

Seitengänge

Das *Schulterherein* gehört zu den Seitengängen. In den Seitengängen ist das Pferd vom Genick bis zum Schweif gebogen und bewegt sich mit Vor- und Hinterhand auf zwei verschiedenen Hufschlägen, die nicht mehr als einen Schritt auseinander liegen sollten. Seitengänge dürfen immer nur für kurze Zeit verlangt werden und müssen von energischem Vorwärtsreiten auf geraden Linien abgelöst werden. Der Reiter muß sich mit der Theorie der einseitigen Hilfengebung beschäftigt haben, auch wenn er bis jetzt nur diagonale Hilfen angewendet hat (gleichzeitige Einwirkung von jeweils entgegengesetztem Zügel und Schenkel). Einseitige Hilfen bedeuten, daß Zügel und Schenkel derselben Seite gleichzeitig einwirken, was man meines Erachtens auch als korrigierende Hilfengebung bezeichnen kann.
Die Anwendung der einseitigen Hilfen läßt sich besonders gut bei der Vorhandswendung demonstrieren. Der Reiter bringt mit dem Schenkel die Hinterhand des Pferdes dazu, um die Vorhand herumzutreten, und lernt dabei, die Hinterhand zu beherrschen. Die Übung wird nicht von allen Dressurreitern geschätzt, war aber eine Zeitlang

Oben: Einem jungen Pferd gibt man zur Ausführung einer Vorhandswendung am besten Anlehnung an einen Zaun.

Mitte: Beginn der Vorhandswendung. Mit dem linken Schenkel veranlaßt die Reiterin die Hinterhand zum Herumtreten.

Unten: Die Wendung ist zur Hälfte ausgeführt. Durch den Zaun wird das Pferd daran gehindert, in diesem Stadium nach vorn zu treten.

Links unten: Bei der Vorhandswendung beschreibt die Hinterhand des Pferdes einen Halbkreis. Drehpunkt ist das innere Vorderbein.

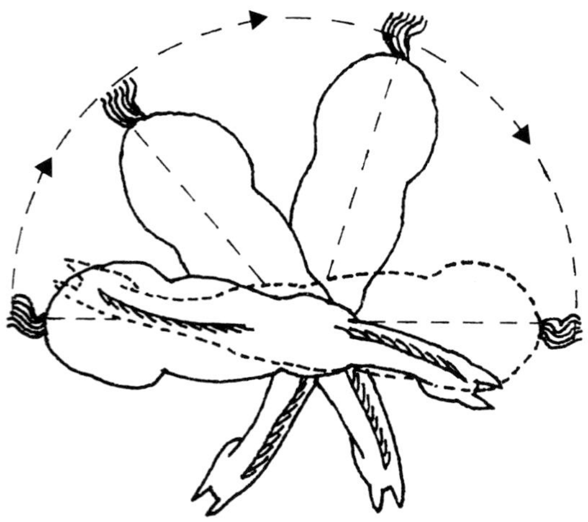

Bestandteil von Pony Club-Prüfungen. Der innere Schenkel liegt aktiv treibend hinter dem Gurt und drückt die Hinterhand herum, während der innere Zügel für die entsprechende Kopfstellung sorgt. Der äußere Schenkel liegt mit gleichmäßigem Druck am Gurt, hält das Pferd in der Bewegung und verhindert ein Rückwärtstreten. Er wird darin von der äußeren Hand unterstützt, die ruhig gehalten wird, aber jedes Vortreten verhindert, weil das Pferd während dieser Übung nicht mehr als einen Schritt nach vorn treten darf.

Ein Beispiel zur besseren Verdeutlichung: Bei einer Vorhandswendung nach rechts wird das Pferd leicht nach rechts gestellt und tritt um den rechten Vorderfuß herum. Eine gute Hilfe ist es, diese Übung aus der ganzen Parade vom Schritt zum Halten zu entwickeln, weil das Pferd dann noch am Zügel und ein gewisser Vorwärtsdrang noch spürbar ist. Das Pferd soll einen Halbkreis um den inneren Vorderfuß beschreiben und anschließend in die entgegengesetzte Richtung schauen, in die dann auch angeritten wird. Wenn man diese Übung nach beiden Seiten korrekt ausführen kann, versucht man, einen vollständigen Kreis zu beschreiben und in derselben Richtung weiterzureiten.

Das Schulterherein dient zur Gymnastizierung des Pferderückens, aber was noch wichtiger ist: der Reiter stellt das Pferd genauso, wie er es haben will, was auch dazu dient, den Gehorsam des Pferdes zu vertiefen. Das Pferd ist um den inneren Schenkel des Reiters gebogen, die äußere Schulter des Pferdes ist weiter vom Hufschlag abgestellt als der innere Hinterfuß.

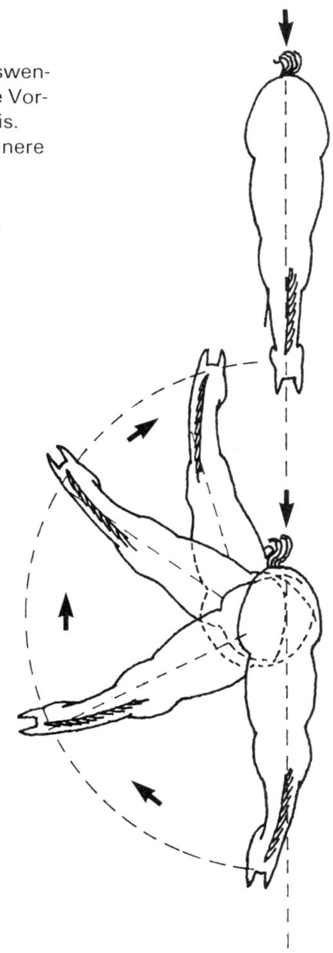

Bei der Hinterhandswendung beschreibt die Vorhand einen Halbkreis. Drehpunkt ist der innere Hinterfuß.

Oben: Aus dem Halten wird eine Hinterhandswendung nach rechts eingeleitet.

Mitte: Bei Beginn der Wendung ist das Pferd im Hals zu sehr gebogen. Der Hals darf nicht mehr gebogen sein als der Rücken des Pferdes.

Unten: Der linke Vorderfuß tritt über den rechten Vorderfuß.

Im Grunde genommen bewegt sich das Pferd auf Befehl des Reiters ganz unnatürlich, weil es entgegengesetzt zu seiner Bewegungsrichtung gebogen ist. Deshalb ist es auch eine so gute Gehorsamsprüfung.
Zur Einleitung eines Schulterhereins rechts werden Hals und Kopf leicht nach innen gestellt, während die Hinterhand geradeaus dem Hufschlag an der Bande folgt. Dann führt man den rechten Vorderfuß des Pferdes nach innen vom Hufschlag herunter und treibt das Pferd mit dem rechten Schenkel energisch vorwärts, so daß es sich praktisch auf drei Spuren bewegt – d. h., der rechte Vorderfuß tritt auf einer eigenen Spur, während der rechte Hinterfuß in die Spur des linken Vorderfußes tritt und der linke Hinterfuß ebenfalls einer eigenen Spur folgt. Die Hinterbeine müssen auf dem Hufschlag bleiben (der genaugenommen aus zwei Spuren besteht, während der rechte Vorderfuß eine dritte, also noch einen Hufschlag anlegt, weshalb man auch vom »Reiten auf zwei Hufschlägen« spricht). Schulterherein wird gleichmäßig auf beiden Händen geritten!
Beim *Schulterheraus* ist das Pferd zur Wand zu gestellt, und die Hinterhand wird zur Bahn zu abgestellt. Diese Übung ist heute nicht mehr so populär wie früher, weil man heute der Ansicht ist, daß der Vorwärtsdrang leicht verlorengehen kann, wenn das Pferd mit dem Kopf zur Wand geht. Andererseits scheint mir, daß es den Reiter dazu zwingt, auch wirklich mit dem Schenkel einzuwirken, um eben den Schwung aufrechtzuerhalten. Auch hier bewegt sich das Pferd auf drei Spuren bzw. auf zwei Hufschlägen.
Über das *Schenkelweichen* gehen die Meinungen auseinander. Die eine Partei hält diese Methode für gänzlich ungeeignet, einem Pferd Seitengänge beizubringen. Ihrer Meinung nach hat ein Pferd, das erst einmal gelernt hat, dem Schenkel zu weichen, später Schwierigkeiten, richtig zu gehen. Für die andere Partei ist das Schenkelweichen nur ein Schritt in Richtung auf schwierigere Seitengänge, wobei die Stellung des Pferdes beim Schenkelweichen eingestandenermaßen nicht so ist, wie sie als Endziel sein sollte.
Beim Schenkelweichen werden die Hinterbeine geradeaus gerichtet, das Pferd soll sich jedoch trotzdem seitwärts bewegen. Die Übung entspricht eigentlich einer mit falscher Stellung gerittenen Traversale (s. unten); erreicht werden soll dadurch, daß das Pferd seitlich übertreten, seine Beine überkreuzen lernt. Das fällt dem Pferd leichter, wenn es entgegen der Bewegungsrichtung gestellt ist. Der Hals wird seitwärts gestellt, während die Hinterbeine geradeaus gehen, und das Pferd bewegt sich von einem aktiv treibenden Schenkel weg zu einem passiv verhaltenden. Unterstützt von einer seitwärts führenden Hand, wird das Pferd so veranlaßt, seitwärts-vorwärts zu gehen, wobei die Hauptschwierigkeit darin liegt, nicht den Schwung zu verlieren.
Die oben bereits erwähnte *Traversale* ist eine schöne und anmutige Übung, wenn sie richtig ausgeführt wird. Das Pferd bewegt sich ebenfalls auf zwei Hufschlägen und ist leicht in die Bewe-

Schenkelweichen im Schritt mit einem jungen Pferd. Die Hand der Reiterin weist dem Pferd klar die Richtung, in die es gehen soll.

Einleitung von Schenkelweichen im Trab. Der linke Schenkel ist offen (nicht am Pferdeleib), so daß das Pferd nach links treten kann.

gungsrichtung gebogen. Äußerer Vorder- und äußerer Hinterfuß kreuzen über den jeweiligen inneren hinweg (wobei man den Fuß auf der Seite, nach der das Pferd gebogen ist, als den inneren bezeichnet). Das Pferd muß auch während der Traversale den Takt beibehalten, den es vorher hatte. Traversalen sind leichter im Trab auszuführen als im Schritt, weil der Schwung dann nicht so schnell verlorengeht. Anfangs wird die Traversale am besten an der Wand oder einer Begrenzung geritten, wozu das Pferd nach Durchreiten der Ecke in einem Winkel von etwa 45° von der Wand oder Bande abgestellt wird. Bei der Traversale nach links führt die linke Hand leicht seitwärts, während der rechte Zügel die rechte Halsseite einrahmt. Der rechte Schenkel liegt aktiv treibend kurz hinter dem Gurt, so daß das Pferd in Richtung auf einen mehr passiven linken Schenkel seitwärts verschoben wird. Wahrscheinlich fällt dem Pferd diese Übung zu Anfang leichter, wenn es sich seitwärts zu einer festen Linie (Bande, Zaun usw.) bewegt. Sobald das Pferd einige Tritte in korrekter Stellung ausgeführt hat, treibt man es im Leichttraben energisch wieder geradeaus.
Wenn das Pferd die Traversalverschiebung entlang der Bande oder Begrenzung beherrscht, reitet man die Lektion auch diagonal durch die Bahn. Auch hierbei treibt vorwiegend der äußere Schenkel das Pferd seitwärts, aber auch der innere Schenkel liegt dicht am Pferd, um den nötigen Schwung aufrechtzuerhalten.
Bei der *halben* bzw. *ganzen Pirouette* beschreibt die Vorhand einen halben bzw. vollständigen Kreis um die Hinterhand. Als höhere Dressurlektion werden halbe Pirouetten auch im Galopp

Oben: Schenkelweichen nach rechts im Trabe

Links: Ein typischer Fehler beim Schenkelweichen – die Reiterin knickt in der linken Hüfte ein, wenn sich das Pferd nach rechts bewegen soll und umgekehrt

ausgeführt; die Kreisbewegung beginnt in dem Augenblick, in dem der innere Hinterfuß aufhört, nach vorn zu schwingen. Nach Beendigung der Pirouette bewegt sich das Pferd ohne Zwischenpause wieder vorwärts. Diese Lektion hat einen sehr hohen Schwierigkeitsgrad, aber Wendungen auf der Hinterhand können auch vom weniger geübten Reiter ausgeführt werden, und zwar entweder im Schritt aus dem Halten oder in Form der Kurzkehrtwendung (ohne Halten). Bei einer Hinterhandswendung nach rechts führt der rechte Zügel die Vorhand herum, während der linke Zügel ruhig ansteht. Der linke Schenkel verhindert ein Ausweichen der Hinterhand. Das Pferd dreht sich um den rechten Hinterfuß.

Alle bisher beschriebenen Bewegungen und Übungen sind durchaus im Bereich der meisten einigermaßen erfahrenen Reiter und dienen einem bestimmten Zweck. Sie machen das Pferd geschmeidiger und gehorsamer und vermitteln dem Reiter ein feineres Empfinden für das, was höhere Dressur bedeutet.
Alle darüber hinausgehenden Dressurlektionen sind sehr anspruchsvoll und spezialisiert; eigentlich könnte man die Pirouette sogar schon zu diesem Kreis rechnen. Man kann zwar die Bewegungen beschreiben, aber es genügt nicht, die Hilfen zu beschreiben, um sie auch ausführen zu können. Wer sich für Dressur besonders interessiert, sollte nun praktischen Unterricht bei einem Experten nehmen. Außerdem empfehle ich die Lektüre von Büchern, die sich spezieller mit diesem Thema befassen.

Passage und Piaffe

Zwei Dressurlektionen des höchsten Schwierigkeitsgrades, die nur beim Grand Prix de Dressage verlangt werden, sind Passage und Piaffe.
Die *Passage* wird als »Trab mit wenig Raumgewinn, sehr versammelt, sehr erhaben und mit stark betontem Takt« beschrieben. Wie beim normalen Trab bewegen sich jeweils die diagonalen Beinpaare, aber sie werden sehr hoch gehoben und länger als sonst in der Schwebe gehalten. Wie die Bewegung im einzelnen ausgeführt wird, hängt vom Gebäude des Pferdes ab. Manche Pferde haben eine rundere Aktion mit längerem Takt, andere wieder eine kurztaktige, viel lebhaftere. Wie die Lektion im Idealfall auszusehen hat, steht in den Anweisungen für die Ausführungen des Grand Prix de Dressage. Im Reglement der F.E.I. wird die Passage wie folgt beschrieben: »Die Hufspitze des jeweils gehobenen Vorderfußes soll grundsätzlich bis zur Mitte der Röhre des anderen gehoben werden, die des Hinterfußes bis etwas über den Fesselkopf des anderen Fußes. Der Hals erhebt sich in eleganter Biegung. Das Genick bildet den höchsten Punkt. Die Stirnlinie nähert sich der Senkrechten. Die Beizäumung ist leicht und gestattet dem Pferd einen flüssigen Übergang von der Passage zur Piaffe und umgekehrt (s. unten), ohne daß eine sichtbare Anstrengung oder eine Rückwirkung auf den Takt eintritt. Die Bewegung bleibt flüssig und schwungvoll.«
Die *Piaffe* ist ein versammelter Trab auf der Stelle. Die offizielle Definition der idealen Piaffe lau-

S. 170 oben: Einleitung zur Traversale nach rechts im Schritt. Mitte: Der rechte Hinterfuß tritt über den linken Hinterfuß. Unten: Der linke Vorderfuß tritt über den rechten Vorderfuß. Das Pferd ist in die Bewegungsrichtung gebogen.

tet im Reglement: »Ein geschmeidiger und schwingender Rücken, die weit untergeschobene Hinterhand sowie die gebeugten Sprunggelenke verleihen den Schultern und den Vorderbeinen eine große Bewegungsfreiheit und Leichtigkeit. Der Hals ist aufgerichtet, das Genick losgelassen, die Stirnlinie in der Senkrechten, das Maul in weicher Verbindung mit den anstehenden Zügeln. Die Beine heben sich nacheinander diagonal paarweise in einer reinen, geschmeidigen, taktmäßigen und anmutigen Bewegung, bei der die Beugephase betont ist. Die Hufspitze des gehobenen Vorderfußes wird grundsätzlich bis zur Mitte der Röhre des anderen Vorderfußes gehoben, die des angehobenen Hinterfußes etwas niedriger, gerade über dem Fesselkopf des anderen Hinterbeines. Der Körper des Pferdes hebt und senkt sich in einer geschmeidigen und harmonischen Bewegung, ohne sich auf der Vor- oder Hinterhand zu wiegen. Obwohl die Piaffe genau auf der Stelle und in vollem Gleichgewicht ausgeführt werden soll, muß sie stets von einem energischen Schwung belebt werden, der sich bei dem Pferd dadurch äußert, daß es bestrebt ist, vorwärts zu treten, sobald die Hilfen zur Piaffe aussetzen.«

Der Grand Prix de Dressage wird in einem Viereck mit den Maßen 20 m × 60 m geritten. Für die Ausführung ist eine Zeit von 12 Minuten 30 Sekunden angesetzt. Es ist die schwerste Dressuraufgabe überhaupt, und sie umfaßt die drei Grundgangarten im Arbeitstempo, in der Versammlung und in den Verstärkungen, häufige Übergänge von einer Gangart, einem Tempo in ein anderes, ganze Paraden, Rückwärtsrichten, fliegende Galoppwechsel (einmal muß das Pferd auf der Diagonalen fünfzehn Einerwechsel hintereinander ausführen), halbe Pirouetten, Seitengänge, Passage und Piaffe.

Hohe Schule

Man hat einmal gesagt, daß die dressurmäßige Ausbildung, logisch weiterentwickelt, zu immer verkürzteren und komplizierteren Bewegungen führt, die zwar unzweifelhaft schön sind, jedoch nirgends mehr hinführen und keinerlei praktischen Wert haben. Dieser Bereich der Reiterei führt tatsächlich nirgends mehr hin: die »Hohe Schule« ist Selbst- und Endzweck. Ihr Ziel ist die höchstmögliche Vervollkommnung der klassischen Reitkunst. Diesem Ziel widmen sich zwei der berühmtesten Reitinstitute der Welt – die Spanische Hofreitschule in Wien und die Kavallerieschule von Saumur in Frankreich mit ihrem sogenannten Cadre Noir. An diesen beiden Schulen wird Hohe Schule in Vollendung gezeigt. Die Bewegungen der ausgebildeten Schulpferde erinnern an klassisches Ballett.

Die Spanische Hofreitschule in Wien

Die Spanische Hofreitschule in Wien wurde 1560 am habsburgischen Kaiserhof gegründet. Zu dieser Zeit war die klassische Reitkunst auf ihrem Höhepunkt, und es gab ähnliche Reitschu-

Links: Trabtraversale nach rechts

Rechts: Der rechte Schenkel am Gurt sorgt dafür, daß das Pferd auch genügend nach vorn tritt. Das Pferd ist in die Bewegungsrichtung gebogen.

Links: Der linke Schenkel liegt etwa 10 cm hinter dem Gurt.

Rechts: An der Scheune im Hintergrund kann man ablesen, daß das Pferd sich nicht nur seitwärts, sondern auch nach vorn bewegt hat.

len an vielen europäischen Höfen. »Spanisch« nannte sich die Schule, weil die Pferde - die schönen Lipizzaner, die speziell für den Wiener Hof gezüchtet wurden - von spanischen Pferden abstammten. Abgesehen von einem zehnjährigen Exil nach dem Zweiten Weltkrieg hat die Spanische Hofreitschule seit dem 16. Jahrhundert Pferde ausgebildet und ihre exquisite Kunst vorgeführt. Die Lipizzanerhengste werden nach einem seit langem bewährten und sorgsam ausgearbeiteten Plan ausgebildet. Der Ernst des Lebens beginnt für sie, wenn sie drei Jahre alt sind. Dann müssen sie die grünen Weiden verlassen und werden nach Wien in die Hofreitschule gebracht. Nachdem man sie an Halfter und Gebiß gewöhnt hat, beginnt die Ausbildung wie bei jedem anderen jungen Pferd mit der Arbeit an der Longe. Für einen Lipizzaner ist diese Arbeit eher noch wichtiger als für andere Pferde, weil er vollständig im Gleichgewicht, besonders muskulös und seinem Reiter absolut gehorsam sein muß. Wie wir schon gesehen haben, werden gerade diese Eigenschaften durch die Longenarbeit besonders gefördert. Er lernt, im vollendeten Gleichgewicht und mit äußerster Geschmeidigkeit im Schritt, Trab und Galopp unter dem Reiter zu gehen, die Hilfen seines Reiters zu verstehen und sich ihm vollständig unterzuordnen, so daß er ausschließlich auf dessen Forderungen konzentriert ist. Die »Hohe Schule« beherrscht er, wenn er all dies gelernt hat und Traversalen, Pirouetten und fliegende Wechsel mit »anmutiger Leichtigkeit« ausführen kann.

Bei der Hohen Schule unterscheidet man Übungen, besser Lektionen, auf und über der Erde. Piaffe und Passage gehören zu den Lektionen auf der Erde und werden - wie schon erwähnt - von den Pferden bei der Olympia-Dressuraufgabe verlangt. Lipizzaner lernen die Piaffe an der Hand und auch zwischen den Pilaren. Dabei steht der Ausbilder neben dem Pferd, und die Zügel sind rechts und links vom Pferd an den Pilaren befestigt. Während dieser Stufe der Ausbildung kann sich der Lehrer wohl ein Urteil dar-

Die berühmte Schulquadrille der Spanischen Hofreitschule in Wien - Hohe Schule in höchster Vollendung

Der Cadre Noir

Das zweite berühmte Zentrum der klassischen Reiterei, die unter dem Namen Cadre Noir bekannte Kavallerieschule, bezog nach recht wechselvoller Geschichte ihr heutiges Heim in Saumur, nachdem Ludwig XVIII. im Jahre 1814 auf den Thron gekommen war. Die ersten Lehrer und Gründungsmitglieder gehörten zwei verschiedenen Richtungen an – sie waren teils Zivilisten aus der Schule von Versailles und teils Militärs verschiedener Regimenter. Da sie sich nicht einigen konnten, wurde die Schule 1822 geschlossen und 1825 als Kavallerieschule wiedereröffnet. Beinahe 150 Jahre später zerriß diese ausschließlich militärische Bindung, und heute ist die Schule vorwiegend für Zivilisten da.
Trotz des Streits zwischen den Vertretern der beiden Richtungen blieben die reiterlichen Traditionen und Erfahrungen erhalten, die beide mitgebracht hatten: akademische Reiterei aus

Links: Wie Zwillingsbrüder – zwei Lipizzaner beim Pas de deux

Unten: Pferd und Reiter in der Levade – der ersten Lektion der Schule über der Erde

über bilden, ob sich ein Tier auch für Lektionen über der Erde eignet.
Zu den Lektionen über der Erde gehören vor allem die *Levade*, die *Courbette*, die *Ballotade* und die *Kapriole*, die alle sowohl mit als auch ohne Reiter ausgeführt werden können. Bei der Levade schieben sich die Hinterbeine so weit unter den Körper, daß sie alles Gewicht aufnehmen und sich die Vorhand vom Boden abhebt. Der Hengst sitzt praktisch auf den Hinterbeinen, die in einem Winkel von 45° angewinkelt sein müssen, und muß diese Stellung einige Zeit beibehalten können. Für das Pferd ist dies eine enorme Anstrengung und selbst für kurze Zeit sehr unbequem, so daß es nach ein oder zwei Sekunden als natürliche Reaktion einen Sprung nach vorn macht. Wenn es dies auf Anforderung seines Reiters zwei- bis achtmal tut, hat es die nächste Lektion gelernt: die Courbette. Bei der Courbette dürfen die Vorderbeine den Boden nicht berühren. Ein besonders übermütiger Hengst bringt am Anfang vielleicht nicht die für eine Levade nötige Disziplin auf und springt statt dessen mit allen vieren in die Luft. Das ist die Grundlage für die Ballotade. Die Hinterbeine sind eng unter den horizontal in der Luft liegenden Pferdekörper gezogen. Wenn das Pferd die Hinterbeine in einer geraden Linie nach hinten herausstreckt, hat es eine Kapriole ausgeführt. Es gehört zu den Grundsätzen der klassischen Reitkunst, daß alle Übungen oder Lektionen auf Bewegungen beruhen, die das Pferd auch ohne jede Ausbildung in Freiheit ausführt. So kann man durchaus beobachten, wie junge Fohlen auf der Koppel spielerisch »Ballotaden« ausführen. In der Hohen Schule werden diese anmutigen Bewegungen bis zur Vollendung ausgefeilt, so daß sie auf Befehl mit und ohne Reiter ausgeführt werden.

Versailles und auf den Grundgangarten beruhende Reiterei sowie Übungen, die zum Geländereiten hinführten, von den Militärs. Sie bilden noch immer die Grundlagen für die Ausbildung und die Kurse, die die Schule gegenwärtig anbietet, obwohl heute sogar solche Zweige wie Rennen, Polo, Vielseitigkeitsreiterei, Springreiten usw. eingeschlossen sind.

Die herkömmliche Arbeit in der Manege, die zur Hohen Schule führt, bildet immer noch einen Hauptbestandteil der Arbeit des Cadre Noir. Es gibt regelmäßige Vorführungen, bei denen meist entweder die *ecuyers* oder die *sauteurs* auftreten. Beide Auftritte haben eine lange Tradition. Bei der »Schwarzen Messe«, der Vorführung der Ausbilder oder *ecuyers*, tragen alle Reiter die traditionelle, sehr attraktive schwarze Uniform und sitzen auf herrlichen Prunksätteln. Unter der Leitung des Chefausbilders werden Seitengänge, die Grundgangarten, fliegende Galoppwechsel und Passagen vorgeführt. Zum Abschluß reitet der Chefausbilder den Spanischen Schritt und den Schwebetrab.

Die Vorführung der *sauteurs* ist ein sehr beweg-

Lipizzaner-Hengst in der Courbette an der Hand

tes Schauspiel. Wörtlich übersetzt bedeutet *sauteur* jemand, der springt und hüpft, und das ist eine sehr treffende Beschreibung dessen, was die bewundernswert ausgebildeten Pferde vorführen. Zu den Übungen gehören auch Lektionen über der Erde – die Courbette, Ballotade und Kapriole. Die Pferde sind nicht beschlagen, damit sie sich nicht gegenseitig verletzen können, denn mit Ausnahme der Kapriole werden diese schwierigen Lektionen von allen zwölf Reitern in einer kleinen Halle mit atemberaubender Präzision gleichzeitig ausgeführt.
Im Juli findet regelmäßig ein »Karussel« statt, das vier Tage dauert. Zum Programm gehören neben den Vorführungen der Hohen Schule, für die der Cadre Noir inzwischen weltberühmt ist, auch ein Lanzenstechen, Hürdenrennen und verschiedene Reiterspiele.
Auch heute noch ist der Cadre Noir vor allem eine Reitschule mit einer Vielzahl verschiedener Kurse. Zu den bekanntesten zählen die Reitlehrer-Kurse. Wer hier sein Diplom als Reitlehrer machen will (und das wollen viele), muß schon eine gewisse Vorbildung und Praxis als Reitlehrer haben. Die Anwärter sitzen vier Stunden am Tag im Sattel, und jede Stunde ist einem anderen Ziel gewidmet, so daß der Kurs eigentlich in vier verschiedene Abteilungen zerfällt. In einer Stunde werden hauptsächlich Sitz und Gleichgewicht verbessert, wozu viel ohne Steigbügel geritten und über Cavaletti gearbeitet wird. In der nächsten Stunde geht es um die richtige Hilfengebung; der Schwerpunkt der Arbeit liegt auf der Dressur mit solchen Übungen wie Schulterherein, halbe Pirouette, Rückwärtsrichten, Außengalopp und fliegender Galoppwechsel. Die dritte ist eine Springstunde, in der besonderer Wert gelegt wird auf Anreiten und Absprung, Abmessungen zwischen den Sprüngen und das Springen aus verschiedenen Winkeln. Trainiert wird außerdem mit Blick auf zukünftige Turnierteilnahme, etwa bei Vielseitigkeitsprüfungen oder Springwettbewerben.
Die Reitlehrer des Cadre Noir bilden nicht nur Zivilisten aus, sondern werden auch selbst in der Hohen Schule unterrichtet. Jeder reitet zwei Pferde – ein erfahrenes, das ihm hilft, die Bewegungen zu erfühlen, und ein junges, das er selbst auf den geforderten Ausbildungsstand bringen muß.

Links: Ein Reiter des Cadre Noir

Unten: Kapriole, vorgeführt von einem Lipizzaner der Spanischen Hofreitschule

Das Reiten im Damensitz

Das Reiten im Damensitz fällt weniger unter dieses Kapitel, weil es sich um eine fortgeschrittenere Form des Reitens handelt, sondern weil es heute nur noch von einigermaßen erfahrenen Reiterinnen praktiziert wird. Jahrhundertelang und noch Anfang unseres Jahrhunderts ritten Damen ausschließlich im Damensattel, wovon viele berühmte Gemälde adliger und königlicher Damen Zeugnis ablegen. Nach dem Zweiten Weltkrieg sah man jedoch kaum noch jemanden im Damensitz. Der moderne Trend, alte Techniken und Gebräuche wiederaufleben zu lassen, hat auch dem Damensattel eine Wiedergeburt beschert. In England gibt es neuerdings einen Verein, der das Reiten im Damensattel pflegt, und auf vielen englischen Turnieren werden Prüfungen für Kinder ausgeschrieben, die im Damensattel zu reiten sind.

Der Damensattel ist ohne jeden Zweifel für viele weibliche Wesen eine ausgezeichnete Erfindung. Schließlich sind wir nicht alle gleich gebaut, und wer runde Schenkel und einen etwas stämmigeren Körperbau hat, findet im Herrensattel oft nur schwer sein Gleichgewicht. Der Damensitz sieht nicht nur viel weiblicher aus, er ist auch entschieden sicherer! Wenn man die Technik erst einmal beherrscht, ist der Damensattel für eine leichtgewichtige Reiterin auf einem starken Pferd, das gern buckelt, auf jeden Fall ungefährlicher. Ich habe festgestellt, daß mich ein wirklich kräftiges Pferd im Herrensattel viel eher aus dem Sitz bringt. Im Damensattel kann ich mich gut hinsetzen, meine Beine in die Sattelhörner »einschrauben« – und dann kann

Elegante Sevillanerin im Damensattel

Die Reiterin zeigt ohne Reitrock die richtige Lage der Schenkel im Damensitz. Die rechte Fußspitze zeigt nach unten, die linke nach oben.

Die Reiterin hält die Zügel in der linken Hand und hält sich mit der rechten Hand an dem Gurt fest, der den Sattel im Gleichgewicht hält.

Korrekter Sitz im Damensattel, nun mit Reitrock

das Pferd versuchen, mich aus dem Sitz zu bringen! Außerdem kann keine Frau im Herrensattel einer gut zu Pferde sitzenden, gut gekleideten Frau im Damensattel im Aussehen das Wasser reichen. Damensitz ist elegant, schick und korrekt und wird von jedermann bewundert.

Das Geheimnis des Damensitzes besteht darin, daß man genau auf dem Sattel sitzen muß und nicht, wie ich es neulich auf einem Turnier hörte, »neben dem Pferd« sitzen darf. In diesen Fehler kann man sehr leicht verfallen, besonders wenn der Sattel nicht richtig zum Reiter paßt. Der Sattel muß aber nicht nur zum Reiter, sondern auch zum Pferd passen. Wenn man einen neuen Damensattel kauft, nimmt man am besten jemand mit, der weiß, worauf es ankommt. Einen Damensattel anzupassen, ist ein schwieriges Geschäft, weil er gern zurückrutscht; wenn er aber nicht sitzt, gibt es sehr schnell einen Satteldruck. Man braucht einen Sattlermeister, der die Mühe nicht scheut, die Seiten so lange aufzupolstern, bis der Sattel die richtige Lage hat und nicht mehr verrutschen kann. Der Sattel muß gut hinter dem Widerrist liegen, damit der Reiter mühelos mit den Bewegungen des Pferdes mitschwingen kann. Liegt der Sattel zu weit vorn, auf der Schulter des Pferdes, wird die Reiterin böse durchgeschüttelt und kann nicht richtig sitzen. Heute sind die meisten Damensättel mit Wildleder bezogen; auf ihnen sitzt man viel besser als auf den alten, glattledernen, auf denen ich gelernt habe.

Die meisten modernen Damensättel kauft man schon mit ihren eigenen patentierten Sicherheitssteigbügeln. Bei älteren Modellen benützt man am besten die überall erhältlichen Sicherheitssteigbügel, die sich öffnen, wenn die Reiterin stürzt, so daß der Fuß nicht im Bügel hängenbleiben kann. Man kann sagen, daß sich die Hälfte aller Stürze mit dem Damensattel von vornherein vermeiden lassen, aber wenn das rechte Bein erst einmal den Halt verloren hat und über das Horn gerutscht ist, ist der Sturz auch unvermeidlich. Es ist dann aber viel besser, sich nicht krampfhaft anzuklammern, sondern wirklich fallen zu lassen.

Wenn man zum erstenmal aufsteigt, stellt man sich neben das Pferd, nimmt die Zügel wie üblich in die linke Hand und legt die Hände auf die beiden Hörner. Man steigt normal auf und setzt sich erst im Herrensitz in den Sattel. Mit der rechten Hand hält man sich an dem hinteren Gurt fest, der den Sattel im Gleichgewicht hält, schwingt das rechte Bein nach links herüber und legt es in das Horn ein. Die Schultern bleiben gerade, so daß der Blick zwischen den Pferdeohren hindurch nach vorn gerichtet ist. Dazu muß man sich etwas in der Hüfte drehen, aber es ist sehr wichtig, den Oberkörper geradezuhalten; hierin liegt der ganze Unterschied zwischen einer eleganten und einer uneleganten Reiterin. Und nichts sieht schlimmer aus als eine unelegante Reiterin im Damensattel! Der Sitz ist deshalb sehr wichtig. Das ganze Körpergewicht wird auf den rechten Gesäßknochen und den rechten Schenkel verlagert. Je dichter der rechte Oberschenkel an der Außenseite des Sattels liegt, um so besser ist es. Bei einer gut ausbalancierten

Reiterin muß man mit der Hand unter dem linken Gesäßknochen durchfahren können.
Am besten benützt man in der ersten Woche im Damensattel den linken Steigbügel überhaupt nicht. Dadurch gewöhnt man sich gar nicht erst an, sich darauf zu verlassen, und betrachtet ihn mehr als Fußstütze. Das linke Knie sollte etwa eine Handbreit unter dem linken Horn, jedoch gut am Sattel liegen. Über die Haltung des rechten Fußes gehen die Meinungen auseinander. Das Bein wird über dem vorderen Horn abgebogen, und der Fuß hängt natürlich herunter. Manche Leute sind der Meinung, er sollte angehoben werden, so daß der Absatz nach unten, die Fußspitze etwas nach oben kommt, aber dann fällt der Reitrock nicht schön, und die Muskeln können sich nicht so entspannen, daß das Bein gut am Sattel anliegt. Je näher sich die beiden Fußspitzen sind, desto besser, d.h. rechte Fußspitze nach unten, linke Fußspitze nach oben.
Beide Lehrmeinungen sind jedoch gültig und anerkannt, so daß jeder für sich selbst entscheiden muß, nach welcher er sich richten will. Für den Anfang reitet man eine Weile Schritt und hält sich dabei am Gurt fest. Dadurch wird der Sitz allmählich gefestigt. Sobald die Haltung ungemütlich wird, nimmt man das rechte Bein wieder herüber und sitzt zur Erholung eine Weile im Herrensitz. Dann versucht man zu traben. Der Trab ist nie sehr angenehm, wenn man nicht gerade ein Pferd mit ausnehmend weichen, langsamen Trabbewegungen hat. Wahrscheinlich wird man im Trab ziemlich erheblich herumgeschüttelt. Mit der rechten Hand immer noch am Gurt, treibt man nun das Pferd vorwärts, bis es angaloppiert. Das ist eine sehr angenehme Gangart. Die wiegende Bewegung ist leicht auszusitzen und ausgesprochen bequem. Im Galopp ist es auch am einfachsten, sich tief in den Sattel zu setzen. Früher durften die Damenpferde nur im Rechtsgalopp gehen, aber heute würde man dies als mangelhafte und einseitige Ausbildung betrachten. Damals ritt man eben, um von einem Ort zum andern zu gelangen oder einen Tag auf der Jagd zu verbringen, und dabei war die Bequemlichkeit des Reiters der ausschlaggebende Faktor.
Auch das Reiten im Damensattel lernt man am schnellsten an der Longe. Am besten übt man nur zehn Minuten im Damensitz, macht dann eine Viertelstunde Pause und übt noch einmal zehn Minuten. Dann macht man noch einmal eine Pause und reitet noch einmal zehn Minuten im Damensitz. Im Anfangsstadium sollte man nie versuchen, zwei Stunden im Damensitz zu reiten. Das Ergebnis wären nur wundgescheuerte Beine, verzerrte Muskeln und ein falscher Sitz. Wenn man des Guten zuviel tut und seine Muskeln überanstrengt, gewöhnt man sich leicht eine falsche Haltung an, die später kaum noch zu korrigieren ist.

Oben: Falscher Sitz – die Reiterin sitzt schief, die rechte Schulter ist tiefer als die linke

Unten: Korrekte Haltung im Trab

Beim Springen im Damensattel wird der Oberkörper ebenso nach vorn geneigt wie im Herrensattel, und der linke Absatz wird gut heruntergedrückt. Der Halt, den die Beine an den Sattelhörnern finden, trägt enorm dazu bei, die Reiterin so sicher im Sattel zu machen, daß sie den Kopf des Pferdes freigeben kann. Das ist ganz besonders wichtig, denn bei der Landung muß das Pferd sein Gleichgewicht wiederfinden können, ohne daß es zu sehr von dem ungleichmäßig verteilten Gewicht im Sattel gestört wird. Wenn ein Pferd wirklich einen Fehler macht, wird es gerade wegen des Reitergewichts wahrscheinlich auf die linke Seite fallen. Beim Springen sollte man deshalb immer darauf achten, daß das Gewicht in der Mitte oder – falls überhaupt verlagert – ein wenig nach rechts gelagert ist.
Um den Damensitz zu erlernen, braucht man ein Pferd, das darin bereits ausgebildet ist. Die meisten Pferde nehmen den Damensattel ohne weiteres an, nur die nervöseren versuchen am An-

fang vielleicht ein paar Bocksprünge. Wenn man den Damensattel zum erstenmal auflegt, zieht man den hinteren Gurt, der den Sattel im Gleichgewicht hält, besser nicht zu sehr an. Man longiert das Pferd mit Sattel, aber ohne Reiter, damit es sich an das Gefühl gewöhnen kann. Dann steigt die Reiterin auf und läßt sich im Herrensitz einige Runden longieren. Danach versucht sie, das rechte Bein über den Sattel zu bringen. Wenn der hintere Gurt nicht zu sehr angezogen ist, wird das Pferd wohl kaum bocken. Die meisten Pferde gehen unter dem Damensattel sogar besser, vielleicht weil die Reiterin unabhängiger sitzt und daher auch ruhigere Hände hat, so daß die Vorwärtsbewegung nicht gestört wird. Es stimmt, daß man den rechten Schenkel nicht mehr einsetzen kann, aber dieser fehlende Schenkel wird durch die Gerte ersetzt, die man immer mitführen sollte. Mit der Zeit genügen eine weiche Hand und der linke Schenkel, um das Pferd auszubalancieren.

Wer viel im Damensattel reiten will, braucht einen richtigen Reitrock. Früher galten nur die Farben Grau oder Schwarz als korrekt, aber heute darf auch Blau getragen werden. Für Ausritte empfiehlt sich ein spezieller, staubfarbener Rock, der weniger schmutzt. Früher wurden Reitkleider aus zwei verschiedenen Stoffen gemacht, die Jacke aus einem leichteren, der Rock aus einem schwereren Material, damit er schön fiel. Das schwere Material ist heute nicht so einfach zu finden, es ist aber wichtig, weil nur ein gut fallender Rock, der den rechten Stiefel bedeckt, der Reiterin ein wirklich elegantes Aussehen verleiht. Wenn er viel getragen wird, scheuert sich der Rock am Knie gern durch, weshalb man an dieser Stelle oft einen aufgenähten Lederfleck sieht.

Für Prüfungen am Morgen besteht der korrekte Anzug aus einem blauen Reitrock, einer gepunkteten Krawatte, einer weißen oder weißgestreiften Bluse und einer Melone mit Schleier. Abends trägt die Dame statt der Krawatte den Plastron und statt der Melone den Zylinder, immer jedoch mit Schleier.

Oben: Im Damensitz wird anstelle des rechten Schenkels die Gerte benutzt.

Mitte: Die Reiterin sitzt im Galopp – der angenehmsten Gangart im Damensitz – tief im Sattel.

Unten: Absitzen aus dem Damensattel

Turnierreiten

Man hat mich oft gefragt, wie man Turnierreiter wird, und jedes Mal fiel mir die Antwort schwer. Ich glaube, es ist eigentlich eine ganz natürliche Entwicklung. Man lernt reiten, startet mehr zum Spaß bei ein paar kleinen Turnieren und Gymkhanas und stellt fest, daß einem der Wettbewerb Freude macht. Man erhält dadurch einen großen Anreiz, an sich zu arbeiten, weil turniermäßiges Reiten hohe Anforderungen an das reiterliche Können stellt.

Für den Spitzensport braucht man Talent, Hingabe und ungeheuer viel Arbeit. Ob Dressur, Springen oder Vielseitigkeit - Körper und Geist müssen beständig fit und im Training gehalten werden. Vor wichtigen Wettbewerben darf man seine Energie nicht für irgendwelche Vergnügungen verpulvern, sondern muß haushälterisch damit umgehen. Wer sich nicht konzentrieren und nicht vorausdenken kann, wird schwerlich bis zur Spitze vorstoßen. Eine wichtige Voraussetzung ist, daß man immer noch mehr lernen und sich weiter verbessern will. Man muß sich immer wieder fragen: »Was habe ich falsch gemacht? Wie kann ich es besser machen?« Andererseits sollte man besonders am Anfang das Turnierreiten auch nicht zu ernst nehmen, sich seinen Humor bewahren und immer sportlich bleiben. Gewinnen oder Verlieren dürfen anfangs nicht so wichtig genommen werden - morgen ist ein anderer Tag und eine andere Gelegenheit, es besser zu machen. Als ich anfing, auf Turniere zu gehen, beschloß ich schon ziemlich früh, jedwede Prahlerei mit errungenen Erfolgen dadurch zu vermeiden, daß ich mir nie aufschrieb, was wir gewonnen hatten. Wir konnten deshalb nie sagen, wie viele Preise wir schon gewonnen hatten - wir wußten es wirklich nicht!

Zur Kunst der richtigen Vorbereitung auf einen Turnierstart gehört auch die richtige Einschätzung der Abreitezeit, die von Pferd zu Pferd völlig verschieden ist. Manche Pferde brauchen sehr lange, entweder weil sie viel Übermut oder Verspannung loswerden müssen oder weil sie steif sind und sich nur langsam lösen. Etwas zuviel des Guten kann jedoch ein müdes, verausgabtes Pferd zur Folge haben, das nichts mehr zeigt, wenn es endlich darauf ankommt. Andere wieder sollten so wenig wie möglich vom Turniergeschehen mitbekommen, weil sie sich sonst bis zur Hysterie aufregen. Sehr nervige Pferde lösen sich auch auf einem Turnier am besten, wenn sie einige Zeit ruhig an der Longe gearbeitet werden, aber nicht jeder Abreiteplatz ist groß genug dafür. Als Ausweg bietet sich manchmal ein Ritt über benachbarte Feldwege an, denn Leute, die den Abreiteplatz mit bockenden, verrücktspielenden Pferden für sich allein beanspruchen, sind nicht gerade die beliebtesten

Ein bildhübscher Araber wird an der Hand vorgestellt.

Was ein Reiter auf einem Turnier alles braucht, ist erheblich!

Kameraden. Die Pferde der anderen warten vielleicht nur auf einen äußeren Anlaß, ebenfalls Unfug zu treiben, und lassen sich nur zu gern anstecken.
Ebenso unbeliebt sind – mit Recht – diejenigen Reiter, die ihrem Pferd auf dem Abreiteplatz noch schnell beibringen wollen, was es in der Vorarbeit zu Hause nicht mehr gelernt hat: Rückwärtsrichten z.B. (mit zwei Mann Hilfspersonal, einer Longierpeitsche und viel Gebrüll) oder sauberes Springen, wobei wieder Hilfspersonal vonnöten ist, das dem Pferd die Stange zwischen die Beine wirft (was im übrigen den Tatbestand des Barrens erfüllt und sowieso verboten ist). Wer auf dem Abreiteplatz noch verbissen exerziert, verrät nur seine eigene Unsicherheit und einen bedauerlichen Mangel an reiterlicher Kinderstube. Daß das Pferd nach der Prüfung wie üblich trockengeritten oder -geführt, abgesattelt und versorgt wird, versteht sich von selbst.
Das ein wenig zigeunerhafte Leben zwischen Boxen und Transportern, die Turnieratmosphäre mit ihrer Spannung, aber auch ihrer Kameradschaftlichkeit und Fröhlichkeit, kann leicht süchtig machen, auch wenn sich die Erfolge vielleicht in Grenzen halten. Tröstlich ist auf jeden Fall die Tatsache, daß es durchaus nicht immer die teuersten Pferde sind, die später den größten Erfolg auf Turnieren haben. Ausschlaggebend ist der Reiter, und schon oft sind aus den unwahrscheinlichsten Tieren wahre Asse geworden, nur weil ihre Reiter weder Zeit noch Mühe scheuten und geduldig mit ihnen arbeiteten.

Show-Prüfungen

Jedes Land hat seine eigenen Wettbewerbe. Z.B. gibt es in England und den USA die sogenannten Show-Prüfungen, bei denen es weniger auf Gerittensein im Sinne von Dressur als auf Schönheit des Gebäudes, Eleganz der Bewegungen und die allgemeine Präsentation ankommt.

Die Schweifbandage hält den Schweif des Show-Ponys sauber und ordentlich.

Oben: Ein preisgekrönter Hack mit edlem Kopf, trockenen Beinen und kompaktem Körperbau

Manchmal werden die Pferde – besonders bestimmte Ponys oder Araber – nur an der Hand vorgestellt, in etwa vergleichbar mit den deutschen Stuten- und Fohlenschauen, die hauptsächlich von Züchtern beschickt werden. In anderen Wettbewerben gehen sie auch unter dem Sattel, und gerade in den Ponyklassen sind die tadellos herausgebrachten, liebevoll gepflegten Minipferde unter ihren stolzgeschwellten Reitern oft eine wahre Augenweide. Die Kinder werden von den Ponys kräftemäßig nicht überfordert, brauchen sich nicht mit so heftigen Hilfen durchzusetzen, sondern lernen schon früh, mit feiner Hand zu führen.

Etwas anspruchsvoller sind die Prüfungen für *Working Ponies,* bei denen es mehr auf die Leistung, auch über niedrige Sprünge, als auf pure Schönheit ankommt. Die gleichen Unterteilungen in »Show« und »Working« gibt es auch bei den Hunterprüfungen, wobei die Hunter je nach Größe und Kaliber noch einmal in *light-weight, middle-weight* und *heavy-weight* eingeteilt werden. Die meisten Show Hunter sind viel zu schön und zu kostbar, um sie den Fährnissen und Zufälligkeiten einer wirklichen Jagd auszusetzen, sie werden aber – ebenso wie die *Working Hunters* – auf Turnieren eingehend auf Herz und Nieren geprüft. Es ist durchaus üblich, daß sich die Richter selbst in den Sattel schwingen und ausprobieren, ob das Pferd auch wirklich einen angenehmen Galopp hat (und nicht nur einen geschickten Reiter, der Schwierigkeiten zu kaschieren versteht), oder ob es im Jagdfeld pullt.

Eine weitere englische Eigentümlichkeit sind die *Hack-Classes.* Unter einem Hack versteht man ein Pferd, das sich elegant bewegt, das gewisse Etwas besitzt, das alle Augen auf sich zieht, gleichzeitig aber so ruhig und zuverlässig ist, daß man sich ihm im Gelände und Verkehr rückhaltlos anvertrauen kann. Hacks sind also keine eigene Rasse. Um den gewünschten Adel des Ausdrucks zu erzielen, haben die meisten einen guten Schuß Vollblut, was aber wiederum höchst unerwünschte Temperamentsschwierigkeiten mit sich bringen kann. Gute und erfolgreiche Hacks zu züchten, ist daher eine wahre Kunst.

In den USA gibt es die vielen Western-Prüfungen, bei denen es hauptsächlich auf Schnelligkeit und Wendigkeit, manchmal auch auf den »Cow Sense« der Pferde, ihr Gefühl für die Arbeit mit Rindern, ankommt. Eindrucksvoll sind Ruhe und Gehorsam der *Trail Horses,* der Pferde für Touren durch unwegsames Gelände, die Gehorsams- und Geschicklichkeitsprüfungen ablegen müssen. Sehr vielfältig sind die Hunter-Prüfungen. Außer den Show- bzw. Working Hunters gibt es Prüfungen für Pony Hunter, Junior Hunter, Hunter mit und ohne Erfahrung im Jagdfeld, schöne *(conformation)* Hunter (die meist auch noch nie an einer Jagd teilgenommen haben) oder rittige *(handy)* Hunter, die nicht nur das ideale Gebäude, sondern auch eine entsprechende Eignung mitbringen müssen. Großer Beliebtheit erfreuen sich die sogenannten *Pleasure Horse*

Links: Ein Show-Hunter

Classes, eine Art Reitpferdeprüfung, die für alle Pferde offen ist. Bewertet werden Gerittensein, Gehorsam und Gebäude - etwa in dieser Reihenfolge. Am fremdartigsten für Kontinentaleuropäer sind die Wettbewerbe für *Five-gaited Horses,* eindeutig der »Show«-Seite zuzurechnen. Sie müssen, was Dressurpferden als Todsünde angerechnet wird, von den drei Grundgangarten abweichende Fußfolgen *(running walk* und *slow* bzw. *fast rack)* zeigen, die den dazu veranlagten Pferden andressiert werden und für den Reiter sehr bequem sein sollen. Auf jeden Fall sind sie *showy,* spektakulär, und das ist heutzutage wohl auch der Hauptzweck.

Leistungsprüfungen in Deutschland

In Deutschland sind Turnieraufbau und Aufgaben in den verschiedenen Prüfungen in der LPO, der Leistungsprüfungsordnung, festgelegt, die 1976 völlig neu konzipiert wurde. Um denen, die wirklich nur zum Vergnügen ihr Pferd auf ein paar kleinen Turnieren im näheren Umkreis ihres Stalles vorstellen möchten, eine bessere Chance gegen die Vielstarter mit mehreren Pferden zu geben und gleichzeitig die einzelnen Turniere zu entlasten, gibt es seit dem 1. Januar 1976 drei Arten von Wettbewerben:

1. *Wettbewerbe der Kat. C* (Klasse E - Eingangsstufe und A - Anfangsstufe) von lokaler Bedeutung.
2. *Leistungsprüfungen der Kat. B* (Klassen L - leicht und M - mittelschwer) von regionaler Bedeutung für die Kreisverbands- bis Regionalverbandsebene.
3. *Leistungsprüfungen der Kat. A* (Klasse M - mittelschwer und S - schwer) von überregionaler Bedeutung.

Um an Wettbewerben der Kat. C teilnehmen zu können, muß man nicht Mitglied eines Vereins sein (sofern der Wettbewerb nicht von vornherein nur für Mitglieder bestimmter Vereine ausgeschrieben ist), man muß auch keinen Reitausweis haben (der von der FN, der Reiterlichen Vereini-

Die Richter treffen ihre Entscheidung.

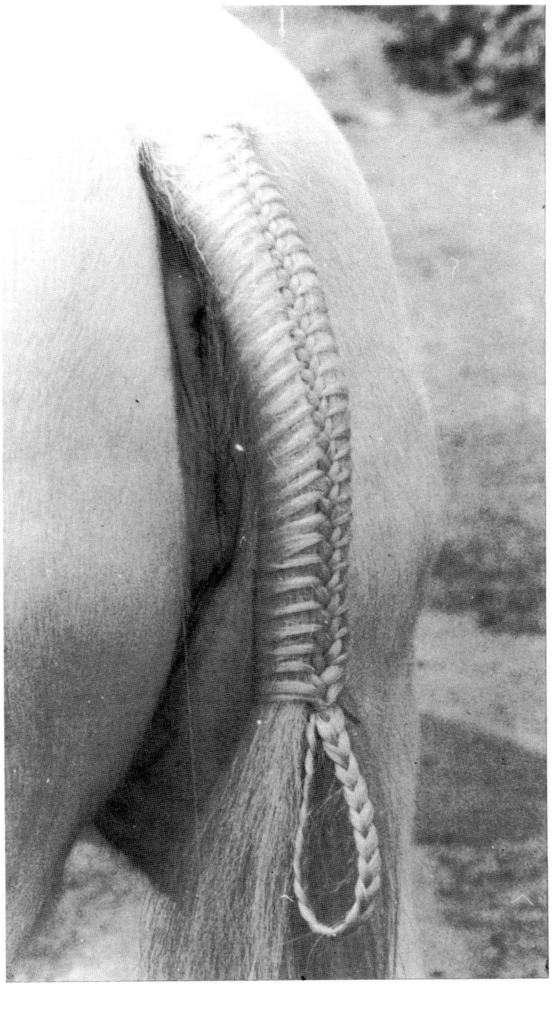

Vorbildlich eingeflochtener Schweif mit hochgebundenem Ende

gung, ausgestellt wird) und braucht sein Pferd nicht in die FN-Turnierpferdeliste eintragen zu lassen – alles Voraussetzungen für die Teilnahme an Leistungsprüfungen der Kat. B und A.
Der Erwerb des Reitabzeichens in Bronze oder Silber ermöglicht die Teilnahmeberechtigung an den höheren Klassen, allerdings nur auf einem in die Turnierliste eingetragenen und entsprechend qualifizierten Pferd. Früher mußte sich nur das Pferd qualifizieren, demnächst sollen auch die Reiter in Leistungsklassen eingeteilt werden, wobei hohe Qualifikationen gleichzeitig ein Handicap nach unten bedeuten, weil man auch mit einem jungen Pferd nicht mehr in den »kleinen« Prüfungen starten darf. Die Eintragung in die Turnierpferdeliste ist für in Deutschland und der DDR gezogene Pferde (mit Papieren!) nicht weiter schwierig und auch nicht teuer, anders sieht es mit ausländischen Pferden aus. Sie sind jetzt zwar schon in Prüfungen der Klassen A und L startberechtigt (früher erst ab Klasse M), dafür werden aber auch erhebliche Gebühren für die Eintragung in die Turnierpferdeliste III (früher Liste C) und die generelle Startgenehmigung der FN fällig.
Wenn man ein junges Pferd an die Turnieratmosphäre gewöhnen will, nimmt man am besten an einigen Materialprüfungen teil, bei denen 3–4jährige *deutsche* Pferde zugelassen sind, die zuerst ohne Sattel an der Hand und später unter dem Reiter vorgestellt werden. Bewertet wer-

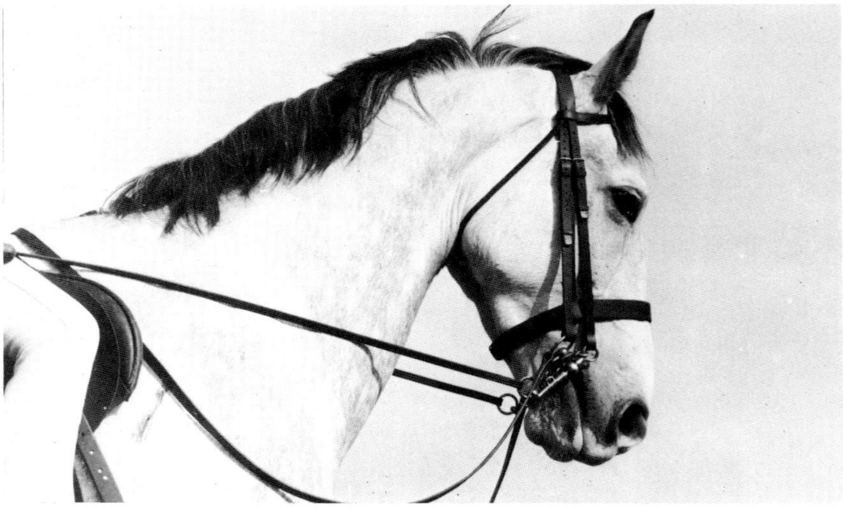

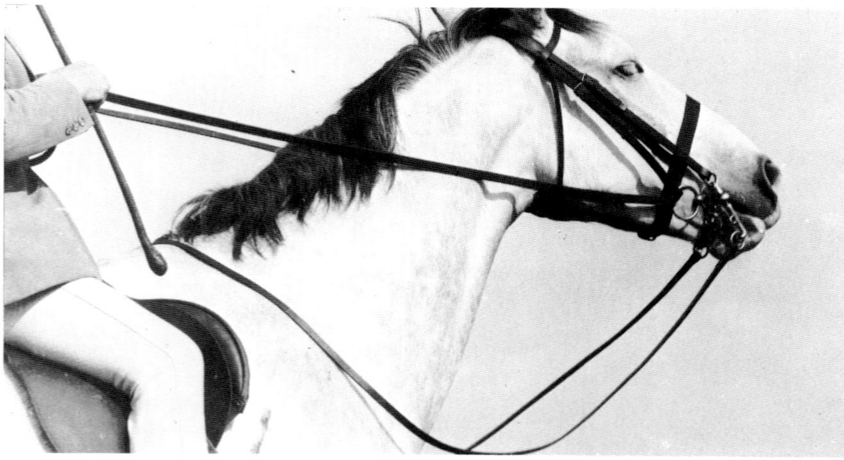

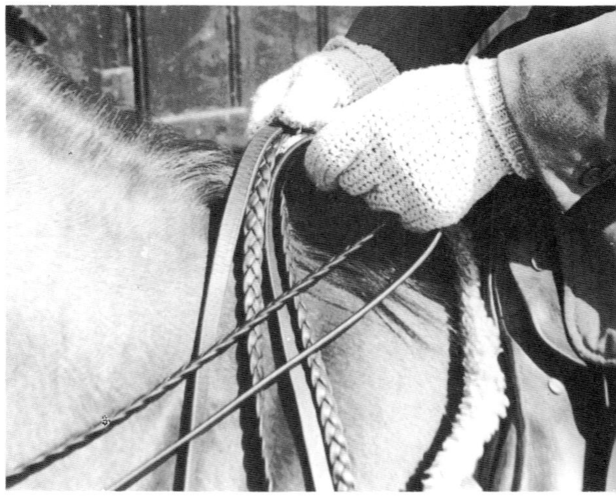

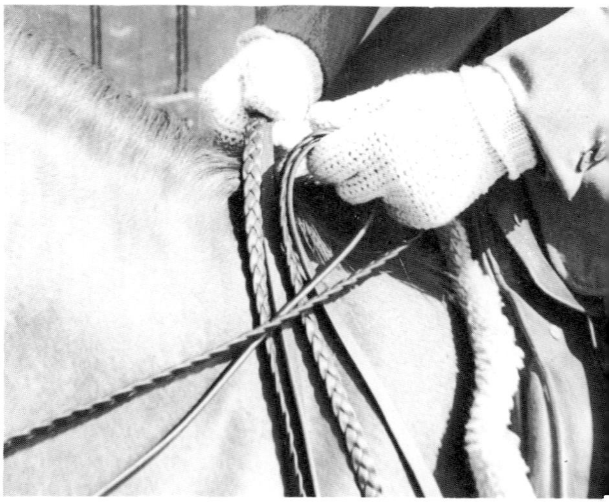

Oben: Die Zäumung auf Kandare wird in Deutschland erst ab Dressurprüfungen der Klasse L verlangt.

Mitte: Durch die Hebelwirkung der Kandare wird eine Halswölbung erzielt.

Unten: Die Trense hat eine aufrichtende Wirkung.

Rechts: Den geflochtenen Zügel verwendet man meist für die Unterlegtrense. Die beiden Zügel laufen entweder parallel (Kandarenzügel unten, Trensenzügel oben) oder über Kreuz (Trensenzügel unten, Kandarenzügel oben) in die Hand des Reiters.

den nur das Gebäude und der natürliche Gang des Pferdes, der Grad der Ausbildung bleibt - zumindest in der Theorie - unberücksichtigt. Natürlich kommt es trotzdem sehr darauf an, wie das Pferd vorgeführt wird. Das beste Pferd kann nicht besonders wirken, wenn es von einem ungeschickten Reiter bei der Vorstellung an der Hand mühsam hinterhergezogen wird oder unter dem Sattel den steifen Sitz und die unruhige Hand des Reiters mit dauerndem Kopfschlagen und Unregelmäßigkeiten im Gang quittiert. Das Vorführen an der Hand will ebenso zu Hause geübt sein wie das Gehen in der Abteilung, wo im Endeffekt das bereits ausbalancierte, taktrein gehende Pferd (unterstützt von einem erfahrenen Reiter) das veranlagte, aber gerade erst angerittene, verspannte Pferd doch aus dem Feld schlagen wird.
Pferde, die gebäudemäßig vielleicht nicht alle Ansprüche erfüllen, dafür aber gut und gern springen, kann man in Springpferdeprüfungen vorstellen, bei denen es hauptsächlich auf die Manier beim Springen ankommt. Die früheren Eignungsprüfungen werden von den sogenannten Reitpferdeprüfungen abgelöst, die eine Mischung aus Material- und Springpferdeprüfung darstellen. Entscheidend sind sowohl Gerittensein als auch Manier beim Springen.
Als Einstieg für junge bzw. unerfahrene Reiter sind diese Prüfungen allerdings alle weniger geeignet, denn einer alten Weisheit zufolge muß bei einem Gespann immer einer von beiden schon über Erfahrung verfügen, wenn etwas Gutes dabei herauskommen soll. Lampenfieber und Nervosität gehen mit der Aufregung eines jungen Pferdes angesichts so vieler neuer Eindrükke, Gerüche, Farben, Geräusche höchst wahrscheinlich eine eher fatale Verbindung ein. Natürlich hat es auch seinen Reiz, diese ersten Erfahrungen gemeinsam zu machen - nur sollte man dann nicht zu enttäuscht sein, wenn man sich zumindest in der ersten Zeit nicht unbedingt in der vordersten Reihe der Plazierung findet.
Was für das junge Pferd die Materialprüfungen sind, sind für den jungen Reiter (jung an Jahren oder an Erfahrung) die Dressurprüfungen der Klasse E, die sowohl einzeln als auch in der Abteilung geritten werden können. Dabei wird nicht mehr verlangt als das, was auch ein gut gerittenes Ausreitpferd können sollte: Arbeitstrab, ganze Parade zum Halten, Angaloppieren aus dem Trab, Zulegen im Galopp (Mittelgalopp) und ruhiges Stehen am Anfang und Ende der Aufgabe. Wichtig sind guter, geschmeidiger Sitz des Reiters, taktreine, losgelassene Gänge des Pferdes bei weicher Anlehnung an die Reiterhand, deutliche, aber harmonische Übergänge von einer Gangart zur anderen, korrekte Bahnfiguren.
In einer Springprüfung der Klasse E sind die Hindernisse mindestens 0,80 m und höchstens 1,00 m hoch, gerichtet wird entweder nach Fehlerpunkten und Stil oder nach Fehlerpunkten und Zeit. Obwohl die Jagd nach Sekunden sehr oft auf Kosten des Stils geht, werden Prüfungen dieser Klasse leider nur selten als Stilspringen ausgeschrieben. Das Pferd soll flüssig galoppieren, ohne heftig zu werden, sich gut wenden lassen und die Hindernisse willig und in guter Manier springen, unterstützt von einem Reiter, der das Pferd jederzeit gut an den Hilfen hat und geschmeidig in der Bewegung des Pferdes mitgeht.
Neuerdings kann der Veranstalter auch Wettbewerbe in Haltung und Pflege, im Longieren, Bandagieren, Verladen usw. ausschreiben oder Verkehrssicherheit bzw. Gehorsam im Gelände prüfen, darf zu Geschicklichkeitsspielen oder Gruppenwettbewerben wie Stafettenritten oder Slalomreiten einladen oder Paarklassen, Familienklassen oder ähnliches zusammenstellen. Leider haben diese Art Wettbewerbe im Gegensatz zu England in Deutschland keine lange Tradition, so daß es vielen Veranstaltern an Mut oder Phantasie fehlt, von den herkömmlichen Spring- und Dressurprüfungen abzugehen und auch der mehr spielerischen Seite des Sports einmal größeren Platz einzuräumen.
Je nach Art der Veranstaltung können auch die ansonsten bestehenden Kleidungsvorschriften für Turniere lockerer gehandhabt werden; für entsprechende Prüfungen der Kat. C genügt ein »zweckmäßiger Reitanzug«, immer jedoch mit Jagdkappe (bei Hindernissen mit Sturzkappe), während die offizielle Turnierkleidung sonst aus heller Stiefelhose, schwarzen Stiefeln, einfarbiger Jacke (meist schwarz, aber auch dunkelblau oder dunkelgrün) mit dazu passender Jagdkappe, Hemd mit Krawatte oder Plastron besteht.

Hervorragend herausgebrachtes Show-Pony mit Reiter. Die Aufmachung ist sehr wichtig, wenn man Pferde auf Turnier vorstellen will.

Nur bei Geländeprüfungen sind normale Reithosen und Pullover oder Sporthemden zulässig und auch praktischer, läßt sich doch gerade hier eine nähere Bekanntschaft mit dem Boden nicht ausschließen, was die grünen oder braunen Flekken auf der weißen Turnierhose beim abschließenden Parcoursspringen nur zu deutlich verraten würden.
Springpferde werden manchmal, Dressurpferde so gut wie immer eingeflochten, obwohl dies nicht eigentlich vorgeschrieben ist. Unter Berufung auf die besser markierte Halslinie wird es von den Richtern erwartet, und wer hat schon

Lust, sich von vornherein das Wohlwollen der Richter zu verscherzen. Die in England häufig geübte, sehr komplizierte Kunst, den Schweif einzuflechten, ist in Deutschland nicht üblich. Es genügt, wenn er ordentlich verzogen ist.
Für Dressurpferde sind Bandagen im Viereck verboten, nur die Beine der Springpferde dürfen mit Bandagen, Gamaschen, Streifkappen oder Springglocken gegen Verletzungen geschützt werden. Die LPO führt auch die erlaubten Gebisse auf. Dressurprüfungen werden im allgemeinen auf Trense mit Reithalfter bzw. in den höheren Klassen auf Kandare ausgeschrieben. Hilfszügel sind in Dressur überhaupt nicht, im Springen nur in Form eines Ringmartingals erlaubt.

Springreiten

Innerhalb von dreißig Jahren hat sich die Springreiterei von einem wenig ausgeübten, selten zu sehenden Sport zu einem Ereignis von internationaler Anziehungskraft entwickelt. Selbst Leute, die sich eigentlich wenig für Pferde interessieren, gehen zu den großen Turnieren oder sehen sich internationale Prüfungen im Fernsehen an. Für die Teilnehmer ist der Springsport zu einem Beruf geworden, mit dem sich viel Geld verdienen läßt. Einzelne werden von großen Gesellschaften oder kommerziellen Gruppen gesponsort.
Organisierte Springprüfungen werden um 1860 zuerst erwähnt, aber erst fast hundert Jahre später, nach dem Zweiten Weltkrieg, kam der große Durchbruch. In Italien, Frankreich und Deutschland wurden früher als in England Springprüfungen ausgetragen, was sicher den Erfolg dieser Länder bei großen Prüfungen zumindest teilweise erklärt.
Ihre wachsende Beliebtheit verdankt die Springreiterei zweifellos den unermüdlichen Anstrengungen derer, die sich um die Organisation kümmerten. Früher führten die Prüfungen über langweilige Parcours mit einfallslosen und wenig attraktiven Hindernissen, die alle ziemlich gleich aussahen. Eine zeitliche Begrenzung gab es nicht; wenn ein Reiter das Gefühl hatte, daß sein Pferd nicht richtig ging, konnte er endlose Volten vor einem Sprung reiten. So konnte sich eine Runde ziemlich in die Länge ziehen, was auch meist geschah – langweilig für die Zuschauer und vermutlich auch nicht sehr interessant oder lohnend für den Reiter. Vom Standpunkt des Teilnehmers aus waren die »Regeln« alles andere als befriedigend. Es gab nicht nur Strafpunkte für das Abwerfen eines Hindernisses, sondern schon für das bloße Berühren. Auf den meisten Hindernissen lagen obenauf dünne Latten, die

Der holländische Reiter J. G. Mathuis. An seinem Sitz sind nur die hochgezogenen Absätze zu bemängeln.

Wer an Springprüfungen teilnehmen will, muß im harten Training zu Hause Zeitgefühl und Genauigkeit herausarbeiten. Reiterin und Pferd demonstrieren auf diesen Fotos vom Anreiten (oben links), Absprung (oben rechts), der Schwebephase (unten links) und der Landephase (unten rechts) volle Harmonie und Übereinstimmung.

sehr leicht herunterfielen, so daß man sehr hoch springen mußte, um keine Fehler zu machen. Zusätzlich gab es Strafpunkte, wenn ein Pferd auf oder innerhalb der Begrenzungslinie von Weitsprüngen landete, und mit der Vorhand begangene Fehler wurden stärker bestraft als mit der Hinterhand begangene. Man kann sich unschwer vorstellen, daß bei solch einem System viel Raum für menschliche Irrtümer war und es sehr oft Ärger gab.

Heute ist das Richtverfahren viel einfacher, was sehr zur Attraktivität des Sports bei Zuschauern und Teilnehmern beigetragen hat. Für einen Abwurf – und zwar gleich, ob nur eine Stange fällt oder das ganze Hindernis umgeworfen wird – gibt es vier Strafpunkte. Ob es mit der Vor- oder Hinterhand oder sonstwie zu Fall gebracht wurde, ist ohne Belang. Für das erste Verweigern vor einem Hindernis gibt es drei, für das zweite noch einmal sechs Strafpunkte, das dritte Verweigern führt zum Ausschluß. Eine Volte vor einem Hindernis wird als Verweigern betrachtet und bestraft. Strafpunkte gibt es auch für den Sturz von Reiter oder Pferd. Meist wird für einen Parcours eine Mindestzeit angesetzt; ist sie überschritten, werden Zeitfehler berechnet. Dieses System ist jetzt von der F.E.I. international eingeführt, so daß jeder weiß, was ihn erwartet.

Viele Springen sind heute *Jagdspringen,* bei denen nach Zeit – das heißt, bei Fehlerlosigkeit oder Fehlergleichheit entscheidet die gerittene Zeit – oder nach Stechen – das heißt, die Fehlerlosen oder Fehlergleichen der ersten Runde müssen noch einmal über einen verkürzten Parcours mit weniger, aber höheren Hindernissen starten – entschieden wird. Jagdspringen werden in allen Klassen, entsprechend dem Ausbildungsgrad von Reiter und Pferd, ausgeschrieben.

In der S-Klasse sind die *Mächtigkeitsspringen* zu erwähnen. Hier wird in erster Linie das Springvermögen der Pferde geprüft. Eine Zeitwertung gibt es nicht, dafür werden die wenigen Hindernisse von Runde zu Runde erhöht, aber an Zahl verringert. Beginnt etwa ein Mächtigkeitsspringen mit acht Hindernissen bis 1,70 m, so werden, falls der Sieger nicht vorher ermittelt ist, in der letzten Runde nur noch zwei Hindernisse gesprungen – ein Hochsprung und ein Hochweitsprung; dabei werden nicht selten Höhen über 2 m aufgebaut. Mächtigkeitsspringen sind zwar sehr spannend, für die Pferde aber nicht unbedenklich, weil trotz wachsender Erschöpfung in jeder Runde mehr an Leistung gefordert wird.

Beim *Zweipferdespringen* startet der Reiter mit einem ersten Pferd und wechselt auf der Hälfte des Parcours auf ein zweites über und springt weiter; es zählt die Zeit zwischen Start und Ziel; hier kommt es also auf einen glatten, schnellen Wechsel an, der vom Reiter einige Akrobatik und vom Pferd Ruhe und Gehorsam verlangt. Spannend sind auch *Glücksspringen, Jagd um Punkte, Wahlspringprüfungen* und ähnliches, bei dem meist dem Reiter überlassen bleibt, welche Hindernisse er innerhalb einer bestimmten Zeit (meist 1 Minute) springen möchte; entschieden wird entweder nach Fehlern oder nach der addierten Punktzahl verschieden hoch bewerteter Hindernisse, die fehlerfrei überwunden wurden.

Genausowenig wie es für den Vielseitigkeitssport eine bestimmte Pferderasse gibt, gibt es sie für den Springsport, und im Parcours sieht man Pferde der verschiedensten Rassen und Zuchtgebiete. Mut und angeborene Freude am Springen sind die Charakteristiken eines guten Springpferdes. Außerdem muß es so ausgebildet sein, daß es seinem Reiter unbedingt gehorcht, gleichzeitig aber auch intelligent genug, sich bei Schwierigkeiten – wenn in einer Kombination z.B. die Abstände nicht stimmen – selbst zu helfen.

Die Tiere müssen auch sehr geschmeidig sein, um die Kurven und Wendungen der meisten Parcours meistern zu können. Gute Springpferde verfügen über eine kräftige Hinterhand und starke Sprunggelenke.

Die Ausbildung eines Springpferdes ist genauso mühsam und langwierig wie die jedes anderen Turnierpferdes. Auf S. 143 wurde schon beschrieben, wie man ein Pferd an die allerersten Sprünge heranführt, obwohl das mehr dazu dient, dem Ausbilder einen Überblick über die natürliche Springveranlagung eines Pferdes zu geben. Gleichzeitig trägt es aber auch dazu bei, das ganze Pferd mehr ins Gleichgewicht zu bringen.

Das zukünftige Springpferd beginnt seine Ausbildung sehr ähnlich wie der Reiter, der springen lernt: es lernt, erst im Schritt und dann im Trab, über schwere, am Boden liegende Stangen frei vorwärtszugehen. Am Anfang legt man drei Stangen in gleichem Abstand auf den Boden, später dann zwei weitere dichter zusammen in einigem Abstand, über die das Pferd hinüberhüpfen muß. Dann werden vier bis sechs Cavalettis so hintereinander gelegt, daß das Pferd bequem darübergehen bzw. -traben kann. Man läßt das Pferd an der Longe und unter dem Reiter darübertreten und reitet von beiden Richtungen an. Schließlich baut man aus den beiden letzten Cavalettis einen Sprung, den das Pferd nicht mehr im Trab nehmen kann, sondern den es überspringen muß. Die vier Cavalettis haben

Oben: Das Pferd ist zu nah an den Sprung herangekommen und »krabbelt«, der Kontakt zwischen Reiterhand und Pferdemaul ist vorübergehend gestört.

Mitte: Diesmal bleibt die Reiterin hinter der Bewegung zurück. Das Pferd drückt den Rücken weg und springt flach.

Unten: Die Reiterin geht geschmeidig mit. Allerdings sollte sie nicht nach unten auf den Sprung sehen.

einen Abstand von etwa 1,40 m, dann läßt man den doppelten Abstand (2,80 m) bis zu den beiden letzten, die das Hindernis bilden. Es ist wichtig, Cavalettis nicht zu hoch übereinanderzutürmen, weil das wirklich gefährlich werden kann. Mehr als zwei sollte man nie aufeinanderstellen.
Wenn das Pferd diese grundlegende Cavalettiarbeit gut und ohne Aufregung beherrscht, kann man es über möglichst viele verschiedene kleine Sprünge gehen lassen, die vorläufig nicht höher als 60 cm sein sollten. Sehr wichtig bei der ganzen Ausbildung eines jungen Pferdes ist, daß sein Vertrauen zu sich selbst und zum Reiter nicht erschüttert wird. Man darf ein junges Pferd nie überfordern. Wenn es immer wieder neue und anders aussehende Dinge sieht, so daß es immer wieder Hindernisse springt, die es vorher nicht kannte, lernt es ständig dazu.
Wie bei der Ausbildung eines Vielseitigkeitspferdes baut man möglichst viele ungewöhnliche und bunte Sprünge aus allem, was man finden kann - vorausgesetzt, es steht kein Nagel oder sonst etwas Spitzes heraus, an dem sich das Pferd verletzen könnte. Die Sprünge werden immer wieder an anderen Stellen aufgebaut, damit sich das Pferd nicht daran gewöhnt, denselben Sprung immer an der gleichen Stelle zu springen.
Bei den ersten Sprüngen kann man den natürlichen Stallinstinkt des Pferdes ausnützen und es in Richtung Zuhause springen. Wenn es dies anstandslos tut, versucht man es auch weg von Zuhause. Auch die kleinen Sprünge müssen jedoch solide gebaut sein, denn wenn sie leicht fallen, kann das Pferd sorglos werden und sich denken, daß alle Sprünge umfallen, wenn es »anklopft«. Alle Hindernisse sollten eine gute Absprungmarkierung haben, die das Pferd anregt, den Kopf zu senken und gut hinzusehen. Ein Pferd, das vor dem Sprung den Kopf nicht genügend senkt, wird einige Zeit an der Longe über besonders auffallende Stangen gearbeitet, die seine Aufmerksamkeit auf sich ziehen. Es ist sehr wichtig, daß das Pferd vor dem Sprung den Kopf senkt und im Sprung den Rücken wölbt *(basküliert)*. Niedrige Doppeloxer, d.h. Sprünge aus zwei Stangen mit einer Bürste oder etwas ähnlich Festaussehendem dazwischen - tragen viel dazu bei, daß ein Pferd den Rücken richtig aufwölbt.
Auch hier, in den Anfangsgründen, finde ich es gut, wenn die Springstunden immer wieder mit langen Ritten bzw. dressurmäßiger Arbeit ohne Springen abwechseln. Manche Leute sind dafür, ein zukünftiges Springpferd jeden Tag zu springen, aber ich finde das keine sehr gute Idee. Das Pferd muß auch einmal an andere Dinge denken, und ein Ausritt wirkt entspannend und heilsam. Im Gelände ergibt sich ganz von selbst Gelegenheit, über kleine Baumstämme und ähnliches zu springen. Wenn die Sprünge allmählich höher werden (etwa 1 m), baut man weniger Hindernisse in größerem Abstand. Am besten geht man dazu auf ein Feld oder einen Platz und benützt den Zaun als natürlichen Fang auf der einen Seite des Sprungs. Es ist viel einfacher, ein Pferd über einen Sprung neben einer Hecke oder einem Zaun zu longieren oder zu reiten als über

Oben: Das Pferd lernt, in einem bestimmten Galopp zu landen (sehr nützlich, wenn es um Sekunden geht). Der Kopf des Pferdes ist leicht nach rechts gestellt, es wird seinen Weg im Rechtsgalopp fortsetzen.

Unten: Man sagt, wenn der Reiter den Schweif seines Pferdes an der Kappe fühlen kann, ist es ein gutes Springpferd.

einen, der frei auf einem Feld steht. In gewissem Maße ist dies ein Ersatz für die Wände der Reithalle, aber es ist wichtig, daß das Pferd auch im Freien springt, damit es auch das Gefühl der Freiheit dabei kennenlernt. Es nützt Reiter und Pferd, wenn der Reiter jemanden mit einiger Erfahrung darum bittet, ihm beim Springen zuzusehen. Eine vernünftige Kritik vom Boden aus kann eine große Hilfe sein, denn es ist manchmal nicht leicht, sich das Gesamt-Bild vorzustellen, wenn man selbst auf dem Pferd sitzt. Die dressurmäßige Ausbildung - besonders die Übung an der Longe - darf nicht vernachlässigt werden. Sie trägt so viel zum natürlichen Gleichgewicht, zur Gymnastizierung und Beruhigung des Pferdes bei - und das alles sind sehr wesentliche Eigenschaften für ein Springpferd, das später eine Reihe von verschiedenen, oft trickreichen Hindernissen auf engem Raum springen können muß.

Wenn man mit dem Training rechtzeitig vor Beginn der Turniersaison angefangen hat und alles gut geht, so daß das Pferd verschiedenartige, nicht zu hohe Hindernisse mit Vertrauen und Selbstverständlichkeit springt, ist es eine gute Idee, auf ein kleines Turnier zu gehen - nicht um teilzunehmen, sondern um das Pferd an die Atmosphäre und die vielen anderen Pferde zu gewöhnen. Man longiert es in einer abgelegenen Ecke, bis es sich beruhigt hat, vielleicht sogar gelangweilt ist. Dann reitet man ein wenig herum, unterhält sich mit anderen Reitern oder beobachtet die anderen Pferde im Parcours. Für das nächste Turnier trägt man das Pferd für ein kleines Springen ein, dessen Hindernisse nicht höher sein dürfen als die, die es zu Hause gesprungen hat. Niemals sollte man versuchen, den Parcours um jeden Preis zu beenden. Das Pferd muß »Turniervertrauen« bekommen und behalten, ein äußerst wichtiger Faktor für jedes Tier, das sich auf Turnier bewähren soll. Es darf keine Angst vor dem Turnierplatz haben, sonst wird es nie ein erfolgreiches Springpferd. Das Pferd muß Spaß daran und das Gefühl haben, daß alles eine »Mordsgaudi« ist. Vor vielen Jahren nahm ich einmal eine siebenjährige Stute mit auf Turnier. Sie war weiß vor Schweiß und bockte und hopste von morgens um halb zehn bis nachmittags um halb fünf herum. Dann saß ich ab. Nach zwei Monaten gewann sie ihre ersten Turniere - Geduld zahlt sich bei der Ausbildung eines Springpferdes immer aus!

Von hier an wird die Ausbildung eines Springpferdes komplizierter und spezialisierter, und wer sich dafür interessiert, sollte so viel wie möglich darüber lesen, die Spitzenreiter im Parcours beobachten und zuhören, was sie vor- und hinterher sagen. Von den Experten kann man sehr viel lernen - nicht zuletzt, daß sie sich nie zu schade für einfache Grundübungen sind. Selbst ihre Spitzenpferde werden noch über Cavalettis oder an der Longe gearbeitet.

Ein Turnierpferd muß lernen, Gräben und schwierige Kombinationen zu springen. Früher waren Wassergräben für viele Pferde ein Problem, aber nachdem sie heutzutage in immer mehr Prüfungen auftauchen, bereiten sie auch nicht mehr so viele Schwierigkeiten. Das kommt sicher daher, daß sie heute besser gebaut sind als

Das Wichtigste am Turnierreiten ist, an der Spitze zu *bleiben*. Auf dem Foto reitet Lucinda Prior Palmer, langjährige Spitzenreiterin, ein Springen in Hickstead, 1969.

Sehr wichtig ist, daß ein Pferd Gräben und Wassersprünge nehmen lernt.

früher, aber auch daher, daß jeder Springreiter seinem Pferd schon frühzeitig beibringt, wie man Wassergräben springt. Das Pferd muß auf einen Graben zu die Galoppsprünge verlängern, damit es sich auch richtig strecken kann. Dabei darf man jedoch nicht vergessen, daß ein Pferd nicht sehr weit springen kann, wenn es nicht gleichzeitig hoch springt. Das bedeutet, daß sein Körper demselben natürlichen Bogen folgen muß wie bei jedem anderen Sprung.
Viele Pferde haben Angst vor Wassergräben, wenn sie sie zum erstenmal sehen, weil sie nicht ganz sicher sind, was sie für Schrecknisse bergen könnten. Es ist deshalb eine gute Idee, auf dem eigenen Trainingsplatz einen Graben auszuheben und darüber zu trainieren. Er darf nicht zu breit sein, anfangs vielleicht nicht mehr als 1 m, und mit Fängen begrenzt, die zum Graben hin abgeschrägt sind, so daß sie das Pferd zum Graben hinziehen. Für den Anfang ist es eine Hilfe, eine Stange oder Bürste hineinzulegen. Das Pferd wird dadurch ermutigt, wirklich abzuspringen und sich zu strecken. Später kann man diese Hilfskonstruktionen weglassen.
Kombinationen können oft Schwierigkeiten bereiten, und um sie zu vermeiden, kann man sich nur selbst eine Anzahl verschiedener Kombinationen bauen. Ein Hindernis gilt als Teil einer Kombination, wenn es nicht weiter als höchstens 12 m vom nächsten Hindernis entfernt ist. Schwierig sind meist nicht die Hindernisse selbst, sondern die Abstände, in denen sie stehen. Deshalb versucht man, verschiedene Arten von Kombinationen aufzubauen – etwa einen Steilsprung als Einsprung und einen Hochweitsprung als Aussprung in einem Abstand von einem Galoppsprung, wobei die Sprünge anfangs niedrig gehalten werden. Dann springt man in umgekehrter Reihenfolge, und später kann man in einem Abstand von zwei Galoppsprüngen einen dritten Sprung aufbauen. Diesen Abstand verändert man leicht, so daß das Pferd einmal zwei lange, dann wieder drei kurze Galoppsprünge machen muß. Man muß einfach möglichst viele verschiedene Möglichkeiten üben, damit Reiter und Pferd allem gewachsen sind, was ihnen im Parcours begegnen kann.
Je öfter man an Turnieren teilnimmt, desto mehr neue Hindernisse und wieder leicht veränderte Kombinationen lernt man kennen. Der Aufbau eines Parcours ist heute eine Kunst für sich, und zwar eine höchst differenzierte. Die Parcours-

Teilnehmer in einem Mächtigkeitsspringen. Für die mächtigen Sprünge dieser Konkurrenz brauchen Reiter und Pferd eine Spezialtechnik.

bauer geben sich die größte Mühe, immer wieder neue und interessante Umläufe zu gestalten, die anspruchsvoll genug sind, daß nicht jedes Pferd ohne Fehler nach Hause kommt. Im Grunde ist die Anzahl der verschiedenen Hindernisarten begrenzt. Es gibt Steilsprünge, Hochweitsprünge (unterteilt in pyramidenförmige, Triplebarren und Karreeoxer) und Wassergräben. Ein phantasievoller Parcoursbauer verändert diese Grundtypen jeweils ein wenig und sorgt so für Abwechslung. Das Ziel ist immer ein anspruchsvoller Parcours, der zwar ein Ergebnis erbringt, gleichzeitig aber auch die Pferde zum Zuspringen ermutigt. Wirklich schwierige und gar gefährliche Parcours sind nicht gefragt. Immer wieder sieht man, daß in einem Springen ein bestimmtes Hindernis immer wieder fällt, aber das ist oft rein psychologisch bedingt. Die Reiter sehen das Hindernis beim Vorgänger fallen und glauben, daß ihnen dasselbe passieren müßte.
Die Höhe der Hindernisse ist übrigens in den letzten Jahren nicht sehr verändert worden, aber ihre Aufstellung wurde sehr viel komplizierter, und die Schnelligkeit der Reiter ist erheblich größer geworden. Der Sprunghöhe sind durch die Anatomie des Pferdes nämlich Grenzen gesetzt, und die ständige Einstellung von Rekorden, die man aus anderen Bereichen des Sports gewöhnt ist, sind bei Springkonkurrenzen darum nicht möglich. Das beweist ein Blick in die Statistik: 1965 stellte A. Schockemöhle auf *Exakt* mit 2,25 m den deutschen Rekord auf. Schon 59 Jahre vorher war aber der Franzose Crousse auf *Conspirateur* 2,35 m gesprungen - und zwar im alten Springsitz. Den unangefochtenen Weltrekord hält seit 1949 der Chilene Moralés, der damals auf seinem Vollblüter *Huaso* 2,47 m sprang. Zwei weitere Rekorde: 1912 erreichte der französische Springreiter F. J. de Montesquieux 2,36 m und 1938 der Italiener A. Gutierrez 2,44 m. Solche Höhen sind seit Jahren auch nicht mehr annähernd erreicht worden.

Das bedeutendste Hürdenrennen von Südafrika ist das *S. A. National Hurdle* mit seinen 18 Hürden.

Vor dem Start zu einem Point-to-point-Rennen

Rennsport

Der Rennsport ist etwas für alle, die die Geschwindigkeit lieben - und den Wettbewerb. Pferderennen als solche sind wahrscheinlich so alt wie das Reiten überhaupt, jedenfalls gab es in Griechenland schon 600 v.Chr. Pferderennen unter dem Reiter. Auch von den alten Ägyptern weiß man, daß sie Pferderennen kannten, und die Römer konnten sich neben ihren legendären Wagenrennen durchaus auch für Pferderennen begeistern. Heute ist der Rennsport wahrscheinlich die verbreitetste Sportart, die mit Pferden zu tun hat. Seine Hauptattraktion besteht darin, daß so viele Menschen daran beteiligt sind - die Jockeys bzw. Fahrer, die Pfleger, die Organisatoren und das Bodenpersonal, die Trainer, die Pferdebesitzer und ihre Freunde und die vielen, vielen Zuschauer, die die Aufregung und das Vergnügen eines »Tages auf der Rennbahn« genießen.

Die am besten organisierten Formen des Rennsports sind heute Flach- und Hürdenrennen. Außerdem gibt es noch die sehr schnellen und kämpferischen Trabrennen, die besonders in den USA, in Rußland und manchen europäischen Ländern beliebt sind, und die Point-to-point-Rennen in England, die organisatorisch zu bestimmten Reitjagden gehören.

Die ersten Aufzeichnungen eines Flachrennens in England datieren aus dem Jahre 1377 und halten fest, daß der Prince of Wales, der spätere Richard II., seine Pferde gegen die des Earl of Arundel laufen ließ. Von nun an wuchs und gedieh dieser Sport. Nur unter Cromwell gehörte er zu den »verbotenen Sportarten«. Charles II. führte Pferderennen wieder ein, und von da an nannte man sie auch den »Sport der Könige«. Die englische Königsfamilie hat sich seit jener Zeit immer für Pferderennen interessiert und viel zu ihrer Verbreitung beigetragen. Die Rennbahn von Ascot verdankt ihre Entstehung Queen Anne, und noch heute sind die Rennen in Ascot der mondäne gesellschaftliche Treffpunkt für alle, die Pferde lieben.

Flach- und Hürdenrennen sind eng verbunden mit dem Vollblut, das von den Engländern so lange Zeit mit so viel Erfolg gezüchtet wurde, daß das »englische Vollblut« eine eigene Rasse wurde. Immer wieder wurden englische Vollblüter früher in alle Teile der Welt exportiert, aber heute werden hochklassige Rennpferde auch in den USA, in Frankreich, Irland, Italien, Australien und Neuseeland gezüchtet, um nur einige Länder zu nennen. Besonders die amerikanischen Rennpferde haben auf allen Rennbahnen der Welt die Nase weit vorn.

In England werden alljährlich fünf klassische Rennen veranstaltet: das Derby, die Oaks, das St. Leger, die 1000 Guineas und die 2000 Guineas. Diese Rennen sind über 200 Jahre alt. In Frankreich gibt es viele berühmte Rennen, bei denen es um erheblich mehr Geld geht als in England, z.B. den Grand Prix du Paris, den Prix Royal Oak in Longchamps und den Prix du Jockey Club in Chantilly. In den USA gibt es viele Rennbahnen, und manche Rennveranstaltungen dauern Tage, sogar bis zu 100 Tagen, gewöhnlich aber 50 bis 60 Tage. Die berühmtesten Flachrennen sind das Kentucky Derby und die Preakness Stakes. In den USA wurden auch die automatischen Startboxen zuerst verwendet, die

heute auf den meisten Rennbahnen ein vertrauter Anblick sind.
Steeplechase - Hindernisrennen über schwere Hindernisse und lange Distanzen - und Point-to-point haben den gleichen Ursprung, denn sie gehen ohne Zweifel auf die Reitjagden des 18. Jahrhunderts zurück. Mit einiger Sicherheit begannen die Rennen als zwar mit Feuereifer betriebener, aber eher freundlicher Wettkampf einiger Leute, die sich gegenseitig beweisen wollten, daß sie das bessere Jagdpferd besaßen. Von einem dieser frühen Rennen wird berichtet, daß sich die Gentlemen mit ihren Pferden am Tor des Kirchhofs versammelten und beschlossen, den gerade noch sichtbaren Turm der Nachbarkirche zum Ziel des Rennens zu machen. Aus diesen Anfängen gingen allmählich auch besser organisierte Veranstaltungen wie die St. Alban's Steeplechase im Jahre 1832 hervor. Aber noch 1839, als das Grand National schon zum Höhepunkt in der Karriere jedes Steeplers geworden war, existierte eine alte Regel, die besagte, daß kein Reiter ein Tor öffnen, durch einen Torweg reiten oder mehr als 100 Yards auf einer Straße reiten durfte.
Wohl die berühmteste Steeplechase der Welt ist das Grand National, das jedes Jahr in Aintree in der Nähe von Liverpool veranstaltet wird. Beim ersten Rennen 1839 bestanden die meisten der 29 Hindernisse aus kaum mehr als niedrigen Wällen, gekrönt von Stechginster. Hinter zwei davon versteckten sich jedoch Gräben, und sie

Die Hialeah Park-Rennbahn in Florida

haben den Reitern bis zum heutigen Tag das größte Kopfzerbrechen bereitet. Der berühmteste, der heute als Becher's Brook bekannt ist, verdankt seinen Namen einem gewissen Captain Becher, der sich anscheinend als erster im unfreundlichen Naß jenes Grabens wiederfand.

Am beliebtesten sind Hindernisrennen in Frankreich und den USA, wo den Gewinnern auch hohe Preise winken. Frankreich hat in seiner Grand Steeplechase de Paris im Juni jeden Jahres ein Äquivalent zum englischen Grand National, und der Grand Course de Haies d'Auteuil, ein ebenfalls im Juni stattfindendes Hindernisrennen, ist ebenso berühmt.

In den USA unterscheidet man Hindernisrennen und Hürdenrennen, wobei die Pferde beim Hürdenrennen nur über biegsame »Bürsten« oder mit dünnen Zweigen besteckte Hindernisse gehen. Dann gibt es noch die *hunt meetings*, Jagdrennen, bei denen die Hindernisse sehr solide aus Holz gebaut werden. Weltberühmt ist in dieser Sparte der Maryland Hunt Cup. Rennen über schwere Hindernisse begannen in den USA im späten 18. Jahrhundert. Man nannte sie damals *pounding races* – wobei *to pound* zertrümmern, zerschlagen bedeutet. Es ging also darum, die Gegner in Grund und Boden zu reiten.

In der Tschechoslowakei gibt es ein Hindernisrennen, das sich mit dem Grand National vergleichen läßt: die Große Pardubitzer Steeplechase. Im Jahre 1976 z.B. erreichten von 37 Startern nur sieben das Ziel, und der Sieger und der Zweitplazierte kamen vom selben tschechoslowakischen Gestüt.

Point-to-point-Rennen haben wie schon gesagt denselben Ursprung wie Hindernisrennen. Ihr Name beschreibt genau, was sie früher waren: Rennen von einem Punkt zu einem anderen, ohne genau vorgeschriebene Streckenführung. Sie wurden von bestimmten Jagdclubs veranstaltet, und mit steigender Beliebtheit mauserten sie sich zu organisierten Veranstaltungen mit festlichem Charakter, mit ausgiebigen Essen und »Tee« als Dankeschön an die Farmer, die der Jagd die Benützung ihres Landes gestattet hatten. Vorher hatte es wahrscheinlich nur ein Rennen für die Mitglieder des Jagdclubs gegeben, und der Kurs wurde oft geheimgehalten, bis alle versammelt und startbereit waren. Dann jedoch erkannten die Clubs, daß die Rennen sich hervorragend dafür eigneten, dringend benötigtes Geld hereinzubringen, und so begann man, »faire« Kurse aufzubauen. Streckenführung und Hindernisse hingen davon ab, wo sie durchgeführt wurden. Es gab nun mehrere Rennen, eines für die Mitglieder der fünf benachbarten Hundemeuten, ein Mitgliederrennen, ein Farmer-Rennen und ein offenes Rennen, an dem jeder teilnehmen konnte, der über ein qualifiziertes Pferd verfügte. Damen starteten in Point-to-points erstmals nach dem Ersten Weltkrieg, und zunächst waren die Rennen für Damen und Herren offen. Etwa um 1930 gab es reine Amazonen-Rennen, und in den anderen Rennen waren Damen nicht mehr zugelassen. Heute können sie an den Mitglieder-Rennen teilnehmen. Bis vor relativ kurzer Zeit wurden Point-to-point-Rennen jedoch noch immer als Spaß betrachtet, als eine Art, das Ende der Jagdsaison noch einmal festlich zu begehen. Man trug Jagddress – den roten oder schwarzen Rock mit Zylinder. Mit der Zeit wurden Rennfarben üblich, und auch die Hindernisse nahmen immer mehr den Charakter von Steeplechase-Hindernissen an. Die meisten teilnehmenden Pferde sind keine Jagdpferde mehr, sondern Rennpferde, die auf diese Weise wahrscheinlich ihre Fähigkeiten unter Beweis stellen müssen, bevor sie sich höheren Dingen zuwenden.

Sehr aufregend für die Zuschauer sind Trabrennen, die in gewisser Weise offensichtlich auf die Wagenrennen der Römer und Ägypter zurückgehen. Im Verlauf der Jahrhunderte wurden immer leichtere Wagen entwickelt und Pferde speziell für diese Sportart gezüchtet.

Es gibt zwei Arten von Trabrennen; beim einen

Ein amerikanischer Traber vor dem Start zu einem Trabrennen

gehen die Pferde einen normalen Trab mit diagonaler Fußfolge, beim anderen, das hauptsächlich in den USA beliebt ist, gehen die Pferde Paß, d. h., sie bewegen die Beinpaare der gleichen Seite *(pacing race)*.
Frankreich, Amerika und Rußland sind wahrscheinlich am berühmtesten für ihre Traberzucht, aber der Trabrennsport erfreut sich auch in anderen Ländern großer Beliebtheit. In den USA wurden die ersten Rennen von Siedlern veranstaltet, die untereinander Trabrennen, Paßrennen und Zugrennen (wobei Baumstämme geschleppt werden mußten) austrugen. Natürlich dienten die Rennen selbst der Entspannung, aber sie hatten Bezug zum Alltag. Es galt, sich in einem von Pferden gezogenen Gefährt von einem Ort zum andern zu bewegen oder Baumstämme aus der Wildnis zu ziehen, die die Siedler zu roden und zu kultivieren versuchten.
Lange Zeit galt der russische Orlow-Traber als das beste Trabrennpferd der Welt, aber heute wird er von den amerikanischen Trabern übertrumpft, die sämtliche Rekorde halten. Die amerikanischen Traber können Trab oder Paß gehen und stammen als Rasse von einem aus England importierten Vollblüter ab. Heute unterscheidet sich der Traber im Gebäude jedoch deutlich vom Vollblüter, hauptsächlich wohl deshalb, weil es bei seiner Zucht nicht darauf ankommt, daß er einen Reiter tragen kann.

Bei Vielseitigkeitsprüfungen müssen Reiter und Pferd im Dressurviereck bestehen (oben), aber auch Härte und Schnelligkeit im Gelände und auf der Rennbahn (links) beweisen.

In fast allen Ländern der Welt gibt es Rennen irgendwelcher Art. Große Rennsportfanatiker sind die arabischen Länder, und es gibt Araberpferde, die genau wie Vollblüter ausschließlich für Rennzwecke gezüchtet werden. Alle Rennen, wie sie im einzelnen auch aussehen mögen, haben jedenfalls eines gemeinsam: den Wunsch zu beweisen, daß man das schnellere Pferd hat, und das hat sich seit jenen ersten Rennen im Jahre 600 v. Chr. nicht geändert.

Vielseitigkeitsprüfungen

Der Vielseitigkeitssport ist dabei, sich zu einer der beliebtesten Arten des Reitsports zu entwickeln, obwohl er doch vielleicht zugleich der anspruchsvollste ist. Er spricht vor allem junge Leute an.
Der Vielseitigkeitssport verlangt hohes Können auf drei verschiedenen Gebieten der Reiterei: Dressur, Springen von Geländehindernissen und Springen im Parcours. Der Geländeteil der Prüfung umfaßt gewöhnlich auch das Reiten auf Straßen und Wegen, die sogenannte Wegestrekke, um Stehvermögen und Ausdauer der Pferde zu testen, bevor sie den anstrengenden Hindernisteil, die Qu-Strecke, angehen. Vielseitigkeitsprüfungen stellen also hohe Anforderungen an Reiter und Pferd. Sie dienen dazu, die Vielseitigkeit und das Können des Pferdes auf verschiedenen Gebieten zu erproben. Dadurch wird die oft mit dem Turniersport verbundene Tendenz zur Überspezialisierung verringert und die Zucht guter Pferde sowie die gründliche Ausbildung von Reiter und Pferd gefördert. Um in Dressur gut abzuschneiden, muß ein Pferd gehorsam, durchlässig und im Gleichgewicht sein; Mut braucht es für die schwierigen Geländehindernisse mit ihren teilweise beträchtlichen Ausmaßen und Stehvermögen, um nach der Anstrengung der Wegestrecke die Qu-Strecke noch mit der nötigen Schnelligkeit zu absolvieren. Und nach all dem muß das Pferd immer noch durchlässig und ruhig genug sein, um mit Anstand über einen nicht gerade leichten Parcours zu kommen, in dem es mit Steil- und Hochweitsprüngen völlig anderer Art als im Gelände konfrontiert wird.
Das ist eine ganze Menge für jedes Tier, und man kann sich unschwer vorstellen, daß die Ausbildung eines Vielseitigkeitspferdes ihre Zeit in Anspruch nimmt. Mehr als bei jeder anderen Prüfung muß ein Vielseitigkeitspferd rückhaltloses Vertrauen zu seinem Reiter haben, damit es gehorsam an die vielen verschiedenen Aufgaben herangeht, die ihm in so kurzer Zeit gestellt werden. Außerdem muß es ständig im Training und bei guter Gesundheit gehalten werden. Jahre

Oben und unten: Außerdem muß ein Vielseitigkeitspferd schwierige Geländehindernisse nehmen und zum Abschluß einen normalen Springparcours absolvieren.

harter, geduldiger Arbeit können vergehen, bis ein Spitzen-Vielseitigkeitspferd fertig ist. Verständlicherweise sind solche Pferde ein kleines Vermögen wert.

Der Vielseitigkeitssport begann als Teil der Armeeausbildung und sollte den berittenen Soldaten einen Anreiz geben, ihre Pferde in diesen verschiedenen Sparten der Reiterei sorgfältig auszubilden. Die Franzosen und Spanier nennen es »die vollständige Prüfung«, und beim berühmten Cadre Noir wurde mit Recht immer größter Wert auf diese Art der Ausbildung gelegt. In Belgien, Schweden und der Schweiz wurden in den ersten Jahrzehnten des 20. Jahrhunderts Vielseitigkeitsprüfungen für Militärs veranstaltet, und 1912 wurde »die Military« eine olympische Sportart, die jedoch vorerst ausschließlich von Militärs bestritten wurde. Nach dem Zweiten Weltkrieg verlagerte sich der Vielseitigkeitssport allmählich von der militärischen auf die zivile Sphäre, und immer mehr Vielseitigkeitsprüfungen von einem, zwei oder drei Tagen Dauer wurden abgehalten. Die berühmteste englische Military und eine der berühmtesten der Welt findet in Badminton statt. Die *Badminton Horse Trials* wurden vom Herzog von Beaufort ins Leben gerufen, nachdem er Vielseitigkeitsprüfungen 1948 bei den Olympischen Spielen kennengelernt hatte. Er öffnete Badminton Park in Gloucestershire für diese Prüfung, die 1949 zum ersten Mal abgehalten wurde. Damals war dieser Sport in England noch weniger beliebt als in anderen Ländern, weil sich die Offiziere noch nicht mit Dressur befreunden konnten und lieber Polo spielten. Zum Glück fand er viele Anhänger unter Zivilisten, besonders unter den Amazonen, die auch heute noch mit viel Erfolg dabei sind.

S. Strachen, ein erfolgreicher Vielseitigkeitsreiter

Das ideale Vielseitigkeitspferd zu beschreiben, ist nicht schwer. Es zu finden, ist allerdings ganz etwas anderes! Zwar wird jedes zweite Pferd, das zum Verkauf angeboten wird, als zukünftiges Vielseitigkeitspferd bezeichnet, aber das ist wohl mehr ein Zeichen für die wachsende Beliebtheit dieser Sportart als für die Fähigkeiten der Pferde! Ein Vielseitigkeitspferd muß über ein gewisses Kaliber verfügen, aber auch so viel Blut besitzen, daß es im Gelände schnell genug ist. Der Kopf muß stolz getragen werden, das Auge ruhig und mutig blicken. Es muß intelligent, gutmütig, couragiert, gehorsam, ausdauernd und durchlässig sein. Ein Pferd, das viele verschiedene Übungen und Aufgaben von er-

Der Italiener A. Argenton, Silbermedaillengewinner 1976, in Badminton

Sprung oder zwischen den einzelnen Sprüngen pariert man wieder durch zum Trab oder sogar zum Schritt. Wenn die Sprünge höher werden, vergrößert man den Abstand, damit kein Gefühl der Beengtheit aufkommt.
Darüber darf die dressurmäßige Arbeit jedoch nicht vergessen werden, denn das Pferd muß in allen drei Disziplinen gleichmäßig Fortschritte machen. Dressur- und Springtraining sollten etwa gleich viel Zeit einnehmen, wobei man keines so übertreiben darf, daß das Pferd das Interesse verliert und sich langweilt. Viel Loben ist wichtig; das Pferd muß merken, daß der Reiter mit seinen Fortschritten zufrieden ist.
Die Arbeit muß langsam, ruhig und methodisch aufgebaut werden. Es dauert mindestens anderthalb bis zwei Jahre, bevor man auch nur an einer Prüfung der Klasse A teilnehmen kann. Nützlich ist der Aufbau eines kleinen Geländeparcours zu Hause, zu dem ein von beiden Seiten zu springender Wall, enge Hindernisse und Tiefsprünge gehören sollten. Im Gelände sucht man sich

heblicher Schwierigkeit innerhalb kurzer Zeit erledigen soll, braucht überdies ein ausgeglichenes und unbekümmertes Naturell.
Training und Pflege eines Vielseitigkeitspferdes erfordern einen großen Zeitaufwand, denn es braucht sehr viel Arbeit und Bewegung, um immer fit zu bleiben und auch geistig beschäftigt zu sein. Durchlässigkeit und natürliches Gleichgewicht sind das erste Ziel, das es zu erreichen gilt, und das erreicht man am besten dadurch, daß man das Pferd ausgebunden - erst ohne, dann mit Reiter - an der Longe arbeitet (s. S. 130). Zur Abwechslung reitet man dazwischen immer wieder ins Gelände. Wenn das Pferd noch nie im Gelände war, macht man die ersten Spaziergänge am langen Zügel, mit einer Begleitperson, die das Pferd am Kopf hält. Sobald wie möglich gewöhnt man es an das Reitergewicht, damit man es unter dem Reiter longieren kann. Darauf folgt Cavaletti-Arbeit, die genauso aufgebaut ist wie die Ausbildung eines zukünftigen Springpferdes (s. S. 143 und 188).
Aus Büchern und Gesprächen sollte man sich alles zusammensuchen, was man über die Springmethoden anderer Leute erfahren kann, um die für das eigene Pferd geeignete herauszufinden. Ich bin dafür, die Hindernisse niedrig zu halten (nicht über 70 cm), sie aber so verschieden wie möglich zu gestalten. Gestrichen werden sie in allen Regenbogenfarben, und zusammengebaut werden sie aus allem, was merkwürdig aussieht - Strohballen, Ölfässern usw. Eine Pferdedecke über den Sprung gehängt, bunte Decken über einer Stange - die Erbauer von Qu-Strecken lassen sich heute die erstaunlichsten Sachen einfallen, um den Mut der Pferde zu testen. Deshalb muß man dem Pferd jetzt sagen: »Spring ruhig, es passiert dir nichts!« Es ist ungeheuer wichtig, daß das Pferd bedingungsloses Vertrauen zu seinem Reiter hat - es muß sicher sein: wenn der Reiter sagt, es passiert nichts, passiert auch nichts. Solange die Hindernisse niedrig und mit deutlichen Absprungmarkierungen versehen sind, besteht kein Grund, warum das Pferd nicht aus dem Trab darübergehen sollte. Nach dem

Oben: Richard Meade, Gewinner der Einzel-Goldmedaille in München 1972, auf *Tommy Buck*

Unten: Der Amerikaner Bruce Davidson, Mitglied der Goldmedaillenmannschaft von 1976, auf *Irish Cap*

nach Möglichkeit einen Steilhang, den man hinunterrutschen kann, und hält auch bei Ausritten nach Gelegenheiten zu steilen Kletterpartien hinauf und hinunter Ausschau. Umgefallene Baumstämme und ähnliche Naturhindernisse werden so unaufwendig wie möglich gesprungen.
Auch dem zukünftigen Vielseitigkeitspferd tut es ebenso wie dem Springpferd gut, wenn es »nur so« einmal auf ein Turnier mitgenommen wird (s. S. 190). Bei einer Jagdpferdeprüfung Klasse A kann man herausfinden, welche Sprünge dem Pferd nicht liegen, so daß man sie zu Hause nachbauen und trainieren kann, bis das Pferd seine Scheu davor verloren hat. Wenn man für ein Turnier gemeldet hat und dann feststellt, daß die Qu-Strecke für das Pferd zu schwierig ist, geht man nur die Dressur und zieht sich mit Anstand zurück. Das ist immer noch besser, als das Pferd zu diesem Zeitpunkt durch ungebührliche Anforderungen zu verprellen. Das ist uns einmal mit einem sehr hoffnungsvollen Pferd passiert. In der Geländestrecke gab es drei dumme Hindernisse, an denen sich ein unerfahrenes Pferd nahezu zwangsläufig verletzen mußte. Man kann natürlich sagen, daß sich kein einigermaßen intelligentes Pferd freiwillig weh tut, aber schließlich hat das Vielseitigkeitspferd gelernt, volles Vertrauen in seinen Reiter zu haben. Unser Pferd sprang die bewußten Hindernisse, tat sich weh, sprang noch zwei Hindernisse und verweigerte das nächste, bei dem es nicht ganz paßte. Seitdem hat es das Vertrauen nie ganz zurückgewonnen und springt immer unzuverlässig.
Zum Abschluß möchte ich ein altes Sprichwort zitieren: »Je größer das Auge, desto besser. Je tiefer das Herz, desto stärker. Je stolzer die Kopfhaltung, desto mutiger. Je müheloser der Gang, desto furchtloser.« Genauso sollte ein Vielseitigkeitspferd sein. Man braucht sich die großen Sieger nur anzusehen – nicht die Eintagsfliegen, die nie wieder auftauchen, sondern die, die immer gut gehen: Sie haben große Augen, eine tiefe Brust mit viel Platz für Herz und Lungen und dazu Mut und Stolz, der sich nie geschlagen gibt.

Oben: J. Heins (Holland) auf *Thronfolger* in Hickstead

Unten: Der Argentinier Lachica beim Absprung vom Großen Wall in Hickstead

Internationale Turniere und die Olympischen Spiele

Der Erfolg bei kleineren Turnieren macht vielen Leuten Mut, auch auf größeren anzutreten, wo die Konkurrenz härter ist, die Preise aber auch entsprechend höher sind. Daraus kann sich die Teilnahme erst an nationalen, dann an internationalen Ereignissen entwickeln – möglicherweise als Mitglied einer Mannschaft, die ihr Land im Ausland repräsentiert. Viele Faktoren müssen zusammenwirken, damit ein Turnierreiter international Erfolg hat; es gehört viel Erfahrung, Ruhe und Klugheit dazu, sich von den zusätzlichen Belastungen und Anstrengungen solcher Turniere nicht unterkriegen zu lassen.

Heute reisen viele junge Reiter jedes Jahr mit ihren Pferden ins Ausland auf internationale Turniere, um eben diese Erfahrung zu machen und festzustellen, ob Energie und Talent ihrer Pferde ausreichen, unter ungewohnten Bedingungen Erfolg zu haben. Es muß sich auch herausstellen, wie Pferd und Reiter auf die Anstrengungen der Reise reagieren und ob sie die Nerven haben, sich von der gespannten Atmosphäre auf internationalen Turnierplätzen nicht aus der Ruhe bringen zu lassen.

Bei internationalen Turnieren denkt man unwillkürlich zuerst an Springprüfungen, obwohl es auch internationale Dressur- und Vielseitigkeitsprüfungen gibt. Turniere mit internationaler Beteiligung gibt es in den USA, in Kanada und den meisten europäischen Staaten. Einzelreiter können bei vielen Prüfungen starten, und außerdem gibt es noch den sogenannten Nationenpreis, bei dem für jedes Land eine Mannschaft aus vier Reitern startet.

Für alle nationalen und internationalen Turniere gelten die von der Fédération Equestre Internationale (F.E.I.) festgelegten Regeln. Besonders die Bedingungen des Nationenpreises sind in allen Einzelheiten niedergelegt und für alle Län-

Ex-Weltmeister David Broome auf *Black Water*

der verbindlich. Die Regeln sind gerade für diese Prüfung deshalb so streng, damit die Bedingungen für alle Teilnehmer jedweder Nationalität gleich sind. Es soll vermieden werden, daß das Gastgeberland durch den Parcoursaufbau in irgendeiner Weise bevorzugt wird. Der Parcours muß ungefähr 788 m lang sein (auf Hallenturnieren natürlich kürzer) und 13 oder 14 Hindernisse enthalten. Ferner muß mindestens eine zweifache oder eine dreifache Kombination vorhanden sein, jedoch nicht mehr als eine zweifache und eine dreifache oder drei zweifache. Die Hindernisse müssen zwischen 1,35 m und 1,60 m hoch sein, und zusätzlich muß ein Wassergraben von mindestens 4 m Breite vorhanden sein.

Die vier Vertreter eines Landes müssen jeweils zweimal über den Parcours gehen. Strafpunkte gibt es nach demselben System wie bei anderen F.E.I.-Springturnieren – vier Punkte für einen Abwurf, drei Punkte für das erste, sechs für das zweite Verweigern, Ausschluß beim dritten Verweigern, acht Punkte für Sturz von Pferd oder Reiter und einen halben Punkt für jede angefangene Sekunde, die der Reiter über die Mindestzeit hinaus braucht. Das Ergebnis der Mannschaft setzt sich aus den Ergebnissen ihrer drei besten Reiter zusammen.

Oben: Beständig in der Spitzengruppe – der Brasilianer Nelson Pessoa, hier auf *Bord de Loire*

Links: Der Schweizer Paul Weier auf *Wulf*

Zweifellos hat jeder Turnierreiter den Ehrgeiz, sein Land in einem Nationenpreis zu vertreten, aber dazu sind ganz besondere Eigenschaften nötig. Neben dem reiterlichen Können, das natürlich erste Voraussetzung ist, sind Mannschaftsgeist, Sportlichkeit, Besonnenheit und eine Portion Humor wesentliche Faktoren. Schließlich geht es um den Ruf des eigenen Landes, nicht nur um den einer Einzelperson. Die Selektoren werden fast immer mindestens einen älteren, erfahreneren Reiter mit in die Mannschaft nehmen, einen, der sein Land schon oft vertreten hat und weiß, worauf es ankommt. Selbst wenn er seinen reiterlichen Höhepunkt schon überschritten hat, leistet er mit seiner in vielen Jahren erworbenen Erfahrung einen unschätzbaren und äußerst wertvollen Beitrag für die Mannschaft, besonders wenn die übrigen Mannschaftsreiter noch jünger sind.

Ein anderer Höhepunkt und Traumziel jedes Springreiters ist die Weltmeisterschaft der Springreiter. Sie wird meist von dem Land veranstaltet, das den gerade amtierenden Weltmeister stellt. Die Anforderungen sind naturgemäß sehr hoch und werden noch dadurch verschärft, daß die vier Finalisten auch die Pferde ihrer drei Konkurrenten reiten müssen. Sie müssen ihre reiterlichen Fähigkeiten also dadurch beweisen, daß sie auf einem fremden Pferd einen Parcours absolvieren, der den meisten Reitern selbst auf Pferden, die sie in- und auswendig kennen, einige Schwierigkeiten bereiten würde. Kein Wunder, daß der Titel eines Weltmeisters heiß umkämpft ist.

Wenn es der Ehrgeiz jedes Springreiters ist, sein Land bei einem Nationenpreis zu vertreten oder die Weltmeisterschaft zu erringen, so muß es der Höhepunkt jeder Reiterlaufbahn sein, sich für die Olympischen Spiele zu qualifizieren, ob das nun im Springen, in Dressur oder in der Vielseitigkeit ist. Die Olympischen Spiele, die alle vier Jahre in einem anderen Land veranstaltet werden, sind das Ereignis, auf das sich alle Anstrengungen richten und das jeder verfolgt. Die ersten Spiele wurden im Jahre 776 v.Chr. abgehalten, aber erst 690 v.Chr. gab es auch Wettkämpfe, an denen Pferde beteiligt waren, und zwar nicht etwa unter dem Reiter, sondern vor dem Wagen. Tausend Jahre später, im Jahre 393 n.Chr., wurden die Olympischen Spiele abgeschafft und erst von Baron Coubertin im Jahre 1896 wieder zum Leben erweckt. Der Reitsport nahm aber erst seit 1912 an den Olympischen Spielen der Neuzeit teil. Damals fand die Olympiade in Stockholm statt, und das erste Mannschaftsspringen gewannen die Gastgeber; Frankreich und Deutschland belegten die nächsten Plätze. Wegen des Ersten Weltkriegs konnten die nächsten Spiele erst wieder 1920 stattfinden, und wieder gewannen die Schweden Gold

Oben: Alwin Schockemöhle in Hickstead

Unten: Der erfolgreiche Ire Eddie Macken, der seine Pferde sonst gern auf Hackamore reitet

im Springen und in der Vielseitigkeit. Deutschland war überhaupt nicht zugelassen. Im Jahre 1924 in Paris siegten die Schweden wieder im Springen, aber in der Military waren, ebenso wie 1928 in Amsterdam, die Holländer vorn.
Vielseitigkeitsprüfungen in ihrer heutigen Form – mit Dressur, Geländeprüfung und Springen – wurden zum ersten Mal bei den Olympischen Spielen in Amsterdam veranstaltet. Großbritannien war zu diesem Zeitpunkt zwar noch weit entfernt davon, den kontinentalen Reitern Konkurrenz zu machen, der sechste Platz zeigte aber doch, daß man in Zukunft mit den englischen Reitern rechnen mußte.
Rechnen mußte man auch wieder mit einer anderen Nation, die sich aus ihrer Abseitsstellung nach dem verlorenen Krieg erst wieder mühsam auf internationales Niveau emporkämpfen mußte. 1928 gewann, für die andern völlig überraschend, der legendäre Carl Friedrich Freiherr von Langen auf *Draufgänger* den Großen Dressurpreis. Derselbe Reiter startete mit einem anderen Pferd übrigens auch im Jagdspringen, eine Leistung, die ihm erst 1952 von Fritz Thiedemann nachgemacht wurde, der mit *Chronist* Zwölfter in der Dressur und mit dem sagenhaften »Dicken«, *Meteor,* Dritter im Springen wurde. 1936 wurde für Deutschland das Jahr des größten Erfolgs. Bei den Spielen in Berlin gewannen die deutschen Reiter Gold in allen drei Disziplinen – ein schon beinahe peinliches Ergebnis für eine gastgebende Nation.
Der Vierjahresrhythmus wurde durch den Zweiten Weltkrieg abermals unterbrochen; die nächsten Spiele fanden 1948 in London statt, und wieder war Deutschland nicht vertreten. Die Goldmedaille im Springen gewannen die Mexikaner, die Bronzemedaille eine britische Offiziersmannschaft. Die Amerikaner siegten bei der Military und die Schweizer in der Dressur.
Bis zu dieser Zeit waren die erfolgreichsten Turnierreiter meist Militärs gewesen. Da das Reiten zu ihrer Ausbildung gehörte, war das kaum eine

Oben: Edgar Cuepper auf *Le Champion* im Nationenpreis der Olympischen Spiele 1976

Links: Michael Vaillancourt auf *Branch County* – Gewinner der Einzel-Silbermedaille in Montreal 1976

Überraschung. In den fünfziger Jahren jedoch begann der Vormarsch der Zivilisten im roten Rock. Die erste Goldmedaille im Springen gewann Großbritannien 1952, und bei den Spielen 1956 in Stockholm (nur die Reiterspiele fanden dort statt) errang das britische Team die Goldmedaille in der Military.

Die Verteilung der Goldmedaillen in den letzten zwei Jahrzehnten zeigt, daß das Niveau des reiterlichen Könnens zwischen den einzelnen Ländern recht gleichwertig ist. Deutschland hat sich beständig an der Spitze gehalten; Goldmedaillen im Springen gab es 1956 in Stockholm, 1960 in Rom, 1964 in Tokio und 1972 in München. 1968 ging die Goldmedaille im Springen an Kanada. Auch die Vereinigten Staaten gehörten immer mit zur Spitze: 1960 gab es eine Silbermedaille im Springen, 1964 und 1968 Silber für die Military-Mannschaft und 1972 Silber im Springen und in der Military. Nach vielen Silbermedaillen bei vorhergehenden Spielen errangen die französischen Reiter 1976 in Montreal endlich die Goldmedaille im Mannschaftsspringen, während Kanada in der Großen Vielseitigkeitsprüfung siegte.

Oben: Lucinda Prior Palmer während der Dressurprüfung der Großen Vielseitigkeitsprüfung in Montreal 1976

Unten: Der Spanier Luis Alvarez Cervera beim Nationenpreis in Montreal 1976

Fahrsport

Jahrtausendelang hat das Pferd den Wagen gezogen und Waren, Besitztümer und Menschen von einem Ort zum andern befördert. Wohl wurden Pferde anfangs aus praktischen Erwägungen vor den Wagen gespannt, aber alle Anzeichen deuten darauf hin, daß sehr bald, wenn nicht sogar gleichzeitig, auch ein Sport daraus wurde. Die Wagenrennen der Griechen, Römer und Ägypter in der Antike sind keine Legende; es steht fest, daß sie 690 v. Chr. schon ein Teil der Olympischen Spiele waren. Ohne Zweifel hat neben der praktischen Notwendigkeit auch der sportliche Aspekt des Fahrens die Menschen dazu gebracht, die Wagen, vor die sie ihre Pferde spannten, im Verlauf der Jahrhunderte immer weiter zu entwickeln und zu verbessern. Pferde wurden auch speziell als Wagenpferde gezüchtet, wobei ihr Typ je nach dem Gefährt, das sie ziehen sollten, wechselte. So spannte man schwere Pferde vor die hochbeladenen Bauernwagen, während die leichteren Kutschen auch von leichteren Pferden gezogen wurden. Zu mehreren wurden sie vor die Postkutsche gespannt oder zogen die großen gedeckten Güterwagen.
Im 17. und 18. Jahrhundert konnte man mit dem Fahrsport enormes Geld verdienen, und zwar durch die Wetten, die auf den Ausgang von Wagenrennen abgeschlossen wurden. Die Wohlhabenden vieler Länder begannen, sich für den sportlichen Aspekt des Fahrens zu interessieren. In Rußland züchtete Graf Orlow seine Orlow-Traber. Dieser Zucht entstammten besonders schnelle und ausdauernde Traber, die zweifellos

Pferdeschlitten im Mount Royal Park in Montreal

Vierergespann bei der Großen Fahrprüfung

Elegantes Gespann auf einem Turnier

sehr viel dazu beitrugen, daß Trabrennen beliebt wurden und blieben.
Im späten 18. Jahrhundert war der Fahrsport in England zu einem beliebten Zeitvertreib geworden. Nicht unwesentlich trug dazu die königliche Schirmherrschaft des Prinzen von Wales, des späteren Königs Georg IV., bei. Ähnlich belebend auf den Fahrsport wirkt sich heute das Interesse aus, das die königliche Familie am Fahrsport nimmt. Seine Königliche Hoheit Prinz Philip nimmt regelmäßig an nationalen und internationalen Fahrwettbewerben teil.
Mit dem wachsenden Interesse am Fahrsport wurde auch die Zucht geeigneter Pferde immer selektiver und spezialisierter. In England wurde der *Norfolk Roadster,* ursprünglich ein Arbeitspferd, für Trabrennen weitergezüchtet und verwendet. Diese Trabrennen waren besonders in Ostanglien, im Osten von England, sehr beliebt. Aus dieser Rasse entwickelte sich der *Hackney,* ein besonders spektakulärer Pferdetyp mit auffallend hoher Trabaktion, der vor einem leichten Wagen besonders elegant und attraktiv aussieht. Für die nach den Regeln der F.E.I. ausgeschriebenen Fahrwettbewerbe ist er nicht unbedingt geeignet, aber als elegantes Wagenpferd erfreute er sich Ende des vorigen und zu Beginn dieses Jahrhunderts großer Beliebtheit. Auch heute noch besitzt der Hackney eine aktive Anhängerschaft in der ganzen Welt.
Im Norden von England wurde ein schwererer Schlag von Wagenpferden, die *Yorkshire Coach Horses* und die *Cleveland Bays,* gezüchtet. Die königliche Kutsche wird bei großen Ereignissen von Cleveland Bays gezogen. In Holland verwendete man hauptsächlich Friesen und Gelderländer, und Deutschland besaß mit dem Oldenburger und dem Holsteiner zwei Pferderassen, die besonders gut geeignet waren, solch schwere Wagen wie z.B. Reisekutschen zu ziehen. In Österreich spannt man Lipizzaner und Haflinger ein. Ungarn und Polen haben großes Interesse für Wagenpferde und entsenden regelmäßig und mit Erfolg Teilnehmer zu den internationalen Fahrwettbewerben.
Am weitesten verbreitet ist die sogenannte »kombinierte Fahrprüfung«, deren Regeln von der F.E.I. im Jahre 1969 festgelegt wurden. Sie besteht aus drei Abschnitten: *Gespannkontrolle und Dressur, Marathon-Geländefahrt* und *Geschicklichkeitsfahren.* Beim Geschicklichkeitsfahren geht es darum, möglichst schnell durch paarweise aufgestellte Kegel zu fahren, ein sehr publikumswirksamer Wettbewerb. Zu diesen Fahrprüfungen braucht man besonders gut trainierte, gesunde und vielseitige Pferde von großer Ausdauer, die eine harte Ausbildung hinter sich haben.

Distanzritte

Als Wettbewerb sind Distanzritte eine relativ neue Sparte, obwohl sie praktiziert werden, seit sich der Mensch mit Hilfe des Pferdes von einem Ort zum andern bewegt. Vor einigen hundert Jahren hätten die damaligen Kavalleriepferde oder die Pferde, die früher zur Beförderung der Post eingesetzt wurden, die Strecken, die heute nur noch bei Distanzritten zurückgelegt werden, als die selbstverständlichste Sache der Welt empfunden.

Distanzreiten als Sport wurde von der US-Kavallerie in den zwanziger Jahren erstmals betrieben. Heute ist es in den USA, Kanada, Australien und neuerdings auch in England und Deutschland schon recht verbreitet. Es geht darum, die Pferde in gleichmäßigem Tempo über eine genau ausgemessene und sorgfältig markierte Strecke von – meistens – 160 km (100 Meilen) zu reiten. Der berühmteste englische Distanzritt, der *Golden Horseshoe Ride,* geht allerdings nur über 120 km bzw. 75 Meilen. In wie viele Tagesetappen ein Ritt unterteilt ist, hängt von dem jeweiligen Wettbewerb ab. Der Tevis Cup z. B., die 160 km lange Strecke, die dem alten Goldgräberpfad über die Sierra Nevada folgt, wird in einem Tag zurückgelegt. Für den Golden Horseshoe sind zwei Tage vorgesehen, und in Florida und Nordkarolina sind die 160 km in drei Tagesetappen unterteilt. Der berühmteste australische Distanzritt ist der *Quilly Ride,* der 160 km über sehr rauhen Boden in den Blue Mountains von Neu-Südwales führt und in einem Tag geritten wird.

Einer der Hauptanziehungspunkte für Distanzreiter besteht darin, daß die Wettbewerbe für alle Pferde vom Vollblut bis zur beliebigen Kreuzung offen sind. Auf Distanzritten findet man gewöhnlich eine bunte Mischung von Arabern, Vollblütern, Quarterhorses, Standard Breds, Trakehnern und verschiedenen Berg- und Moorponyrassen sowie jede nur mögliche Kreuzung dieser Rassen. Zwar kann so gut wie jedes Pferd, das gesund und gut trainiert ist, an einem Distanzritt teilnehmen, den meisten Erfolg haben jedoch Pferde mit einem kräftigen Schuß Araberblut. Stehvermögen und Ausdauer über weite Strecken, für die diese Rasse berühmt ist, bringen die Pferde in dieser Art Wettbewerb weit nach vorn.

Distanzritte stellen große Anforderungen an Reiter und Pferde

Um an einem der wirklich langen Distanzritte teilnehmen zu können, müssen sich Pferd und Reiter erst über kürzere Distanzen, meist über 60 bis 95 km, qualifiziert haben. Bei den meisten Distanzritten wird nach zweierlei Kriterien gerichtet. Es gibt Preise für die Pferde, die die Strecke in der kürzesten Zeit zurücklegen, und Preise für jene, die in der besten körperlichen Verfassung ins Ziel kommen. Das beste Pferd ist das, das beide Preise auf sich vereinigen kann!

Strenge Veterinärkontrollen sind vor, während und nach dem Ritt obligatorisch. Überprüft werden u.a. Puls und Atmung der Pferde. Außerdem achten die Tierärzte auf Anzeichen von Erschöpfung, Lahmheiten, Schweißausbrüche, Fieberschwellungen, klare Augen usw. Ein Pferd, das irgendeine Veterinärkontrolle nicht passiert, scheidet aus – eine wesentliche Vorschrift, die die Sicherheit der Pferde bei einer so anstrengenden Prüfung gewährleisten soll.

Es ist klar, daß Pferde, die an Distanzritten teilnehmen sollen, gesund sein und beständig im Training gehalten werden müssen, und das bedingt eine entsprechende Pflege und Vorbereitung. Wer an einem Distanzritt, besonders an einem 160 km-Ritt, teilnehmen will, beginnt am besten etwa fünf Monate zuvor mit dem Training. Dazu macht man mindestens vier nicht allzu lange Ausritte pro Woche, bei denen sich lange, energisch gerittene Schrittreprisen mit kurzen Trabstrecken in ruhigem Tempo abwechseln.

Nach einigen Wochen genügen drei Ausritte pro Woche, die aber nach zwei Monaten mindestens 30 km lang sein sollten. An den übrigen Tagen wird das Pferd etwa eine halbe Stunde leicht an der Longe bewegt.

Einen Monat vor dem Ritt wird fünfmal pro Woche ausgeritten, und zwar abwechselnd über 25 und etwa 40 km. Ein paarmal läßt man das Pferd auch über 80 km gehen, um sich von seiner Kondition und körperlichen Verfassung nach dieser Strecke zu überzeugen.

Damit das Pferd auch wirklich körperlich in Hochform ist, wird es bei Trainingsbeginn entwurmt. Hochwertiges Futter ist wichtig. Das Pferd sollte nur erstklassigen Hafer und erstklassiges Heu mit einem Mineral- und Vitaminzusatz bekommen. Wenn das Pferd leicht schwitzt, muß man dafür sorgen, daß es immer genügend Salz zur Verfügung hat. Wenn man während des Trainings das Blut untersuchen läßt, kann man feststellen, ob die Fütterung angemessen ist und das Futter auch richtig ausgenützt wird.

Natürlich brauchen auch Beine und Hufe besondere Aufmerksamkeit und Pflege. Es ist eine gute Idee, Hufeisen mit Einlagen zu verwenden, damit die Hufsohle vor dem Druck von Steinen oder unebenem Boden geschützt ist. Sattel- und Zaumzeug muß richtig sitzen; während des Trainings überzeugt man sich immer wieder, daß nichts reiben oder drücken kann.

Bei einem jungen Pferd, das speziell für Distanzritte ausgebildet wird, ist besonders darauf zu achten und daran zu arbeiten, daß die Trabtritte lang und regelmäßig sind. Trab ist die gebräuchlichste und daher wichtigste Gangart bei Distanzritten, und ein angenehmer Trab kann viel dazu beitragen, daß die langen Strecken, die der Distanzreiter im Sattel verbringt, nicht allzu mühsam und unbequem werden.

Teilnehmer am *Golden Horseshoe*, dem Distanzritt der englischen *Arab Horse Society*

Berufe für Pferdefreunde

Viele Leute möchten zwar gern einen Beruf ergreifen, der mit Pferden zu tun hat, haben aber weder die Gelegenheit noch die Fähigkeit, vielleicht nicht einmal die Neigung, unter die Spitzenreiter aufzusteigen. Trotzdem können auch sie ihr Leben mit Pferden verbringen. Auf jeden Spitzenreiter kommen buchstäblich Hunderte von Leuten, die sich anderen Aspekten der Reiterei widmen, von der Zucht über die Ausbildung der Pferde bis zur Pflege des gesunden oder kranken Tieres und zur Ausbildung der Reiter. All diesen Leuten muß nur ein Faktor gemeinsam sein: eine tief verwurzelte Liebe zum Pferd und wirkliche Freude an jeder Art von damit verbundener Arbeit.

Die Arbeit mit Pferden ist - gleich auf welchem Gebiet - auf jeden Fall harte Arbeit, und zwar sowohl geistig als auch körperlich. Verlangt wird nicht nur körperliche Anstrengung, sondern auch eine große geistige Mühe und Befähigung, denn es gibt eine Unmenge zu lernen. Geistige Schwerfälligkeit hat im Umgang mit Pferden nichts zu suchen, denn es heißt, ihnen immer einen Sprung voraus zu sein. Diese Seite der Arbeit wird gern übersehen, und die Möglichkeit, einen »Pferdeberuf« zu ergreifen, geht oft Hand in Hand mit der Überlegung: In der Schule ist er (sie) nicht besonders gut - wie wär's denn mit Pferden? - Das ist absolut keine gute Idee. Jemand, der mit Pferden umgeht, muß geistig beweglich und von rascher Auffassungsgabe sein. Natürlich bedeutet das nicht, daß man auf eine akademische Art klug sein muß. Wer Bücher langweilig findet, kann sich plötzlich in ganz neuem Licht präsentieren, wenn er seiner Neigung zur Arbeit mit Tieren folgen darf, für die er Sympathie und Verständnis mitbringt.

Die meisten Leute haben schon eine gewisse Vorstellung von der Laufbahn, die sie gern ergreifen würden, aber ich kann nur jedem raten, mit offenen Augen an die Arbeit mit Pferden heranzugehen. Zuerst sollte man sich mit ihrer Pflege beschäftigen und versuchen, sich darüber klar zu werden, ob einem dieses Leben wirklich liegt. Dann erst entscheidet man sich für eine bestimmte Laufbahn. Wer lieber bei der Pferdezucht bleiben möchte, muß sich ein Gestüt suchen, in dem er arbeiten kann. Man kann sich auch bei einem auf Pferde spezialisierten Tierarzt in Krankheitspflege ausbilden lassen. Wer gern Büroarbeit und Pferde miteinander verbinden will, dem stehen verschiedene Sekretariatsstellen offen - bei einem Trainer etwa oder einem der vielen Zuchtverbände. Oft gehört es dann zu den Obliegenheiten, auch einmal Pferde zu arbeiten oder auf dem Transport zu begleiten. Eine Sekretärin, die sich für Rennsport und das Pedigree von Siegern interessiert, ist wahrscheinlich nicht nur von größerem Nutzen für ihren Chef, sie hat auch selbst mehr von der Ar-

Viel Geduld gehört zum Beruf des Tierarztes oder der medizinisch-technischen Assistentin.

beit. Mancher mag sich auch von der Arbeit hinter den Kulissen des großen Sports angezogen fühlen, ob es sich nun um Dressur, Springen oder Vielseitigkeit handelt. Dazu muß man in der Lage sein, Pferde zu longieren und zu arbeiten, damit sie jederzeit fit sind, wenn der Besitzer sie braucht. Jeder Besitzer hat seine eigene Art, Pferde auszubilden, und nach der muß man sich richten. Zusätzlich gehören dazu natürlich gründliche Kenntnisse in Pferdepflege, Fütterung und Haltung, damit die Pferde auch immer erstklassig in Schuß sind; schließlich kann nur ein Pferd in bester Verfassung auch gute Leistungen erbringen.

Mein Vorschlag geht dahin, daß niemand sich endgültig für solch einen Beruf entscheiden sollte, ohne vorher einen Versuch gemacht zu haben. Es ist eine äußerst harte und anstrengende Arbeit und etwas ganz anderes, als einmal in der Woche zu reiten, den Rest des Morgens plaudernd mit Freunden zu verbringen, während man im Stall »hilft«, dann nach Hause zum Mittagessen zu gehen und die Pferde bis zur nächsten Woche zu vergessen. Wenn man ständig mit Pferden arbeitet, verlangen sie auch ständig Aufmerksamkeit und Pflege. Wenn mitten in einer regnerischen, kalten Nacht Unruhe im Stall entsteht, muß man sich von Wärme und Geborgenheit losreißen können und nachsehen. Ein Pferd kann krank sein, was bedeutet, daß an Schlaf in dieser Nacht nicht mehr zu denken ist. Es kann aber auch sein, daß ein Pferd aus purer Langeweile gegen die Wand gekeilt hat. Vielleicht wollte es nur mitteilen, daß es sein Heu aufgefressen hat und einen »Nachschlag« möchte. Auf jeden Fall wird man verlangt und hat zur Stelle zu sein. Wer sich nicht so ganz festlegen will, andererseits aber auch die Pferde nicht missen und sich vielleicht ein Hintertürchen für einen späteren Berufswechsel offen lassen möchte, kann immer noch eine Prüfung als Reit- oder Voltigierwart bzw. Amateurreitlehrer ablegen, die nicht soviel Zeitaufwand erfordert, nicht so verbindlich ist und ihn trotzdem befähigt, qualifizierten Unterricht zu erteilen, z.B. an Wochenenden, in Kursen oder Abendstunden bei Vereinen, die zu klein sind, um sich einen geprüften Reitlehrer (FN) leisten zu können. Dazu sind folgende Voraussetzungen nötig:

Oben: Morgenarbeit auf der Trainingsbahn

Unten: Rennpferde werden zum Training geritten.

Reitwart

Der Bewerber muß das 19. Lebensjahr vollendet haben und im Besitz des Deutschen Reiterabzeichens in Bronze sein. Nach einem zweiwöchigen Lehrgang an einer anerkannten Reit- und Fahrschule kann er die Prüfung als Reit- bzw. Voltigierwart ablegen. Diese Prüfung steht im übrigen auch Berufsreitern offen, die z.B. einen eigenen Stall oder Reiterhof eröffnen und sich noch einige pädagogische Fähigkeiten aneignen wollen.

Amateurreitlehrer

Wer das 24. Lebensjahr vollendet hat, mindestens drei Jahre als Reitwart tätig war und das Deutsche Reiterabzeichen in Silber erworben hat, kann nach einem wiederum zweiwöchigen Lehrgang an einer der unten genannten Schulen die Prüfung als Amateurreitlehrer ablegen. Gefordert werden dabei:

1. Vorstellen von Pferden gemäß den Anforderungen der Klassen A und L in Dressur (Trense und Kandare), Springen und möglichst Geländereiten.
2. Erteilen von Unterricht gemäß den Anforderungen der Klassen A und L in der Dressur-, Spring- und Geländeausbildung.
3. Arbeit an der Longe mit einem älteren und/oder jüngeren Pferd.
4. Vormustern von Pferden, Frisieren, Bandagieren, Anlegen von Verbänden, Hilfe beim Beschlagen.
   Erkennen typischer Krankheitssymptome, erste vorsorgliche Behandlung, Exterieurbeurteilung.
5. Kenntnisse der Organisation des Reit- und Fahrsports und der Pferdezucht, der LPO (Leistungsprüfungsordnung) und der APO (Ausbildungs- und Prüfungsordnung der Deutschen Reiterlichen Vereinigung).
6. Kenntnisse in den »Lehrbriefen für Übungsleiter« des DSB gemäß der »Ordnung für die Übungsleiter- und Jugendleiterausbildung im Gesamtbereich des DSB«.
7. Nachweis der Teilnahme an einem Lehrgang in Erster Hilfe.
8. Während des Vorbereitungslehrganges schriftliche Arbeiten über ein Thema des Prüfungsgebietes (vom Schulleiter gestellt).

Dazu kommen Kenntnisse der »Richtlinien für

Leben und Arbeiten mit Pferden geht nicht ohne Stallarbeit ab.

Reiten und Fahren«, Band I–III, in denen die jeweiligen Gebiete ebenfalls noch einmal erläutert werden.
So einfach ist also auch diese Prüfung nicht, aber doch zu schaffen für einen engagierten Reiter, der gewillt ist, sich einmal 14 Tage auf den Hosenboden zu setzen.

Anerkannte Fachschulen für Reit- und Fahrausbildung

1. Deutsche Reitschule
   Gestütstr. 17
   4410 Warendorf
   Amateur- und Berufsreitlehrer-Prüfungen
2. Westfälische Reit- und Fahrschule
   Steinfurter-Str. 103
   4400 Münster
   Reitwart-, Amateurreitlehrer- und Berufsreitlehrer-Prüfungen
3. Landesreit- und Fahrschule
   Rheinland
   5603 Wülfrath
   Reitwart- und Amateurreitlehrer-Prüfungen
4. Landesreitschule Niedersachsen
   3092 Hoya/Weser
   Reitwart- und Amateurreitlehrer-Prüfungen
5. Bayerische Landesreit- und Fahrschule
   8000 München-Riem
   Reitwart- und Amateurreitlehrer-Prüfungen
6. Hessische Landesreit- und Fahrschule
   Dillenburg
   6340 Dillenburg, Landgestüt
   Reitwart- und Amateurreitlehrer-Prüfungen
7. Landesreit- und Fahrschule
   Weser-Ems
   2849 Langenförden über Vechta
   Reitwart- und Amateurreitlehrer-Prüfungen
8. Reit- und Fahrschule Elmshorn
   Klostersande 93/95
   2200 Elmshorn
   Reitwartprüfungen – Anmeldungen über die LK
9. Reitinstitut v. Neindorff
   Nancystr. 1
   7500 Karlsruhe
   Reitwart- und Amateurreitlehrer-Prüfungen

Nun aber wird es ernst: Wer sich wirklich voll und ganz den Pferden verschreiben will, muß eine zumindest zweijährige Lehrzeit in Kauf nehmen (falls er den erfolgreichen Besuch der 10. Klasse einer weiterführenden Schule oder einen gleichwertigen Bildungsabschluß nachweist oder eine Abschlußprüfung in einem anderen Ausbildungsberuf bestanden hat). Andernfalls dauert die Ausbildung drei Jahre.

Oben und links: Reiten können ist eines, Reiten lehren ist etwas anderes! Ein Reitlehrer muß sein Wissen mit unendlicher Geduld und mit Humor weitergeben können.

Statt der früher üblichen Bezeichnungen Pferdepfleger, Bereiter, Berufsreiter, Jockeylehrling usw. gibt es nur noch die Ausbildung zum **Pferdewirt,** einer noch ungewohnten Neuschöpfung, die all diese verschiedenen Berufsbilder jeweils unter dem Schwerpunkt Reiten (Bereiter FN) und Zucht und Haltung zusammenfaßt. Pferdewirt ist ein staatlich anerkannter Beruf, und das Berufsbild wird in § 3 der »Verordnung über die Berufsausbildung zum Pferdewirt« vom 1.11.1975 folgendermaßen definiert:
Gegenstand der Berufsausbildung sind mindestens die folgenden Fertigkeiten und Kenntnisse:

1. Versorgen, Pflegen, Führen und Transportieren von Pferden.
2. Körperbau, Lebensvorgänge und Verhalten der Pferde.
3. Tiergesundheit und Tierhygiene.
4. Bewegen und Arbeiten von Pferden.
5. Fortpflanzung, Züchtung, Vererbung und Rassenkunde.
6. Futtermittel, ihre Gewinnung, Beschaffung und Verwendung.
7. Formen der Pferdehaltung sowie bauliche und technische Einrichtungen.
8. Einsetzen, Pflegen und Instandhalten von Maschinen, Geräten, Ausrüstung und Zubehör.
9. Kenntnisse der betrieblichen Zusammenhänge in der Ausbildungsstätte.
10. Kenntnisse der einschlägigen Rechtskunde.
11. Kenntnisse der Wirtschafts- und Sozialkunde.
12. Arbeitsschutz und Unfallverhütung.
13. Umweltschutz.

Diese Fertigkeiten und Kenntnisse sollen an anerkannten Lehrbetrieben unter Berücksichtigung der vier Schwerpunkte Pferdezucht und -haltung, Reiten, Rennreiten sowie Trabrennfahren vermittelt werden.
Der Wortlaut der neuen Verordnung ist zu beziehen durch

Deutsche Reiterliche Vereinigung e.V.
Abt. Sport
Lönsstr. 13
4410 Warendorf

Weitere wichtige Anschriften:
Stellenvermittlung und Vermittlung von Ausbildungsplätzen:

Zentrale Fachvermittlungsstelle für Berufe des Reit- und Fahrwesens und der Pferdezucht beim Arbeitsamt Verden
Münchmeyerstr. 6
3090 Verden/Aller

Über den Pferdewirt-Schwerpunkt Rennreiten informiert:

Direktorium für Vollblutzucht und
Rennen e.V.
Rennbahnstr. 154
5000 Köln 60

Über den Pferdewirt-Schwerpunkt Trabrennfahren informiert:

Hauptverband für Traberzucht und
Rennen e.V.
Hochhaus
4044 Kaarst 2

Die Aufstiegmöglichkeiten sind verschieden und – wie in jedem Beruf – abhängig von Talent und Einsatzfreude. Befähigte, engagierte Pferdewirte mit Schwerpunkt Zucht und Haltung können z.B. zum Gestütsleiter aufsteigen, während viele ehemalige Bereiter nach entsprechenden Turniererfolgen einen eigenen Stall aufbauen konnten.

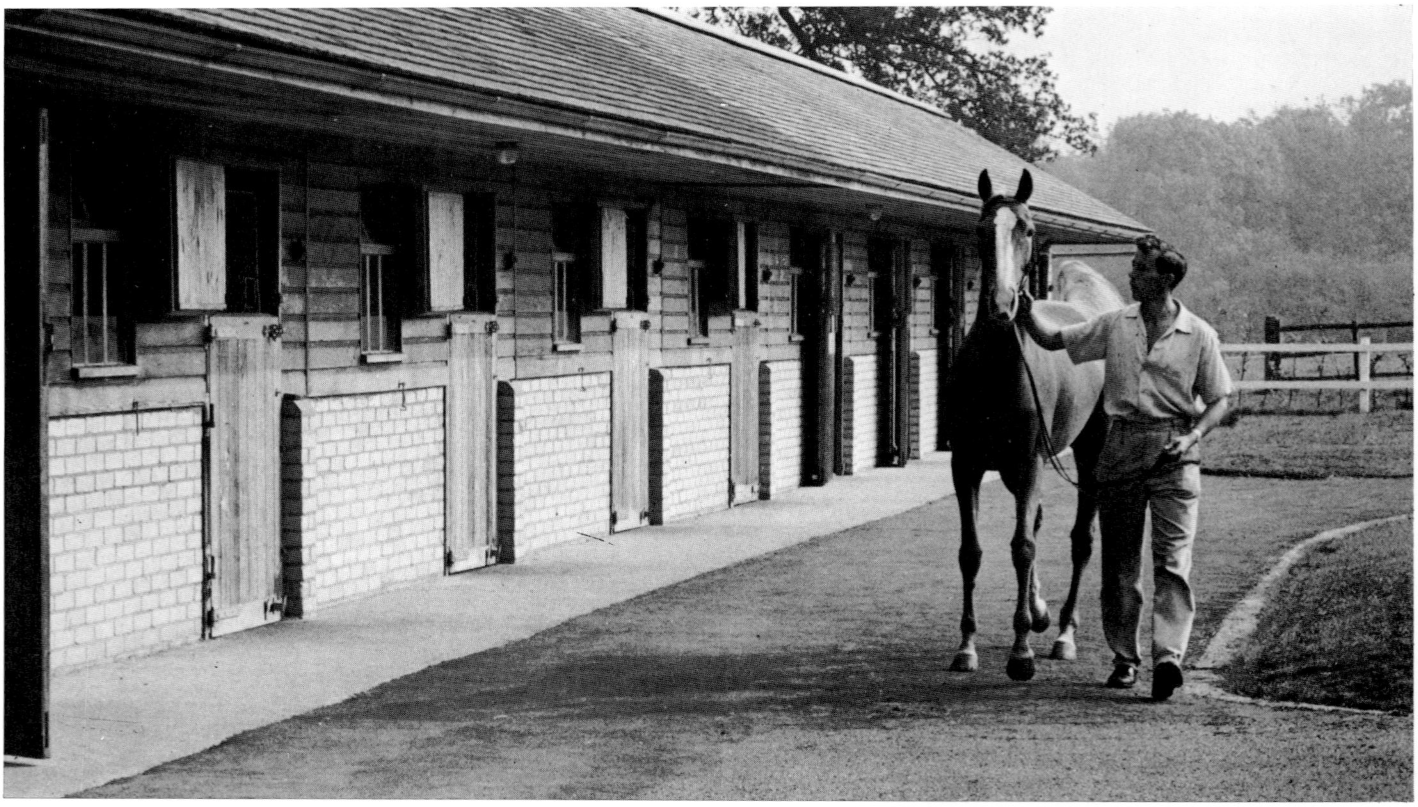
Viele träumen von der Arbeit auf einem großen Gestüt.

Der Pferdewirt bildet im wesentlichen Pferde aus; wer dagegen Reitschüler ausbilden möchte, kann nach fünf Jahren Bereiter- bzw. Pferdewirt-Praxis die Prüfung als **Reitlehrer** (FN) ablegen. Voraussetzung sind das vollendete 25. Lebensjahr und ein dreiwöchiger Lehrgang entweder an der Deutschen Reit- und Fahrschule in Warendorf oder an der Bayerischen Landesreit- und Fahrschule in München-Riem.
Die Bundesanstalt für Arbeit hat in Zusammenarbeit mit der FN in der Reihe »Blätter zur Berufskunde«, Band II, ein Heft »Berufsreitlehrer« herausgebracht, in dem weitere Einzelheiten aufgeführt sind. Bestellen kann man es bei Bertelsmann-Verlag KG, Bielefeld - Bestell-Nr. 2 - III A10.
Über dem Reitlehrer steht noch der **Reitmeister,** der jedoch solche Anforderungen an Können und Erfahrung stellt, daß nach dem Krieg nur zwei Reitlehrer die Bedingungen erfüllten: Theodor Hansen, tätig in Tübingen, und Günther Festerling, z. Zt. an der Bayerischen Landes-Reit- und Fahrschule in München-Riem. Ein Reitmeister muß ein Pferd gemäß den Anforderungen des Grand Prix de Dressage (also mit Galopp-Pirouetten, Einerwechseln, Piaffe und Passage) selbst ausbilden und vorreiten, Unterricht in allen Disziplinen gemäß den Anforderungen der Klassen A–S erteilen können und über ein umfassendes Wissen in Theorie und Praxis der Reitkunst verfügen.
Der Titel Reitmeister kann an besonders profilierte Berufsreiter auch ehrenhalber verliehen werden. Der erste, dem diese Ehrung verdientermaßen zuteil wurde, ist Willi Schultheiß, früherer Dauersieger im Deutschen Dressur-Derby und Trainer der kanadischen Dressurreiter, der die Bedingungen tatsächlich nicht nur einmal, sondern mehrfach erfüllte und seine Fähigkeiten im In- und Ausland als Reiter und als Ausbilder bewies.

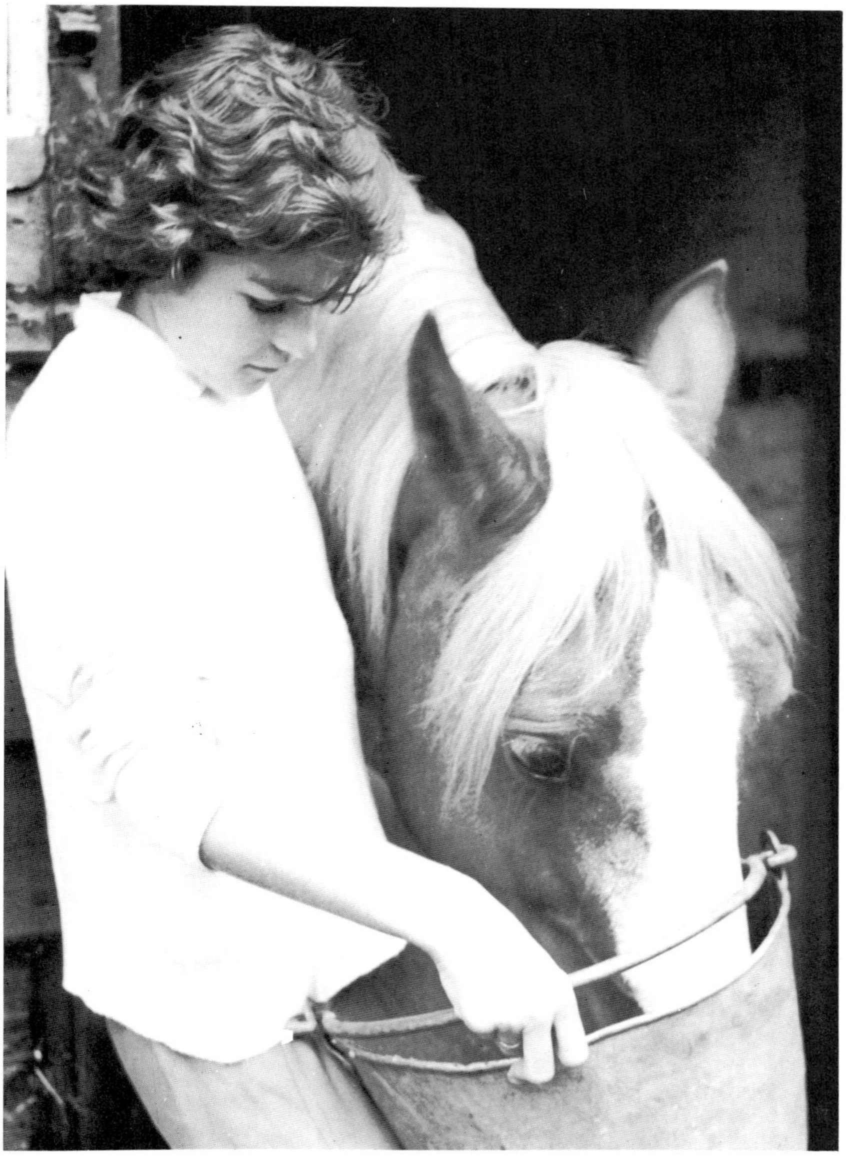

Oben: Füttern und Tränken gehören zum Tagesablauf in allen Pferdebetrieben.

Rechts: Die Autorin mit einer Stute und ihrem Fohlen aus der eigenen Zucht. Die Stute war damals 23 Jahre alt.

In der Schweiz erhält man Auskünfte über Prüfungsordnungen und Berufsausbildungen bei folgender Adresse:
Schweizerischer Verband für Berufsreiter
und Reitschulbesitzer
Postfach 37
CH-2532 Magglingen

In Österreich ist der
Bundesfachverband für Reiten und
Fahren in Österreich
Theresianumgasse 33
A-1040 Wien
zuständig.

Das sind die Laufbahnen, die am unmittelbarsten und aktivsten mit dem Pferd zu tun haben, aber damit ist die Palette der Möglichkeiten noch längst nicht erschöpft.
Anstrengend und aussichtsreich zugleich ist z. B. der Beruf des **Beschlagschmiedes,** zu dem eine Schlosserlehre, vorzugsweise schon in einem entsprechenden Betrieb, führt. Gute Hufschmiede sind ausgesprochene Mangelware; neben handwerklichem Geschick und einer nicht allzu zarten Konstitution gehören viel Gespür und Verständnis dazu, falsche Beinstellungen vorsichtig durch entsprechenden Beschlag zu korrigieren. Die Hände des Fachmannes können da wahre Wunder vollbringen.
Noch aussichtsreicher, aber leider sehr dornenvoll, ist die Laufbahn des auf Pferde spezialisierten **Tierarztes.** Die Studienplätze für Veterinärmedizin unterliegen dem Numerus clausus bzw. werden verlost. Wer diese Laufbahn anstrebt, braucht entweder ein hervorragendes Zeugnis oder einen sehr langen Atem. Über Arbeitsmangel hat keiner der mir bekannten »Fachtierärzte für Pferdekrankheiten« zu klagen, die Mühe lohnt sich also.
Neben diesen hochspezialisierten Berufen mit langer Ausbildung gibt es jedoch in den vielen Gremien und Behörden, die mit dem Pferd, dem Pferdesport und der Pferdezucht zu tun haben, ganze Heerscharen von Funktionären, Büroangestellten, medizinisch-technischen Assistentinnen, die eine ganz normale Berufsausbildung hinter sich haben, auf Grund ihres besonderen Interesses für Pferde, durch aktives Reiten usw. jedoch eine Stellung gefunden haben, die ihrer Neigung Rechnung trägt – zu beiderseitigem Nutzen, denn wo sich privates Interesse und Beruf decken, profitiert sicherlich die Arbeitsleistung.
Neu ist auch der Beruf der **Krankengymnastin** mit dem Schwerpunkt »Reiten für Behinderte«. Viel Liebe, viel soziales Engagement, Geduld und Verständnis gehören zu diesem Beruf.
In England nimmt sich u.a. die *Association of British Riding Schools* der Ausbildung an. Ihr Ratschlag für jeden, der mit dem Gedanken

Hinter jedem Spitzenreiter steht ein Spitzenpfleger, zu dessen Aufgaben der Stalldienst (links) ebenso gehört wie der Transport der Pferde von Turnier zu Turnier (unten) und das Vortraben auf der Veterinärkontrolle bei einer Vielseitigkeitsprüfung (S. 217).

spielt, den Umgang mit Pferden zum Beruf zu machen, ist - abgesehen von allen nationalen Unterschieden der Ausbildung - wert, hier wörtlich zitiert zu werden:
»Rückschläge gibt es in jedem Beruf. Welchen Beruf man sich auch aussucht, Erfolg ist nur möglich durch rückhaltlosen Einsatz, und das gilt doppelt und dreifach für die Arbeit mit dem Pferd. Man kann nicht immer um 16.30 Uhr ›den Hammer fallen lassen‹. Ein krankes Pferd muß betreut, manchmal die ganze Nacht überwacht werden, Arbeiten am Abend (Tränken, Füttern, Unterricht) können ein Teil des Berufs sein. Die meisten jungen Leute sind ehrgeizig und wollen in ihrem Beruf vorankommen. Bei der Arbeit mit Pferden lauten die Grundvoraussetzungen Engagement, Ausdauer und die Fähigkeit zu harter Arbeit.
Manche Berufe haben in den Augen junger Menschen besondere Anziehungskraft - die Bühne, die Arbeit als Mannequin oder beim Film, der Motorsport -, und für manche fallen Pferde mit in diese Kategorie. Hier bleibt nur zu hoffen, daß sie die Arbeit ›hinter den Kulissen‹ nicht ganz aus den Augen verloren haben, die für jede gute ›Produktion‹ so wesentlich ist. Als Reitlehrer, Trainer oder Züchter hat man mit einem ›Endprodukt‹ zu tun, das so vollkommen wie möglich ausfallen sollte, und dazu gehört eine beträchtliche Menge Arbeit ›hinter den Kulissen‹.
Für alle, die gern im Freien sind, sich gern im Kreis von Gleichgesinnten bewegen und harte Arbeit nicht scheuen, sind ›Pferdeberufe‹ ohne Zweifel ideal geeignet, und die meisten, die mit Pferden arbeiten - ob als Angestellte oder in ihrem eigenen Unternehmen -, würden mit keinem Außenstehenden tauschen.«
Ich möchte dieses Kapitel so zusammenfassen: Der Hauptvorteil eines »Pferdeberufes« liegt darin, daß man tut, was einem am meisten Spaß macht. Der Nachteil dagegen ist, daß man sehr angestrengt arbeiten und oft und unregelmäßig Überstunden machen muß. Die Bezahlung ist nicht grade umwerfend, und besonders Reitlehrer müssen hauptsächlich dann arbeiten, wenn andere Leute frei haben. Die Nachteile sind also gegenüber den Vorteilen weit in der Überzahl. Nachdenken, ausprobieren und - viel Glück! Mir jedenfalls hat das Leben mit Pferden eine ganze Menge Spaß gebracht.

Fachausdrücke

Am Zügel
Ein Pferd ist am Zügel, wenn es das Gebiß willig annimmt, frei vorwärtstritt und sofort auf die Reiterhilfen anspricht.

Arbeitstempo
Abgerundete, energische Vorwärtsbewegung im Schritt, Trab oder Galopp.

Außengalopp
Statt dem dem Bahninnern zugewandten Vorderbein schwingt bei jedem Galoppsprung das äußere Vorderbein vor.

Aussitzen
Gegensatz zu Leichttraben: Der Reiter bleibt im Trab im Sattel sitzen.

Ballotade
Eine der klassischen Lektionen der Schule über der Erde. Das Pferd springt mit aufgerichtetem Körper und angezogenen Hinterbeinen in die Luft, so daß von hinten nur noch die hinteren Eisen zu sehen sind.

Bandmaß
Größe des Pferdes vom unteren Hufrand bis zum Widerrist, jedoch im Gegensatz zum Stockmaß nicht gerade, sondern den Körperformen folgend gemessen.

Behang
Lange Haare am Fesselgelenk von Kaltblütern, bei Warmblütern nur die sogenannten Kötenhaare.

Courbette
Eine der klassischen Lektionen über der Erde. Das Pferd steht mit gewinkeltem Sprunggelenk auf den Hinterbeinen und macht einige Sprünge nach vorn, ohne daß die Vorderbeine den Boden berühren.

Decken
Das Befruchten der Stute durch den Hengst.

Dressur
Das Wort ist dem französischen *dressage* entlehnt und bezeichnet die schulmäßige Ausbildung und Gymnastizierung des Pferdes.

F.E.I.
Abkürzung für Fédération Equestre Internationale, Internationale Reiterliche Vereinigung, ein Gremium, das für die im internationalen Reitsport gültigen Regeln verantwortlich ist.

Ganze Parade
Verstärktes Gegenhalten der Hand, so daß das Pferd zum Halten kommt.

Halbe Parade
Leichtes Gegenhalten der Hand bei angespanntem Kreuz, gebraucht zur Verkürzung des Tempos innerhalb der Gangart, zum Übergang in eine langsamere Gangart oder zum Aufmerksammachen des Pferdes.

Halbe Pirouette
Wendung um 180° mit einem Vorder- oder Hinterfuß als Drehpunkt.

Hinter dem Zügel
Ein Pferd ist hinter dem Zügel, wenn es sich dem direkten Druck dadurch entzieht, daß es das Gebiß im Maul fallen läßt.

Hinterhandswendung
Wendung um 180°, bei der die Vorhand einen Kreis um die Hinterhand mit dem inneren Hinterfuß als Drehpunkt beschreibt.

Hohe Schule
Klassische Reitkunst, wie sie noch in Saumur und in Wien gepflegt wird.

Italienischer Springstil
Von dem Italiener Federico Caprilli entwickelter Entlastungssitz, der dem Pferd – besonders beim Springen – den Rücken freigibt, heute allgemein üblicher Springsitz.

Kaltblut
Schweres Arbeitspferd.

Kandare
Stangengebiß mit Anzügen, das in Verbindung mit einer Kinnkette verwendet wird.

Kappzaum
Ein dem Halfter ähnliches, aber stärker gearbeitetes Kopfzeug aus Leder mit Metallringen, in die Ausbindezügel und Longierleine eingeschnallt werden können.

Kapriole
Eine der klassischen Lektionen über der Erde. Wie bei der Ballotade (s.oben) springt das Pferd in die Luft. Der Körper liegt jedoch waagrecht, und die Hinterbeine werden gerade nach hinten gestreckt.

Kardätsche
Eine weiche Bürste, mit der Fell, Mähne und Schweif feinhaariger oder geschorener Pferde gebürstet werden. Wird zusammen mit einem Striegel benutzt.

Körung
Zulassung des Hengstes als Deckhengst aufgrund seiner gebäudemäßigen Vorzüge und nach Ableistung einer Hengstleistungsprüfung.

Kötenhaare
Schmal zulaufender Haarbüschel am hinteren Fesselkopf, eine Art Ablauf für Schweiß und Nässe; je edler das Pferd, desto schmaler.

Kreuzgalopp
Falsche Folge von Hinter- und Vorderfuß im Galopp.

Künstliche Gangarten
Bestimmte Gangarten und Bewegungen der Zirkusreiterei wie z.B. der Spanische Schritt. Der

Ausdruck wird auch auf die manchen Rassen zusätzlich zu den Grundgangarten Schritt, Trab und Galopp andressierten Gangarten angewandt, die einem Pferd nicht angeboren sind.

Künstliche Hilfen
Ausrüstungsgegenstände wie Peitsche, Sporen, Hilfszügel, die die Einwirkung des Reiters und seiner natürlichen Hilfen verstärken.

Leichter Sitz
Der nach vorn geneigte Sitz des Reiters im Gelände und über Hindernissen.

Leichttraben
Rhythmisches Auf- und Abfedern des Reiters im Sattel.

Lektionen über der Erde
Bewegungen des klassischen Schulpferdes, bei denen die Füße des Pferdes auf Befehl des Reiters den Boden verlassen.

Longieren
Ausbildung und Arbeit des Pferdes an einer langen Leine, an der es um den in der Mitte stehenden Ausbilder herumgeht.

Longiergurt
Ledergurt mit Metallringen oder -ösen an der Seite, in die Ausbindezügel eingeschnallt werden können.

Mächtigkeitsspringen
Springprüfung mit Stechen; Sieger ist, wer am höchsten ohne Fehler springt.

Mittlere Gangarten
Tritte länger und aktiver als beim Arbeitstempo, jedoch weniger als beim starken Tempo.

Nationenpreis
Internationaler Mannschaftswettbewerb mit zwei Umläufen über denselben Springparcours.

Natürliche Hilfen
Hand, Schenkel, Stimme und Gewicht des Reiters.

Neck reining
Lenkung des Pferdes durch Anlegen der in einer Hand gehaltenen Zügel am Hals; üblich beim Western-Reiten.

Orientalisches Blut
Pferde mit Berber- oder Araberblut.

Passage
Sehr versammelter Trab mit verlängerter Schwebephase.

Pferdemüde
Eine Weide ist pferdemüde, wenn das Gras durch übermäßiges Beweiden und den anfallenden Pferdekot sauer geworden ist.

Piaffe
Taktmäßige Trabtritte auf der Stelle.

Pirouette
Wendung um 360°.

Points
Die verschiedenen Körperteile des Pferdes, meist positiv gebraucht.

Rack
Spezialgangart mancher amerikanischer Pferderassen.

Rückwärtsrichten
Rückwärtsgehen des Pferdes auf gerader Linie.

Schenkelweichen
Seitengang, bei dem das Pferd entgegen der Bewegungsrichtung gestellt ist.

Schulterherein
Lektion auf zwei Hufschlägen; das Pferd wird um den inneren Schenkel des Reiters gebogen und die Vorhand vom Hufschlag herunter in die Bahn (2. Hufschlag) geführt.

Starke Gangarten
Stärkste Verlängerung der Tritte oder Sprünge im Schritt, Trab oder Galopp.

Stockmaß
Größe des Pferdes, gemessen vom unteren Hufrand in gerader Linie bis zum höchsten Punkt des Widerristes.

Strahl
V-förmiger Teil der Hufsohle, natürlicher Stoßdämpfer.

Tragen
Begriff aus der Zucht; eine Stute ist tragend, wenn sie ein Fohlen erwartet.

Traversale
Seitengang, bei dem sich das Pferd vorwärts-seitwärts bewegt und in die Bewegungsrichtung gestellt ist.

Unterlegtrense
Schmales Trensengebiß, das zusammen mit dem Kandarengebiß verwendet wird.

Versammelte Gangarten
Langsamer, gesetzter Schritt, Trab oder Galopp im Gleichgewicht.

Vielseitigkeitsprüfung
Wettbewerb über einen, zwei oder drei Tage, zu dem eine Dressurprüfung, eine Wegestrecke, eine Rennstrecke, eine Geländestrecke mit Hindernissen und ein Springparcours gehören.

Vollblut
Rennpferde bezeichnet man als englisches Vollblut (xx), weil die Rasse in England entstand und dort seit Jahrhunderten rein gezüchtet wurde; auch reinblütige Araber bezeichnet man als Vollblut (ox).

Vorhandswendung
Eine Wendung um 180°, bei der die Hinterhand einen Kreis um die Vorhand mit dem inneren Vorderfuß als Drehpunkt beschreibt.

Warmblut
Kreuzungsprodukte mit Vollblut; Warmblüter sind edlere Pferde als Kaltblüter.

Register

A

B

C

D

E

F

G

H

I

J

K

S

T

U

V

W X

Z

Bildquellen

Belgisches Verkehrsbüro 117. Paul Brichieri Colombi 50. Hugo M. Czerny 55. Light Horse 193. Leslie Lane 51, 182, 191, 209. C. J. Marsden 23, 29, 32, 206. Maurice Michael 32, 33, 48, 49. Österreichisches Verkehrsbüro 116, 149, 173. Peter Roberts 6, 10, 17, 24, 26, 27, 28, 29, 30, 34, 42, 43, 44, 45, 54, 55, 56, 57, 58, 59, 68, 69, 71, 73, 82, 83, 113, 118, 119, 120, 122, 123, 124, 125, 126, 127, 128, 142, 144, 145, 147, 158, 159, 161, 162, 163, 167, 170, 172, 174, 175, 176, 178, 179, 184, 186, 187, 192, 195, 196, 197, 198, 200, 201, 202, 203, 207, 213, 216. Betty Skelton 24, 40, 51, 58, 111, 148, 185, 190. Sòlarfilma, Reykjavik 118. Schweizerische Verkehrszentrale 113, 115, 117. Syndication International 159, 204, 205. Sally Anne Thompson (Animal Photography Ltd) 12, 13, 14, 15, 19, 21, 22, 23, 25, 30, 31, 32, 35, 38, 39, 154. John Topham Picture Library 2, 8, 11, 13, 16, 18, 19, 20, 31, 33, 34, 36, 37, 39, 40, 41, 42, 45, 46, 47, 48, 79, 101, 108, 112, 113, 114, 124, 127, 151, 153, 155, 156, 157, 158, 180, 181, 183, 185, 194, 206, 211, 214, 215, 217. Transworld Feature Syndicate (UK) 147. Alle anderen Fotos wurden für dieses Buch aufgenommen von Ian Gibson Smith, Mike Coomber, Stella Robinson und Paul Turner von D.P. Press Ltd.

Bildbeschaffung und Zeichnungen: D.P. Press Ltd, Sevenoaks, Kent.